Aserbaidschan

Mit Baku, Kaukasus und Kaspischem Meer

Philine von Oppeln unter Mitarbeit von Gerald Läzer und Gila Altmann

Trescher Verlag

2., überarbeitete und erweiterte Auflage 2012

Trescher Verlag
Reinhardtstr. 9
10117 Berlin
www.trescher-verlag.de

ISBN 978-3-89794-228-8

Herausgegeben von Bernd Schwenkros und
Detlev von Oppeln

Reihenentwurf und Gesamtgestaltung:
Bernd Chill
Lektorat: Sabine Fach
Mitarbeit: Anna Zimmermann
Karten: Johann Maria Just, Martin Kapp,
Bernd Schwenkros

Gedruckt auf chlorfrei gebleichtem Papier

Printed in Germany

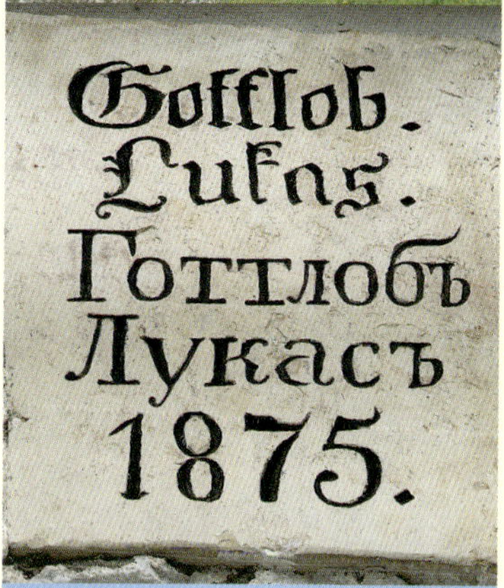
Gottlob.
Lukas.
Готтлобъ
Лукасъ
1875.

Essays

Vorwort

Aserbaidschan, das ›Land des Feuers‹, mit der Hauptstadt Baku, der ›Stadt der Winde‹: Das klingt vielversprechend und beinahe wie ein Märchen aus Tausendundeiner Nacht. Tatsächlich verlief durch Aserbaidschan einst ein Teil der Seidenstraße, und noch heute lässt das Labyrinth der UNESCO-geschützten Bakuer Altstadt Besucher in den Orient eintauchen. Doch schon im nächsten Augenblick erinnern Hupkonzerte, Hochhäuser und Designershops daran, dass Baku eine moderne Großstadt ist, die dank ihrer Erdölvorkommen als Magnet für das internationale Business eine rasante Entwicklung erlebt.

Aserbaidschan ist ein Land, in dem sich Europa und Asien beständig reiben und an dessen Widersprüchen Klischees scheitern. Vom Tourismus bislang kaum entdeckt, ist es ein herausforderndes und manchmal widerspenstiges Reiseziel. Doch wer bereit ist, sich darauf einzulassen, wird mit Außergewöhnlichem belohnt: Das Kaspische Meer, schneebedeckte Kaukasusgipfel, subtropische Ebenen und wüstenähnliche Steppen – die landschaftlichen Gegensätze sind reizvoll und vielfältig. Es gibt jahrtausendealte Felsmalereien, antike Festungen, legendenumwobene Feuertempel und historische Ölfelder, auf denen rostige Pumpen bereits seit über hundert Jahren den begehrten Rohstoff aus der Erde saugen. Während die quirlige Hauptstadt mit Jazzkonzerten und Vergnügungsmeilen aufwartet, laden Nationalparks zu Wanderungen und Naturbeobachtungen ein.

In den abgeschiedenen Höhen des Kaukasus verbergen sich uralte Dörfer mit einzigartigen Kulturen und Sprachen. Einige dieser Regionen sind bis heute nur mit Jeep, zu Pferd oder zu Fuß zu erreichen, was Abenteuer und einmalige Naturerlebnisse verspricht. Nicht zuletzt ist Aserbaidschan gerade bei Geologen dafür bekannt, dass es hier die weltweit meisten Schlammvulkane gibt, hervorgetrieben durch unterirdische Gasvorkommen. Auf einem solchen Vulkan zu stehen und zu beobachten, wie sich das Gas durch die Schlammassen schiebt, um an der Oberfläche in Blasen zu zerplatzen, ist ein faszinierendes Erlebnis.

Dieses ist der erste Reiseführer im deutschsprachigen Raum seit der Unabhängigkeit Aserbaidschans 1991. Die staatliche Souveränität begann mit einem Bürgerkrieg und einem territorialen Konflikt, der bis heute ungelöst ist. Ein Teil Westaserbaidschans, die Region Nagorny Karabach, ist von Armenien besetzt und kann derzeit von Aserbaidschan aus nicht bereist werden. Außerhalb dieses Gebiets gilt Aserbaidschan jedoch als ein sicheres Reiseland, und es sind derzeit vielmehr eine restriktive Visapolitik, explodierende Preise in Baku und erschwerte Zugangsbedingungen zu den Nationalparks, die sich nicht unbedingt belebend auf den Tourismus auswirken. Umso mehr aber heißen die gastfreundlichen Bewohner des Landes Besucher willkommen und sorgen zunehmend durch Vernetzung und Organisation jenseits bürokratischer und kommerzieller Strukturen für kulturelle Austauschmöglichkeiten. Wir möchten dazu ermutigen, diese bislang kaum beachtete Region Europas zu entdecken.

Die Berge des Kaukasus im Norden Aserbaidschans

Das Wichtigste in Kürze

Einreise

Für die Einreise benötigt man ein Visum, das unter Vorlage einer Einladung oder einer Hotelreservierung bei der aserbaidschanischen Botschaft beantragt werden muss. Touristenvisa gelten bis zu drei Monate und kosten 60 Euro. Mit einem Stempel von Nagorny Karabach im Pass wird die Einreise nach Aserbaidschan verweigert.

Gefahren

Aserbaidschan gilt als sicheres Reiseland mit einer niedrigen Kriminalitätsrate. Meiden sollte man die Nähe zur Waffenstillstandszone um Nagorny Karabach und zur armenischen Grenze.

Reisezeit

April bis Juni und September sind die besten Monate zum Reisen. Dazwischen ist es speziell in den Ebenen sehr heiß und trocken, in den höchsten Gebirgslagen ist diese Zeit allerdings ideal zum Wandern und Gipfelerklimmen. Ab Oktober wird es regnerisch, in den Höhenlagen und Naxçıvan klirrend kalt.

Verständigung

Ohne Grundkenntnisse in Aserbaidschanisch, Türkisch oder Russisch stößt man schnell an Grenzen. In Baku gibt es viele Übersetzungsbüros und in jeder größeren Stadt eine Handvoll Leute mit Englischkenntnissen. Geographische Namen werden oft uneinheitlich geschrieben; siehe auch die Liste auf → S. 13.

Geld

Die Landeswährung ist der Manat (offiziell AZN), wobei 1 Euro etwa 1 AZN entspricht. Euro, Dollar und Kreditkarten werden vor allem in größeren Hotels und Restaurants akzeptiert. Bargeld kann in den Wechselstuben und Banken problemlos gewechselt werden, und speziell in Baku gibt es allerorts Geldautomaten, die internationale Kreditkarten akzeptieren. Traveller Cheques funktionieren, sind aber nicht empfehlenswert. Bei Reisen auf dem Land sollte man genüdend Bargeld in einheimischer Währung dabeihaben

Reisen im Land

Es gibt ein gutes Netz an Überlandbussen und Marschrutkas. Züge sind langsam, aber günstig. Autos (und Fahrer) können vielerorts gemietet werden, wobei sich für die spannenderen Strecken ein Jeep empfiehlt. Generell sind beim Fahren gute Nerven und Kreativität gefragt. Das Netz an Inlandflügen wurde deutlich erweitert. In die Exklave Naxçıvan kommt man derzeit nur per Flugzeug aus Baku oder Gəncə sowie über den Iran. Unter der Telefonnummer 118 kann man unterwegs rund um die Uhr touristische Informationen auf Englisch bekommen und Buchungen vornehmen (0,47 AZN/Anruf).

Unterkunft

In Baku gibt es viele Hotels mit gutem Standard ab 70 AZN. Die preiswertesten Zimmer kosten 20–25 AZN pro Person und sind sehr schlicht. Häufig ist es günstiger und komfortabler, eine Wohnung zu mieten. Außerhalb kosten Unterkünfte etwa die Hälfte und bestehen oft aus Bungalows. In Dörfern kann man bei Familien unterkommen.

Telefonieren

Internationale Vorwahl: +994
Vorwahl Baku: (0)12

Vorwahl Handynummern: 040/044/050/055/060/070/077
Feuerwehr: 101
Polizei: 102

Zentrale deutsche Notrufnummer zum Sperren von EC-, Kredit- und Handykarten: +49/116116

Die schönsten Reiseziele

Sehenswertes in Baku

Altstadt (S. 77), Schirwanschah-Palast (S. 79), Blick vom Ex-Kirov-Park (S. 99), Ölboomvillen (S. 83), Promenade (S. 91), Teppichmuseum (S. 93), Təzə-Basar (S. 100).

Rund um Baku

Ölfelder (S. 124), Schlammvulkane (S. 127), Felszeichnungen Qobustan (S. 126), Salzseen (S. 140), Yanar Dağ (S. 134), Feuertempel von Suraxanı (S. 134).

Naturschönheiten

Beşbarmaq (S. 158), Großer Kaukasus bei Xınalıq (S. 173) und Lahıc (S. 185), See Göygöl (S. 227), Berge um Lerik (S. 259), Ilandağ (S. 282).

Sehenswerte Städte und Dörfer:

Şəki (S. 193), Xınalıq (S. 173), Lahıc (S. 185), Ordubad (S. 280), Naxçıvan-Stadt (S. 272) Zaqatala (S. 203), Göygöl (S. 224), Gəncə (S. 210), Quba (S. 166).

Schreibweisen von Städtenamen

Aserbaidschanisch	Deutsch bzw. Englisch
Gəncə	Gändschä/Ganja
Lahıc	Lahidsch
Lənkəran	Lenkoran/Lenkeran
Naxçıvan	Nachtschiwan/Nachitschewan
Qarabağ	Karabach
Qax	Gach
Qəbələ	Gabala
Şamaxı	Schamachi
Şəki	Scheki
Xınalıq	Chinalik

Ausführliche Hinweise in den Reisetipps von A bis Z auf → S. 294

»Zu den merkwürdigsten Gegenden und zu den unbekannteren der alten Welt gehört der Kaukasus, der mit seinen langen schneebedeckten Rücken, Asien und Europa trennend, als Grenzscheide beider Welten dasteht.«

Julius Klaproth 1807/08

Land und Leute

Aserbaidschan im Überblick

Name: Republik Aserbaidschan/ Azərbaycan Respublikazı.
Status: Unabhängig seit dem 18. Oktober 1991, vorher Sowjetrepublik.

Die Staatsflagge von Aserbaidschan

Sprachen: Aserbaidschanisch (Amtssprache), Russisch, Lesginisch, Talış u.a.
Alphabet: Aserbaidschanisch wird seit 1992 wieder in lateinischer Schrift geschrieben, seit 2001 verbindlich (vorher kyrillisch).
Fläche: 86 600 Quadratkilometer (entspricht etwa Österreich), davon 50 Prozent Acker-/Weideland, 11,5 Prozent Wald, 1,6 Prozent Wasser.
Hauptstadt: Baku (Bakı).
Weitere große Städte: Gəncə, Sumqayıt, Mingeçevir, Naxçivan, Şirvan (ehemals Əli-Bayramlı).
Staatsgrenzen: Armenien, Iran, Georgien, Russland (Dagestan), Türkei
Höchste Erhebung: Bazardüzü (4466 Meter), an der Grenze zu Dagestan
Längster Fluss: Kura (Kür), insges. 1514 km, mündet ins Kaspische Meer.
Klima: Halbwüsten- und Steppenklima im Landesinnern, feucht-warm an der Küste, arktisch-alpin in den höchsten Lagen. Durchschnittliche Jahrestemperatur 13,1 °C, im Sommer 26 °C. 284 Tage Sonne!
Einwohnerzahl: 9 165 000 (Juli 2011).
Bevölkerung: Aserbaidschaner, Russen, Juden, Lesginen, Talış, Awaren, Armenier, Taten, Türken, Kurden u.a.
Religion: 93 Prozent (gemäßigt) islamisch, 5 Prozent christlich, 2 Prozent andere.
Bevölkerungsdichte: 105,2 Einwohner pro Quadratkilometer.
Alphabetisierungsrate: 99,6 Prozent.
Verhältnis Stadt-/Landbevölkerung: 53 : 47 Prozent.
Staatsform: Republik, Präsidialdemokratie mit Einkammerparlament.
Präsident: Ilham Aliyev, am 15. 10. 2008 zum zweiten Mal für fünf Jahre gewählt.
Parlament: Milli Maclis, für fünf Jahre gewähltes Einkammerparlament mit 125 Sitzen; Mehrheitswahlrecht; letzte Wahlen am 7. 11. 2010.
Mitgliedschaft in internationalen Organisationen: Vereinte Nationen, Weltbank, IWF, Europarat, OSZE, GUAM u.a.; Teilnahme am GUS-Programm ›Partnerschaft für den Frieden‹; 2012/13 UN-Sicherheitsrat.
Landeswährung: AZN (Neuer Aserbaidschanischer Manat).
Zeitzone: MEZ + 3 Stunden.
Nationalfeiertag: 28. Mai (Tag der Republik; zum Gedenken an die erste Republik von 1918 bis 1920).
Autokennzeichen: AZ.
Vorwahl: +994.
Internetkennung: az.

Geographie

Gehört Aserbaidschan zu Asien oder Europa? Diese unermüdlich gestellte Frage lässt die Geographen kalt, denn für sie liegt Baku, die Hauptstadt der Kaukasus-Republik, an Europas östlichstem Punkt. Auf der Karte betrachtet gleicht Aserbaidschan einem fliegenden Adler, dessen Schnabel ins Kaspische Meer ragt. Von dort aus erstreckt es sich zwischen Russland und Iran gen Westen, bis es nördlich an Georgien und südlich an Armenien stößt. Fast zu übersehen ist die winzige Elf-Kilometer-Grenze, die Aserbaidschan dank seiner langgestreckten Exklave Naxçıvan mit der Türkei hat. Mit 86600 Quadratkilometern ist Aserbaidschan der größte der Südkaukasusstaaten. In Umfang und Bevölkerungsdichte ähnelt es Österreich und hat ebenfalls hohe Berge, doch damit enden die Gemeinsamkeiten. In Aserbaidschan ist es möglich, innerhalb geringer Distanzen dürre Halbwüste, subtropische Zitrusplantagen, Hochgebirgswälder und Meeresküste zu erleben. Es locken Salzseen und Schlammvulkane, Öl- und Baumwollfelder, ewiges Feuer und ewiges Eis.

Die ungemeine Vielfalt der Landschaften und Vegetationsformen basiert auf enormen Höhenunterschieden. Baku etwa liegt 28 Meter unter dem Meeresspiegel, während nördlich davon die höchsten Gipfel des Großen Kaukasus bis weit über 4000 Meter reichen. Über die Hälfte des Lands ist bergig, dazwischen breiten sich die weiten, trockenen Flächen Zentralaserbaidschans aus. Die fruchtbarsten Regionen sind die Ausläufer des Großen Kaukasus bei Quba und Richtung Zaqatala, die Hänge des Kleinen Kaukasus bei Gəncə und die feuchtwarmen Gebiete im Süden um Lənkəran und Astara, wo Tee, Reis und Orangen gedeihen. Am trockensten ist die Halbinsel Abşeron, auf der die 2,5-Millionen-Einwohnerstadt Baku gleich einer Oase im staubig-wüstigen Umland liegt.

Die ›Bonbonberge‹ in der Nähe von Sumqayıt

Die Gebirge

Außer in der östlichen Küstenregion ist Aserbaidschan fast überall von Gebirgsketten umringt. Am markantesten ist der Große Kaukasus, von dessen 1200 Kilometern Länge nur der östlichste Teil in Aserbaidschan liegt und entlang der Nordgrenze bis kurz vor Baku reicht. Der landesweit höchste Berg, der Bazardüzü, ragt direkt an der Grenze zur russischen Republik Dagestan bis auf 4466 Meter empor.

Besonders beliebt für Bergabenteuer ist der ›Königsberg‹ Şahdağ (4243 Meter) mit ewigem Schnee und Gletschern. In seinem Umfeld hat sich bereits eine minimale Infrastruktur entwickelt, wo man sich mit lokalen Bergführern, Pferden und meist privaten Übernachtungsmöglichkeiten zunehmend auf Bergtouristen einstellt. Inzwischen gehört er zum größten Nationalpark Aserbaidschans. Nicht weit davon, beim Bergdorf Laza, entsteht gerade mit viel Aufwand Aserbaidschans erstes Skigebiet mit 5000 Betten. Pilger bevorzugen Wanderungen zum Berg Babadağ (3630 Meter), dessen Gipfel als heilig gilt.

Einige Bergregionen sind bis heute weitgehend unerreichbar, so dass sich in quasi abgeschnittenen Höhenlagen traditionelle Lebensformen und einzigartige Sprachen seit Jahrhunderten isoliert entwickelt und gehalten haben.

Der Kleine Kaukasus verläuft im Südwesten nach Armenien, während die Talış-Berge im Süden die Grenze zum Iran markieren. Beide Regionen bieten gute Wandermöglichkeiten, die im Kleinen Kaukasus derzeit allerdings wegen der Okkupation durch armenische Truppen beschränkt sind. Abgesehen von den großen Gebirgszügen gibt es in Reichweite Bakus ein paar bemerkenswerte ›Hügel‹, die unbedingt einen Ausflug wert sind. Die rot-weiß leuchtenden Buckel bei Xızı gleichen überdimensionalen Bonbons, während nicht weit davon der heilige Beşbarmaq unzählige Pilger an seine gen Himmel ragenden Steinfinger lockt.

See in Naxçıvan

Die Gewässer

Ist das Kaspische Meer (aserbaidschanisch Xəzər Dənizi) ein Meer oder ein See? An dieser Frage scheiden sich die Geister. Das salzhaltige Gewässer war einst direkt mit den Weltmeeren verbunden und ist es heute immer noch indirekt über den Wolga-Don-Kanal, argumentiert die Pro-Meer-Fraktion. Die jetzige Abschottung macht es jedoch zum See, kontern die anderen. Was auch immer es ist, ein herausragendes Bade- oder Wassersportparadies ist es trotz einiger Strände mit Sicherheit nicht. Abgesehen davon hat das gut 370 000 Quadratkilometer große Gewässer aber durchaus Besonderheiten zu bieten wie zum Beispiel riesige Störe, die den berühmten Beluga-Kaviar liefern, und jede Menge Öl, das früher gelegentlich auf dem Wasser brannte. Mit den Öl- und Gasvorkommen spitzt sich aber auch eine andere Frage zu, die sich seit Auflösung der Sowjetunion stellt: Wem gehört wieviel vom Meer? Eine Reihe bilateraler Verträge unter den fünf Anrainerstaaten (Aserbaidschan, Russland, Kasachstan, Turkmenistan, Iran) konnte die Gebietsfrage bislang noch nicht vollständig lösen.

Ein anderes Kuriosum ist der seit 30 Jahren wieder ansteigende Wasserspiegel. Sind die Ursache periodische tektonische Bewegungen, die erwarten lassen, dass das Wasser also wieder sinkt? Gibt es eine Verbindung zum dramatisch gesunkenen Aralsee in Zentralasien? Oder haben wir es hier bereits mit den Folgen der Klimakatastrophe und damit einhergehenden starken Niederschlagsschwankungen in einem Wassereinzugsgebiet das bis weit über Moskau hinaus reicht zu tun? Auf jeden Fall stellt das ansteigende Wasser eine Gefahr für die Umwelt und die existierende Infrastruktur dar, wie an verschiedenen Küstenabschnitten unschwer festzustellen ist.

Obwohl Aserbaidschan in Baku einen großen Hafen hat, gibt es nicht viel Schiffsverkehr auf dem Kaspischen Meer. Kasachstan hat nun den Bau eines Eurasischen Kanals vorgeschlagen, auf dem Schiffe zwischen Kaspischem und Schwarzem Meer verkehren sollen. Bislang sind die beiden Meere ausschließlich über den Wolga-Don-Kanal, eine weitaus längere Strecke, miteinander verbunden. Das Angebot touristischer Bootstouren beschränkt sich in Aserbaidschan derzeit auf eine 30-minütige Fahrt in der Bucht von Baku, aber für 2012 sind neue Boote angekündigt, die Passagiere vom Bulvar zum Platz der Nationalflagge in Bayıl und weiter nach Şixov bringen sollen. Künftige Planungen sehen zudem Fährverkehr zur vorgelagerten Zira-Insel vor.

Angler am Kaspischen Meer

Was die Landfläche Aserbaidschans betrifft, so scheint es auf den ersten Blick schwer zu glauben, dass sie immerhin zu 1,6 Prozent aus Wasser besteht. Teilweise versteckt es sich im

Gebirge, speziell im Großen Kaukasus, oder es fließt mit den großen Strömen Kür und Araz aus der Türkei bis ins Kaspische Meer. Auf dem Weg dorthin bewässerte es früher breite Auwälder und überflutete Landstriche, um Seen und Schilfgebiete zu hinterlassen. Seit 1955 wird die Kür gestaut, wodurch bei Mingəçvır ein großes, attraktives Reservoir entstanden ist. Mithilfe weitverzweigter Kanäle bewässert es die umliegenden Felder, doch für den Großteil der Auwälder bedeuteten die ausbleibenden Fluten das Aus.
Aserbaidschans über 1000 kleinere Flüsse sind nicht schiffbar und wandeln sich im Sommer oft zu bescheidenen Rinnsalen, nach der Schneeschmelze hingegen zu reißenden Strömen. Der gewaltigste Wasserfall stürzt unweit von Zaqatala von den Höhen des Kaukasus herab, während der schönste von 250 kleinen Seen, der Göygöl, am Nordhang des Bergs Kəpəz im Kleinen Kaukasus liegt.

Besonders interessant sind Aserbaidschans salzhaltige Wüstenseen, speziell auf der Halbinsel Abşeron. Im Sommer weitgehend ausgetrocknet, gleichen sie flachen Schneelandschaften. Tatsächlich aber wird hier durch mühsames Kratzen und Schaufeln Salz gewonnen. Füllen sich diese Seen mit Wasser, wechseln sie je nach Licht und Wetterlage ihre Farbe.

Flora und Fauna

Die unterschiedlichen Höhenlagen und Klimazonen Aserbaidschans bieten Lebensräume für rund 4300 verschiedene Pflanzen. Das sind doppelt so viele wie in Deutschland. Während das Tiefland mit sehr unscheinbarer Vegetation oft einer Wüste gleicht, wachsen an den regenreicheren Berghängen vornehmlich Laubwälder mit Eichen, Buchen und Kastanien. Die einzigen Nadelbäume, die von sich aus gedeihen, sind die Eldarkiefer, die den Klimaveränderungen der letzten 13 Millionen Jahre standgehalten hat und extreme Trockenheit aushält, sowie die äußerst rare Kochkiefer. Beide wachsen in der Region des Göygöl-Sees. Die Reliktwälder des Hirkan-Nationalparks in Südaserbaidschan wurden 2008 zum UNESCO-Weltnaturerbe nominiert. Dort stehen die letzten natürlichen Vorkommen der Eisenholzbäume, deren schweres Holz im Wasser versinkt. Außerdem wachsen vielerorts imposante Platanen, Granatapfel-, Oliven- und Maulbeerbäume. Insgesamt sind gut elf Prozent des Landes bewaldet, während die Berge von alpinen Wiesen bedeckt sind, die sich im Frühjahr in bunte Blumenmeere verwandeln.

Zu den exotischeren Vertretern der Tierwelt zählen Aserbaidschans letzte und äußerst gefährdete Leoparden, von denen noch etwa 15 in Naxçıvan leben. Der Hirkan-Tiger, dem man früher in der Talış-Region begegnen konnte, ist seit gut 50 Jahren ausgestorben. Im flachen Tiefland leben Schakale, Hyänen und Gazellen. Letztere sind am besten im Şirvan-Nationalpark zu beobachten. Die Bergregionen sind unter anderem von Braunbären, Wölfen, Gemsen und mehreren Rot- und Rehwildarten bewohnt.
Reisende mit ornithologischem Interesse werden sich in den Bergen über viele größere Raubvögel freuen, während in der Küstenregion und den Seen im Winter Pelikane, Flamingos, Reiher und Zwergtrappen siedeln. Beliebte Vogelreviere

Gebirgslilien bei Xınalıq

zur Rast und Durchreise sind vor allem die Seen in den Schutzgebieten Qizilagaç und Ağ-Göl sowie der Mingəçevir-Stausee mit seinem kaum bekannten, salzhaltigen Nachbarsee Acınohur. Darüber, wo und wann welche der insgesamt 370 Vogelarten am besten zu finden ist, kann die Ornithologische Gesellschaft AOS in Baku informieren (Xudu Məmmədov küç. 2944A, Haus 3, Bloc 2, Büro 149, Bezirk Xətai, Tel. 4379087, www.aos.az).

Im Kaspischen Meer leben etwa 850 Tierarten, darunter die endemische Kaspi-Robbe. Mit etwas Glück sieht man sie an der Spitze der Abşeron-Halbinsel, wo sie sich gern tummelt. Zu den häufigen Fischarten zählen Heringe, Sprotten und sechs verschiedene Störarten. Der große Beluga-Stör ist berühmt für seinen edlen Kaviar, den er einst in solch rauhen Mengen lieferte, dass er zum täglich Brot gehörte. Inzwischen hat sich das dramatisch geändert, und trotz mehrerer Zuchtanlagen ist der begehrte Kaviar heute ein exklusives Gut.

Klima und Reisezeit

Immer wieder wird mit Stolz festgestellt, dass man in Aserbaidschan auf engstem Raum neun der elf weltweit existierenden Klimazonen findet. Zweifelsohne gibt es regional große klimatische Unterschiede, die von arktisch-alpin in höchster Lage bis feucht-warm im tiefen Süden reichen. Während in der Küstenregion das Klima ganzjährig relativ mild ist, schwankt es im kontinental beeinflussten Naxçıvan zwischen klirrenden -30 Grad im Winter und über 40 Grad im Sommer. Baku kennt kaum Frost, kann aber mit 284 Tagen Sonne im Jahr auftrumpfen!

Generell ist Aserbaidschan sehr niederschlagsarm, weshalb in der Landwirtschaft ständig bewässert werden muss. Am häufigsten regnet es in Lənkəran und den westlichen Landesteilen, am seltensten in Baku, wo es dafür oft windig ist.

Die ideale Reisezeit ist April bis Juni, bevor die Sommerhitze die blühenden Wiesen verbrennt, die Flüsse austrocknet und die Städter an die Küste treibt. Mit durchschnittlich 26 Grad sind Juli und August die heißesten Monate und damit optimal für Erkundungen in den hohen Bergregionen, die den Rest des Jahres kaum zugänglich sind. Ein angenehmer Reisemonat ist der September, wenn sich nach Ende der Sommerferien die Strände schlagartig leeren, es meist jedoch noch angenehm warm ist.

Im Oktober wird es vielerorts bereits regnerisch, und im Winter liegt vor allem in den höheren Lagen Schnee. Während sich Skiläufer bislang eher behelfsweise in Pirqulu vergnügen, wird in der Nähe von Qusar gerade das erste Skigebiet gebaut.

Naturschutz

Aserbaidschan zählt zu den artenreichsten Regionen Europas und und verfügt noch über ausgedehnte quasi unberührte, also ursprüngliche Naturlandschaften. Diesen Reichtum gilt es zu schützen. Bereits zu Sowjetzeiten gab es 14 Schutzzonen in Form von Zapovedniks (russisch für Naturschutzgebiet), deren Konzept es war, Mensch und Natur voneinander zu trennen. Diese Idee hat nun ausgedient und wird zunehmend durch das integrative Konzept der Nationalparks ersetzt.

Der älteste ist der 2003 eröffnete Şirvan-Nationalpark, ein großes Steppenareal, in dem viele Vogelarten und die seltene Kropfgazelle beobachtet werden können. Inzwischen gibt es neben zahlreichen anderen Schutzgebieten neun Nationalparks, die eine gute Basis für die in Aserbaidschan angestrebte Entwicklung des Ökotourismus sind, auch wenn ihre Infrastruktur derzeit noch im Entstehen begriffen ist. Die meisten Parks haben ein Büro, in dem Informationen und Führungen angeboten werden. Ausgewiesene Pfade, Karten und adäquate Transportmöglichkeiten sind derweil Zukunftsmusik. Ziel ist es, Entdeckungsreisen im Einklang mit der Natur und unter Beteiligung der lokalen Bevölkerung zu ermöglichen, für die dadurch Verdienstmöglichkeiten geschaffen werden.

Speziell die Gebiete um den Göygöl-See und den Berg Şahdağ bieten ideale Möglichkeiten für Naturerlebnisse in den Bergregionen des Kleinen und Großen Kaukasus. Leider ist es genau in diesen beiden Parks dank neuer Bestimmungen des Umweltministeriums derzeit schwierig, Zutritt zu bekommen (s. die entsprechenden Kapitel). Bei allen Parks wird neuerdings verlangt, dass die Eintrittsgebühr von 4 AZN an das Ministerium überwiesen wird. Der Einzahlungsbeleg berechtigt zum Eintritt. Wie praxistauglich und langlebig diese Regelung ist, bleibt abzuwarten. Auf jeden Fall wird empfohlen, sich vor Ort noch einmal über den aktuellen Stand zu informieren.

Langfristig sollen elf Prozent der Landesfläche in Nationalparks umgewandelt werden.

Distel im Kaukasus

Umwelt

Im krassen Gegensatz zu nahezu unberührten Bergregionen mit reiner Luft und klaren Wasserfällen steht die Umweltbelastung, die als Erbe der Sowjet-Ära besonders auf der Abşeron-Halbinsel besteht. Der historische Kaukasus-Reisende Leo Stenzel drückte es einmal so aus: »Wenn jemand in Europa mit seiner Umwelt unzufrieden ist, so empfehle ich ihm, für einige Wochen nach Balachany (Abşeron, Anm. d. Verf.) zu gehen. Hier wird er kuriert und nach seiner Rückkehr wird er sich vorkommen wie im Paradies. Man stelle sich vor: überall nur Öl-Schöpftürme, Maschinengeratter und Rädergerassel. Der Boden mit Öl durchtränkt, nirgendwo ein Grashalm, nur an einigen Häusern ab und zu ein Akazienbaum.«

Zwar trifft diese Beschreibung nur noch bedingt zu und es wird vielerorts die Sanierung rasch vorangetrieben, doch nach 100 Jahren extensiver Ölausbeute sind die Altlasten enorm. Die hochgradig verschmutzte Bucht von Baku, kontaminierte Böden, ausgediente Ölfeder und jede Menge verrottende Industriebrache stellen Aserbaidschan vor große Herausforderungen. Bis diese bewältigt sind, zählen Streifzüge durch die Industrieruinen von Sumqayıt und durch historische Ölfelder zu den zwar eigenwilligen, dafür aber sehr eindrücklichen Attraktionen einer Aserbaidschanreise.

Die Ölförderung hat unübersehbare ökologische Folgen

Bevölkerung

Die Bevölkerung Aserbaidschans rühmt sich, weltweit den ersten Platz einzunehmen, was ihre Langlebigkeit betrifft. Speziell im Süden des Landes, sagt man, hätten viele Bewohner die 100 bereits locker hinter sich gelassen. Ebenfalls beeindruckend: Die Bevölkerung besteht zu überwältigenden 90 Prozent aus Aserbaidschanern. Das war keineswegs immer so, aber speziell in den 1990er Jahren gab es größere Migrationsbewegungen mit einem Trend zur Homogenisierung. Ein Großteil der Russen und Armenier ist seit dem Ende der 1980er Jahre abgewandert, während andererseits Aserbaidschaner aus Armenien hinzugezogen sind. Nichtsdestotrotz ist Aserbaidschan ein multikulturelles Land, in dem viele kleine Bevölkerungsgruppen mit eigenen Sprachen und Religionen ihren Platz haben.

Derweil herrscht in der jungen Republik noch eine gewisse Verunsicherung über die eigene Identität. An der Grenze von Europa und Asien gelegen, ist Aserbaidschan durch verschiedene und häufig konträre kulturelle Einflüsse geprägt. Eine tiefverwurzelte Mythologie, eine jahrhundertealte islamische Tradition, 70 Jahre Sozialismus und die aktuellen Anforderungen einer durch den Ölboom dynamisierten Marktwirtschaft – all das verbindet sich im aserbaidschanischen Alltag und macht das Land faszinierend und facettenreich.

Die Aserbaidschaner, historisch fälschlicherweise oft als Tataren bezeichnet, sind ein Turkvolk und verstehen die Türkei als ihr Bruderland. Im Gegensatz zu den sunnitischen Türken folgen sie jedoch der schiitischen Ausprägung des Islam, was sie wiederum mit ihrem südlichen Nachbarn, dem Iran, verbindet. Dort leben nach Schätzungen bis zu 20 Millionen Aserbaidschaner, die nach der Eroberung Nordaserbaidschans durch Russland von ihren nördlichen Brüdern abgetrennt wurden und sich bis heute als ›Türken‹ bezeichnen.

Minderheiten

Es ist schwer, zuverlässige Aussagen über die Größe der anderen Bevölkerungsgruppen zu machen, da die Angaben je nach politischer Intention erheblich variieren.

Im Umfeld der russisch-dagestanischen Grenze lebt das Volk der Lesgier (Lesginen) zu etwa gleich großen Teilen in Dagestan und Aserbaidschan. Sie sind vornehmlich Sunniten, haben ihre ›Hauptstadt‹ mit einem lesgischen Theater in Qusar und sprechen neben Russisch und Aserbaidschanisch eine eigene Sprache, die zur nordöstlichen Gruppe der kaukasischen Sprachen gehört. Seit der Unabhängigkeit Aserbaidschans gibt es gewisse Autonomiebestrebungen, gestützt durch die lesgische Organisation Sadval, tatsächlich sind die Lesgier jedoch gut in die aserbaidschanische Gesellschaft integriert.

Ernsthafter waren die Bestrebungen der Talış im östlichen Südaserbaidschan, die im Juli 1993 in sieben aserbaidschanischen Bezirken eine eigene Republik ausriefen. Allein, der Ruf verhallte schnell, und der Agitator Alikram Hümbətov landete im Gefängnis.

Männer auf dem Land

In der Gegend von Zaqatala leben Avaren, meist sunnitischen Glaubens, während Bergjuden, eine Untergruppe der persischstämmigen Tats, angeblich seit mindestens 1000 Jahren in Quba leben – sofern sie noch nicht nach Israel ausgewandert sind. Aufgrund ihres mittelalterlichen persischen Dialekts wird gemunkelt, dass sie das verlorene Volk von Babylon seien, das nach vielen Jahren in Persien nach Aserbaidschan geflohen sei.

In Baku wohnen im Umfeld der neuen Synagoge etwa 8000 Ashkenasi-Juden. Von den etwa 4000 christlichen Uden heißt es, sie seien Nachkommen der urchristlichen Albaner, die bis zum 8. Jahrhundert im Kaukasus siedelten. Man findet sie zum Beispiel im Dorf Nic und in Oğuz. Im weltentrückten Bergdorf Xınalıq lebt auf 2000 Metern Höhe das Volk der Xinaluqen, das besonders stolz auf seine eigene Sprache ist und Besuchern gern Unterkunft gewährt. Eine großartige Chance, Einblicke in das entbehrungsreiche Leben in den Bergen zu bekommen!

Generell gilt in Aserbaidschan, dass Reisende gern aufgenommen werden und die Gastfreundschaft oberstes Gebot ist. Die spürbar nationalistischen Tendenzen sind eine sicherlich vorübergehende Begleiterscheinung der Identitätsfindung eines jungen Staats, der, kaum gegründet, bereits einen Krieg und fast 20 Prozent seiner Fläche verloren hat.

Sprachen und Schriften

Während in Aserbaidschan eine Vielzahl exotischer (meist persischer oder kaukasischer) Regionalsprachen existiert, ist Aserbaidschanisch (Azeri) die alleinige Amtssprache. Dabei handelt es sich um eine Turksprache, die eng mit dem osmanischen Türkisch verwandt ist. Wer modernes Türkisch versteht, wird sich deshalb in Aserbaidschan weit besser zurechtfinden als jemand, der sich auf seine Englischkenntnisse verlässt. Außerhalb Bakus wird bislang praktisch gar kein Englisch gesprochen, und auch in der Hauptstadt findet die Sprache erst langsam Verbreitung.

Die aserbaidschanische Sprache hat eine wechselvolle Geschichte hinter sich. Im letzten Jahrhundert hat sie sage und schreibe viermal ihr Alphabet geändert. Seit 1992 gilt wieder die türkisch-lateinische Schrift, nachdem zunächst mit arabischen Zeichen, dann kurz lateinisch und während der Sowjetzeit kyrillisch geschrieben wurde. Um einige extravagante Laute des Aserbaidschanischen besser transkribieren zu können, wurden dem Kyrillischen eigens ein paar neue Zeichen hinzugefügt. Heute findet man in der aktuellen lateinischen Schrift gelegentlich abweichende Schreibweisen für Namen und geographische Bezeichnungen, die sicherlich einer orthographischen Verunsicherung durch die vielen Wechsel geschuldet sind. Bemühungen, das Türkisch-Lateinische in eine touristenfreundliche englische oder deutsche Form zu bringen, haben ein schier endloses Repertoire möglicher und unmöglicher Schreibweisen hervorgebracht, wobei einige Laute schlicht keine Entsprechung in der Zielsprache haben. Das ist einer der Gründe, warum sich dieses Buch weitgehend an die aserbaidschanischen Originale hält. Mehr zur aserbaidschanischen Sprache und ihren Eigenarten erfährt man im Sprachführer (→ S. 287).

Alte arabische Schrift

Die Stellung des Russischen

Die bisherige Lingua Franca der (Ex-) Sowjetrepubliken befindet sich merklich auf dem absteigenden Ast. Am geläufigsten ist sie nach wie vor in Baku, wo früher in zahlreichen Familien ausschließlich Russisch gesprochen wurde. Wer etwas auf sich hielt, schickte seine Kinder auf eine russische Schule. Deshalb kommt es durchaus vor, dass man auf gebildete Aserbaidschaner mittleren Alters trifft, denen im Aserbaidschanischen buchstäblich die Worte fehlen. Nach der staatlichen Unabhängigkeit wurde die Mehrheit der russischen Schulen auf Aserbaidschanisch umgestellt mit dem Ergebnis, dass in den letzten Jahren landesweit etwa 20 private russische Schulen gegründet wurden. Nach wie vor erscheinen etwa 20 Zeitungen auf russisch oder zumindest bilingual, und das Russische Theater in Baku existiert weiterhin. Doch das Gros der Russen ist bereits vor Jahren emigriert – eine Tendenz, die anhält. Seit 2002 schränkt ein neues Gesetz über die nationale Sprache Aserbaidschans den Gebrauch der russischen Sprache und der kyrillischen Schrift in allen offiziellen Texten drastisch ein. Als Tourist wird man meist automatisch in der slawischen Sprache angesprochen, und sieht man einmal von entlegenen Regionen wie Naxçıvan ab, sind Russischkenntnisse immer noch von großem Nutzen.

Sprachenmix in Baku

Religionen

Dass Aserbaidschans Einwohner zu über 90 Prozent islamisch geprägt sind, bedeutet nicht, dass man verschleierte Frauen oder kategorische Alkoholabstinenz zu erwarten hat. Im Gegenteil, die Zahl der praktizierenden Muslime ist weitaus geringer als die Zahl derer, die sich gern mal einen Wodka genehmigen, und die Miniröcke in Baku verdecken nicht mehr als andernorts. Als identitätsstiftende kulturelle Tradition ist der Islam in Aserbaidschan allerdings sicherlich von Bedeutung, und bei jüngeren Aserbaidschanern, deren Eltern noch mit den Lehren Lenins aufgewachsen sind, lässt sich durchaus ein neuer Trend zur Religion beobachten. Die vielen Moscheen, die derzeit landesweit gebaut oder saniert werden, verstärken diesen Eindruck. Speziell in Şüvələn und Nardaran, zwei traditionell streng islamisch gesprägten Orten auf der Abşeron-Halbinsel, sind in den letzten Jahren imposante religiöse Komplexe entstanden.

Eine bemerkenswerte Besonderheit in Aserbaidschan ist die Bedeutung, die vornehmlich in ländlichen Gegenden animistischen Ritualen und Bräuchen zukommt. Bereits vor Urzeiten war Aserbaidschan ein Zentrum der zoroastrischen Feuerverehrer, Persiens prä-muslimischer Religion. Einige Rudimente alter Kulthandlungen und Aberglauben haben sich erfolgreich in den Islam eingeschlichen, mit dem sie bis heute eine Symbiose bilden. So findet man überall im Land heilige Stätten, sogenannte Pirs, denen heilende Kräfte zugesprochen werden. Stolpert man etwa ganz unvermutet über ein Gebüsch, das mit bunten Bändern geschmückt ist, hat man es höchstwahrscheinlich mit einem solchen Pir zu tun. Pirs können aber auch Steine oder Wasserquellen sein. Eines der eindringlichsten Beispiele ist der Berg Beşbarmaq, den täglich Dutzende Pilger auf der Suche nach Heil erklimmen.

Religion und Staat sind sorgfältig voneinander getrennt, und Aserbaidschan ist ausgesprochen tolerant gegenüber anderen Glaubensrichtungen. Außer der großen Mehrheit der Schiiten leben im Land vor allem Sunniten, Christen und Juden in friedlicher Koexistenz. In Bakus Zentrum stehen unweit der Moscheen mehrere Synagogen, von denen eine erst vor einigen Jahren gebaut wurde, drei russisch-orthodoxe Kirchen, eine neue katholische Kirche und eine lutherische Kirche aus dem 19. Jahrhundert. Im Dorf Kiş bei Şəki hat man eine albanische Kirche sehr aufwendig restauriert und dort für Besucher die Geschichte des regionalen frühen Christentums dokumentiert. Nachem 1836 die albanische Kirche abgeschafft worden war, wurden viele ihrer Sakralbauten umgebaut und armenisiert. Dass mittlerweile überall im Land armenische Kirchen leerstehen und teilweise zerstört wurden, ist das bittere Ergebnis eines politischen, nicht eines religiösen Konflikts mit dem Nachbarland Armenien. Andere Kirchen dienen bereits seit Sowjetzeiten als Theater und Sporthallen, wie auch zahlreiche Moscheen vom kommunistischen Regime zerstört oder in Museen verwandelt wurden.

Traditionell haben Christen, die in ihren Heimatländern wegen abweichender Auslegungen des Glaubens verfolgt wurden, im islamischen Aserbaidschan eine neue Heimat gefunden. Ein prominentes Beispiel sind die Molokanen (Altgläubi-

Koran in der Ardebil-Moschee in Quba

gen) aus Russland, die im frühen 19. Jahrhundert von der zaristischen Regierung als ›Abtrünnige‹ ausgewiesen wurden. Ihre Nachkommen findet man noch immer in dem russisch anmutenden Kolchos-Dorf Ivanovka.

Brauchtum und Tradition

›Ein Gast bringt Freude ins Haus‹ ist eines der Grundprinzipien der aserbaidschanischen Gesellschaft und macht das Reisen dort sehr angenehm. Blumen sind dabei ein angemessenes Mitbringsel, jedoch nur in ungerader Zahl, denn in gerader Anzahl legt man sie den Toten aufs Grab. Die aserbaidschanische Kultur ist reich an derlei Traditionen und Bräuchen.

Das Novrus-Bayram-Fest

Novrus Bayram bedeutet ›Neuer Tag‹ und ist das wichtigste Fest Aserbaidschans. Die Tradition, zur Sonnenwende den Frühling zu begrüßen, ist Jahrtausende alt und hat in Aserbaidschan trotz Verbots in der Sowjetära bis heute überlebt. Bevor das Fest alljährlich am Vorabend des 21. März beginnt, wird ein gründlicher Hausputz fällig. Danach besucht man Freunde und Nachbarn, macht Geschenke und sammelt sich im Kreis der Familie. Dazu gibt es viele Süßigkeiten (şəkərbura und paxlava) und auf dem Tisch einen Topf mit Frühlingsgras (səməni) als Symbol für Fruchtbarkeit. Beim symbolhaften Sprung über's Feuer lässt man Ängste und Sorgen im alten Jahr zurück. Inzwischen, so ein 2008 erlassenes Dekret des Präsident Ilham Aliyev, dürfen die Aserbaidschaner sogar eine ganze

Woche den Frühling feiern, da das Fest, seit der Unabhängigkeit ein staatlicher Feiertag und laut Präsident ein ›optimaler Ausdruck uralter aserbaidschanischer Traditionen und Bräuche ist‹.

Hochzeiten

Hochzeiten werden bevorzugt nach dem Ramadan gefeiert. Als Symbol ihrer Jungfräulichkeit trägt die Braut eine rote Schärpe um das weiße Kleid. Gefeiert wird in eigens dafür vorgesehenen ›Palästen‹ (şadlıq sarayı), wobei die reichlichen Speisen, die Lautstärke der begleitenden Musik und die Videoaufzeichnungen von besonderer Bedeutung sind. Das übliche Geschenk ist ein Briefumschlag mit Geld. Recht pragmatisch erklärte uns ein Freund in Baku das System: »Erst zahle ich, dann lade ich zu meiner Hochzeit dieselben Leute ein und kriege alles wieder zurück.«

Beerdigungen

Gibt es in einer Familie einen Todesfall, errichtet sie meist vor ihrem Haus, oft mitten auf der Straße, ein Zelt. Darin sammelt sich für sieben Tage die Trauergemeinde, wobei die Männer zeitlich oder räumlich getrennt von den Frauen trauern. Zur Stärkung gibt es geistlichen Beistand durch einen Molla und Speisen wie Huhn und Reis (plov) oder Datteln und Halva. Muslime werden möglichst noch am Tag ihres Todes mit dem Kopf gen Mekka begraben, wobei zumindest bei traditionellen Begräbnissen nur Männer anwesend sind. Der Tradition nach wird 3, 7 und 40 Tage später sowie nach einem Jahr der Toten im Kreis der Freunde gedacht.

Im Hochzeitspalast

Geschichte

Sogar unter Historikern ist das Vorurteil verbreitet, Aserbaidschan sei ein erst im 20. Jahrhundert entstandenes künstliches Staatsgebilde ohne geschichtliche Wurzeln und eigene Traditionen. In Wirklichkeit aber reicht die Eigenstaatlichkeit sehr weit zurück, wenn auch nicht deckungsgleich mit den heutigen Grenzen. Seit rund 200 Jahren ist das Siedlungsgebiet der Aseris zweigeteilt: in die Region nördlich des Grenzflusses Araz, die in etwa dem Territorium der Republik Aserbaidschan entspricht, und einen südlichen Teil, der zum Iran gehört und in dem zwei Drittel der ethnischen Aseris beheimatet sind. Während seiner ganzen Geschichte hatte sich Aserbaidschan fremder Eroberer zu erwehren, die aus Kleinasien, Persien oder von Norden hereinbrachen und das Land aufteilten und zerstückelten. Dennoch konnten sich meistens mehrere Fürstentümer behaupten, entweder autonom oder halbautonom als Vasallen übermächtiger Reiche. So blieb eine eigenständige kulturelle Tradition gewahrt, die ständig neue Elemente aufnahm.

In der Altstadt von Baku

Das andere Albanien

Schon in frühester Zeit haben Menschen hier Spuren hinterlassen: Steinwerkzeuge, die bis zu 200000 Jahre alt sind, Lagerstätten in Höhlen, sehr alte Befestigungsanlagen und kunstvoll verzierte Schmuckstücke als Grabbeigaben. 6000 bis 7000 Jahre alt sind die Tier- und Menschendarstellungen auf etwa 70 Felsen in der Schlucht von Qobustan. Mehr als 4000 dieser faszinierenden Felszeichnungen wurden nach und nach entdeckt. Funde von Waffen belegen, dass die Bewohner dieser Region rasch von der Kupfer- zur Bronze- und Eisenmetallurgie vorangeschritten waren, Brennöfen und schöne Tongefäße zeugen von einer kontinuierlichen regionalen Entwicklung der Ackerbaukultur und Zivilisation, die auch luxuriöse Herrschaftssymbole wie den greifenförmigen Fuß eines Throns erzeugte.

Die ersten, die in Aserbaidschan nachweislich ein Staatswesen gründeten, waren die Mannäer ab etwa dem 9. Jahrhundert vor Christus. Dieses kaukasische Volk hatte sich mit den von Norden eingefallenen Kimmeriern und Skythen vereint und trotzte militärisch sogar den Assyrern. Der Staat Mannai wurde im 7. Jahrhundert vor Christus von den im Süden beheimateten Medern erobert, die schon bald von den Persern unterworfen wurden. Das riesige Perserreich wiederum unterlag 330 vor Christus Alexander dem Großen. Um sich nicht unnötig zu verzetteln, beschloss der kluge Welteroberer, einzelne Provinzen Persiens durch einheimische Gouverneure verwalten zu lassen, so auch das Gebiet südwestlich des Kaspischen Meeres durch Atropates. Nach ihm hieß es fortan Atropatene. Sein nördlicher Teil Albania, benannt nach den dort lebenden Albaniern – die mit den europäischen Albaniern außer einer zufälligen Namensverwandtschaft nichts zu tun haben –, machte sich bald selbständig.

Im 2. Jahrhundert vor Christus etablierte sich Albania als so blühendes Gemeinwesen, dass der griechische Historiker und Geograph Strabon später bewundernd berichtete, es habe besser bewässerte Felder als Mesopotamien und handle mit indischen Waren. In Albania wurden auch Weinreben kultiviert, als deren ursprüngliche Heimat es gilt. Von der damaligen Hauptstadt Qəbələ (Kabala, zwischen Şamaxı und Şəki) blieben nur Ruinen übrig. Vor Strabons Zeit hatte der römische Feldherr Pompeius 65 vor Christus Albania eine militärische Niederlage beigebracht. Es wurde zum Vasallen Roms, aber nicht völlig annektiert. Als die römische Dominanz nachließ, kam Atropatene mehr und mehr unter die Kontrolle des Sassanidenreichs, des zweiten persischen Großreichs der Antike. Die Sassaniden traten im 3. Jahrhundert nach Christus das Erbe der Parther an, die die Römer lange Zeit in Schach gehalten hatten.

Von Zarathustra über Christus bis Mohammed

Mit den Persern kam eine neue Staatsreligion nach der Lehre des Zarathustra (Zoroaster), der den Lichtgott als einzigen Gott und Schöpfer lehrte. Das auf seinen Altären brennende Feuer bezog seinen Rohstoff durch ein lokales Naturwunder: das auf der Halbinsel Abşeron, wo sich der Zoroaster-Tempel Suraxanı

Zeitungskiosk

(Surachany) befand, schon damals gewonnene Petroleum. Es speiste die ›ewigen Feuer von Baku‹, die bald als gefürchtete ›griechische Feuer‹ der Byzantiner militärischen Ruhm erlangten. Baku, dessen früheste Wohnstätten 30000 bis 40000 Jahre alt sind, hatte sich im 1. Jahrhundert nach Christus zu einer für damalige Verhältnisse beachtlichen Stadt entwickelt, die ihren Wohlstand dem oberflächlich abschöpfbaren und leicht entzündbaren Erdöl verdankte. Das Feuer gilt auch als einer von mehreren möglichen Ursprüngen für den Namen ›Aserbaidschan‹: Die Perser nannten die Region ›Land des Feuers‹ (Aderbaidjan). Eine andere Legende führt den Namen auf den erwähnten Statthalter Atropanes zurück.

Nur Albania, der nördliche Teil Aserbaidschans, behielt eine gewisse politische Autonomie gegenüber den Sassaniden, die Krieg gegen das Oströmische Reich führten. Er endete 387 mit einem Teilungsvertrag zwischen Persien und Byzanz. Von Armenien aus wurde Albania christlich missioniert, wovon einige erhalten gebliebene Kirchen und Klöster zeugen, etwa in Kiş bei Şəki oder Nic bei Qəbələ.

Vom Westen her war Albania weiterhin durch Byzanz bedroht, das die zunehmende Schwäche des Sassanidenreichs zu nutzen wußte und im Jahr 623 bis nach Bərdə vordrang, eine um 500 gegründete Stadt, die für ihren Reichtum bald Berühmtheit erlangen sollte – als ›das Bagdad des Kaukasus‹. Außerdem kam es immer wieder zu Invasionen von Stämmen aus dem Norden, wie den Hunnen und

Chasaren, ein Schicksal, das für die gesamte Kaukasusregion bestimmend war und auch in Aserbaidschan zu einem breiten ethnischen und sprachlichen Spektrum führte. Die imponierenden Festungsanlagen der 120 Kilometer ›Langen Mauern‹ konnten diese Invasionen jedoch nicht dauerhaft verhindern. Errichtet wurden sie von der Dynastie der Mihraniden, die in Albania den Staatenbund Gardman dominierte. Dieses Bündnis, das mit seinen Nachbarn fruchtbaren Austausch pflegte, bescherte dem christlich geprägten Teil Aserbaidschans eine Friedensperiode, die kaum ein halbes Jahrhundert währte.

Denn bereits im Jahr 643 eroberten die Araber auf ihrem unglaublich schnellen Siegeszug im Namen Allahs und seines Propheten Mohammed nebenbei auch Albania. Sie islamisierten und entchristianisierten das Land und bürdeten ihm hohe Steuerlasten auf. 200 Jahre danach führte der Nationalheld Babek einen großen Aufstand gegen die Besatzer an, den diese erst nach zwanzigjährigem Ringen niederschlugen. Dennoch konnten sich mehrere autonome oder halbautonome Fürstentümer herausbilden. Das bedeutendste von ihnen, das Emirat von Schirwan mit seinem Zentrum Şamaxı, konnte sich im Laufe des 9. Jahrhunderts zunehmend vom arabischen Kalifat der Abbasiden loslösen und erreichte seine erste Blüte im 11. und 12. Jahrhundert. Das Fürstentum erstreckte sich vom Fluss Kur bis zur Stadt Derbent und wurde zu einer der wichtigsten Keimzellen aserbaidschanischer Identität.

Türkischer Einfluss

In der Mitte des 11. Jahrhunderts wanderten turksprachige Stämme, die vor den extrem grausamen Mongolenheeren flohen, aus Zentralasien ein. Sie beendeten gemeinsam mit der ebenfalls aus Zentralasien stammenden türkischen Dynastie der Seldschuken, die Persien, den Vorderen Orient und Teile Kleinasiens erobert hatten, die arabische Vorherrschaft in Aserbaidschan und etablierten dort die türkische Sprache und türkische Sitten. Nach und nach absorbierte das Türkische die Sprachen der alteingesessenen Stämme und vermischte sie zum Aserbaidschanischen. Auf dieser ethnischen, sprachlichen und kulturellen Basis trat die aserbaidschanische Nation ihren weiteren Weg in die Zukunft an – bis heute. Vom 11. bis zum 13. Jahrhundert erlebte Aserbaidschan sein erstes ›Goldenes Zeitalter‹ mit einer beispiellosen Blüte von Architektur, Kunst und Literatur. So begann das Herrschergeschlecht Schirwans, die Schirwanshirs, die Festung Baku anzulegen, entstand 1186 in Naxçivan das prächtige Möminə-xatun-Mausoleum, und in der persischen Literatursprache verfasste Nizami aus Gəncə (1140–1202) großartige Gedichtzyklen von weltliterarischem Rang.

Die Mongolenstürme

Dieser ›aserbaidschanischen Renaissance‹ bereiteten die Mongolenstürme ein jähes und furchtbares Ende. Verglichen mit allen bisherigen Eroberern – Römer, Sassaniden, Araber, Seldschuken – waren die Mongolen die grausamsten und verheerendsten. Sie kamen seit 1220 in mehreren Wellen und töteten und brandschatzten ohne Bedenken. Hülägü, ein Enkel Dschingis-Khans, eroberte 1256 Persien und gründete als Ilkhan (Landesfürst) das Il-Khanat. Hülägü wählte die persische, in der einstigen Atropane (südliches Aserbaidschan) gelegene Stadt Təbriz (Täbris, heute Iran) zur Hauptstadt und starb 1265 im 130 Kilometer südlich davon gelegenen Marağa (Maragha). 1336 löste sich das Il-Khanat auf. Doch schon ein halbes Jahrhundert später unterwarf Timur Lenk, der selbsternannte Nachfahre Dschingis-Khans, Aserbaidschan erneut in mehreren Feldzügen, die das ganze Land verwüsteten. Dabei machten die Mongolen auch die prächtige Handelsstadt Qəbələ, die antike Hauptstadt Albanias, dem Erdboden gleich. Den gerade wieder erstarkten Schahs von Schirwan blieb nichts anderes übrig, als die Oberherrschaft Timurs anzuerkennen. Nach all diesen Zerstörungen brauchte Aserbaidschan rund 100 Jahre, um in neuem Glanze zu erblühen.

Zwischen Persien und Russland

In der südlichen Kaukasusregion von Georgien bis Persien kämpften nun die turkstämmigen Föderationen der ostanatolischen ›Schwarzen Hammel‹ und der ›Weißen Hammel‹ (benannt nach ihren Wappentieren) um die Vorherrschaft. Der Kampf wogte hin und her, bis zu Beginn des 16. Jahrhunderts in Persien die neue Dynastie der Safawiden an die Macht gelangte, die aus Aserbaidschan stammte. 1502 krönte sich der in Ərdəbil (Ardabil) geborene Ismail I. (1486–1524) in Təbriz zum Schah von Persien. Seine Herkunft verschaffte der aserbaidschanischen Kultur und Elite großen Einfluss im ganzen persischen Reich, wo das Aserbaidschanische sogar zur zweiten Amtssprache aufstieg. Andererseits musste sich neben den anderen Fürsten auch der Schirwanshah, dessen Burg in Baku seine Macht repräsentierte, Ismail I. beugen und einen Vasallenstatus akzeptieren. Fast ganz Aserbaidschan wurde zu einer persischen Provinz. Wie im gesamten Reich avancierte auch dort die schiitische Glaubensrichtung des Islam zur neuen Staatsreligion und trennte damit den größten Teil der Bevölkerung von den türkischen Sunniten. Daran konnte das Osmanische Reich der Türken nichts ändern, dem es Ende des 16. Jahrhunderts gelang, Aserbaidschan für kurze Zeit zu unterwerfen.

Schah Ismail I.

Unter den Safawiden, die bis Mitte des 18. Jahrhunderts in Persien herrschten, erlebte Aserbaidschan zunächst ein zweites ›Goldenes Zeitalter‹ mit einer erneuten Blüte der Architektur, Kunst und Literatur, auch wenn schon Abbas I. (1587–1629) den Einfluss Aserbaidschans reduzierte und die Hauptstadt seines Reichs nach Isfahan verlegte.

Mittelalterliche Festung in Ramana auf der Halbinsel Abşeron

Zuvor hatte der Dichter Memed Füzuli die aserbaidschanische Literatursprache auf höchstes Niveau gehoben. Mit dem Tod des letzten Safawidenherrschers Nadir Shah 1747 erlangten die Khanate Aserbaidschans wieder volle oder zumindest große Unabhängigkeit. Das mächtigste von ihnen wurde das Khanat von Quba, das in der zweiten Hälfte des 18. Jahrhunderts unter Fatali Khan die Khanate Schirwan, Baku, Talysh und Salyan dominierte oder gar unterwarf. Die während des 18. und frühen 19. Jahrhunderts wieder erstarkten Khanate besaßen luxuriöse Residenzen und förderten die Künste.

Zur gleichen Zeit wurde Aserbaidschan zum Spielball persischer und russischer Interessen, die die Annexionsgelüste der dritten Großmacht, des Osmanischen Reiches, gemeinsam in Schach hielten. Die Fürsten von Schirwan, die ihre Unabhängigkeit aufrechterhalten wollten, waren sich unsicher, ob sie sich auf die persische oder die russische Seite schlagen sollten. Diese Unsicherheit wuchs eher, nachdem Zar Peter der Große 1723 eine ›persische Expedition‹ unternommen und in raschem Vorstoß Schirwan, Baku und die südliche Küste des Kaspischen Meeres eingenommen hatte. Er musste sich wieder zurückziehen, doch Russland hatte bleibenden Appetit bekommen. Da mehrere aserbaidschanische Khanate das Zarenreich um Hilfe gegen die Perser ersuchten, führte Russland seit 1796 drei Kriege gegen Persien. Mit den Friedensverträgen von Gulistan (1813) und Turkmentschai (1828) wurde Aserbaidschan endgültig in einen russisch beherrschten nördlichen und einen persisch beherrschten südlichen Teil auseinanderdividiert, mit dem Fluss Araz als Grenzlinie. Diese Teilung hat bis heute Bestand.

Modernisierung und Russifizierung

Unter russischer Herrschaft bekam Nordaserbaidschan eine neue Verwaltungsstruktur und wurde auf drei künstlich geschaffene Bezirke aufgeteilt. Der westliche wurde Teil der Eriwan-Provinz, die bis ins heutige Armenien hineinragte. Russland, das sich als Schutzmacht aller orthodoxen Kirchen verstand, war

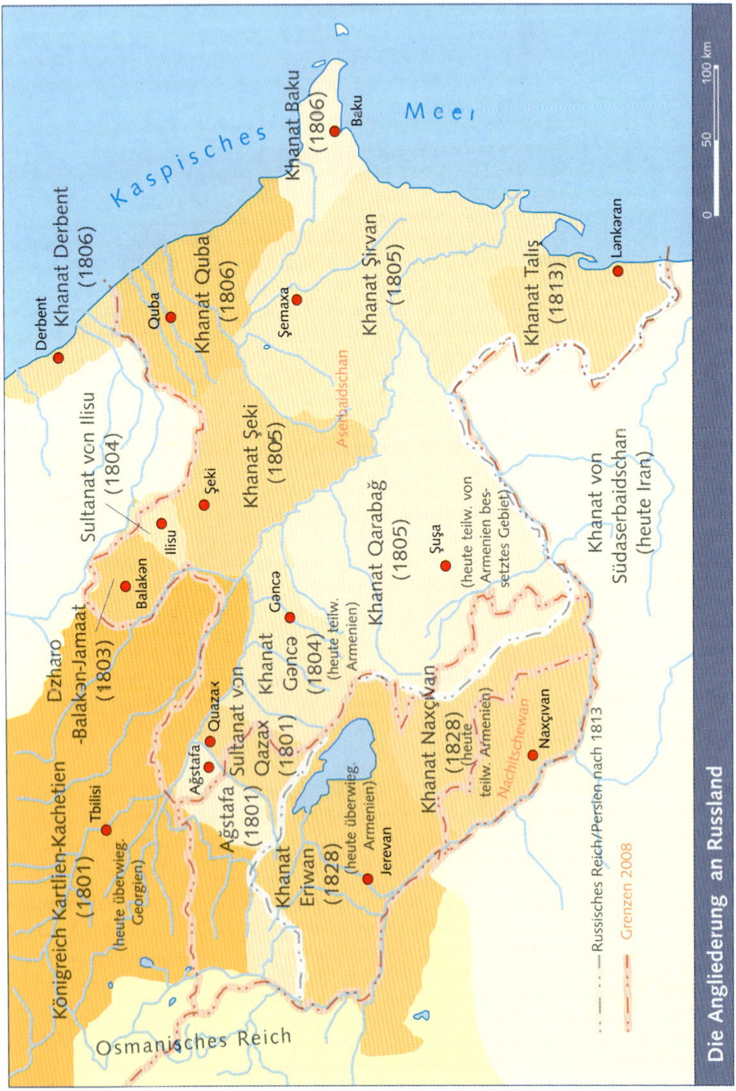

Die Angliederung an Russland

bestrebt, im südlichen Kaukasus gegen das Osmanische Reich und die Muslime ein christliches Bollwerk zu bilden und den georgischen und armenischen Christen politisch den Rücken zu stärken. Deshalb zog das Zarenreich 1836 einen Schlussstrich unter die autokephale, eigenständige Kirche der christlichen Albaner, die den gebirgigen Westen Aserbaidschans bewohnten, und ordnete sie der armenischen gregorianischen Kirche unter. Nicht zuletzt dieser Umstand zementierte die bis in die Gegenwart reichenden armenischen Ansprüche auf das aserbaidschanische Territorium von Nagorny Karabach.

Während Russland im Nordkaukasus verlustreiche Kämpfe gegen muslimische Bergvölker führte, bis deren Widerstand nach nahezu fünfzig Jahren Kaukasuskrieg 1864 endlich gebrochen war, verlief die Kolonisierung Aserbaidschans weniger konfliktreich. Die alten Fürstendynastien wurden teilweise in den russischen Reichsadel aufgenommen, die Leibeigenen 1870 befreit. Die Kolonisierung und Russifizierung ging einher mit modernen Reformen, Alphabetisierung und einem sozialen und wirtschaftlichen Aufschwung.

Den größten Umbruch bewirkte das in der Umgebung von Baku reichlich vorhandene Erdöl, dessen enorme technologische und ökonomische Bedeutung erst im letzten Drittel des 19. Jahrhunderts erkannt worden war. Im Jahr 1898 förderten die Ölfelder von Abşeron etwa 95 Prozent der russischen und die Hälfte der weltweiten Erdölproduktion. Die Bevölkerung Bakus, das 1863 nur 14 000 Einwohner hatte, wuchs bis 1897 auf 112 000, fünf Jahre später auf 206 000 und bis zum Ersten Weltkrieg auf eine Viertelmillion Einwohner. Immer neue Industrien schossen in Baku und Umgebung aus dem Boden, ebenso von ausländischem Kapital finanziert wie die Erdölproduktion. Seit dem Beginn des 20. Jahrhunderts verband eine direkte Eisenbahnstrecke Moskau mit Baku. Die wirtschaftlich aufstrebende Stadt zog viele Unternehmer und noch viel mehr Arbeiter an, unter denen die Aserbaidschaner nur eine Minderheit stellten, und erhielt dadurch sowohl ein bürgerliches als auch ein proletarisches Gesicht und zudem ein multiethnisches Gepräge. Russische und armenische Industrielle und Händler waren aus der Industriemetropole nicht mehr wegzudenken. Vielleicht hätte es ohne Aserbaidschan auch den Nobelpreis nie gegeben. Der Schwede Alfred Nobel, der mit seinem Erbe die weltweit renommierte Auszeichnung begründete, zog seinen Reichtum zu einem großen Teil aus Gewinnen aus dem aserbaidschanischen Ölgeschäft.

Sowjetherrschaft

Bereits in den 1890er Jahren bildete sich in Baku eine sozialdemokratisch orientierte Gruppierung, und schon 1901 traten Lenins Bolschewiki in Baku auf, das zu einem Zentrum ihrer Aktivitäten avancierte. Von hier aus wurden 1903, 1904 und 1913/14 Generalstreiks organisiert. Wenige Tage nach der Oktoberrevolution (25. Oktober 1917) ergriffen die Bolschewiki in Baku die Macht. Neun Monate später verloren sie diese wieder im Bürgerkrieg gegen republikanische Nationalisten und die von den Türken und Deutschen unterstützten Truppen der ›Weißen‹.

Kinder und Sowjetstern

Am 27. April 1920 eroberte die Rote Armee Baku zurück und beendete ein Intermezzo, das zuerst im extrem kurzlebigen Experiment eines transkaukasischen Staatenbundes und dann in der knapp zweijährigen Existenz einer Demokratischen Republik Aserbaidschan bestanden hatte. Von nun an war und blieb Nordaserbaidschan 70 Jahre lang der sowjetischen Herrschaft unterworfen. Im Dezember 1922 wurde die Sowjetunion geründet. Ihr schloss sich 1936 die Aserbaidschanische Sozialistische Sowjetrepublik an. Doch die Erinnerung daran, in den Jahren zwischen 1918 und 1920 eine nationalstaatliche und parlamentarisch-demokratische Republik errichtet zu haben, deren Unabhängigkeit von den USA offiziell anerkannt worden war, blieb unaustilgbar in der Erinnerung oppositioneller Eliten. Immerhin stellte die damalige Demokratische Republik Aserbaidschan die historisch früheste Republikgründung (mit Wahlrecht für Frauen) in der gesamten muslimischen Welt dar.

Während der Sowjetherrschaft ging das Regime auch in Aserbaidschan kompromisslos und mit großer Härte gegen alle Bestrebungen vor, nationale, kulturelle und religiöse Eigenheiten und Eigenständigkeiten zu bewahren. Die Sowjetisierung setzte die Russifizierung des Zarenreichs auf fast allen Ebenen fort. Die russische Sprache genoss gegenüber der aserbaidschanischen starke Privilegien, Moscheen und alte Schulen wurden geschlossen, national gesinnte Intellektuelle verfolgt und interniert, wie etwa der Historiker und Orientalist sowie spätere Präsident Aserbaidschans Abulfaz Eltschibey oder der in Aserbaidschan heute verehrte Dichter Hüseyn Cavid aus Naxçivan, der 1941 im sibirischen Lager starb.

Auch wirtschaftlich zog das Regime und damit vor allem die Moskauer Zentrale den größten Nutzen aus dem Ölreichtum des Landes. Obwohl das aserbaidschanische Erdöl seine überragende Bedeutung einbüßte, nachdem große Lagerstätten in Sibirien entdeckt worden waren, blieb es ein wichtiger Faktor für die Ökonomie der Sowjetrepublik. Allerdings trieb Heydar Aliyev, mächtiger Parteichef seit 1969 und bis 1982, eine diversifizierte Industrialisierung voran und erzielte in den 70er Jahren die höchsten industriellen Wachstumsraten aller Unionsrepubliken. Dieser und andere Erfolge trugen sicher entscheidend dazu bei, dass Heydar Aliyev, der es bis zum Mitglied des allmächtigen Politbüros gebracht hatte (bis 1987), nach dem Zusammenbruch der Sowjetunion ein politisches Comeback gelang. 1993 wurde er zum Präsidenten der Republik Aserbaidschan gewählt und blieb dies zehn Jahre lang.

Kriegerischer Neuanfang

An der Schwelle zur Wiedergeburt einer souveränen demokratischen Republik Aserbaidschan stand ein alter territorialer Streit mit dem Nachbarn Armenien. Am 20. Februar 1988 stellte das Parlament in Stepanakert (aserbaidschanisch: Xankəndı), der Hauptstadt des autonomen Gebiets Nagorny Karabach, einen Antrag beim Obersten Sowjet der UdSSR: Nagorny Karabach solle der armenischen Hoheit unterstellt werden. Der Antrag stieß auf Ablehnung. Nach Blockaden, Vertreibungen, Unruhen und einem Generalstreik kam Nagorny Karabach unter sowjetische Sonderverwaltung, die man bald wieder aufhob. Am 1. Dezember 1989 beschloss das armenische Parlament die ›Wiedervereinigung‹ mit Nagorny Karabach, das sich zwei Jahre danach für unabhängig erklärte, jedoch international nicht anerkannt wurde.

Hinterlassenschaften der rücksichtslosen Industrialisierung während der Sowjetzeit

Schuljunge

Die Fronten waren umso verhärteter, weil die ›aserbaidschanische Volksfront‹, eine schnell wachsende Bürgerbewegung, ihre Republik im September 1989 für souverän erklärt hatte. Dies war eine prompte Reaktion auf den sich zuspitzenden Konflikt um Nagorny Karabach und den Machtzerfall der gesamten Sowjetunion. Die Zentralgewalt zeigte sich aber nicht gewillt, den zunehmenden Demonstrationen, Ausschreitungen und Übergriffen auf verbliebene Armenier in Baku tatenlos zuzusehen und intervenierte militärisch. Mit der Begründung, einen drohenden Bürgerkrieg verhindern zu wollen, rollten am 20. Januar 1990 Panzer durch Baku, und mindestens 131 Menschen kamen ums Leben. Der Schock saß tief. Im darauffolgenden Jahr boykottierte Aserbaidschan – wie Armenien – Gorbatschows Referendum zur Reform der Sowjetunion. Nach dem gescheiterten Moskauer Putschversuch orthodoxer Kommunisten im August 1991 stand der Unabhängigkeit Aserbaidschans nichts mehr im Wege, die dessen Parlament am 30. August verkündete.

Ungelöst blieb das Problem Nagorny Karabach. Eskalierende Gewalt zwischen Armeniern und Aseris ging in einen regelrechten Krieg über. Nach anfänglichen militärischen Erfolgen Aserbaidschans im Frühjahr 1992 schlugen armenische Truppen die überforderten Streitkräfte des Gegners zurück und eroberten bis zum Spätsommer 1993 ganz Nagorny Karabach und einen Korridor nach dem anderen, bis alle Gebiete zwischen Armenien und Karabach in armenischer Hand waren. Die neu geschaffenen Fakten wurden zu künstlichen Grenzen aus Stacheldraht und Kontrollposten.

Der kriegerische Konflikt, der von 1988 bis 1994 dauerte, tötete 20 000 Menschen und trieb über eine Million in die Flucht. Seitdem hält Armenien mit Nagorny Karabach und den umliegenden Gebieten knapp 20 Prozent von Aserbaidschans Territorium besetzt, die es ›ethnisch säuberte‹. Eine Lösung für diesen Konflikt, der erneut aufflammen kann, ist noch nicht in Sicht.

Der Konflikt um Nagorny Karabach

Der Streit um Nagorny Karabach (Berg-Karabach, aserbaidschanisch Qarabağ), der schließlich zu Krieg und Vertreibung eskalierte, hat alte Wurzeln, obwohl in diesem Gebiet während des Mittelalters und der frühen Neuzeit ein vergleichsweise harmonisches Nebeneinander mehrerer Ethnien und Religionen bestand. Im gebirgigen Westen Aserbaidschans konnte sich das Christentum über viele Jahrhunderte hinweg bis heute erhalten. Die dort lebenden Nachkommen der Albaner besaßen eine autonome Kirche mit einem eigenen Oberhaupt, bis das Zarenreich diese Autonomie 1836 aufhob. Politisch gehörte dieses Gebiet zu einem der zahlreichen Khanate Aserbaidschans. Weder politisch noch ethnisch konnte Armenien einen Anspruch auf das Fürstentum geltend machen, ja das heutige Armenien um seine Hauptstadt Eriwan war lange Zeit selbst ein Teil Aserbaidschans, nämlich das Khanat Eriwan. Das Hauptsiedlungsgebiet der Armenier lag im Nordosten der Türkei, von wo sie im Ersten Weltkrieg vertrieben wurden. Der damit einhergegangene Genozid ließ das russische Armenien zu einer rettenden Heimstätte werden. Erklären lässt sich der heutige Konflikt nur durch allmähliche Entwicklungen und sprunghafte Entscheidungen, die gleichsam Gabelungspunkte für weitere Entwicklungen waren.

Der ethnische Teil des Konflikts beruht in beträchtlichem Maße auf demographischen Veränderungen: Vor der russischen Annexion des Gebiets im Jahr 1805 war es ein mehrheitlich von Muslimen bzw. von Aseris bewohntes Khanat. Im 19. Jahrhundert wanderten immer mehr Armenier aus der Türkei ein, bis sie im Jahr der Oktoberrevolution 93 Prozent der Bevölkerung ausmachten. Zu Sowjetzeiten begünstigte die demographische Entwicklung in Nagorny Karabach mehr und mehr die Aseris. Gleich zu Beginn der sowjetischen Herrschaft, am 1. Dezember 1920, aber trat das aserbaidschanische Revolutionskomitee die Gebiete Nagorny Karabach, Sangesur und Naxçivan an die Armenische Sozialistische Republik ab. Unter Druck, behaupten aserbaidschanische Historiker. Dabei blieb es nicht: Am 5. Juli 1921 wurde – unter anderem Druck – entschieden, Nagorny Karabach zwar bei Aserbaidschan zu belassen, dem Gebiet aber eine weitgehende Autonomie zu geben. Dabei blieb es dann. Wieder auf die Tagesordnung kam der virulente Konflikt erst durch die Auflösungserscheinungen der Sowjetunion. Den darauffolgenden Krieg entschieden die Armenier militärisch zu ihren Gunsten.

Protest gegen armenische Gebietsansprüche

Der Krieg ließ keine politische Stabilität in der jungen Republik Aserbaidschan zu. In nur drei Jahren mussten drei Präsidenten zurücktreten oder nach einem Staatsstreich weichen. Der heute im russischen Exil lebende Ayas Mutalibow regierte von Mai 1990 bis Mai 1992. Sein politischer Genickbruch war das Massaker von Xocalı im Februar 1992, als armenische und russische Einheiten im Zuge der Auseinandersetzungen um Nagorny Karabach über 600 aserbaidschanische Einwohner der Ortschaft töteten. Mutalibow wurde vor allem von der aserbaidschanischen Volksfront vorgehalten, den Ort nicht angemessen verteidigt und die Einwohner nicht gerettet zu haben. Nach einer Frühjahrsoffensive der Armenier, die zu weiteren territorialen Verlusten rund um Nagorny Karabach führte, musste auch der zweite Präsident der jungen Republik, Abulfaz Eltschibey, nach nur einem Jahr aufgrund einer Militärrevolte unter Führung des Kommandeurs Surat Hüseynov sein Amt niederlegen. So schlug im Sommer 1993 erneut die Stunde für Heydar Aliyev, der bereits 1990 in seine alte Heimat Naxçivan gegangen und dort Parlamentspräsident geworden war. Er konnte einen drohenden Bürgerkrieg verhindern und ließ sich im Oktober zum Präsidenten Aserbaidschans wählen. Sein ›sowjetisches‹ Wahlergebnis roch zwar nach Manipulationen großen Ausmaßes, doch ohne Zweifel genoss Aliyev nach wie vor enorme Sympathien in der Bevölkerung. Er versprach politische Stabilität, Ruhe an der Kriegsfront – im Mai 1994 schloss er mit Armenien einen Waffenstillstand –, ein Ende der außenpolitischen Isolation sowie wirtschaftliche Prosperität durch ausländische Investitionen. Nach dem Waffenstillstand mit Armenien blieb Aserbaidschan von allen regionalen Konflikten unberührt und schürte auch selbst keine weiteren. Es blieb jedoch bei den sehr schmerzlichen territorialen Verlusten an Armenien, die als größtes ungelöstes Problem nationaler Identität weiterhin für Zündstoff sorgen. Nach Angaben der UNO leben zudem fast 20 Jahre nach dem Konflikt noch immer fast 600 000 Vertriebene in beschämenden provisorischen Verhältnissen. Angeblich will die Regierung bis 2015 für alle Binnenflüchtlinge neue Behausungen errichtet haben. Doch bis dahin bleiben ihre Lager demonstrative Zeugen des zugefügten Leids und des taktischen Versprechens, eines Tages in die Heimat zurückkehren zu können.

Neubau einer Siedlung für Binnenvertriebene aus Nagorny Karabach

Die Präsidentschaft der Aliyevs

Unter dem Präsidenten Heydar Aliyev (Heydər Əliyev) durchlebte die junge Republik Aserbaidschan tiefgreifende innenpolitische Veränderungen. Zügig vorangetriebene wirtschaftliche Reformen umfassten klarere rechtliche Rahmenbedingungen für marktwirtschaftliche Strukturen, den Schutz von Investitionen, die Stabilisierung des Finanzsektors und die Konsolidierung des Staatshaushaltes. Die Privatisierung der Betriebe kam dagegen nur langsam voran. Für internationale Furore sorgte jedoch der von Aliyev mit internationalen Mineralölkonzernen unter Führung von BP ausgehandelte ›Jahrhundertvertrag‹, auf dessen Grundlage mehrere große Erdölfelder vor der Küste (Offshore) im Kaspischen Meer erschlossen werden sollten. Dabei wurde vereinbart, dass der Abtransport des Erdöls nicht über die bis dahin bestehenden Verbundnetze mit Russland erfolgen soll, sondern über ein eigenes Pipelinesystem, zuerst bis zum Schwarzen Meer in Georgien und später bis in die Türkei zum Mittelmeer. Ende der 1990er Jahre, als das erste Öl Richtung Schwarzes Meer floss, erlebte Aserbaidschan dadurch einen ersten spürbaren wirtschaftlichen Aufschwung.

Außenpolitisch gelang es Heydar Aliyev in der Tat, selbstbewußt und umsichtig Balance zu halten zwischen Russland und dem Westen, einerseits dem mächtigen Nachbarn die Nutzung von Militärbasen zu überlassen und andererseits die von der NATO angebotene ›Partnerschaft für den Frieden‹ einzugehen. Besondere Genugtuung bereitete ihm die 2001 erfolgte Aufnahme Aserbaidschans in den Europarat. Die internationale Gemeinschaft schien Heydar Aliyev als autoritären, aber pragmatischen und verlässlichen Herrscher zu respektieren. Ein positives Echo fand auch die Tatsache, dass aserbaidschanische und armenische Politiker wiederholt guten Willen zur Zusammenarbeit demonstrierten und gemeinsam an Konferenzen teilnahmen.

Seit 2003 ist Ilham Aliyev (İlham Əliyev) Sohn des von 1993 bis 2003 regierenden Heydar Aliyevs, Präsident des Landes. Am Ende seiner zweiten Amtsperiode schwer erkrankt, ernannte der achtzigjährige Heydar Aliyev seinen Sohn Ilham zum Ministerpräsidenten und bereitete damit seine Nachfolge vor. Drei Monate später, am 15. Oktober 2003, gewann Ilham Aliyev die Präsidentschaftswahlen. Sie waren nach dem Urteil unabhängiger Beobachter manipuliert, doch hatte sich die schwa-

Allgegenwärtig: Heydar Aliyev

Ilham Aliyev, der derzeitige Präsident des Landes

che politische Opposition auf keinen gemeinsamen Gegenkandidaten einigen können. Aserbaidschan ist der erste aus der Sowjetunion hervorgegangene Staat mit einer dynastischen Nachfolge an seiner Spitze.

Aserbaidschan heute

Seit seiner ersten Amtsperiode führt Ilham Aliyev die Politik seines Vaters fort. Er reagiert ebenso nervös, unnachgiebig und repressiv auf jede Opposition und erste Anzeichen für Demonstrationen – wie im Zusammenhang mit dem arabischen Frühling – oder gar für soziale Unruhen wie sein Vorgänger. Freie und kritische Meinungsäußerungen gelten als Angriff auf die politische Stabilität und öffentliche Sicherheit. Allerdings scheint der Präsident auch alte Mitstreiter und Gefolgsleute seines Vaters entmachten, den traditionellen Einfluss regionaler Seilschaften begrenzen und ›moderne‹ Technokraten seiner Generation an die Schaltstellen von Politik und Wirtschaft bringen zu wollen. Gewiss duldet Ilham Aliyev keine potentiellen Rivalen, aber ein Generations- und Elitewechsel könnte Aserbaidschan auf dem Weg zu etwas mehr Demokratie voranbringen. Das täte dem Land gut, dem die Organisation Freedom House in ihrem globalen Ranking von 2011 weiterhin bescheinigt, ›nicht frei‹ zu sein, und dem Transparency International im selben Jahr, was das Ausmaß der Korruption anbelangt, einen 143. Rang (wie Russland, Togo und Uganda) in der Bewertung von 182 Staaten zuerkannt hat, wobei der erste Rang für die geringste Korrumpierbarkeit steht. Aserbaidschan hat auf diesem Gebiet also noch einen langen Transformationsprozess vor sich.

Vorherrschendes Ziel der Außenpolitik ist es, die an Armenien verlorene Region Nagorny Karabach zurückzugewinnen. Trotz intensiver Vermittlungsbemühungen der OSZE, einer allmählichen Annäherung und wiederholter Treffen der Präsidenten beider Staaten konnte bislang keine Einigung erzielt werden. Unabhängig von der Karabachfrage genießt Ilham Aliyev, wie schon sein Vater, die volle wirtschaftliche und politische Kooperationsbereitschaft des Westens. Mit Ilham Aliyev hat Aserbaidschan einen jungen, weltgewandten und ausgezeichnet Englisch sprechenden Präsidenten, der an der prowestlichen Ausrichtung seiner Außenpolitik keinen Zweifel lässt und sich und sein Land inzwischen als zuverlässigen Energielieferanten des Westens etabliert hat.

Den USA gilt Aserbaidschan neben Georgien als wichtigster Verbündeter im Kaukasus. Als eines der wenigen islamischen Länder unterhält Aserbaidschan auch gute Beziehungen zu Israel, das das Land in Bereichen der Sicherheitspolitik unterstützt und sich wirtschaftlich engagiert. Das traditionell gute Verhältnis zur Türkei und zum Iran ist ins Wanken geraten, seit Aserbaidschan Israel Zugang zu Militärstützpunkten nahe der iranischen Grenze gewährt.

Aufgrund der extrem positiven Wirtschafts- und Haushaltslage dank der Einnahmen aus Öl- und Gasverkäufen sowie einer weiterhin schwachen Opposition war die Wiederwahl Aliyevs bei der Präsidentschaftswahl im Herbst 2008 so wenig überraschend wie der Sieg der Regierungspartei bei den Parlamentswahlen 2010.

Politik

Aserbaidschan erklärte im Oktober 1991 seine Unabhängigkeit von der Sowjetunion. Eine erste Verfassung wurde allerdings erst vier Jahre später verabschiedet, nach dem Ende der kriegerischen Auseinandersetzungen um Nagorny Karabach und nach zaghafter Stabilisierung des Landes und Normalisierung des Alltags. Aserbaidschan ist seitdem eine Präsidialrepublik mit einem Einkammerparlament. Das Parlament, die Milli Məclis (Nationalversammlung) verfügt über 125 Abgeordnete und wird über ein Mehrheitswahlsystem alle 5 Jahre gewählt, zuletzt geschah das im November 2010. Über 70 Prozent der gewählten Abgeordneten gehören der Partei des Präsidenten, Yeni Azərbaycan (Neues Aserbaidschan), an. 41 Abgeordnete sind parteilos, in ihrer Mehrheit aber loyale Anhänger des Systems und des Präsidenten. Die Opposition, die sich als Zusammenschluss Ictimai Palata nennt, kam auf zwölf Prozent der Stimmen. Die Musavat-Partei unter der Führung von Isa Qambar ist die älteste und stärkste der Oppositionsparteien. Gegenüber 2005 hat sie ihr Ergebnis mehr als verdoppeln können. Es bleibt abzuwarten, ob sich die oppositionellen Kräfte auf Dauer etablieren können oder durch die repressive Politik der Machthabenden beziehungsweise eigenes Verschulden (interne Zerstrittenheit) gebremst werden.

Der Präsident der Republik Aserbaidschan wird alle fünf Jahre direkt vom Volk gewählt. Mit einem Verfassungsreferendum hat Ilham Aliyev 2009 dafür gesorgt, dass die frühere Begrenzung auf zwei Amtszeiten aufgehoben wurde. Unter den Bedingungen einer nur formell bestehenden Demokratie kann der

50 Jahre alte Präsident sein Amt nun also solange ausüben, wie es ihm beliebt. Er ernennt den Ministerpräsidenten als Chef der Regierung (mit Bestätigung durch das Parlament) sowie alle weiteren Mitglieder des Ministerkabinetts und Leiter zentralstaatlicher Verwaltungsbehörden. Laut Verfassung ist der Präsident zudem oberster Kommandeur der Streitkräfte.

De facto konzentriert sich die gesamte politische und ein nicht unerheblicher Teil der wirtschaftlichen Macht auf den Präsidenten und seine Entourage. Legislative und Judikative, also Parlament und Oberster Gerichtshof, besitzen nur begrenzte Unabhängigkeit.

Gestärkt wird die Macht des Präsidenten und der zentralen Exekutivorgane zudem durch die fehlende Ebene von ›Bundesländern‹, also von föderalen Verwaltungseinheiten. Neben der Zentralregierung existieren in Aserbaidschan nur noch auf Kreisebene Verwaltungsstrukturen. So ist das Land in 70 Verwaltungsbezirke (59 Rayons und 11 Städte) sowie eine autonome Republik (Naxçivan, mit wiederum 7 Rayons und 1 Stadt) untergliedert. Kreisübergreifende einflussreiche, politische Strukturen lassen sich somit kaum aufbauen.

Zudem ist die überwiegende Mehrheit der Bevölkerung, die sich seit Jahrhunderten an ein Netzwerk von Loyalitäten gewöhnt hat, strukturkonservativ eingestellt, akzeptiert die starke Präsidialgewalt und hat bisher noch wenig Interesse an einer pluralistischen Zivilgesellschaft.

Jungs in den Bergen

Wirtschaft

Das Gebäude der Nationalbank in Baku

Infolge des Auseinanderfalls der Sowjetunion und des damit verbundenen Zusammenbruchs der Handelsbeziehungen zwischen den einzelnen Sowjetrepubliken sowie der militärischen Auseinandersetzungen um Nagorny Karabach verschlechterte sich die wirtschaftliche und soziale Lage der Bevölkerung bis in die Mitte der 90er Jahre dramatisch. Im Jahre 1995 betrug das Bruttoinlandsprodukt (BIP) Aserbaidschans gerade noch 40 Prozent seines Niveaus von 1989. Diesen Stand erreichte das Land erstmals wieder im Laufe des Jahres 2006, als das Land ein Wirtschaftswachstum von über 30 Prozent aufweisen konnte. Das rasante Wachstum schwächte sich in den Folgejahren zwar etwas ab, aber selbst 2010 gab es mit einem BIP von fast 60 Milliarden US-Dollar noch eine Steigerung von fünf Prozent gegenüber dem Vorjahr. Das Pro-Kopf-Einkommen lag statistisch bei 4807 US-Dollar, ein Plus von 8,4 Prozent und damit weit über dem von 1989.
Von seinem Reichtum gab Aserbaidschan allein im Jahr 2011 2,3 Millionen Euro für Rüstung aus. Das Militärbudget ist damit 30 Mal so hoch wie 2003 und übersteigt den gesamten armenischen Staatshaushalt um 50 Prozent.

Exportgüter

Die wichtigsten Exportgüter sind und bleiben Erdöl und Erdgas, deren Anteil 2010 rund 87 Prozent betrug. Daneben führt Aserbaidschan noch andere mineralische Rohstoffe aus, vor allem Eisenerz, Buntmetalle und Aluminium. Die Hälfte des Territoriums wird landwirtschaftlich genutzt: als Weideflächen und Ackerland, als Anbaugebiete von Baumwolle und Tabak, von Reis und Maulbeerenbäumen für die Seidenraupenzucht sowie von Obst, Gemüse und Tee, wovon ebenfalls ein Teil, vor allem Baumwolle und Zitrusfrüchte, für den Export bestimmt sind. 2010 entfielen nur etwa fünf Prozent des BIP auf die Landwirtschaft, wobei in diesem Sektor fast 40 Prozent der Bevölkerung Aserbaidschans arbeitet.
Aserbaidschan importiert an erster Stelle Maschinen, Anlagen und Fahrzeuge. Das zeigt sich auch in den Handelsbeziehungen mit Deutschland. Im Jahre 2010 entfielen 25 Prozent der Importe aus Deutschland auf Maschinen, 14 Prozent auf Kraftfahrzeuge und Kfz-Teile. Bislang behindert eine protektionistische Wirtschaftspolitik mit hohen Einfuhrzöllen und staatlich reglementierten Preisen für bestimmte Produkte den angestrebten Zugang zur WTO (Welthandelsorganisation).

Wirtschaftliche Probleme

Die steigende Flut der Öleinnahmen und die anfänglich begrenzten Möglichkeiten der Nationalbank von Aserbaidschan, mit geeigneten Maßnahmen ausgleichend einzugreifen, trieben die Inflationsrate im Jahr 2007 bis 2008 auf jeweils über 20 Prozent. Dieser Trend konnte vorübergehend verlangsamt werden, hat aber 2011 wieder an Fahrt aufgenommen. Das Bankensystem weist zwar phänomenale Wachstumsraten in seinem Kredit- und Einlagengeschäft auf, ist für seine Größe aber mit mehr als 40 Banken zu kleinteilig und schwach, ausländische Banken sind aufgrund der restriktiven Lizenzvergabe kaum präsent. Erst langsam entwickelt sich der bargeldlose Sektor. Eine Einlagensicherheit von derzeit 30 000 US-Dollar und Zinsen von etwa zwölf Prozent sollen Sparer motivieren, ihr Geld vermehrt zur Bank zu tragen. Entsprechend entwickelt sich der Kreditsektor, obwohl nach wie vor ein Großteil des Wirtschaftslebens auf Bargeld basiert, das von Hand zu Hand zirkuliert.

Während der durch Öl und Gas erzielte Anteil am Wachstum des BIP 2010 bei etwa 50 Prozent lag, stagnierte der Anteil aller anderen Sektoren bei etwa sechs Prozent. Damit das Land nicht völlig einseitig von den aktuellen Weltmarktpreisen für Öl und Gas abhängig bleibt, wird eine beschleunigte Diversifizierung der Wirtschaft und industriellen Produktion als dringend notwendig angesehen. Wenn in etwa 20 Jahren die Ölförderung zu Ende gehen wird, ist Aserbaidschan auf andere Sektoren angewiesen. Eine hohe Inflationsrate wird paradoxerweise begleitet von einer im Vergleich zum Euro und Dollar aufgewertenden einheimischen Währung – erstes Anzeichen der ›Holländischen Krankheit‹: Dabei gewinnt die einheimische Währung auf dem internationalen Markt aufgrund der nationalen Ölvorkommen permanent an Wert. Gleichzeitig steigt auf dem Binnenmarkt durch den hohen Zufluss an Valuta die Nachfrage nach Manat, was wiederum die Inflation anheizt. Die Kombination aus beidem verteuert die Produktion außerhalb des Erdölsektors immens. Sie ist dadurch international kaum noch wettbewerbsfähig. Die dann einseitig auf den Rohstoffsektor ausgerichtete Wirtschaft macht das Land extrem anfällig für externe Schocks.

Ölförderanlage

Hirte im Kaukasus

Vom Ölreichtum profitieren die meisten Aserbaidschaner kaum oder nur sehr langsam und indirekt durch staatliche Investitionen in die materielle und soziale Infrastruktur. Ganze 40 Prozent der Bevölkerung leben weiterhin in Armut und müssen mit etwa 25 Dollar monatlich auskommen. Das liegt zum einen daran, dass die Ölwirtschaft nur einen geringen Bedarf an Arbeitskräften hat. Zudem kommen das Management und die Ingenieure der internationalen Konzerne und Konsortien größtenteils aus dem Westen, das Gros der Facharbeiter stammt aus Südostasien. Einheimische, zumeist ungelernte Arbeitskräfte werden eigentlich nur dann benötigt, wenn Bohrplattformen auf- oder abzubauen sind. Deshalb ist die Arbeitslosigkeit in Aserbaidschan weiterhin relativ hoch und dürfte deutlich über den offiziellen Zahlen von 5,5 Prozent (2011) liegen. Zum anderen liegt die verbreitete Armut und eine fehlende gerechtere Verteilung der Erlöse aus dem Ölgeschäft an der Machtstruktur des Landes, die einen vom Präsidenten um seines Machterhalts willen betriebenen Klientelismus fördert, der nur die eigenen Kreise bedient und wenig für das Gros der Bevölkerung übrig lässt.
Wirtschaftliche Zentren des Landes sind neben der Hauptstadt Baku auch die Städte Sumqayıt und Gəncə. Große Teile der Landbevölkerung leben hingegen weiterhin in Armut, wenngleich sie aufgrund familiärer und gemeinschaftlicher Kooperation den Alltag bewältigen. Unterstützt werden sie durch Überweisungen von rund einer Million Angehöriger, die als Arbeitsmigranten nach Russland, in die Türkei oder noch weiter in den Westen gegangen sind. All dies birgt beträchtliche soziale Sprengkraft. Ob der vor einigen Jahren gegründete, leider nicht sehr transparente Öl-Fonds, der mit gewaltigen Geldern einzahlender Ölexplorateure Infrastruktur-, Bildungs- und Wohnungsbauprogramme sowie Programme zur Diversifizierung der Wirtschaft fördern soll, hier erfolgreich ansetzen kann, bleibt abzuwarten.

Erdöl – Segen und Fluch Aserbaidschans

1942 drehte die deutsche Armee einen Film, in dem Adolf Hitler anlässlich der geplanten Eroberung des Kaukasus eine Geburtstagstorte der besonderen Art überreicht bekam: Sein persönliches Tortenstück war mit den Umrissen Aserbaidschans verziert. ›Wenn wir Baku nicht kriegen, sind wir verloren‹, sprach der Führer, denn hier, am östlichsten Zipfel das Kaukasus, erwartete ihn das wertvolle Öl des Kaspischen Meers – zu dem er nie gelangte.

Weit früher schon war Aserbaidschans Öl ein heißbegehrtes Gut. Als Heilmittel oder Lichtquelle wurde es schon zu Urzeiten über den Iran bis nach Indien exportiert, und später berichtete Marco Polo von Öltransporten per Kamel entlang der Seidenstraße. Während die ersten Ölquellen noch per Hand gegraben wurden, fand in Bibi Heybat, dem beeindruckenden Ölfeld im Süden Bakus, 1844 die weltweit erste Bohrung statt. Kurz darauf verschlug es die ersten Spekulanten in das erwachende Erdöl-Dorado: Die Nobels und Rothschilds erwarben Ölquellen auf der Abşeron-Halbinsel und in Baku setzte ein Boom ein, der es um 1900 zum größten Erdöllieferanten der Welt werden ließ.

Offensichtliche Kehrseiten des Öl-Booms sind Korruption und fatale Umweltschäden in Form verseuchter Gewässer und apokalyptischer Landschaften mit rostigen Stahltürmen zwischen buntschillernden Pfützen.

Inzwischen gehört Aserbaidschan mit einem Anteil von weniger als einem Prozent an der globalen Ölförderung nicht mehr zu den wichtigsten Produzenten. Trotz neu entdeckter und noch unerschlossener Lager wird sein Anteil an den Weltreserven sogar auf nur 0,6 Prozent geschätzt, vergleichbar mit den Reserven Norwegens oder Angolas. Dennoch dreht sich hier und heute ökonomisch fast alles um das Öl.

Aserbaidschan hat seit Mitte der 90er Jahre mit einer Reihe international agierender Mineralölkonzerne Verträge zur Erschließung und Nutzung von Öl- und Gasfeldern abgeschlossen. Das größte Ölfeld ist das Offshore-Ölfeld Aseri-Çiraq-Guneşli im Kaspischen Meer, dessen Exploitation im sogenannten Jahrhundertvertrag von 1994 unter der Federführung von BP geregelt wurde. Durch das internationale Engagement in den Bau von Förder- und Transportanlagen inklusive der gesamten notwendigen Infrastruktur sind bis heute bereits Auslandsinvestitionen in Höhe von mehr als 15 Milliarden US-Dollar geflossen. Die Resultate sind beeindruckend. Die Ölproduktion steigt rapide an, ihr Höhepunkt mit 1,1 Millionen Barrel pro Tag wurde 2009/2010 erreicht. Für den Öl- und Gasexport sind die Pipelines, die durch Georgien in die Türkei führen, von wo aus das Öl über das Mittelmeer auf den Weltmarkt gebracht wird, von vitaler Bedeutung, da Armenien als Transitland nicht in Frage kommt.

Mit einer feierlichen Zeremonie wurde 2005 die 1770 Kilometer lange und damit weltweit längste und mit 2,5 Milliarden Euro teuerste Ölpipeline eingeweiht, die von Baku über die georgische Hauptstadt Tbilisi zum türkischen Schwarzmeerhafen Ceyhan führt. Pro Tag kann diese Pipeline bis zu einer Million Barrel (1 b = 159 Liter) Öl transportieren.

Auch die Gasförderung hat mit dem Beginn der Erschließung des Shah-Denis-Feldes im Dezember 2006 einen Aufschwung erlebt. Mit Reserven von 420 Milliarden Kubikmetern ist es eines der größten Gasfelder, die in den vergangenen Jahren weltweit entdeckt wurden. Das Gas gelangt über die Baku-Tbilisi-Erzurum-Pipeline in den Westen, die parallel zur oben genannten Pipeline verläuft. Die aserbaidschanische Regierung erwartet dadurch Einnahmen von über 140 Milliarden US-Dollar für die nächsten 20 Jahre. Obwohl für die viel diskutierte Nabucco-Pipeline, die künftig Gas aus dem Kaspischen Meer bis nach Österreich transportieren soll, bereits längst ein Abkommen unterzeichnet wurde, ist sie vorerst wegen der anhaltenden Streitigkeiten der potenziellen Lieferstaaten rund um das Kaspische Meer in eine Sackgasse geraten. Aserbaidschan, das dabei als Lieferant gehandelt wird, ist übrigens kein Mitglied der OPEC, der Organisation Erdölexportierender Länder, und daher nicht an deren Vereinbarungen zu Fördermengen und Preisen gebunden.

Eine Reportage über die gesellschaftlich und politisch problematischen Seiten des Erdölwahns wurde unter dem Titel ›Der Preis des Öls‹ in mare, Heft 67 (›Die Öl-Connection‹; erschienen April/Mai 2008) publiziert. Holger Gertz und Rena Effendi setzen sich darin in Wort und Bild kritisch mit den Folgen der Pipeline auseinander und lenken das Augenmerk auf die Verlierer des Ölgeschäfts.

Badende vor einer Förderanlage

Kunst und Kultur

Teetrinken bei einer Runde Domino oder Nard (Backgammon) in geselliger Männerrunde: Ein Klassiker aserbaidschanischer Alltagskultur. Zur kulturellen Tradition Aserbaidschans gehören außerdem kunstvoll geknüpfte Teppiche – ein Handwerk, auf das man besonders stolz ist und das 2010 von der UNESCO in die Liste des immateriellen Kulturerbes aufgenommen wurde. In dieser alten Tradition finden sich Einflüsse aus den anderen Künsten, etwa der Miniaturmalerei, und Motive aus der Literatur wieder.
Nach 70 Jahren Sowjet-Moderne sucht man derzeit nach neuen kulturellen und künstlerischen Ausdrucksweisen und besinnt sich dabei gern auf tradierte Sujets, belebt Formen traditionellen Kunsthandwerks wieder. Hier ein Überblick über die wichtigsten Entwicklungen und Traditionen – zu denen nicht zuletzt die aserbaidschanische Küche gehört.

Literatur

Aserbaidschans Dichter sind allgegenwärtig. In Form unzähliger Denkmäler erinnern sie beständig daran, welch hoher Wert in ihrem Land der Dichtkunst zukommt. So gibt es wohl keine aserbaidschanische Stadt ohne Nizami-Denkmal und Nizami-Straße. Schon sein Name klingt wie Poesie: Abu Muhammed Iljas ibn Jusuf, Scheich Nizam al Din, bekannter als Nizami Gəncəvi, lebte im 12. Jahrhundert und gilt als einer der bedeutendsten Klassiker der persischen Poesie. Da er in der damaligen Literatursprache Persisch schrieb, beanspruchen ihn Aserbaidschans Nachbarländer ebenso enthusiastisch für sich. Nizami ver-

Rapper in Zaqatala

stand sich aber durchaus als ›Türke‹ und lebte in Gəncə, wo man sein überdimensionales Mausoleum besuchen kann. Er verfasste fünf große Versepen (Xəmzə), die auch ins Deutsche übersetzt wurden, und mit ›Leyli und Madschnun‹ einen Stoff, den die nachfolgenden Dichtergenerationen immer wieder aufgegriffen. Selbst Goethe war von den Künsten Nizamis beeindruckt, was ihm nicht vor dem Faux-Pas bewahrte, ihn im ›West-Östlichen Divan‹ in Persien anzusiedeln. Heute steht der Poet in Baku steinern und unverrückbar über dem Fountain Square und blickt hinab zum Literaturmuseum.

Sein jüngerer Kollege Memed bin Suleyman Füzuli (1495–1556) dichtete als erster auf Aserbaidschanisch und wurde vornehmlich durch seine sensible Bearbeitung des ›Leyli und Madschnun‹-Stoffes berühmt. Als man 1995 Füzulis 500. Geburtstag feiern wollte, gab es ein trauriges Hindernis: Die nach ihm benannte Stadt war von armenischen Truppen besetzt, weshalb die Feier vertagt werden musste. Zwei Jahre später wurde dann doch noch was daraus, und zwar am großen Füzuli-Denkmal gegenüber dem Akademischen Nationaltheater in Baku.

Portrait des Dichters Füzuli

Andere wichtige Namen aus der Literaturszene sind die beiden Poetinnen Məhseti Gənjəvi (Mittelalter) und Natavan (1830–1897), Axundov (1812–1878), Aufklärer und Namensgeber der Bakuer Staatsbibliothek, Mirza Şafi (1794–1852), dessen Werke bereits zu Lebzeiten von dem Orientalisten Friedrich Bodenstedt übersetzt wurden, sowie viele weitere, die sich in Bakus Straßennamen wiederfinden.

Übersetzungen

Bis jetzt gibt es nur wenige Übersetzungen auf dem deutschen Buchmarkt. Dennoch einige Empfehlungen, die sich gut zur Begleitung einer Aserbaidschanreise eignen: Ein Klassiker ist ›Ali und Nino‹ von Kurban Said (alias Lev Nussimbaum, alias Essad Bey, alias Elfriede Ehrenfels aus Österreich), eine Bakuer Liebesgeschichte zwischen Ost und West am Vorabend des Ersten Weltkriegs, deren Problematik jedoch auch 100 Jahre später kaum an Brisanz verloren hat. Wer mehr über den rätselhaften Autor erfahren will, dem sei dazu gleich noch ›Der Orientalist‹ von Tom Reiss empfohlen, der inzwischen als Taschenbuch erhältlich ist und den Spuren des mysteriösen Schreiberlings ins Baku des frühen 20. Jahrhunderts folgt. Von Essad Bey erschienen 2008 neu aufgelegt die auto-

biographischen Werke ›Zwölf Geheimnisse im Kaukasus‹ und ›Öl und Blut im Orient‹, ein spannender Bericht über das Ringen um politische Macht und Öl in Baku zwischen 1910 und 1920. Um die Geschichte des Öls dreht sich ebenfalls ›Nobel of Baku‹ des 1959 geborenen Amir Pahvalan, das 2004 auf englisch, aber noch nicht auf deutsch erschienen ist. In Elçin Efendiyevs etwas süßlichem Roman ›Das weiße Kamel‹ erlebt ein Junge in der Bakuer Altstadt den Zweiten Weltkrieg. Die Liebesgeschichte ›Der sechste Stock eines fünfstöckigen Hauses‹ von Anar Rzayev handelt von den alltäglichen Widersprüchen des Lebens zwischen Islam und Kommunismus im Baku der 1960er Jahre.

In Bakus Achundov-Bibliothek (Xagani küç. 29, Tel. 4934003, www.anl.az) findet man mit Glück einige literarische Perlen, darunter sehr wenige westeuropäische Übersetzungen. Die Nutzung ist kostenlos, und Recherchieren kann man hier täglich außer montags sowohl digital als noch auf die gute alte Art mit zahllosen staubigen Zettelkatalogen und viel hilfsbereitem Personal. Bücher werden nicht außer Haus entliehen, doch im Keller gibt es einen Kopierservice, der binnen eines Tages das Gewünschte fertigstellt.

Klassische Musik

Muğam ist die traditionelle Musik Aserbaidschans, die Jahrhunderte alt ist und in der alle anderen aserbaidschanischen Musikarten wurzeln. An ihrem Anfang steht der Aşıq, eine Art wandernder Volkssänger, der im Mittelalter seine Umwelt bevorzugt mit den Geschichten von Dədə Qorqud (Großvater Gorgud), einer bedeutenden türkischen Textsammlung, beglückte. Die vollständigste Sammlung der im Mittelalter entstandenen Geschichten befindet sich seit dem 19. Jahrhundert übrigens in Dresden. Zu größtem Ruhm brachten es die Aşıqs aus Westaserbaidschan, und so ist es vielleicht nicht verwunderlich, dass bis heute besonders gern die Schönheit der Stadt Şuşa besungen wird. Bei der traditionellen Muğam-Musik wird ein Thema vorgegeben, über das die partizipierenden Musiker nacheinander improvisieren. Die klassische Combo besteht dabei aus einem Tar-Spieler (Zupfinstrument), einem Kamancha-Spieler (Streichinstrument) und einem Sänger mit Gaval (Trommel).

Was für westliche Ohren zunächst gewöhnungsbedürftig klingen mag, hat die UNESCO 2003 zum kulturellen Meisterwerk bestimmt. Muğam-Musik findet man im Programm des neuen Muğam-Centers in Baku, als Live-Beigabe in Restaurants und im Muğam-Klub in Bakus Altstadt (→ S. 117).

Der Star der aserbaidschanischen Klassik ist Üzeyir Hacibəyov (1885–1948). Gern wird daran erinnert, dass man ihm mit der Muğam-Oper ›Leyli und Medschnun‹ (1908) die erste Oper des Orients verdankt. Als Höhepunkt gilt Hacibəyovs 30 Jahre später uraufgeführte Oper ›Koroğlu‹. In 67 Sprachen übersetzt, wurde sie auf Deutsch unter dem Titel ›Samt und Seide‹ zuletzt 2006 in Wien aufgeführt, wo Hacibəyovs Büste den Donaupark ziert.

In der Achundov-Bibliothek in Baku

Die Philharmonie in Baku

Auch die erste Ballettmusik des Orients stammt aus Baku und ist dem Wahrzeichen der Stadt gewidmet: Qiz Qalasi (Jungfrauenturm) hatte 1940 Uraufführung. Aus der Feder von Qara Qarayev (1918–1982) stammt die patriotische Oper Vatan (Vaterland), während Fikret Amirov (1922–1984) sich einen Namen mit seinen Sinfonien machte. Den international bekanntesten Musiker aus Baku, Mstislav Rostropovic, hat es nicht lange in Aserbaidschan gehalten, doch erinnern noch ein Straßenname und ein Hausmuseum an die Herkunft des begnadeten Cellisten. Mehrere Opernstars haben sich mit Straßennamen in Baku unsterblich gemacht, darunter Raşid Behbudov (1915–1988) und der Muğam-Profi Murtuza Rza Mammadov, der sich mit seiner Stimme den Namen Bül-Bül (Nachtigall) einhandelte. Heute zählen die Qazimova-Schwestern zu den besonders gern gehörten Sopranistinnen. Außerhalb der Sommerpause bieten Bakus Oper und Philharmonie nationale und internationale Klassik. Gleichzeitig lädt das Land in vielen westeuropäischen Hauptstädten letzthin regelmäßig zu Vorführungen aserbaidschanischer Musik und Kultur, um ein modernes und kulturorientiertes Image zu präsentieren.

Jazz und Pop

Ein Abend in einem der Bakuer Jazz-Club kann gleichzeitig begeistern und melancholisch stimmen. Oftmals spielen passionierte Musiker vor fast leeren Sälen, um danach am Tresen an die Goldenen Jahre des Jazz zu erinnern. In den 50er und 60er Jahren wurde Jazzmusik in der Sowjetunion zwar mit Misstrauen bedacht, war dessen ungeachtet jedoch äußerst populär. Damals brachte Aserbaidschan ein ganz eigenes Genre, den Oriental Jazz hervor, in dem sich Muğam und westliche Rhythmen miteinander vermischen. Der Schöpfer dieses Muğam-Jazz war der Komponist und Pianist Vaqif Mustafazade (Vaqif Mustafazadə; 1940–1979), dessen Geburtshaus in der Bakuer Altstadt ein kleines

Vagif-Museum beherbergt. Seine Tochter Aziza (geb. 1969) lebt in Deutschland und ist als bekannte Jazzsängerin und -pianistin unter dem Namen Aziza Mustafazade (aserbaidschanisch Əzizə Mustafazadə) in die Fußstapfen ihres Vaters getreten. Nach ihrer Ausbildung am Konservatorium in Baku ging sie mit ihrer Mutter nach Deutschland, wo sie bis heute in ihrer Wahlheimat Mainz lebt. Der von ihr seither entwickelte Musikstil ist eine Mischung aus Jazz, Scat-Gesang, klassischer Klaviermusik und Muğam-Einflüssen. Sie gibt regelmäßig Konzerte und hat bislang zehn Alben herausgebracht, davon das letzte, Contrasts II, im Jahr 2007. Für besonders viele Schlagzeilen in der kaukasischen Heimat sorgte 1996 ihre CD ›Seventh Truth‹, denn auf dem Cover trägt Aziza nicht viel mehr als ihre langen Haare. Mehr über die Musikerin erfährt man auf ihrer Website www.azizamustafazadeh.de.

Die hervorragende Website www.jazz.az mit Biographien und Hörbeispielen der bedeutendsten aserbaidschanischen Jazz-Musiker sowie dem aktuellen Konzertprogramm liegt leider gerade brach, aber wir hoffen, sie wird wiederbelebt. Jährlich findet in Baku das ›Caspian Jazz und Blues Festival‹ statt, das mit Gästen wie Herbie Hancock oder Al Jarreau ein internationales Renommee erlangt hat. Auf der Radio-Frequenz 107,0 findet man Aserbaidschans Jazz-Sender.

Für viel Aufregung sorgte im Mai 2011 das Pop-Duo Ell & Nikki (Eldar Qasımov & Nigar), das mit seinem Liebeslied ›Running Scared‹ in Düsseldorf den ersten Sieg für die Kaukasusrepublik in der Geschichte des Eurovision Song Contests geholt hat. Seither werden sie fast wie Nationalhelden verehrt. Andere beliebte aserbaidschanische Popstars sind die gefeierte Aygün Kazımova, Faiq Ağayev, Samira, Röya, Manana nd Israil Memmedov. Anar Nağilbaz gilt als Inkarnation des aserbaidschanischen Rap. Kostenlose Downloads gibt es unter www.mp3-az.com, CDs kann man in Bakus Nizami-Straße und in der Gegend 28 May/Hauptbahnhof kaufen. Das für lange Jahre versiegte Musikfestival ›Goldener Herbst‹ wurde neu belebt und bringt im Oktober Pop, Jazz und Folklore auf Bakus Bühnen.

Plakat für das Bakuer Jazzfestival

Theater und Kino

Jedes Jahr beginnt am 15. September die Theatersaison. Theater gibt es in den größeren aserbaidschanischen Städten, und in Baku gleich mehrere, von denen das Vurğun-Theater Stükke auf Russisch zeigt. Als Patron des aserbaidschanischen Theaters gilt der Aufklärer Achundov.

Kinoprogramm

Während zu Sowjetzeiten jede noch so kleine Stadt ein großes Kino besaß, liegen die meisten davon heute brach. Gleichzeitig herrscht in den Kassen der Produktionen Ebbe, und der aserbaidschanische Film ist im westlichen Ausland quasi unsichtbar. 2006 wurden die Kinos im Land privatisiert und teilweise verkauft, wobei sie nicht zwingend als Kinos wiederauferstehen müssen. Das Filmprogramm in Baku besteht zum Großteil aus amerikanischen Blockbustern mit mäßig guter Übersetzung, und die heimischen Produktionen lassen sich noch Zeit bis zum großen Durchbruch. Immerhin, 1995 und 1997 gewannen Ayaz Salayev für ›Yarasa‹ (›Die Fledermaus‹; eine Allegorie auf die Liebe zum Kino und die Unvereinbarkeit von Kunst und Wirklichkeit) und Vaqif Mustafeyev für ›Alles wird gut‹ (eine kurze Tragikkomödie um den Karabach-Konflikt) für ihre Filme internationale Auszeichnungen.

Alljährlich finden in Baku zwei Filmfestivals mit inländischen und ausländischen Produktionen statt: im September das ›East-West‹-Festival und im Oktober das European-Movie-Festival. Das aktuelle Kulturprogramm und Tickets sind an den futuristisch anmutenden Kiosken erhältlich.

Kunst und Kunsthandwerk

In Bakus Altstadt-Läden findet man jede Menge von dem, was als traditionelles Kunsthandwerk gilt: Teppiche, Kupferwaren, Stickereien und Seidenschals, in verschiedenen Regionen gefertigt und früher mit den Karawanen zu fremden Märkten entsandt. In der Malerei waren im Mittelalter Miniaturen en vogue, die in dokumentarischer Genauigkeit und in harmonisch leuchtenden Farben zeitgenössische Personentypen, Kleidung und Waffen abbildeten. Zunächst wurden damit vor allem religiöse, später auch weltliche Schriften illustriert. Einige besonders kunstvoll verzierte Korane finden sich unter anderem im Bakuer Kunstmuseum. Die Russen brachten zunächst größere Formate und die Portraitmalerei mit, später die Ästhetik des sozialistischen Realismus mit bunten Mosaiken und überdimensionalen Denkmälern.

Der vielleicht bekannteste Künstler der Moderne ist Sattar Bahlulzade (1909–1974), dessen Landschaften entfernt an Van Gogh erinnern und erstaunlich bunt sind, vor allem angesichts der Tatsache, dass er in Əmircan auf der Abşeron-Halbinsel lebte.

Heute sucht die junge Republik verstärkt nach neuen Ausdrucksmitteln und Stilen, wobei man in den Galerien den Eindruck gewinnen kann, dass offenbar im Schweinsgalopp die europäischen Kunstströmungen der letzten hundert Jahre nachgeholt werden. Dabei gehen die westlichen Einflüsse oftmals eine Symbiose mit Elementen der eigenen Kultur und Mythologie ein. Nähe zu Folklore, nationale Symbolik, Dekoration und Erinnerung sind eher die Merkmale der neuen Kunst als Radikalität oder gar Provokation. Konzeptuelle Kunst, Performance und Videoart stecken noch in den Kinderschuhen, werden aber dank der im Jahr 2000 eröffneten Kunstakademie sicherlich zunehmend die Kunstszene beleben.

Erhellende Fotodokumentationen über ihr Heimatland macht die Fotografin Rena Effendi. Auf ihrer Website www.refendi.com findet man unter anderem Arbeiten zum ›Leben an der Pipeline‹ oder zur Situation der Vertriebenen aus Nagorny Karabach.

Der alteingesessene Maler Mir Teymur lebt nicht weit vom Hotel Old City in der Altstadt, die er farbenfroh und filigran auf seine Bilder bannt. In einem kleinen Raum kann man seine Kunst bewundern, denn mit Voranmeldung empfängt er auch Gäste: Tel. 4928805, miteymur@mail.ru. Leider spricht er kein Englisch!

Eine andere Gelegenheit zur Begegnung mit kontemporärer Kunst aus Aserbaidschan bietet bietet in Deutschland die Galerie Baku–Berlin (Großgörschenstraße 37, 10827 Berlin, Tel. 030/23635556, Di–Sa 14–18 Uhr).

In einer Teppichweberei

Aserbaidschanische Teppiche

Teppiche aus Aserbaidschan werden von alters her gerühmt, unter anderem in historischen Reisebeschreibungen, in mittelalterlichen Dichtungen oder auf Gemälden. Einige von ihnen gleichen Kunstwerken und hängen in den großen internationalen Museen, wie der Scheich-Sefi-Teppich von 1539, der im Londoner Victoria-und-Albert-Museum hängt. Andere tauchen bei uns als Handwerk aus der Türkei oder dem Iran auf, stammen aber eigentlich aus der Kaukasusrepublik.

Traditionell kommt dem Teppich in Aserbaidschan eine bedeutende Rolle zu, quasi als Lebensbegleiter, der zunächst Wände schmückt oder Nischen abtrennt, bevor man auf ihm zu Grabe getragen wird. So zumindest will es ein uralter Brauch. Dass diese edlen Stücke dennoch bisweilen ausgebreitet auf der Straße herumliegen, wie etwa in Bakus Altstadt, erinnert an eine weitere Tradition: Ein neu gefertigter Teppich wurde vor's Haus gelegt, um von den Passanten festgetreten zu werden. Anschließend wurde er gewaschen und eventuell verkauft. Beim Kauf galt folgende Qualitätsprüfung: Man legte einen Finger an den Rand und zählte die Fäden. Anschließend rollte man den Teppich zusammen. Rollte er sich von selbst wieder auf, war er ein guter Teppich. Ungeübten Käufern wird heute allerdings empfohlen, wertvollere Teppiche im Bakuer Teppichmuseum professionell schätzen zu lassen. Bisweilen kommt es vor, dass angeblich antike Stücke künstlich älter gemacht wurden, während man Teppiche, die tatsächlich älter als 30 Jahre sind, nicht ausführen darf.

Die ältesten Teppiche sind die florlosen Kilims oder Palase. Grundsätzlich lassen sich Teppiche aus Aserbaidschan je nach Motiv und Herkunft vier verschiedenen Gruppen zuordnen. Dabei weist jede Art bestimmte allgemeine Merkmale und je nach Herstellungsort zahlreiche Varianten auf. Teppiche aus der Region Quba-Şirvan (inklusive Baku) haben klassischerweise 1600 Knoten pro Quadratzentimeter, sind aus hochwertiger Wolle gefertigt und besitzen einen langen Flor. Häufig findet man in ihren Ornamenten die buta, ein birnenförmiges Element, das an eine brennende Fackel erinnert und auf die Zoroastrier (altiranische Religionsgemeinschaft, Anhänger Zarathustras) verweisen könnte.

Gəncə-Qazax-Teppiche hingegen weisen 900 Knoten auf, sind grobwollig und haben einen kurzen, dicken Flor. Sie sind oft von großen Medallions, stilisierten Blumen und Tiermotiven geschmückt. Teppiche aus Qarabağ besitzen 1600 Knoten, haben einen dichten Flor und bestehen bisweilen aus mehreren Teilen, während Teppiche aus Təbriz, dem heutigen Iran, mit 3600 Knoten die höchste Dichte haben und gerne Szenen oder Themen aus den anderen Künsten aufgreifen.

Während sich die regionalen Stile zunehmend vermischt haben, hat sich die interessante Gruppe der Portrait-Teppiche herausgebildet. Vielerorts erhältlich sind Heydar und Ilham Aliyev in Wolle geknüpft, aber auch das eigene Konterfei kann man in Form eines Teppichs verewigen lassen.

Als besonders edel gelten Teppiche mit einer hohen Knotendichte, die auf der Rückseite des Teppichs festzustellen ist. Für den Export benötigt man eine spezielle Genehmigung, um die sich in der Regel der Verkäufer kümmert. Mehr über aserbaidschanische Teppiche erfährt man auf der Website www.xalca.az/en/.

Architektur

Bakus wilder Architektur-Mix spiegelt sehr eindrücklich die bewegte Geschichte der Stadt wider. Wie Jahresringe oder Häute einer Zwiebel kann man vom Kern der Altstadt bis hinaus in die Vorstädte die architektonische Entwicklung der letzten Jahrhunderte verfolgen. Zu den bedeutendsten mittelalterlichen Bauten Aserbaidschans zählen Bakus Jungfrauenturm und der Palast der Schirwanschahs sowie die großen Mausoleums in Naxçıvan. Wohnhäuser mit Gärten und Brunnen waren damals von außen fast unsichtbar und versteckten sich zum Schutz vor Sonne und neugierigen Blicken hinter hohen Mauern. Speziell in Ordubad (Naxçıvan) findet man noch Beispiele dieser traditionellen Bauart, und bis heute ist die Mauer ein zentrales Element in der aserbaidschanischen Architektur: Wer Grund für ein Haus erwirbt, baut als erstes eine Mauer drum herum, was nicht in jedem Fall zu einem ansprechenden Stadtbild beiträgt. Im nordaserbaidschanischen Rayon (Bezirk) Balakən erschien das wohl zu langweilig, und so ist ein Großteil der Mauern dort in schwarz-weißer Kuh-Optik bemalt.

Im frühen 20. Jahrhundert dann das genaue Gegenteil: Die Villen der Ölboom-Ära wollten mit ornamentalen Fassaden gefallen und bedienten sich klassischer europäischer Stile. Das imposanteste Gebäude dieser kapitalistischen Ära ist bezeichnenderweise keine Moschee, sondern ein Casino – kopiert von dem berühmten Vorbild in Monte Carlo.

Ölboom-Villen und Sowjetbauten durchlaufen derzeit gleichermaßen eine Phase des ›Euro-Remont‹, auf deutsch: Die alte Bausubstanz wird auf europäischen Standard gebracht – sofern sie nicht abgerissen wird. Denn Aserbaidschan

Traditioneller Erker an einem Dorfhaus

Neubauten in Baku

hat neue und klar definierte Vorstellungen von Architektur: Je höher, desto besser, lautet derzeit die Devise in Baku, und das Ganze möglichst schnell. Die Zauberworte heißen dabei Sandstein und Glas, das Teufelswort Statik. Historische Zitate sind ein durchaus beliebtes Gestaltungsmittel in Bakus Bau-Boom-Architektur und passen gut zum Sandstein. Orientalisch anmutende Deko aus dünnen Sandsteinplatten macht Betonbauten zum ›Orientalischen Palast‹. Dazwischen schieben sich großformatige Prestigebauten wie die ›Flame Towers‹ oder das neue ›Heydar-Aliyev-Kulturzentrum‹. Tragisch ist, dass dafür historische Bausubstanz, bisweilen ganze gewachsene Viertel, zum Teil in nächtlichen Aktionen, illegal und ohne Vorwarnung der Bewohner abgerissen werden. Allein für den Bau der multifunktionalen ›Crystal Hall‹ zur Austragung des Eurovision Song Contests 2012 (entworfen von den deutschen Architekten gmp und gebaut im Rekordtempo von acht Monaten) wurde ein ganzer Häuserblock zerstört.

Ein signifikantes Merkmal ländlicher Baustile sind kleingliedrige Fensterfassaden und Erker, zudem scheint in einigen Dörfern geradezu ein Wettbewerb um die auffälligste Weißblech-Verzierung auf dem Dach zu bestehen. Andere Trends sind nächtlich beleuchtete Fontänen in den Stadtzentren sowie jede Menge Parks, Museen und Plakate zu Ehren des ehemaligen Präsidenten Heydar Aliyev. Dass letzthin in jeder noch so kleinen Stadt ein großes Olympia-Zentrum gebaut wurde, basiert auf der gescheiterten Bewerbung Aserbaidschans für die Olympischen Sommerspiele 2016.

Kulinarisches

Dass Frankreichs Küche die beste der Welt sein soll, beruht auf einem historischen Irrtum. In Wirklichkeit gebührt dieser Rang Aserbaidschan, doch als man einst darüber abstimmte, saß der verantwortliche Bote gerade in Baku beim Essen, über dessen unvergleichlichem Geschmack er alles vergaß und schließlich zu spät zur Abstimmung eintraf. Soweit die Legende. Tatsächlich ist die aserbaidschanische Küche sehr lecker und vielseitig, mit Einflüssen aus allen Nachbarländern und einem großen Reichtum an frischem Gemüse, Gewürzen und schmackhaften Kräutern. Nicht zu vergessen das meist ungespritzte und reif geerntete Obst, das landesweit auf den Basaren angeboten wird. Je nach Saison stehen Granatäpfel, Wassermelonen und Weintrauben auf dem Programm. Im Zentrum der Landesküche steht jedoch unumfochten Schaschlik (aserbaidschanisch Kebab bzw. qabab), gegrilltes Fleisch, das zu jedem Anlass und überall aufgetischt wird.

Generell hat Essen in Aserbaidschan einen hohen Stellenwert und bietet oft den Rahmen für familiäre Treffen oder geschäftliche Unterredungen. Anders als bei uns besteht der Reiz im auswärtigen Speisen nicht in einer allgemeinen Geselligkeit, sondern einer exklusiven. Deshalb gibt es in Restaurants meist separate Räume, und selbst in schönsten Sommerlandschaften grenzt man sich durch Sichtschutz gern von seiner Umwelt ab. Umso deplazierter wird man sich außerhalb Bakus fühlen, wenn man allein zum Essen geht. Anders ist auch, dass es außerhalb Bakus nur selten Speisekarten gibt. In ländlichen Gegenden ist das kein Mangel, da sich das Angebot in der Regel auf Schaschlik, Brot und Salat beschränkt, und dort, wo es mehr gibt, verhilft die Kultur der fehlenden Speisekarte zu Flexibilität und Improvisationsvermögen.

Eine aserbaidschanische Tafel

Mahlzeiten

Das klassische aserbaidschanische Frühstück besteht aus Weißbrot, Butter, Käse und Honig, dazu vielleicht ein Ei und auf jeden Fall Tee.

Mittag- und Abendessen bestehen häufig aus mehreren Gängen. Vorspeisen können Salate oder Käse sein, dazu Moosbeeren, Joghurt (ayran), sowie im Sommer frische Kräuter und im Winter sauer eingelegtes Gemüse. Im Restaurant wird häufig unaufgefordert ein ganzes Sortiment an Vorspeisen gebracht, aus dem man auswählt und den Rest zurückgehen lässt. Auf jeden Fall gehört zum Essen grundsätzlich Brot in den Formen Çörek (gängiges Weißbrot), Lavaş (hauchdünne, gefaltete Fladen) oder Təndir (traditionell aus dem Lehmofen). Es folgt gegrilltes Fleisch oder Fisch vom Rost, serviert mit einer aromatischen Granatapfel-Sauce namens Naşərab. Fleisch ist im muslimischen Aserbaidschan meist Hammel, oft Huhn, manchmal Rind und fast nie Schwein. Auf den Teller kommt es meist ganz frisch, also ungereift, und häufig sehr durchgebraten. So etwas wie ein medium steak wurde noch nicht gesehen. Kebab erscheint in verschiedenen Formen und Variationen, häufig kombiniert mit gegrilltem Gemüse oder Kartoffeln. Piti ist eine dickflüssige Suppe aus fettigem Lamm mit Kartoffeln und Kichererbsen, Tabaka eine beliebte Art, gegrilltes Huhn zu servieren. Verbreitet ist auch Dolma (dolmasi), Hackfleisch gefüllt in Weinblätter oder Gemüse. Fisch ist bevorzugt Stör, der in Lənkəran zum Beispiel als Ləvəngi serviert wird, gefüllt mit Walnuss und gebratenen Zwiebeln. Der berühmte Stör-Kaviar, einst Massenware, ist mittlerweile ein exklusives Gut.

Ein beliebtes, aber weniger gängiges Gericht ist Plov. Die aus Zentralasien entlehnte Speise besteht aus Reis mit Huhn, Fisch oder getrockneten Früchten.

Den Abschluss bilden Tee und Süßigkeiten. Halva (am besten in Şəki) und Paxlava (am besten in Quba) sind besonders verbreitete Arten von Gebäck. Zum Tee wird traditionell Mürəbbe (sehr süße Marmelade, man benutzt sie anstatt Zucker, russisch Verenje) gereicht oder exotische Marmeladen aus Wassermelone oder grünen Walnüssen (qarpız mürəbbəsi, qoz mürəbbəsi).

Vegetarier werden in Baku dank des weiten kulinarischen Angebots gut zurechtkommen, müssen sich in ländlicheren Gegenden jedoch auf Einschränkungen, namentlich auf Käse, Brot und Salat einstellen – oft die einzigen Alternativen zu Schaschlik.

Zum Essen trinkt man üblicherweise Wasser, Saft, Wein oder Wodka, letzteres in Begleitung vieler Trinksprüche. Wird zum Essen Live-Musik geboten, wird sich das auf der Rechnung wiederfinden sowie auch alle Beilagen nebst Brot. Generell ist Essen jedoch viel günstiger als in Westeuropa. Als ein Gebot der Höflichkeit wird der Gastgeber die Rechnung übernehmen. Einzeln zu zahlen oder die Rechnung zu teilen ist völlig unüblich! Es gibt aber sicherlich Gelegenheit, sich zu revanchieren. Im Zweifelsfall sollte man einen Kellner vorher instruieren, vom Gast kein Geld anzunehmen. Geradezu unmöglich ist es allerdings, als Frau in Begleitung von Männern eine Rechnung zu bezahlen.

Eine Köstlichkeit: frisches Brot aus dem Lehmofen

Kaviar ist inzwischen eine Rarität

Eine gute Gelegenheit, außerhalb der Restaurants das große Sortiment der Vorspeisen und Beilagen zu probieren, sind Take-Away-Shops mit meist ganz frisch bereiteten Speisen (z.B. Ləzzət am Axundov-Platz in Baku). Als schnelle Stärkung unterwegs werden zudem vielerorts sehr günstig Snacks wie Pirožki (Piroggen), Döner oder Hamburger angeboten. Wer bereits vor der Abreise neugierig auf die aserbaidschanische Küche ist, findet viel Wissenswertes im Russland-Band der Culinaria-Reihe (Culinaria Russia).

Getränke

Egal zu welcher Tageszeit oder Gelegenheit: In Aserbaidschan trinkt man Tee (çay). Selbst beim Picknick oder am Strand gehört ein Samowar unbedingt zur Grundausstattung. Ganz klassisch genießt man Tee allerdings in einer Çayxana (Teestube), was außerhalb der Hauptstadt weitgehend Männern vorbehalten ist. Häufig wird er kannenweise serviert, mit Zucker und Zitrone, manchmal auch mit Beilagen wie Nüssen, Sirup, eingelegten Früchten oder einem zerschnittenen Schokoriegel. Wer seinen Tee ganz traditionell trinken will, steckt den Würfelzucker nicht ins Glas, sondern in die Wange und schlürft den Tee dazu aus der Untertasse. Auch die Art der Zubereitung weicht ab, indem hochkonzentrierter Schwarzer Tee tassenweise mit heißem Wasser aufgefüllt wird. Seit rund 100 Jahren wird in den Regionen Lənkəran und Zaqatala Tee angebaut.

Kaffee (qəhve) ist ein vergleichsweise exotisches Getränk, das bevorzugt von westlichen Ausländern getrunken wird. Entsprechend überteuert bekommt man Espresso, Macciato oder ähnliches nur in den besseren Hotels Bakus sowie in wenigen Cafés, zum Beispiel im Sunset oder, besonders gut, im Aroma Café. Dabei muss man sich auf Preise bis zu acht Euro einstellen. Ansonsten erscheint Kaffee in Form von Nescafé oder in der ungefilterten türkischen Variante.

Wasser aus der Leitung sollte man höchstens abgekocht (als Tee) trinken. Besser sind die vielen Mineralwässer (su) wie Qax, Badamlı und Istisu. Säfte werden häufig nur in 1-Liter-Packungen serviert, da man auf Einzelgäste nicht eingestellt ist.

In Aserbaidschan ist es vergleichsweise unüblich, sich abends explizit zum Trinken zu verabreden. Ein gängiges und gut genießbares Bier (pivə) ist Xirdalan. Der beste aserbaidschanische Wein (çaxır) ist Cabernet Savignon aus Gəncə. Gerne wird auch der ›Stalin-Wein‹ Kindz marauli empfohlen, aber Achtung: Der süße Rosé ist höchstens gut gekühlt trinkbar. Die gängige Marke Qiz qalasi (Jungfrauenturm) ist in Ordnung, ein Abend mit Koroğlu hingegen schlecht bekömmlich. Neben Wodka gehört Çaça zu den hochprozentigen Drinks, die üblicherweise mit Trinksprüchen auf die Freundschaft und die Familie runtergespült werden. Generell gilt Trinken in Aserbaidschan eher als männliche Freizeitbeschäftigung, und Frauen sollten zumindest öffentlich nicht zu tief ins Glas gucken.

Cocktails auf aserbaidschanisch

»Dies ist eine riesige und starke, mit flachen Dächern und steilen Straßen, von den Eisenkonstruktionen der Bohrtürme umringte Stadt, die der sie umgebenden Landschaft eine phantastische, direkt überirdische Schönheit verleiht.«

Lidija Libedinskaja

Baku

Hauptstadt am Meer

Mit weit über zwei Millionen Einwohnern ist Baku (aserbaidschanisch: Bakı) mit Abstand die größte Stadt Aserbaidschans. Vor allem aber ist Baku eine Stadt, die immer wieder überrascht. Eine turbulente Geschichte und zahlreiche kulturelle Einflüsse machen es möglich, dass man sich bisweilen mitten in Europa wähnt, im nächsten Augenblick in den Orient eintaucht, um kurz darauf einem Rest von Sowjetcharme zu erliegen. Diese Mischung und das kosmopolitische Flair machen den besonderen Reiz der aserbaidschanischen Hauptstadt aus, in der Ölbarone in Petrodollars schwimmen, Liebespaare am Meer spazieren und die Luft nach Smog, Salz und Öl riecht.

Der seit einigen Jahren anhaltende Ölboom sorgt zudem für eine erstaunliche Dynamik: Hochhäuser schießen in den Himmel, Autos drängen sich hupend auf den Straßen, Nobelboutiquen reihen sich an teure Designershops. Alles ist im Wandel, doch statt westlicher Hektik überwiegt orientalische Gelassenheit. Besonders spürbar wird diese bei einem Bummel durch Bakus gut erhaltene Altstadt İçeri Şəhər, während ein nächtlicher Stadtbummel Besucher in eine tausendfach illuminierte Lichterwelt entführt, die, wie von Walt Disney verzaubert, jede Energiekrise vergessen lässt.

Orientierung in Baku

Den Stadtkern bildet die Festung am Meer. Von hier aus ist Baku in den letzten Jahrhunderten die umgebenden Hügel hinaufgewachsen und legt sich nun wie ein Fächer um die Bucht am Kaspischen Meer. Versteckt hinter den Mauern der inzwischen UNESCO-geschützten Altstadt liegt ein Labyrinth winziger Gassen, das zahlreiche alte Moscheen, Karawansereien und Bäder birgt. An der zum Meer hin offenen

Baku – Altstadt und Neubauten

▸ Umschlagkarte

Seite der einstigen Festungsstadt bieten vor dem legendären Jungfrauenturm, dem Wahrzeichen Bakus, Teppichhändler ihre Ware feil.

Jenseits der alten Stadtmauer breitet sich das Baku des 19. Jahrhunderts aus: Ehrwürdige Villen, erbaut in der Zeit des letzten Ölbooms, säumen die belebten Straßen des heutigen Zentrums. In der Fußgängerzone rund um den neugestalteten Fontänenplatz und in der Nizamistraße findet man viele Geschäfte, Cafés, Kneipen und Souvenirverkäufer. Dies ist auch die beste Gegend, um das Bakuer Nachtleben zu erkunden. Teure Designerläden in Richtung Bulvar zeugen von Bakus neuem Reichtum. Die zweieinhalb Kilometer lange Promenade hat sich zur mondänen Flaniermeile entwickelt und soll in naher Zukunft mehr als doppelt so lang werden. Weniger repräsentativ als authentisch sind die Yasamal-Hänge, zu denen die Nizamistraße in westlicher Richtung führt. Je weiter man die zentralen Bezirke verlässt, desto uninspirierter wird das Stadtbild. Bis auf wenige schöne Beispiele konstruktivistischer Baukunst findet man in den Randlagen vorwiegend sowjetischen Plattenbau, dem sich halbfertige Neubausiedlungen aus Bakus jüngster Epoche anschließen.

Es ist offenbar: Die Stadt wächst immer noch gewaltig, hinein in die sie umgebenden Ölfelder und die Wüste Abşerons.

Die beste Orientierung über die Stadt kann man sich von der Allee der Märtyrer Şəhidlər Xiyabanı, genauer gesagt der Plattform des ehemaligem Kirov-Denkmals verschaffen, vom obersten Stockwerk des Landmark Hotels, der Terrasse des Sea View Plaza am Narimanov-Denkmal oder vom Dach des Jungfrauenturms in der Altstadt. Das Zentrum Bakus erkundet man am besten zu Fuß, was wegen des dichten Verkehrs häufig die effektivste Art der Fortbewegung ist. Taxifahren ist weitaus leichter als der Versuch, das Bus-System mit seinen kryptischen Abkürzungen ohne einsehbaren Fahrplan zu verstehen. Dem Taxifahrer sollte man dabei am besten einen prominenten Ort oder eine Route beschreiben können, da Straßennamen oft nicht zielführend sind. Die Kunst einen Stadtplan zu lesen, ist in Aserbaidschan noch nicht sehr verbreitet. Selbst Auto fahren ist etwas für Mutige, die weder chaotischen Verkehr noch ein verwirrendes Netz von Einbahnstraßen scheuen. Für weitere Entfernungen ist die unschlagbar günstige Metro ein geeignetes Fortbewegungsmittel.

Geschichte

Für den Namen Baku gibt es zahlreiche Deutungen. Besonders beliebt ist die Übersetzung als ›Stadt der Winde‹ (vom persischen bad kube), während eine andere Herleitung auf das altkaukasische ›bag‹ verweist, was Sonne oder Gott bedeutet. Zweifelsohne bietet Baku sowohl Wind als auch Sonne in rauhen Mengen. Und was Gott betrifft, so wurde Baku dank seiner ›ewigen Feuer‹ bereits im 6. Jahrhundert vor unserer Zeitrechnung zu einem religiösen Zentrum der Zoroastrier, den Anhängern Zarathustras.

Von ›aus dem Wasser hervorbrechenden Flammen‹ berichtet fast tausend Jahre später erstaunt der byzantinische Geschichtsschreiber Priskos. Namentlich wird Baku allerdings erstmalig erst im 10. Jahrhundert erwähnt. Damals muss es schon eine etablierte Stadt gewesen sein, die für ihre Ölressourcen bekannt war. Das von aller Welt begehrte flüssi-

›Karawane‹ in der Altstadt

ge Gold hat die Geschichte Bakus bis in die jüngste Gegenwart hinein entscheidend geprägt.

Mittelalter

Das mittelalterliche Baku lag im Schutz zweier Festungsmauern. Nachdem das gut hundert Kilometer entfernte Şamaxı im 12. Jahrhundert von einem Erdbeben zerstört worden war, verlegte der Schirwanschah Ahtisan I. seine Residenz in die bis dato nur wenig bedeutende Festungsstadt und verhalf ihr zu einem ersten Wachstumsschub. Auf einer Anhöhe legte er den Grundstein des später vielfach erweiterten Palastkomplexes und füllte die ummauerte Stadt mit Bädern, Karawansereien und Moscheen. Viele der damals entstanden Gebäude sind bis heute erhalten.

Um das solchermaßen zur Hauptstadt des Schirwanschah-Staats avancierte Baku von der Seeseite her besser schützen zu können, wurde auf einer Insel vor der Stadt die legendäre Festung Sabail erbaut, die später im Meer versank. Von dort barg man vor wenigen Jahren einige ihrer reichverzierten Steine und stellt sie heute im Hof des Schah-Palasts aus. Trotz aller Schutzmaßnahmen drangen im 13. Jahrhundert die Mongolen in das prosperierende Baku ein und machten der Blüte zunächst ein Ende.

Als sich im 14. Jahrhundert die Route der Seidenstraße zugunsten von Baku veränderte, gewann die Stadt erneut an Bedeutung, denn nun trafen sich hier wichtige Handelswege. Vor allem waren es Öl und Seide, die von Baku aus mit Karawanen und Schiffen auf den Weg in alle Welt geschickt wurden.

Im 15. Jahrhundert beschrieb ein Reisender Baku so: »Die Stadt steht auf einem vom Meer umbrandeten Felsen. Ihre beiden Mauern reichen bis tief in das Meer hinein. Die Luft ist rein und gut, doch der starke Wind trieb oft Menschen und Tiere in die See. Der Boden der Stadt ist unfruchtbar. Nur an einer Stelle gedeihen Feigen, Granatäpfel und Weinreben. Die Stadt besitzt auch Ölquellen, das Öl wird jedoch nicht nur zu Heizzwecken verwendet, sondern auch in Schläuchen auf Kamelen in andere Länder transportiert.«

Im 16. Jahrhundert war es vorbei mit der Herrschaft der Schirwanschahs, denn Schah Abbas I. machte Baku zu einer Provinz des zunächst von Tebris, später von Isfahan aus regierten Safawidenreichs. Innerhalb der nächsten 300 Jahre hat sich die Gestalt Bakus

▸ Umschlagkarte

trotz seiner wachsenden Bevölkerung kaum verändert. Aus Angst vor Angriffen verschanzten sich die meisten Bewohner weiterhin hinter ihrer Stadtmauer, so dass dort im 19. Jahrhundert immerhin 3000 Bewohner Platz finden mussten. Man denke sich noch ein paar Kamele hinzu, die durch die engen Gassen drängen, und kann sich ausmalen, was es bedeutet haben muss, als kurz darauf plötzlich weitläufige Villen an offenen Straßen gebaut wurden!

Russische Eroberung

Nach langen Jahren des Krieges zwischen Persien und Russland fiel Baku 1806 endgültig an die Zarenmacht. Wenig später setzte der Ölrausch ein: Wer heute eine Ölquelle in seinem Garten fand, konnte schon morgen Millionär sein. Die Goldgräberstimmung brachte Abenteurer und Geschäftsleute aus aller Welt nach Baku, drunter etwa die Nobels und die Rothschilds. So kam es zu einer sprunghaften Bevölkerungsexplosion, bei der sich die Zahl der Bewohner innerhalb von dreißig Jahren vervielfachte. Auch architektonisch veränderte sich das Gesicht der Stadt grundlegend, denn nicht nur hatte Europa Baku entdeckt, sondern auch Baku Europa. Die neuen Ölbarone ließen Architekten aus dem Westen kommen, die auf Wunsch Gotik oder Barock nach heimischem Vorbild in die einstige Wüstenstadt bauten. Parks wurden angelegt, prächtige Moscheen errichtet, und statt kleiner Wohnhäuser hinter hohen Mauern rückten nun imposante Villen direkt an die Straßenränder. In Bakus Zentrum finden sich zahlreiche Beispiele aller Stilrichtungen. Die ersten Grünflächen entstanden mit aus Europa importierter Erde und Samen: Öltanker wurden mit hohen Zöllen belegt, wenn sie auf dem Rückweg nach Baku nicht mit fruchtbarer Erde beladen waren. So wurde die einstige Wüstenstadt begrünt. Während das reiche Baku schicke Casinos baute und im Fin de siècle schwelgte, bildete sich ein Proletariat der Ölarbeiter heraus, das in öden Slums hauste und bald einen unübersehbaren Teil der Bevölkerung ausmachte. Die massive Ausbeutung macht es nicht verwunderlich, dass kommunistische Ideen zunehmend Anklang fanden und ein revolutionäres Potential heranreifte.

Villa aus der Zeit des Ölbooms

1903 und1904 läuteten Generalstreik das Ende des Bakus der Ölbarone ein. Ein Jahr später wurde die Stadt, in der inzwischen mehr Zuwanderer als Aserbaidschaner lebten, zum Schauplatz brutaler Verfolgungen, Massaker und Plünderungen. Nach der Revolution in Russland wurde Baku 1918 zur Hauptstadt des für kurze Zeit unabhängigen Aserbaidschans.

Café in der Nizami-Straße

Die Sowjetära

Am 28. April 1920 marschierte die Rote Armee in Baku ein. Massive Industrialisierung und extensive Ausbeutung der Öl- und Gasfelder durch die Sowjetunion führten zu einer Umweltzerstörung sondergleichen auf der gesamten Abşeron-Halbinsel. Zwar hat sich die Situation gebessert, seitdem ein Großteil der veralteten Industrie nicht mehr in Betrieb ist, doch die Altlasten sind enorm.

Für Baku gab es zahlreiche Bebauungspläne, die unter anderem ein neues Zentrum rund um den frisch entstandenen Leninplatz (heute Azadlıq meydanı/ Platz der Freiheit) vorsahen. Die historische Altstadt hingegen wollte Stalin durch moderne Wohnblocks ersetzen, wozu es glücklicherweise nie kam. Viele der sowjetischen Heldendenkmäler, die damals Bakus Plätze zierten, sind heute verschwunden oder mussten neuen Helden weichen. Noch immer thront jedoch imposant über Bakus Yasamal-Hängen der überdimensionale Nariman Narimanov. Er war zwar als Revolutionär und politischer Führer eine der Schlüsselfiguren des jungen Sowjetregimes, doch pflegte der charismatische Staatsmann auch einen ausgesprochenen Nationalismus und beehrte Aserbaidschan mit seiner Dichtkunst und viel Vaterlandsliebe.

Baku heute

Nach der Unabhängigkeit Aserbaidschans haben sich ausländische Firmen ansässig gemacht, und in Bakus Straßen herrscht ein internationales Treiben. Die meisten Russen und Armenier hingegen haben Baku verlassen, nachgezogen ist in großem Umfang Landbevölkerung, darunter vor allem Vertriebene und Flüchtlinge aus Karabach, Armenien und den besetzen Gebieten. Viele der schmucken Gründerzeitvillen werden saniert, Sowjetplatten abgerissen, Hochhäuser mit Sandsteinfassaden über Nacht hochgezogen. Zwischen den Baustellen entstehen immer neue Restaurants, Clubs und schicke Bars. Die Mieten im Zentrum steigen ins Unermessliche und treiben viele ehemalige Bewohner in Bakus Vorstädte, die sich indes in die umliegende Halbwüste ausbreiten.

Die Flame Towers – Symbol des modernen Baku

▸ Umschlagkarte

Erkundungen in der Altstadt

Ein Bummel durch Bakus Altstadt İçəri Şəhər führt in ein Labyrinth schmaler Gassen und hängender Balkone. Obwohl man sich mit zahlreichen Hotels, Restaurants und manchmal sehr energischen Souvenirhändlern sichtbar auf Touristen eingerichtet hat, ist das alte Baku noch sehr authentisch und gleicht einer ruhigen Insel inmitten der vibrierenden Großstadt jenseits der Mauern. Die Festung hat mehrere Eingänge, einen davon direkt an der futuristisch gestalteten U-Bahnstation İçəri Şəhər. Der historische Haupteingang ist das große Doppeltor oder Şamaxı-Tor, das zum Fontänenplatz weist. Höhepunkte der Altstadt sind der Schirwanschah-Palastkomplex und der mysteriöse Jungfrauenturm. Von seinem knapp 30 Meter hohen Dach kann man sich vor einem Spaziergang gut orientieren. Oder man zieht mal eben einen Zehn-Manat-Schein aus der Tasche und versucht sein Glück mit der Zeichnung auf dessen Rückseite.

■ Der Jungfrauenturm

Um den eigenwillig geformten Turm (Qız Qalası) ranken sich zahlreiche Legenden. Er inspirierte Dichter und Maler, und sogar das erste Ballett des Orients widmete sich dem rätselhaften Bauwerk. Die populärste Geschichte besagt, dass ein Khan den Turm zu Ehren seiner Tochter erbaute, die er ehelichen wollte. Auf der Flucht vor dem Vater und ihrem Dilemma zwischen Gehorsam und Inzest stürzte sie sich vom Turm. Tatsächlich sind sowohl Zweck und Alter des Gebäudes bis heute umstritten. Sicherlich dienten die vier bis fünf Meter dicken Mauern der Verteidigung und machten den Turm ›unbezwingbar‹ wie eine Jungfrau, er mag

Der Jungfrauenturm

aber auch als Observatorium, Tempel der Feueranbeter oder Leuchtturm gedient haben. Die gen Meer zeigende Mauer auf der südlichen Turmseite ist massiv und wird gern als Wellenbrecher bezeichnet, diente aber wohl nie diesem Zweck, wenngleich das Meer früher bis an den Turm reichte. Die Türöffnung, die vom 5. Stock aus direkt ins Freie weist, könnte zu einem Anleger geführt haben. Im Inneren des Turms gelangte man früher nur über eine Leiter, die bei Gefahr eingezogen werden konnte, vom Erdgeschoss aus ins nächste Stockwerk. Die anderen sieben Etagen sind durch schmale Steintreppen verbunden. Ein runder Mittelschacht, Opeion genannt, sorgte durch seine Öffnung gen Himmel für viel Licht im ganzen Turm. Bei späteren Umbauten wurde diese architektonische Besonderheit leider zerstört. Man vermutet, dass das Fundament des

Baku, Altstadt (İçəri Şəhər)

Turms bereits im 5. oder 6. Jahrhundert entstand und der Rest im 12. Jahrhundert ergänzt wurde. Neuerdings gibt es jedoch auch Stimmen, die den Bau auf mehrere Jahrhunderte vor unserer Zeitrechnung datieren. Historische Aufnahmen des Turms sind im Inneren ausgestellt, in den anderen Etagen ist Sehenswertes und Handwerk des ganzen Landes zu besichtigen. Geöffnet ist täglich von 10 bis 17.30 Uhr (Eintritt 2 Manat). Abends wir der Turm dramatisch bunt beleuchtet.

▸ Karte S. 78

Der Schirwanschah-Palast

Am höchsten Punkt der Altstadt liegt das Palastensemble, das aus der Ferne leicht an seinen Kuppeln auszumachen ist. Das terrassenförmige Gelände ist von einer hohen Mauer umschlossen und täglich von 10 bis 18 Uhr geöffnet. Für Besucher, denen die bescheidenen Texttafeln auf dem Gelände nicht genügen, werden Führungen auf englisch angeboten, der Eintritt beträgt 2 Manat, Fotografieren kostet noch einmal genauso viel.

Alle Gebäude unterlagen seit ihrer Erbauung – die ältesten stammen aus dem 15. Jahrhundert – vielfachen Veränderungen und haben dabei einige prächtige Kuppeln eingebüßt. Inzwischen sind sie frisch saniert, stehen aber bis auf ein kleines Imbisscafé weitgehend leer.

Wendet man sich hinter dem Eingang nach links, gelangt man zum Schmuckstück der Anlage, dem **Divanxana**. Über die Rotunde mit den Spitzbogenarkaden gibt es viele Spekulationen. Mal heißt es, das pittoreske Gebäude habe als Empfangszimmer des Palasts gedient, andererseits könnte es auch eine Art Gerichtsplatz gewesen sein: Während im Mittelbau das Gericht tagte, erwarteten die Gefangenen in der darunter befindlichen Kammer ihr Urteil. Mit ihnen wartete gebannt das Publikum in den umgebenden Galerien. Besonders auffällig ist das große Tor mit der feinen Stalaktitenwölbung und den arabischen Inschriften, die man glatt als Teppichmuster verkennen könnte.

Neben dem Divanxana liegt der eigentliche **Palast**, das größte und wohl auch älteste Gebäude des Ensembles. Hinter dem imposanten Eingangsportal des ansonsten schmucklosen Baus befindet sich der repräsentative Audienzsaal. Insgesamt gibt es 50 Zimmer, verteilt auf zwei Etagen. Wenig herrschaftlich ging es darin übrigens während des Zarenreichs zu, denn damals hauste oben die Armee und unten waren Pferdeställe. Danach stand der Palast lange leer und verwahrloste.

Im umgebenden Hof liegen vor dem **Derwisch-Mausoleum**, in dem der Hofastronom begraben liegt, die berühmten **Bailov-Steine**. Die äußerst kunstvoll gemeißelten Platten wurden vom Meeresboden gehoben, wo sie zusammen mit der Festung Sabail versunken waren.

Blick über den Schirwanschah-Palast

Das heute verschlossene Ostportal im selben Hof wurde zur Zeit der osmanischen Besetzung gebaut und zu Ehren des Sultans Murad III. benannt.

Die **Grabkammer der Schirwanschahs** befindet sich eine Ebene tiefer. Die kunstvolle Inschrift über dem Portal besagt, dass der Herrscher das Grab für seine Mutter und seinen Sohn erbauen ließ, in den verzierten Tränen ist der Name des Bauherrn versteckt. Zwischen Grabkammer und benachbarter Moschee lädt ein Hof mit Teich und Bänken zur Rast im Schatten.

Typischerweise befinden sich auf der tiefsten Ebene die Reste eines großen **Hammams**. Zwei der zerstörten Dachkuppeln wurden rekonstruiert, und speziell in der hinteren rechten Ecke kann man noch Reste der reichverzierten Kacheln finden, die das Bad einst schmückten.

Ehemaliger Basar

Den etwa 500 Jahre alten Basar vor dem Jungfrauenturm entdeckte man im letzten Jahrhundert beim Abriss maroder Wohnhäuser. Es gibt Vermutungen, dass hier einst mit den Waren der durchziehenden Karawanen gehandelt wurde. Dieselben Grabungen brachten auch die heute auf dem Marktplatz ausgestellten Grabsteine unterschiedlichsten Alters und die Reste einer Moschee ans Tageslicht. Weitere Ausgrabungen aus dieser Zeit findet man am neugestalteten Əzimzadə-Park auf der rechten Seite Richtung Şamaxı-Tor.

Unterkunft fanden Händler und Reisende in den nahegelegenen Karawansereien. Heute kann man in den etwa 500 Jahre alten Herbergen gemütlich speisen, wobei zu Kebab und Co. bisweilen auch Bauchtanz oder Teppiche geboten werden.

Die **Multani-Karawanserei** ist die älteste unter ihnen und war besonders beliebt bei Indern, die zu Bakus Feuern pilgerten. Architektonisch interessanter ist die große **Qasimbey-Karawanserei**, in der sich der Muğam-Klub befindet.

Hammams

Zum Baden geht man in den Hammam – doch ist ein orientalisches Bad viel mehr als nur ein Hort der Reinlichkeit: In den tiefergelegten Kuppelgebäuden geht es beim Waschen vor allem um Geselligkeit. Dass das bis heute so ist, kann man bei einem Besuch im **letzten aktiven Hammam der Altstadt** sehr eindrücklich erleben. Der Hammam wird derzeit renoviert, sollte 2012 aber wieder geöffnet sein.

Ein anderes Bad, der **Haji-Banu-Hammam**, wurde bereits im 15. Jahrhundert errichtet und befindet sich direkt neben dem alten Markt vor dem Jungfrauenturm. Besonders interessant ist das Dach des **Qasimbey-Bads**, von dem es heißt, die Zahl seiner Kuppeln entspräche der Anzahl der Ehefrauen des Erbauers. Die Kuppellandschaft ist inzwischen ein beliebter Treffpunkt für jugendliche Skater, während die Halbkugeln von unten kunstvoll bemalt sind. Im Gebäude befindet sich die **museale Yasıl-Apotheke**, in der man offenbar selten Besuch erwartet. Wenn man sich ruhig verhält, weckt man die Angestellten nicht aus ihrem Halbschlaf. Empfehlenswert und täglich sowohl für Frauen als auch für Männer geöffnet ist der **Hammam Komplexi**, ein sehr schön renovierter Kuppelbau vom Ende des 19. Jahrhundert in

Ausgrabungen am alten Basar

▸ Karte S. 78

Die Dachkuppeln des Apotheken-Hammams

der Bəşir Səfəroğlu-Straße. Angeschlossen ist eine kleine Teestube. Der Besuch mit Dusche kostet vier, eine Massage zehn Manat. Mit einer Gruppe kann man einen Raum für 25 Manat mieten (Tel. 940850).

Nicht zu empfehlen sind die zwielichtigen Hammams mit den Namen Aristokrat und Gentleman in der Islam Səfərli-Straße.

Moscheen

İçeri Şəhər ist gespickt mit mittelalterlichen Moscheen, die allerdings häufig schwer erkennbar, oft nicht betretbar und nicht in jedem Fall einen Besuch wert sind. Weitaus eindrucksvollere Moscheen befinden sich außerhalb der Stadtmauer.

Läuft man vom Jungfrauenturm Richtung Schirwanschah-Palast, ragen zwei fast identische Minarette auf. Das erste gehört zur **Juma-Moschee** (Freitagsmoschee), einem Gebäude aus dem 15. Jahrhundert, das durch einen Radikalumbau vor hundert Jahren sein eklektizistisches Äußeres erhielt. Zu Sowjetzeiten befand sich darin das Staatliche Teppichmuseum. 2007 wurde der Bau saniert, wobei man munkelt, dass die damit verbundene Schließung weniger auf notwendigen Reparaturen als auf den politisch eigensinnigen Ansichten des Mullahs Ibrahimoglu beruht.

Vergleicht man das Minarett der Juma-Moschee mit dem der nahegelegenen **Mohammed-Abu-Bakr-Moschee**, fällt auf, dass letzteres gröber und monumentaler wirkt: Siniq-Qala (›Zerstörter Turm‹) stammt aus dem 11. Jahrhundert und ist damit eines der ältesten Bauwerke der Stadt. Einst mag er als Wachturm gedient haben, bis diese Funktion mit dem Ausbau des Jungfrauenturms verloren ging. Die zugehörige Moschee wird finanziell von Kuwait unterstützt und unterliegt wegen angeblicher Verbindungen zum Wahhabismus besonderer Kontrollen durch den Staat.

Insgesamt verstecken sich in Bakus Altstadt 17 (ehemalige) Moscheen, von denen nur noch eine weitere, die **Beglyar-Moschee**, ein Minarett besitzt. Die Innenräume all dieser Gotteshäuser sind mit Ausnahme des Mihrabs völlig schmucklos.

Minarett in der Altstadt

Frauentag im Altstadt-Hammam

In Baku gibt es einige schicke Bäder, aufgemotzt für anspruchsvolle Kundschaft und Touristen, meist jedoch nur für männliche. Ganz anders Bakus Altstadt-Hammam. Ein Besuch im letzten aktiven Bad innerhalb der Stadtmauer ist ein sehr authentisches Erlebnis und verspricht Entspannung und Sauberkeit für wenig Geld. Während ein Großteil der Woche männlichen Badegästen vorbehalten ist, sind montags und freitags die Frauen dran. An diesen Tagen öffnet der Bau aus dem 18. Jahrhundert eine unscheinbare Hintertür, denn der Vordereingang neben dem raketenartig aufragenden Schornstein gebührt allein den Männern. Unter dampfverhangenen Kuppeln erwartet die Besucherinnen neben kraftvollen Massagen und gründlichem Schrubbeln vor allem eine einzigartig intime Atmosphäre.

Durch einen Gang und schwere Vorhänge geschleust, gelangt man ins Innere, wahlweise nackt oder in Unterhosen. Ansonsten besteht die empfohlene Ausrüstung aus Badelatschen, Seife und idealerweise zwei Handtüchern. Was fehlt, kann günstig am Eingang erworben werden. Die kleine Sauna ist kafkaesk, ein düsterer Raum mit uraltem Holz und einer riesigen Heizung, danach beginnt das nach Wunsch zusammengestellte Körperprogramm. Wie gut, dass es zum Massieren nicht vieler Worte bedarf, denn von den ungemein umfangreichen Angestellten spricht keine etwas anderes als Aserbaidschanisch, nicht mal Russisch hilft weiter. Während die Seife zerfließt und kräftige Arme die Glieder kneten, versinkt der Kopf im weichen Bauch der Masseurin, der dank seiner Ausmaße überall um einen herum ist und für Augenblicke von der Welt erlöst. Routinierte, von der Feuchtigkeit aufgeschwemmte Hände schrubben einen rot und gießen Wasser über den Kopf, bis man nach Luft japst. Fix und fertig geht es nun zur Entspannung ins Vorzimmer. In ein Handtuch gehüllt, bekommt man dort eine Gesichtsmaske verpass t und kann sich in aller Ruhe umsehen. Eine Ecke im alten Gemäuer gleicht einem kleinen Wohnzimmer mit Teekessel, Sesseln und schiefen Bildern an der Wand. Hier wird besonders deutlich, dass ein Hammam nicht allein der Hygiene dient, sondern eine wichtige soziale Funktion hat, indem beim Baden Geschäfte und Neuigkeiten besprochen werden. So auch jetzt. Beim gemeinsamen Teetrinken wird mitgebrachtes Gebäck gegen Obst getauscht, es wird geraucht, getratscht und gelacht. Besonders angenehm ist der Hammam im Winter, doch auch im Sommer wird man sich danach erholt, frisch und ungemein sauber fühlen.

Dies ist offensichtlich der Männereingang

Ein Besuch kostet 2,50 Manat Eintritt, Massage und Scrubbing (Abschrubbeln; aserbaidschanisch kisa) jeweils 4 Manat, und 30 Qəpik ist der Preis für eine auf den Hauttyp abgestimmte Maske.

Ölboom-Villen

Bis zum 19. Jahrhundert bestand die Altstadt weitgehend aus niedrigen Flachdächern, zwischen denen vereinzelt Minarette aufragten. Dieser kurze Spaziergang führt zu vier der schönsten Ölboom-Villen, die seit der Jahrhundertwende die Altstadt schmücken.

Die wohl berühmteste steht an exponierter Stelle direkt neben dem Jungfrauenturm am Neftçilər Prospekt. 1944 übernachtete in der reichverzierten **Hajinski-Villa** Charles de Gaulle, als er sich auf dem Weg zu einem Treffen mit Stalin nicht den Genuss einer Opernaufführung in Baku entgehen lassen wollte.

Ein weiteres Beispiel opulenter Architektur ist das **Gani-Məmmədov-Haus** mit seinem doppelstöckigem Holzerker in der Zeynallı küç. 45. Zwei Häuser weiter steht das **Geburtshaus von Vagif Mustafazadeh**, in dem sich Jazzfans über die Entstehung des Jazz-Muğam informieren können. Drei schmale Treppen führen in das Zimmer, in dem Vagif einst mit seiner Mutter lebte. Zu erkennen ist das Haus an der Skulptur des Musikers, die neben dem Antiquitätenladen eine Ecke des Gebäudes umarmt. Schräg gegenüber, in der Məmmədov küç. 24, steht das schöne **Ramazanov-Haus**. Zwar verlor die Familie in der Sowjet-Ära ihren Reichtum, doch lebt ein Sohn noch immer hier.

Museen und Galerien

Rund 5000 Minibücher, geschrieben in aller Welt und allen Genres, gibt es im **Miniaturenmusum** zu bestaunen. Das kleinste von ihnen ist gerade mal zwei Millimeter groß. Der Eintritt ist frei.

Die **Galerien** Qız Qalası (Qüllə küç. 6), Qala (Mirza Şafi küç. 4) und Apşeron (Asəf Zeynallı küç. 11) bieten neben Foto- und Gemäldeausstellungen kon-

Villa neben dem Jungfrauenturm

temporäre Kunst zum Verkauf. Geöffnet sind sie in der Regel zwischen 10 und 19 Uhr.

Traditionelle Kunst, Skulpturen und Kunsthandwerk findet man in der **Art Gallery** (Böyuk Qala 19).

Teppiche, Kupferware, Seidenschals – Souvenirs en masse werden vor allem auf und entlang der **Asəf Zeynallı küç.** angeboten. Vor dem Kauf von Kunst, Teppichen und Antiquitäten sollte man sich bei den Verkäufern genau über die Exportbedingungen informieren und sich bei Bedarf möglichst dort ein Exportzertifikat ausstellen lassen.

Speisen kann man atmosphärisch in den Karawansereien oder mit Aussicht auf der Terasse des Meridanhotels.

Spaziergang außerhalb der Mauern

Die Ringstraße (İstiqlaliyyət) außerhalb der Altstadtmauern ist gesäumt von prächtigen Ölboom-Bauten. Dieser Spa-

Altstadt (İçəri Şəhər)
Schirwanschah-Palast
Jungfrauenturm
Asəf Zeynallı küç.
Böyük Qala küç.
Neftçilər pr.
Bulvar
Puppentheater
Nationalflagge
Azərneft meydanı
Four Seasons
Socar-Haus
Heydar-Aliyev-Stiftung
Philharmonie
The Brewery
Präsidentenpalast
Respublika
İstiqlaliyyət küç.
Kunstmuseum
Green Theatre
Funikular
BMT-nin 50 illiyi
Lermontov küç.
M. Huseyn küç.
Tourismusministerium
Çinar
Muğam Center
Neues Teppichmuseum
İçəri Şəhər
Rathaus
Wirtschaftsuniversität
Füzuli-Archiv
Şeyx Şamil küç.
Tazəbəy-Hammam
Bunyad Sadarov küç.
Achundov-Park
Botschaft Iran
Narimanov-Museum
Muchtarov-Haus
Nostalgie
Muchtarov küç.
Paul's
Merkez Lahmacun
Alter Basar
N. Rəfibəyli küçəsi
Millenium Tor
Azza
Azərbaycan küç.
MUM
U Dali
Azcot Lodge
Nizami küç.
İbrahimov küç.
ISR-Plaza-Gebäude
Nargiz-Einkaufszentrum
armenische Kirche
Fontäneplatz (Fountain Square)
Literaturmuseum
Sabir-Park
Şamaxi-Tor
Bəhbəh II.
The Public
Firuzə
Azərbaycan
Café Mozart
Finnegan's
Otto's
Karawan-Jazz-Club
Rəşid Behbudov küç.
Inter
Grand Türk
Əliyarbəyov küç.
Tağıyev
Vurğun-Museum
Historisches Museum
Hilton
Əlizadə küç.
Rəzul Rza
Museum Center
Zəfira Aliyeva
Vurğun küç.
0
100
200 m
Baku, rund um die Altstadt

▸ Karte S. 84

ziergang führt entlang der Ringstraße zu den wichtigsten Sehenswürdigkeiten im Umkreis der Altstadt, vom Azneft-Platz (Azərneft meydanı) beginnend. Dorthin kommt man zum Beispiel mit den Bussen 288 und 258, die den Bulvar, Bakus Seepromenade, entlangfahren, oder vom Hauptbahnhof aus über Sahil mit der Nummer 20.

Azneft-Platz

Ein Erlebnis am Azneft ist das **Fontänenspektakel**, das abends farbenfroh und lautstark vor der großen Flagge für patriotische Stimmung sorgt. Das halbstündige Schauspiel beginnt in der Sommersaison um 22 und im Winter um 21 Uhr und ist durchaus ein Erlebnis.

An der gegenüberliegenden Ecke des Kreisverkehrs sitzt in dem attraktiven **Jahrhundertwendehaus** die Firma Socar, Aserbaidschans staatliche Erdölgesellschaft. Überragt wird der Bau vom benachbarten Gebäude mit den orientalisch anmutenden Verzierungen, das die Heydar-Aliyev-Stiftung und den Ölfonds beherbergt, sowie vom neuen Four Seasons Hotel in Sandsteinoptik gegenüber.

Stadtpark

Der Stadtpark auf der anderen Straßenseite entstand bereits in den 1830er Jahren und ist damit die älteste Parkanlage der Stadt. Die hier gepflanzten Bäume importierte man einst aus dem fernen Ausland, weshalb es zu erheblichen Protesten kam, als am oberen Parkrand 1912 ein Casino, die spätere Philharmonie, gebaut werden sollte. 300 Bäume fielen dem Bau zum Opfer. Der frühere ›Revolutionsgarten‹ hat als neu gestalteter **Philharmoniegarten** seine sowjetische Vergangenheit abgelegt, die einstige Teestube dient nun als Gä-

Das präsidiale Gästehaus im Stadtpark

stehaus des Präsidenten. Der überdimensionale **Steinkopf des Poeten Vahid**, dem Figuren und Bilder aus dem Kopf wachsen, hat einen neuen Platz hinter der Stadtmauer gefunden. Das Doppelbild auf seinem Hinterkopf ist das vielleicht Interessanteste daran. Oberhalb einer Gruppe offensichtlich muslimischer Männer versammeln sich ihre westlichen Kollegen zum Gespräch. Ost begegnet West – ein Grundthema Aserbaidschans, wobei bei dem zu Sowjetzeiten entstandenen Denkmal sicherlich nicht grundlos die moderne Männergesellschaft über der muslimischen steht.

Darüber erhebt sich prunkvoll die **Philharmonie**, deren schlanke Türme an Minarette erinnern. Erbaut wurde sie als Casino, in dem die Bakuer Ölbarone sich vergnügten, baulich ist sie dem Vorbild aus Monte Carlo nachempfunden. In einer Blitzaktion wurde das Gebäude 2002 komplett saniert, um zum 80. Geburtstag des damaligen Präsidenten Heydar Aliyev fertig zu sein. Allein, er verstarb einen Monat bevor im Januar 2004 das erste Konzert im frisch dekorierten Rokoko-Interieur stattfand. Un-

Prunkvoll: die Philharmonie

terhalb des Bauwerks an der Stadtmauer zahlt man im **Gartencafé Qubernator** in gediegener Atmosphäre für eine Kanne Tee mit Beilagen und WiFi stolze 12 Manat.

Kunstmuseum

Gegenüber der Philharmonie befindet sich das Kunstmuseum. Die zweigeschossige klassizistische Villa wurde 1888 vom deutschen Architekten Nicolas von der Nonne erbaut und war ab 1920 Wohnsitz Bağirovs, dem ersten Sekretär der kommunistischen Partei, bevor sie 1936 zum Museum wurde. Heute erwartet Besucher dort ein ganzes Kollektiv mäßig enthusiastischer Museumswärterinnen und eine historisch-chronologisch angelegte Sammlung unzureichend beschrifteter europäischer, russischer und lokaler Kunstwerke vom 15. Jahrhundert bis zur Gegenwart.

Besonders sehenswert ist vielleicht die Sammlung filigran verzierter Koranbücher aus dem 16. bis 19. Jahrhundert, während im Untergeschoss einige pathetisch-nationalistische Gemälde der Gegenwart von einem sehr speziellen Kunstverständnis zeugen. Mindestens so sehenswert ist allerdings das Gebäude selbst, eines der wenigen Bauwerke der Epoche, das frei steht und von allen Seiten zu betrachten ist. Die Innenausstattung mit ehrwürdigen Kachelöfen auf kunstvollen Parkettböden lässt erahnen, wie Bakus Ölbarone einst lebten, die plüschige Sowjet-Dekoration und der bröckelnde Putz verraten mehr über die spätere Entwicklung. Das nebenstehende Gebäude, eine ehemalige Mädchenschule, wurde kürzlich saniert. Es ergänzt das Kunstmuseum um eine Sammlung moderner Kunst.

Präsidentenpalast

Groß und monumental steht hinter dem Kunstmuseum der marmorne Präsidentenpalast, 1980 für die kommunistische Partei erbaut. Fotografieren ist im Umfeld streng verboten, und selbst beim Ablichten der pittoresken Uhr an der eher sachlich renovierten Fassade des **Respublika-Hotels** nebenan erscheint sofort der Wachdienst. Im ehemaligen

Der Präsidentenpalast bei Nacht

▸ Karte S. 84

Sowjetskaja-Hotel hatte die Regierung ihre Besucher gut im Blick, und auch heute ist das als unscheinbarer Betonriese getarnte Respublika nicht für spontan anreisende Durchschnittstouristen gedacht. Weiter oben an der durch eine Schranke versperrten Straße befindet sich das **Green Theatre**, eine Open-Air-Bühne mit Meerblick und modernem, bisweilen internationalem Programm.

Vom Rathaus zum Fontänenplatz

Hinter der Glaskonstruktion der **Metrostation İçəri Şəhər**, dem ältesten U-Bahnhof Bakus, befindet sich vor dem Eingang zur Altstadt eine zentrale Bushaltestelle (Nr. 57 fährt über den Fountainsquare zum Busbahnhof, Nr. 106 über Şəhidlər Xiyabanı zur Uni und zum Hyatt-Hotel). Wo heute prächtige Bauten die belebte Ringstraße İstiqlaliyyət (›Unabhängigkeitsstraße‹, früher Komunistitscheskaja) säumen, stand bis ins 19. Jahrhundert die äußere Mauer der mittelalterlichen Festungsanlage. Sie musste den groß angelegten Gebäuden weichen, deren schmucke Fassaden am besten von der gegenüberliegenden Straßenseite aus zu sehen sind. (Unterführung direkt beim Bahnhof İçəri Şəhər, Ampel Ecke Hüsi Haçiyev küç.)

Das Gebäude mit dem schlanken Uhrenturm direkt neben dem Bahnhof ist das Bakı Soveti, das **Rathaus**, das 1900 im Renaissance-Stil errichtet wurde. Der nächste Prunkbau, einst als Jungenschule errichtet, beherbergt die Wirtschaftsfakultät. Gleich nebenan, in der İstiqlaliyyət küç. 8, durften die Mädchen lernen, und zwar in der ersten modernen Mädchenschule der islamischen Welt, erbaut 1904 vom Ölbaron Tağiyev. Von 1918 bis 1921 tagte hier das Parlament der ersten aserbaidschanischen Republik, inzwischen ist das **Füzuli-Archiv** für Manuskripte mitsamt einigen historischen Koranbüchern und anderen literarischen Schätzen auf persisch, aserbaidschanisch und arabisch eingezogen. Besichtigungen sind montags bis freitags von 10 bis 16 Uhr nach Anmeldung möglich (Tel. 437 21 52).

Direkt daneben erinnert ein **Denkmal** an Yusif Məmmədəliyev, einen der Gründer der Wissenschaftsakademie. Für seine besonderen Erfolge in der Erdölindustrie wurde er für den Nobelpreis nominiert, den er jedoch knapp verpasste. Der benachbarte **Ismailiya-Palast** im Stil venezianischer Gotik ist einer der beeindruckendsten Bauten Bakus, verdankt aber seine Entstehung einem traurigen Umstand: Als der Sohn Ismail des Ölmillionärs Nağiyev (nicht zu verwechseln mit seinem Kollegen Tağiyev) an Tuberkulose starb, errichtete der Vater das prunkvolle Gebäude zu dessen Gedenken. Der Palast ist ein Nachbau des Palazzo Contarini in Venedig und beherbergt die Verwaltung des naturwissenschaftlichen Instituts.

Der Ismailiya-Palast

Auf der gegenüberliegenden Straßenseite laden nette Cafés und das günstige 24-Stunden-Restaurant Merkez Lahmaçun zur Stärkung, während die benachbarte Buchhandlung geistige Kost bietet. Unter anderem ist hier die englische Ausgabe des berühmten Liebesromans Ali und Nino erhältlich.

Der **Sabir-Park**, der sich dem Ismailiya-Palast anschließt, ist dem Aufklärer Sabir gewidmet, der steinern hier im Sessel sitzt. Zu Lebzeiten übte er mit bissigen Satiren Kritik an der Rückständigkeit islamischer Institutionen, weshalb man ihm zu Sowjetzeiten posthum dieses Denkmal schuf. Auch die Marmorplatte, die den Weg zum Springbrunnen ziert, ist unverkennbar ein Relikt der Sowjetära. Die russische Inschrift gedenkt des Bakuer Arbeitervereins, der einst an dieser Stelle sein Domizil hatte. Der Brunnen in direkter Nachbarschaft war einmal eine der wichtigsten Trinkwasserquellen Bakus.

Eine Ampelkreuzung bringt Sie sicher vom Park in die Hüsi Haçiyev küçesi. Der Eingang zum **Alten Basar** liegt genau gegenüber dem weitaus seelenloseren modernen City Center in der Rəfibəyli küçesi. Es ist erstaunlich, dass sich der antiquarische Gemüsemarkt bis heute gehalten hat, doch sind seine Tage sicherlich gezählt. Ein Abstecher dorthin ist ein Muss für alle Sowjetnostalgiker und belohnt mit einem Stück alten Bakus jenseits repräsentativer Fassaden. Wem Bier und deftige Kost mehr liegen als frisches Obst oder wen das Heimweh plagt, dem sei in Abstecher ins **Paul's** empfohlen, das sich an der nächsten Straßenecke versteckt. Die beschauliche Kneipe von Andreas Rohde und Heinz Stieger ist der klassische Treffpunkt der in Baku lebenden Deutschen.

▸ Karte S. 84

Muchtarov-Haus

An der gleichnamigen Straße steht das schmucke Muchtarov-Haus, eine Ölboom-Villa mit einer äußerst bewegten Geschichte. Als Kopie einer französischen Kathedrale ließ Muchtarov (Muxtarov) den Gotikbau 1912 als Geschenk für seine Frau errichten, doch kurz vor der Fertigstellung stürzte der Bauleiter in den Tod, als er den steinernen König Artur an der Fassade befestigen wollte. Vor Gram brachte sich dessen Frau um, während Muchtarovs Frau, ebenfalls voll Gram, beschloss, aus der Villa ein Waisenhaus zu machen. Muchtarov selbst, der es innerhalb kürzester Zeit vom brotlosen Tischler aus Abşeron zum Millionär gebracht hatte, verachtete die bolschewistischen Aufrührer, die sich zu jener Zeit in Baku immer mehr bemerkbar machten. Als 1920 beim Einmarsch

Das Muchtarov-Haus

der Roten Armee schließlich zwei von ihnen direkt in das Haus des Großindustriellen ritten, erschoss er sie kurzer Hand, bevor er sich selbst eine Kugel in den Kopf jagte. Seiner Frau, heißt es, gelang die Flucht durch die Hintertür. Ironischerweise gab man dem Gebäude den Namen ›Palast des Glücks‹, diente es doch später als staatlicher Hochzeitspalast. Bis 2007 hatte hier unter anderem die Deutsch-Aserbaidschanische Gesellschaft ihren Sitz, doch mit der Sanierung musste sie weichen.

Achundov-Park

Der Achundov-Park (Axundov bağı) ist eigentlich kein Park, sondern ein kleiner Platz, an dessen einer Seite der Imbiss Ləzzət liegt. Hier kann man sich einen guten Überblick über die Vielfalt der aserbaidschanischen Küche verschaffen, denn das große Sortiment an frisch bereiteten Speisen zum Mitnehmen ist hinter Glas einsehbar. Per Fingerzeig und ohne sprachliche Verrenkungen kann man einkaufen, um dann im ›Park‹ neben dem bronzenen Dichter Achundov in Ruhe zu speisen. Allein in der Mittagszeit sollte man das beliebte Ləzzət wegen des großen Andrangs vermeiden. Erholung vom Rundgang verspricht auch ein Besuch des schicken Tazəbəy-Hammams, in dem allerdings nur Männer zugelassen sind. Ein Bad mit Massage im Edelhammam kostet 17 bis 60 Manat, je nach Anwendungen. Die Şeyx-Samil-Straße führt direkt zurück zum U-Bahnhof İçəri Şəhər.

Rund um den Fontänenplatz

Am Fontänenplatz – bekannter als Fountain Square – schlägt der Puls von Baku. Er ist der Platz der Trendsetter und Liebespärchen und verspricht zwischen McDonalds und Pizza Inn ein Stück westliche Welt. Abends, wenn die Springbrunnen angeschaltet werden, wird die Fußgängerzone zur beliebten Flaniermeile mit Open-Air-Konzerten und gelegentlichen Flashmobs.

Literaturmuseum

Neben dem Platz thront groß und dunkel Nizami, der bedeutendste Dichter Aserbaidschans. In Stein gehauen blickt er auf das gleichnamige Literaturmuseum gegenüber, wo unter Arkaden die Denkmäler seiner jüngeren Dichterkollegen stehen. Von links nach rechts, von Füzuli bis Cabbarlı, spiegeln sie die aserbaidschanische Literaturgeschichte wider. Mehr erfährt man im Museum selbst. In über 20 Sälen ist dort Poetisches vom Mittelalter bis heute ausgestellt, darunter einige sehr sehenswerte Miniaturen. Früher war der fotogene Prachtbau übrigens ein Hotel und zudem eines der ersten Gebäude außerhalb der Stadtmauer.

ISR-Plaza-Gebäude

Zwischen McDonalds und der verlassenen **armenischen Kirche**, über deren Zukunft (als Büro, Bibliothek, Tempel einer anderen Glaubensgemeinschaft oder Abriss?) sich die Gemüter erhitzen, gibt es eine **Buchhandlung**, die Landkarten und englischsprachige Bücher über Baku im Angebot hat – allerdings zu gesalzenen Preisen. Neben dem Eingang befinden sich jede Menge Geldautomaten. Dahinter erhebt sich an der Nizamistraße das ISR-Plaza-Gebäude mit der **Deutschen Botschaft** und einem grandiosen Panoramablick von der **City-Lights-Bar** auf der obersten Etage. Zwar zahlt man hier atemberaubende sechs Euro für einen Espresso, aber Gucken ist kostenlos, und abends gibt es bisweilen Live-Jazz. Man beachte beim Hochfah-

Das nach Nizami benannte Literaturmuseum

ren, dass man in den richtigen Fahrstuhl steigt. Von den sechs Fahrstühlen fahren die ersten vier zur Botschaftsetage, die anderen zu Hotel und Bar, eine Kombination gibt es nicht.

In östlicher Richtung geht der Platz in eine Fußgängerzone mit prachtvoll restaurierten Arkaden und Deckenbemalungen über. Die früheren Straßenhändler mussten weichen und finden sich mit ihren Läden teilweise im Untergrund am Rand der Säulengänge wieder. Die Fußgängerzone setzt sich in der parallel dazu verlaufenden **Nizami-Straße** fort, die nicht umsonst zuvor Torgovaja, ›Handelsstraße‹ hieß: Hier ist alles von Mode über DVDs bis zu Lebensmitteln im Angebot.

Historisches Museum

Auf dem Weg zum schön sanierten Historischen Museum kommt man in Bakus neues, altes Boomviertel. Außer teuren Geschäften und Restaurants befinden sich hier viele ehrwürdige **Villen**, von denen die schönsten zwei alte Bankgebäude sind, zu finden Tağiyev/Ecke Aserbaidschanstraße, beziehungsweise Aliyarbəyov/Ecke Alizade küç. Hier wurde einst das Geld von Zeynalabdin Tağiyev verwahrt, dem wohl reichsten aller Bakuer Ölbarone. 1861 ließ er sich in der Nachbarschaft ein Wohnhaus errichten, das eines der prächtigsten Interieurs birgt, das Baku zu bieten hat. Knapp hundert Jahre später wurde darin das Staatliche Historische Museum eingerichtet. Ob sich ein Besuch mehr wegen der Exponate oder der opulenten Räume lohnt, ist schwer zu sagen. Auf jeden Fall sollte man genug Zeit für den Besuch einplanen, denn dies ist eines der größten Museen des Kaukasus.

Səməd-Vurğun-Museum

In Tağiyevs Nachbarschaft lebte damals ein Dichter namens Səməd Vurğun. Auch sein Domizil ist heute ein Museum, doch lebt man von Poesie nicht wie vom Öl, und so findet man das kleine

▸ Karte S. 84

Hausmuseum im 2. Stock eines Mietshauses. Immerhin besaß Vurğun schon im frühen 20. Jahrhundert ein Telefon, wie die Ausstellung offenbart. Und dass Bakus erstes Hausmuseum noch immer die Nase vorn hat, beweisen einige Beschriftungen sowie eine Führung in der exotischen Sprache Englisch.

Spaziergang am Bulvar

Jenseits der vielbefahrenen Uferstraße (Neftçilər pr.) liegt Bakus aufwändig sanierte Promenade. Irritierend ist der Titel ›Nationalpark‹ (Milli Parkı), den der baumbestandene Uferstreifen offiziell trägt, während ihn die Bakuer weitaus treffender Bulvar nennen. Wer sicher sein will, dass er lebenden Fußes über die Straße dorthin gelangt, wählt am besten eine der fünf Unterführungen am Funicular, am Azneft Platz, am Ende der Rəsulzadə küç, am Sahil oder am sogenannten Dom Sovjet. Die Uferstraße existiert seit etwa 150 Jahren. Zuvor gab es hier Lagerräume und Docks, dahinter direkt das Meer, das damals bis fast an die Altstadt reichte. Aufgrund der Notwendigkeit, zwischen den westlich und östlich der Stadt gelegenen Erdölfeldern eine Verbindung zu schaffen, wurde die dem Meer zugewandte Festungsmauer des Stadtkerns abgerissen und 1860 eine Uferstraße, der ›Prospekt der Erdölarbeiter‹, gebaut. »Die Straße längs des Hafens hat in neuester Zeit große stattliche Steinhäuser erhalten und weist recht wohl bestellte Läden auf, in welchen selbst Sardinen und Gänseleberpastete zu haben waren«, berichtete 1872 der Reisende Freiherr Max von Thielmann. Die ›wohlbestellten Läden‹ gibt es hier immer noch – in Form von teuren Designer-Shops.

Der gesunkene Meeresspiegel ließ es zu, 50 Jahre später parallel dazu auf künstlich aufgeschüttetem Boden die **Promenade** anzulegen. Hier erwarten den Spaziergänger neben Cafés, einer Bootstour und einem Vergnügungspark viele neue, architektonisch anspruchsvolle Gebäude wie das Einkaufszentrum Park Bulvar, das Business Center oder das neue Teppichmuseum in der Form eines zusammengerollten Teppichs zur Freizeitgestaltung. Neu sind auch die überdimensionale Videoleinwand zum Public Viewing, das Sportzentrum und das Muğam Center. Kleine Elektrozüge haben die ehemaligen Pferdekutschen abgelöst und laden für zwei Manat zur kurzen Fahrt ein. Genauso viel kostet ein Gemeinschaftsfoto mit einem Plüschtier nach Wahl, das nach zehn Minuten bei einem der vielen Fotografen abgeholt werden kann.

Empfehlenswert ist **Bakus einzige Bootstour**, die alle 30 Minuten für 2 AZN vor dem Fährhafen Deniz Vagzali beginnt. Auf einem betagten Kahn fährt man eine Viertelstunde lang geradewegs aufs Meer hinaus und dann auf gleichem Wege zurück. Das besondere Erlebnis ist dabei neben dem Panorama der Stadt der Blick über die Reling auf das bunt schillernde Ölwasser. Fraglos spannender wäre eine Tour zu den zahl-

Service am Bulvar

Baku

Hauptbahnhof
Bus zum Flughafen
Zorge küç.
Vurğun-Park
Puşkin küç.
Cəfər Cabbarı
Dilarə Əliyeva küç.
28 May
Sabutschinksi-Bahnhof
28 May küç.
Fikrət Əmirov küç.
Landmark-Hotel und Botschaft Österreich
Nizami küç.
Xaqani küç.
Üzeyir Hacibəyov küç.
Caspian Guest House
Mariott
Neftçilər prosp.
Fährhafen
Dom Sowjet
Azadlıq meydanı
Respublika Luks
Azadlıq prosp.
evangelische Kirche
Nationalbank
Badalbeyli küç.
Kapellhaus
SW-Travel
Hauptpost
Park Inn
Zefira Aliyeva
Park Bulvar
Bulvar
Füzuli küç.
Neptun
Raşid Behbudov küç.
Heydər Əliyev Park
Jazz-Center
Fayton-Klub
Oper
Junges Theater
Achundov-Bibliothek
Touristen-information
Nizami-Kino
Ali & Nino
STI- Türkische Botschaft
Sabil-Park
Travel
Cənub
Kaspisches Meer
Bül-Bül prosp.
Aliyev-Palast
Improtex Travel
Kardesler
Sahil
Aroma
Sultan's
Samed Vurgun küç.
Tolstoyy küç.
Kontinental Austin Supermarkt
Imereti
Frame Shop
Museum Center
Musik-fontänen
Synagoge
Maharaja
Nemli Kebap
Saphire
Üzeyir Hacibəyov küç.
Steak House Churasco
Zefira Aliyeva
Rəzul Rza
Cross Roads
ISR-Plaza-Gebäude
Guliyev küç.
Mado
Russisches Theater
Shark
Historisches Museum
Bulvar
Deutsche Apotheke
Deutsche Botschaft
Mirzağa Əliyev küç.
Marshall
Grand Türk
Puppentheater
Vitamin Café
Nargiz Einkaufszentrum
Literatur-museum
Inter
Əlizadə küç.
Finnegan's
Rəsulzadə küç.
Füzuli küç.
Mirzə Ibrahimov
Tolstoyy küç.
U. Dali
Nizami küç.
MUM
Fontäneplatz (Fountain Square)
Shakespeare
Füzuli meydanı
Hüsi Haçiyev küç.
İstiqlaliyyət küç.
Qüllə küç.
Neftçilər prosp.
Altstadt (İçəri Şəhər)
0
150
300 m
Baku, Bulvar und Bahnhofsgegend

► Karte S. 92

reichen Inseln, aber derlei kann bislang nur privat organisiert werden, zum Beispiel mit einer der Yachten, die vor dem wenig anheimelnden neuen Yachtclub liegen. Ab 2012 soll es zunächst neue Fähren und ein neues Streckennetz (zum Beispiel vom Bulvar zum National Flag Square) geben, bevor künftig auch regulär die Inseln in Bakus Bucht angesteuert werden.

Das pittoreske **Puppentheater** in dem weißen Bau von 1908 war ursprünglich ein Casino, später ein Kino. 2007/2008 wurde es komplett saniert. Die verschlungenen Deckenbemalungen im Foyer stellen Motive aus aserbaidschanischen Märchen dar. Die Veranstaltungen sind nicht nur für Kinder ein Erlebnis und auch ohne Sprachkenntnisse leicht zu verfolgen.

Teppichmuseum/Museumcenter

Die Tage des Teppichmuseums innerhalb des Museumscenters sind gezählt. Das monumentale Gebäude mutet antik an, wurde aber erst 1960 als Filiale des Moskauer Leninmuseums erbaut. Inzwischen hat man alles Sowjetische sorgfältig daraus verbannt und stellt nun exklusiv nationale Kultur aus. So befindet sich darin bereits seit 1991 das nicht allzu spannende Museum der Unabhängigkeit. Immerhin, wer bislang kein Ölfeld gesehen hat, kann hier ein Mini-Modell davon finden. Auf derselben Etage liegt auch das Theatermuseum, das, abgesehen von ein paar hübschen Kostümen, für Nichtkenner eher von begrenztem Interesse ist. Das geräumige Teppichmuseum, bislang noch ein Stockwerk tiefer, zeigt historische Teppiche aus allen Regionen Aserbaidschans, einschließlich ›Südaserbaidschan‹, sprich dem nördlichen Iran. Eine Abteilung ist Kərimov gewidmet, einem legendären Teppich-

Das Museumscenter

designer. Ihm ist es zu verdanken, dass die aserbaidschanischen Teppiche aufgrund ihrer Herkunft und Gestaltung in genau 144 Sorten zu unterteilen sind. Im vierstöckigen **neuen Teppichmuseum am Bulvar**, das, so das zuständige Ministerium, »eines der weltweit größten in diesem Bereich« werden soll, gibt es dann auf 27 000 Quadratmetern neben der Ausstellung und einem Restaurant die ältesten und wertvollsten Exponate in wohltemperierten Spezialräumen zu sehen. Mehr zum Thema aserbaidschanische Teppiche auf → S. 62. Wie die einzelnen Schritte der Teppichproduktion aussehen, kann man live – möglichst mit Voranmeldung – bei Azer-Ilme erleben, einem auf Touristen eingestellten Vorzeigebetrieb, der Teppiche direkt verkauft. (Bus Nr. 99 zum Stadtteil Gənçlik, Şəmsi Rəhimov küç. 2, Tel. 465 90 36, azerilme@azdara.net, www.azerilme.az).

Platz der Freiheit

Das opulente **Regierungsgebäude** mit orientalischem Einschlag ist nach wie vor bekannt als **Dom Sowjet** und ragt deutlich aus dem Stadtbild heraus. Erbaut wurde es zur Zeit Stalins von

Das Regierungsgebäude am Platz der Freiheit

deutschen Kriegsgefangenen und beherbergt heute verschiedene Büros und Ministerien. Bis vor Kurzem noch von den unansehnlichen Hotelkomplexen Abşeron und Azerbaijan gerahmt, säumen es jetzt das Hilton und das Marriott. Man stelle sich vor: Noch 1850 war dieser Teil Bakus ein schilfbedecktes Jagdrevier! Vor dem Regierungspalast wurde vom Sowjetregime der Leninplatz für Volksversammlungen und Kundgebungen angelegt. Dass sich das Volk hier eines Tages zum Protest gegen seine Herrscher sammeln würde, war sicherlich nicht vorgesehen. Genau das passierte aber 1990. Am 20. Januar holte Russland zum erbarmungslosen Gegenschlag aus, bei dem viele Protestierende ihr Leben ließen und als Märtyrer in Şəhidlər Xiyabanı, der Märtyrerallee, begraben wurden. Nicht viel später verschwand mit dem Lenindenkmal auch der Name des Platzes. Er heißt jetzt Azadlıq meydanı, ›Platz der Freiheit‹. Unterhalb entsteht gerade eine Tiefgarage mit 250 Stellplätzen.

Fährhafen

Das östliche Ende des Bulvars bildet der kaum genutzte Fährhafen. Von hier aus ein Blick in die Zukunft: Bereits zu Sowjetzeiten gab es die Idee, die Promenade auf insgesamt zwölf Kilometer zu verlängern, erste Abschnitte sind inzwischen fertig. Zudem wurde 2011 mit dem Bau eines neuen Hafens südlich von Baku in Ələt begonnen, der 2015 in Betrieb gehen soll. Vom nicht weit entfernten Şihov nach Zigh soll eine knapp 15 Kilometer lange Brücke irgendwann einmal quer über die Bucht hinweg in

▸ Karte S. 92

Bakus Osten führen, um die verkehrsreiche Innenstadt zu entlasten.

Rund um den Bahnhof

Das nordöstliche Zentrum Bakus ist weniger spektakulär als die Gegend um den Bulvar, jedoch sehr lebendig und näher am Alltag. Besuchenswert sind neben dem alten Bahnhof das Landmark-Gebäude, die deutsche Kirche, der Heydar-Aliyev-Platz und das Jazz-Center.

■ Straße des 28. Mai

Die Straße des 28. Mai (28 May küçesi) hat einige interessante Umbenennungen hinter sich. Bevor sie mit ihrem jetzigen Namen an den Unabhängigkeitstag der ersten aserbaidschanischen Republik erinnerte, hieß sie zu Ehren der sowjetischen Besetzung 28. April. Ihren noch früheren Namen, Telefonnaya, verdankte die Straße dem Umstand, dass 1886 hier die erste Telefonleitung Bakus verlegt wurde.

Das gewaltige **Nizami-Kino** bietet neben Filmen auch Billard und Videospiele. 1934 wurde es von denselben Architekten gebaut, die auch die Neugestaltung der Achundov-Bibliothek und des Nizami-Museums entworfen haben (offenbar Fans von Statuen und Arkaden).

In der 28 May küçesi 15 steht neben der **evangelisch-lutherischen Kirche** in einem Hof das **Kapellhaus**, ein deutsches Kulturzentrum, in dem regelmäßig Deutschunterricht sowie Konzerte und andere Kulturveranstaltungen stattfinden. Vor dem Eingang, heißt es, soll demnächst ein Mozart-Denkmal errichtet werden. Zum Gottesdienst kamen in das 1897 vom deutschen Architekten Eichler nach dem Vorbild der Marburger Elisabethkirche gebaute Gotteshaus einst deutsche Aussiedler, heute sind es deren letzte Nachkommen, die hier auf deutsch und russisch beten. Zur Besichtigung kann man sich an den Pförtner wenden, der rechts im Kirchhof sitzt und auf Anfrage gern aufschließt.

■ Achundov-Bibliothek

Die Behbudov küçesi ist für ihre vielen Restaurants und das Jazz-Center bekannt. Weiter südlich steht am Sahil-Park die Achundov-Bibliothek. Hierhin wurden nach der Sowjetisierung Aserbaidschans die Bücher aus den Regalen der Oberschicht gebracht, denn eines der ersten Dekrete der neuen Machthaber war die Verstaatlichung der bis dato privaten Bibliotheken. Heute gibt es dort etwa viereinhalb Millionen Bücher in verschiedenen Sprachen und im Keller darunter einen fast vergessenen Lenin aus Stein.

Auf dem Heydar-Aliyev-Platz

Heydar-Aliyev-Platz

Am nördlichen Ende der Behbutov-Straße breitet sich der spiegelglatte Heydar-Aliyev-Platz (Heydər Əliyev meydanı) aus blankem Marmor aus. Achtung, hier herrscht akute Rutschgefahr! Ursprünglich war der Platz nach dem Dichter Füzuli benannt, doch seitdem hat sich einiges getan: Der benachbarte Lenin-Palast wurde zunächst zum Palast der Republik, um nach einer Komplettsanierung als **Aliyev-Palast** wieder aufzuerstehen. Das Denkmal des Präsidentenvaters steht auf einem Sockel zwischen nachts beleuchteten Springbrunnen, die den Platz zu einem beliebten Treffpunkt machen. Hier entstand die erste **Disco-Unterführung** am westlichen Ende des Aliyev-Platzes. In den popbeschallten Marmortunnel führt eine Rolltreppe hinab.

Im weithin sichtbaren, rosafarbenen **Landmark-Gebäude** kann man in den oberen Stockwerken elegant speisen.

Der Bakuer Hauptbahnhof

Karte S. 92

Die ehemalige Mühle beherbergt seit ihrer Sanierung viel zeitgenössische Kunst, Büros und die Britische Botschaft.

Bahnhofsplatz

Bakus Bahnhofsplatz gleicht einem Freilichtmuseum. Neben dem charmanten sowjetischen Rundbau der **Metrostation 28. Mai** (ursprünglich 28. April) erhebt sich das weit imposantere und orientalisch anmutende Gebäude des so genannten **Sabutschinksi-Bahnhofs**, dem frisch renovierten Bahnhof der ersten elektrischen Eisenbahn von 1926. Der Bau mit dem minarettartigen Eckturm löste das in der Dampflok-Ära erbaute **alte Bahnhofsgebäude** mit dem grandiosen Interieur ab, das ein paar hundert Meter östlich steht.

Dazwischen liegt ein bis dato wenig attraktiver Betonbau, dem man nun mittels Sandsteinfassadenerneuerung ein attraktiveres Äußeres verpassen will. Hier sind gegen Vorlage des Personalausweises Fahrkarten (nur einfache Fahrt!) erhältlich und Auslandsgespräche möglich. Reiseproviant findet man im Eingangsbereich zu den Bahnsteigen, in den umliegenden Imbissen Richtung Azadlıq prospekt oder Vurğun Park, dem ehemaligen ›Soldatenmarkt‹.

Westlich der Altstadt

Im westlichen Stadtzentrum locken die schönsten Moscheen, die besten Ausblicke auf die Stadt und eine Fahrt mit der Zahnradbahn. Ein Streifzug durch die verschlafenen Gassen des alten Viertels Yasamal wird leider schon bald der Vergangenheit angehören, denn auch hier droht der baldige Abriss.

Die Märtyrerallee

Die obere Station der **Zahnradbahn** Funikular liegt direkt an der bunt bekachel-

Akademisches Nationaltheater
Mirzağa Əliyev küç.
Mirzağa Əliyev küç.
Russische Kirche St. Michail
Izmir küç. (M 3)
Muchtarov küç.
Zargarpalan küç.
Azərbaycan küç.
Təzə-Pir-Moschee
Nizami küç.
Yasamal
Alter Basar
Fontäneplatz (Fountain Square)
Töyba-Moschee
Paul's
Nizami küç.
Face Club
Narimanov-Denkmal
Palms (Sea View Plaza)
İstiqlaliyyət küç.
Badamar (M 3)
Iranische Botschaft
Bunyad Sadarov küç.
Narimanov-Museum
M. Huseyn küç.
Präsidentenpalast
Şeyx Samil küç.
İçəri Şəhər
Altstadt (İçəri Şəhər)
İstiqlaliyyət küç.
Philharmonie
Neftçilər pr.
Niyazi küç.
İstiqlaliyyət küç.
Kunstmuseum
Azərneft meydanı
Socar-Gebäude
National-flagge
M. Huseyn küç.
Muğam Center
Parlament prosp.
Green Theatre
Mikhayıl Hüseynov küç.
Neues Teppich-museum
Funikular
Cinar
Flame towers
Türkische Moschee
Tourismus-ministerium
Gülüstan-Palast
Şəhidlər Xiyabanı (›Märtyrerallee‹)
Aussichtsplattform
Fernsehturm/ Club Hezz
Baku, Yasamal
0
150
300 m

Baku

ten und reichverzierten **Türkischen Moschee**, von der aus man einen gemütlichen Spaziergang durch den **ehemaligen Kirov-Park** unternehmen kann. Solange die Zahnradbahn noch saniert wird, empfehlen sich als Ersatz zum Beispiel Bus 288 vom Azneft-Platz und Bus 75 vom 28. Mai über den Achundov-Platz und den Azneft-Platz.

Zu Sowjetzeiten war der sich am Hang des Hügels ausbreitende Park ein Kultur- und Vergnügungsgelände mit Museen, Karussells und Restaurants. Benannt war er nach Sergej Kirov, einem Parteifunktionär und ausgesprochenem Hardliner aus der Stalin-Riege, der bis 1991 in Form einer gewaltigen Statue von oben auf die Stadt hinunterblickte. Vermutlich würde er sich im Grabe umdrehen, wüsste er, dass nicht nur sein Denkmal beseitigt wurde, sondern der Park heute ausgerechnet die Gegner des Sowjetregimes ehrt. In **Şəhidlər Xiyabanı**, der ›Märtyrerallee‹, sind die Opfer des 20. Januar begraben, zu denen wenig später tausende Tote aus Nagorny Karabach hinzu gekommen sind. In der Nacht des 20. Januar 1990 startete Moskau eine Blitzaktion und ging mit Panzern gegen Aufständische vor, die für eine staatliche Unabhängigkeit demonstrierten. Etwa 130 Menschen wurden getötet. Nun erinnert eine von Marmorplatten gesäumte Allee an die Gefallenen, Schulklassen singen patriotische Lieder, und jedes Jahr am 20. Januar wird die Allee zum Schauplatz aufwändiger Gedenkveranstaltungen. Auch der Sandsteinturm mit Leuchtkuppel, durch dessen schmale Öffnungen man den Fernsehturm sehen kann, wurde zu Ehren der Opfer errichtet.

Die türkische Moschee

Daneben gibt es zahlreiche kleinere **Gedenkstätten**. Originellerweise steht das Andenken der im Ersten Weltkrieg gefallenen Türken direkt neben dem weitaus dezenteren, aber umstrittenen Denkmal der britischen Soldaten, mit denen sie sich damals bekämpften.

Die ehemals ebenfalls nach Kirov benannte **Plattform** ist ein potentieller Lieblingsplatz, denn sie gewährt den schönsten Ausblick auf das Häusermeer von Baku. Auf der Terrasse der bescheidenen Teestube (früher Teil des Freundschaftspalasts der Völker der UdSSR) wird im Sommer bis spät abends Tee serviert, und das in aller Stille, um die toten Helden nicht zu stören. Als hier noch gefeiert werden durfte, befand sich unter der Plattform ein Restaurant, das nun dem Verfall preisgegeben ist. Allein ein großer Lenin residiert noch einsam in dem unterirdischen Saal, zunehmend verstümmelt und mit Graffitis versehen. Von der Plattform führt ein Fußweg über die İstiqlaliyyət-Straße hinweg bis zum **Gülüstan-Palast**, einem nachts dramatisch beleuchteten Betonpalast aus den 1980er Jahren. Dieses ›Haus des Frohsinns‹ mit der eigensinnigen Ästhetik ist ein Restaurant mit Bar, in dem besondere Konferenzen stattfinden, das aber ansonsten speziellen Gästen vorbehalten ist. So hat etwa die Tochter des Präsidenten in dem opulenten Bau geheiratet, neugierige Touristen hingegen sind kaum willkommen.

■ Yasamal

Zu Füßen des großen **Narimanov-Denkmals** erstrecken sich Bakus Yasamal-Hänge, ein Netz kleiner, steiler

Straßen mit alten Wohnhäusern und großen Moscheen. Noch ist das Viertel sehr charmant und beschaulich, doch immer mehr große Betonklötze werden mitten in die Altbausubstanz gestellt. Auch Narimanov hat der Baumboom nichts Gutes beschert. Sein einst freier Blick auf das Meer ist jetzt von hohen Häusern verstellt, wobei direkt zu seinen Füßen das Sea View Plaza aufragt, von dessen Terrasse man einen grandiosen Blick auf das Viertel genießen kann.

Direkt unterhalb des Denkmals führt ein steiler Schleichweg einen kargen Hang zur Nizamistraße hinab. Die bescheidenen Behausungen, die den Hang säumen, verdeutlichen sehr eindringlich den krassen Kontrast zwischen dem neuen und dem alten Baku. Die Leute, die hier in aller Bescheidenheit leben, werden in absehbarer Zeit ihre Häuser verlieren und vom Zentrum in die Randlagen umziehen müssen.

Nicht weit entfernt liegt, gleich einer Festung aus Sandstein, die **Töyba-Moschee**, ein imposanter Bau aus der letzten Ölboom-Ära. Ein paar Straßen weiter erhebt sich aus den kleinen Häusern die gewaltige und äußerst sehenswerte **Təzə-Pir-Moschee** von 1914, in der die Zentralverwaltung der transkaukasischen Muslime sitzt. In eine ganz andere Welt taucht man in der russisch-orthodoxen Kirche **St. Archangel Michail**, die leicht an ihrem Zwiebelturm auszumachen ist. Der Eingang führt durch einen Hof in das Gebäude, dessen Wände in den letzten Jahren neue Fresken erhalten haben. Der junge Maler verstarb allerdings während der Arbeit, so dass seine Freundin das Werk vollenden musste. 2006 wurde das neu gestaltete Innere mit der reich verzierten Ikonostase feierlich eingeweiht. Derweil hat sich Bakus jüdische Gemeinde mit Hilfe ihrer amerikanischen Glaubensgenossen eine neue Synagoge neben die attraktivere ältere **Vaad L'lat-Synagoge** gebaut.

▸ Karte S. 97

Jenseits des Zentrums

Nördlich des Stadtzentrums sind die Sehenswürdigkeiten weniger dicht gestreut, doch gibt es einige Orte, die einen Ausflug wert sind. Auf keinen Fall sollte man sich den Təzə-Basar entgehen lassen, den sicherlich fotogensten Markt der Stadt. Auch das Richard-Sorge-Denkmal ist einen Abstecher wert.

Təzə-Basar und Zabitlər-Park

Zum Basar fahren die Busse 335 und 338, erstere auch bis zum Sorge-Park. Alternativ läuft man vom Bahnhof Nizami, der schönsten U-Bahnstation Bakus, in der Mosaike Szenen aus dem Werk des Dichters abbilden. Bei der Gelegenheit lohnt auch ein Blick auf die benachbarte **Haci-Sultan-Moschee** und das Denkmal der Frau, die symbolhaft ihren Schleier abwirft.

Auf dem Təzə-Basar gibt es neben blankgeputztem und zu hübschen Pyramiden aufgetürmtem Obst und Gemüse in versteckten Hinterzimmern den begehrten Beluga-Kaviar zu kaufen, allerdings inzwischen zu gesalzenen Preisen. Agabala hilft diesbezüglich gern weiter (Tel. 050/376 10 10).

In direkter Nachbarschaft befindet sich einer der schönsten und grünsten Parke, der Zabitlər-Park, an dessen Rand sich eine überdachte Eiskunstlaufbahn befindet.

Richard-Sorge-Denkmal

Obwohl die einst leuchtenden Augen des Sorge-Denkmals inzwischen erloschen

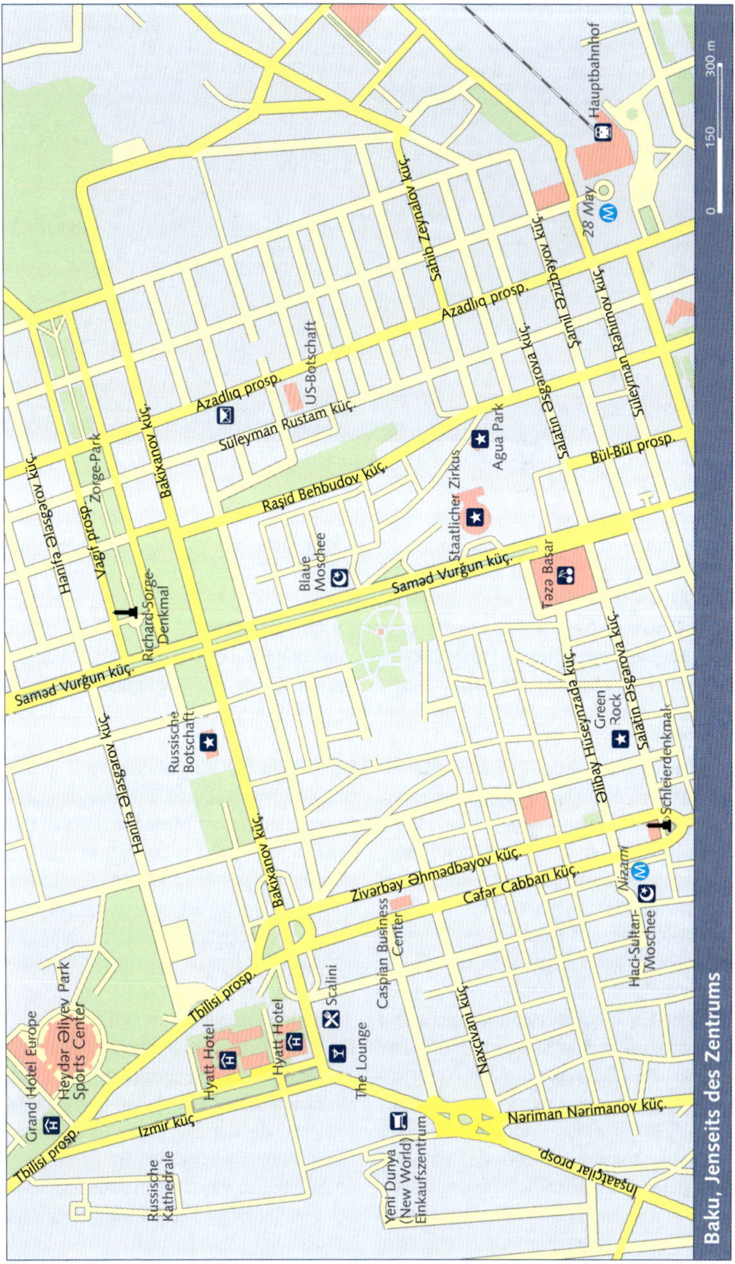
Baku, Jenseits des Zentrums
0
150
300 m
Hauptbahnhof
28 May
Sahib Zeynalov küç.
Şamil Əzizbəyov küç.
Süleyman Rəhimov küç.
Azadlıq prosp.
US-Botschaft
Süleyman Rustam küç.
Salatın Əsgərova küç.
Agua Park
Bül-Bül prosp.
Raşid Behbudov küç.
Staatlicher Zirkus
Hanifə Ələsgərov küç.
Vagif prosp.
Zorge-Park
Bakıxanov küç.
Blaue Moschee
Səməd Vurğun küç.
Təzə Bazar
Richard-Sorge-Denkmal
Russische Botschaft
Əlibəy Hüseynzadə küç.
Green Rock
Schleierdenkmal
Nizami
Ziverbəy Əhmədbəyov küç.
Cəfər Cabbarı küç.
Caspian Business Center
Hacı-Sultan-Moschee
Tbilisi prosp.
Scalini
Naxçıvanı küç.
Heydər Əliyev Park
Sports Center
Grand Hotel Europe
Hyatt Hotel
The Lounge
İzmir küç.
Nəriman Nərimanov küç.
İnşaatçılar prosp.
Russische Kathedrale
Yeni Dunya (New World) Einkaufszentrum

Das Denkmal für den Spion Richard Sorge, als die Augen noch leuchteten

sind, lohnt ein Besuch der Gedenkstädte des legendären Meisterspions. Sorge, ein Held der Sowjetunion, der in der DDR mit einer Briefmarke und einer Straße in Berlin-Friedrichshain beehrt wurde, war eine äußerst faszinierende Persönlichkeit mit einem tragischen Schicksal.

Richard Sorge wurde 1895 in Hacikənd bei Göygöl als Sohn einer Russin und eines Deutschen, der gutes Geld im Ölsektor bei den Nobels verdiente, geboren. Als Spion für Stalin gelang es dem charismatischen Lebemann und Frauenhelden, sich in die NSDAP und den deutschen Nachrichtendienst einzuschleichen. Aus Japan, China und Deutschland schickte er geheime Nachrichten an Stalin und informierte ihn auch über das genaue Datum des von Deutschland geplanten Angriffs auf die Sowjetunion: 22. Juni ›in aller Frühe‹. Dass Stalin diese Nachricht schlicht ignorierte, erwies sich als fataler Fehler. Noch einen Monat vor Sorges Verhaftung ehrte ihn 1944 das ahnungslose deutsche Außenministerium als besten deutschen Journalisten. Kurz darauf wurde er in Japan entlarvt und hingerichtet. Daran erinnert der Zweig des japanischen Kirschbaums auf der wie von Kugeln durchlöcherten Bronzeplatte, aus der Sorges prüfende Augen hervorstechen. Im Dunkeln erkennt man den Eingang zum Sorge-Park an zwei blauen Leuchtbäumen an der Vurğun-Straße gegenüber der Bushaltestelle.

▸ Karte S. 101

Entlang der Vurğun-Straße

Blau leuchtet auch südlich vom Park die Kuppel der **Blauen Moschee**. Ein attraktiver Bau, der gleich seiner Namenspartnerin in Istanbul von Sunniten besucht wird, sonst aber wenig Ähnlichkeit mit ihr hat.

Auf der gleichen Straßenseite befindet sich seit 1945 das großzügig angelegte Gebäude des **Staatszirkus**, in dem aber nur selten Vorstellungen stattfinden.

Dahinter bietet der **Aquapark** Bade- und Saunafreuden im Erlebnispark-Ambiente. Weiter östlich steht an der Nobelstraße seit 2007 der auffällig moderne Bau einer **katholischen Kirche**, deren Grundstein anlässlich des Papst-Besuchs gelegt wurde. Die **russische Kathedrale** findet man nördlich vom Hyatt-Hotel.

Eine Stadt will hoch hinaus

Die Stadt Baku wird derzeit in unglaublicher Geschwindigkeit umgekrempelt. Dort, wo sich vor wenigen Jahren noch ein- und zweigeschossige Wohnquartiere mit engen Gassen befanden, graben sich jetzt mehrstöckige Tiefgaragen in den Grund und wachsen moderne, von internationalen Architekten konzipierte Bauwerke der Superlative in den Himmel. Allein in den Jahren 2000 bis 2008 wurden mehr als 800 neue Hochhäuser in der Innenstadt errichtet. Dabei gilt Dubai gemeinhin als Vorbild. Der geradezu babylonische Bauwahn gipfelt in dem Plan, mit einem höchsten Bau der Welt das dortige Burj Khalifa noch um mehr als 200 Meter zu übertrumpfen.

Derweil zählen zu den bedeutendsten Neubauten neben dem Teppichmuseum der Wiener Architekten Hoffmann-Janz ZT und der als Austragungsort für die Eurovision konzipierten Crystal Hall vor allem das Heydar-Aliyev-Kulturzentrum gegenüber dem Hotel Excelsior. Der von der britischen Stararchitektin Zaha Hadid entworfene Komplex vereint unter seiner futuristisch geschwungenen Oberfläche, die aus 19 000 individuell geformten Flexboards ohne Ecken und Kanten zusammengesetzt ist, drei Auditorien, ein Museum, eine Bibliothek und einen Konzertsaal.

Am augenfälligsten sind sicher die neuen Flame Towers, die Flammentürme, die gegenüber dem Parlamentsgebäude imposant und unübersehbar über Baku lodern und geeignet sind, das neue Wahrzeichen der Metropole zu werden. Die monumentalen Türme, die die umliegenden Gebäude optisch zu Winzlingen schrumpfen lassen, sind weithin sichtbar und werden die Fotomotive nachhaltig verändern. Als Symbole des ewigen Feuers, das das Land seit Jahrhunderten prägt, sind sie gleichzeitig auch Ausdruck des neuen Reichtums und des damit wachsenden Selbstbewusstseins. Die drei Türme erheben sich mit jeweils 28, 30 und 33 Stockwerken bis zu 182 Metern in den Himmel. Im höchsten Turm entstehen 130 Luxusapartments, im nördlichen ein Hotel, der westliche ist als Spa und Business Center vorgesehen.

Der Bau, der im Oktober 2007 nach den Plänen des Stuttgarter Architekten Werner Sobek begonnen wurde, ist mit 350 Millionen US-Dollar veranschlagt, wird aber sicherlich sehr viel teurer. Wegen verschiedener Probleme wurde der Eröffnungstermin in das Jahr 2012 verschoben. So drohte der Hügel unter dem schweren Gebäudekomplex wegzurutschen und musste aufwändig stabilisiert werden. Sich lösende Fensterflächen in den oberen Stockwerken führten zur zeitweisen Evakuierung der umliegenden Wohngebäude. War eine Veränderung der Statik schuld daran? Oder Bakus berühmter Wind?

Derweil sind in unmittelbarer Nachbarschaft, zwischen der Nobel Avenue und Suleyman-Vazirov-Straße, auf 221 Hektar zehn neue Viertel mit Wohngebäuden, Hotels, Einkaufszentren, Freizeiteinrichtungen und Bürotürmen geplant – alles auf höchstem Niveau, versteht sich, und mit Platz für 50 000 Bewohner und 48 000 Arbeitsplätze. Neben der Anbindung zum gerade um einen Terminal erweiterten Flughafen soll die Metro von bislang 23 Stationen auf 41 erweitert werden und bis ins Zentrum des neuen Quartiers führen. Ein dichtes Busnetz soll das Konzept vervollständigen. Entlang des Boulevards, der bis hierher verlängert werden soll, ist eine Trambahn vorgesehen sowie eine Schiffslinie im Pendelverkehr.

Ohnehin wird sich der Bootsverkehr in Bakus Bucht künftig sicherlich beleben, denn keine fünf Kilometer vor der Küste lauert ein anderes Mammutprojekt: Mit gut drei

Kilometern Länge ist die Insel mit den Namen Zira (ehemals Nargin) die größte eines kleinen Archipels. Bislang ist sie unbewohnt und unwirtlich, diente in den Weltkriegen als Gefängnis und beherbergt heute neben einem alten Leuchtturm einen Schiffsfriedhof aus der Sowjetära. Geht es nach der dänischen Architektengruppe Bjarke Ingels Group (BIG), soll hier eine attraktive Kunstlandschaft entstehen, die die Skyline und das Ökosystem Aserbaidschans abbildet. Sieben großformatige Gebäude werden die sieben bekanntesten Berge des Landes abbilden und Wohnraum und öffentliche Einrichtungen beherbergen. Für die solvente Kundschaft sind 300 Villen geplant. Die autofreie Insel wird durch Fähren, eine Seilbahn und/oder eine Hängebrücke mit dem Festland verbunden werden. Dem mit viereinhalb Milliarden Dollar veranschlagten Projekt werden die Prädikate ›Öko‹ und ›nachhaltig‹ angeheftet, es soll sich durch Wind, Sonne und Kraft-Wärme-Kopplung mit Energie versorgen.

Mit Bedacht auf die bisher missachtete Umwelt wird auch an anderer Stelle im großen Maßstab gebaut. Noch empfängt einen der unverkennbare Ölgeruch, wenn man die Metro an der Station Xətai verlässt und sich nach Osten wendet. Umgeben von den Resten armseliger, jedoch noch bewohnter Hütten entsteht hier auf der Industriebrache der ehemaligen ›Black City‹ die neue ›White City‹, das bislang größte Bauprojekt in Aserbaidschan, 2007 beschlossen und ausgelegt für die nächsten 20 Jahre. Parallel dazu sollen die ölverseuchten Gebiete saniert werden. Auf welchem Niveau das geschieht, bleibt allerdings das Geheimnis von SOCAR, der staatlichen Ölbehörde, die sich von niemandem in die Karten gucken lässt.

In dem Kontext nimmt sich der geplante Bypass, der quer über die Bucht verlaufen und so die Innenstadt vom Durchgangsverkehr befreien soll, fast bescheiden aus. Wann der Startschuss für das milliardenschwere Projekt fallen soll, ist bisher nicht bekannt.

Das Heydar-Aliyev-Kulturzentrum wird von der Architektin Zaha Hadid gebaut

Baku-Informationen

Allgemeines

Touristeninformationen

Touristeninformation (TIC): Hacibəyov küç. 36, Tel. 4981244, www.bakutourism.az; direkt neben der Hauptpost. Die meist gelangweilten Damen sind mäßig motiviert, sprechen Englisch und bieten einen kostenlosen Stadtplan. (► Karte S. 92).

Das **Tourismusministerium** Neftçilər pr.65 gegenüber dem Muğam Center am Bulvar gibt weitere Auskünfte und hat ein erstaunliches Sortiment nützlichen Info-Materials (► Karte S. 84).

Über aktuelle Veranstaltungen, Konzerte, Ausstellungen etc. informiert **www.bakucitylife.com**. Auf der Seite gibt es auch zahlreiche Hinweise auf restaurants und Hotels.

Ausflüge

Hier eine Auswahl der zahlreichen Agenturen, die Führungen und Ausflüge anbieten:

Atropatena Tours, Tel. 9482421, Mobil 505401034, sevilka@yahoo.com. Die Direktorin Rena Huseynova spricht fließend Deutsch und organisiert gut und günstig All-inclusive-Tagestouren. Manchmal ist sie aber nur schwer zu erreichen.

Improtex, Saməd Vurğun küç. 16 (Ekke Nizami), Tel. 4989239, info@improtex-travel.com, www.improtex-travel.com. Mo–Fr 9.30–20.00, Sa 11–17.00 Uhr. Eine der größten und bekanntesten Reiseagenturen mitten im Zentrum (► Karte S. 92).

STI-Travel, Nizami Str. 91/1, Tel. 4980880, www.sti.az. Kompetente Beratung und Service (► Karte S. 92).

Millennium Tour, Nigar Rafbeyli küç. 12/14, Nähe MUM-Kaufhaus, Tel. 5984818, info@millennium.az, www.millenniumtour.az (► Karte S. 84).

Stadtführung: Die energische Asya Şiraliyeva vom Teppichmuseum bietet Touren auf Englisch an. Tel. 4344776 oder 050/3280985. asya_shiraliyeva@rambler.ru. Sie arrangiert auch Touren in die verschiedenen Regionen Aserbaidschans.

Post, Telefon

Vorwahl: 012

Das **Hauptpostamt** hat 6 Tage die Woche von 8–20 Uhr geöffnet (► Karte S. 92). Zentraler liegt die Post Istiglalyyat 35 (Ringstraße), 9–18 Uhr. Andere Postdienstleister sind **FedEx**, Hadi küç. 63 a Tel. 4644221, **DHL**, Nobel Ave. 30, **UPS**, Yusif Safarov küç. 35, Tel. 4933991 und **YAPS**, Ş. Əzizbəyov küç. 102, Tel. 4973839.

Für internationale Gespräche gibt es ein **Telefoncenter** südlich vom Fontänenplatz und einige Kartentelefone, für die Karten beim Hauptpostamt, am Bahnhof oder in Telefonshops erhältlich sind. Praktischer ist es oft, sich eine Prepaid-Karte für das Handy zuzulegen (► Reisetipps von A bis Z S. 316).

Internetcafés heißen Internet klub, und es gibt sie wie Sand am Meer. Zum Teil sind die Verbindungen langsam, dafür aber günstig, und einige Klubs haben 24 Stunden geöffnet. In vielen Hotels und immer mehr Cafés gibt es inzwischen W-Lan. Die Kennzeichnung ist WiFi.

Stadtpläne

Kostenlose Stadtpläne findet man bei der Touristeninformation oder in jeder Ausgabe des Time Out Magazine, das in größeren Hotels und Gaststätten ausliegt. Günstige Pläne gibt es in der Kunstmeile am Fountainsquare, bessere an der Rezeption des Hyatt, im Citimart oder in Buchläden, wo auch das sehr hilfreiche Baku Street Directory (5. Auflage) angeboten wird.

Geldautomaten

1 Manat (= 100 qəpik) entspricht derzeit etwa 1 Euro (1 EUR = 1,01 AZN). In Bakus Zentrum wimmelt es von unterschiedlich zuverlässigen Geldautomaten. Österreicher sind erfahrungsgemäß mit dem beim Jungfrauenturm am besten beraten. Zudem gibt es Wechselstuben und Banken mit nur geringen Kursunterschieden. Zwar brüsten sich einige Restaurants damit, dass sie Kreditkarten annehmen, in der Realität klappt das aber noch nicht immer. In den besseren Hotels kann man auch mit Dollar bezahlen.

Autofahren

Autofahren in Baku ist nichts für Anfänger. Verstopfte Straßen, ein für europäisches Verständnis sehr individuelles Verhältnis zu Verkehrsregeln und ein komplexes Einbahnstraßensystem fordern Geschick und gute Nerven. Parken ist generell frei, bisweilen wird für Einparkhilfen oder Wächterdienste je nach Dauer ein Trinkgeld (20–40 qep.) verlangt. Adressen von Autovermietungen → S. 310.

Öffentliche Verkehrsmittel

Stadtbusse

Das Bussystem in der Stadt ist effizient, aber für Neulinge schwer zu durchschauen. Zwischen 6 und 23 bzw. 24 Uhr fahren die Busse im 5-Minuten-Takt, wobei die Stationen der Routen auf roten Leuchtbändern angezeigt werden. Endziele sind oft die verschiedenen Metrostationen. Jede Fahrt innerhalb der Stadt kostet 0,20 AZN, die man passend bereit haben muss. Bezahlt wird beim Aussteigen, Tickets gibt es nicht. Hier einige wichtige Linien:

106: Metro İçəri Şəhər–MUM (Fontänenplatz)–Märtyrerallee–Axundov-Platz–Hyatt
75: 28. May–İçəri Şəhər–Axundov-Platz–Şəhidlər Xiyabanı (Märtyrerallee)
03: Narimanov-Denkmal–Dom Sowjet (Bulvar)
52/57: İçəri Şəhər–Fontänenplatz–Europe-Hotel–Busbahnhof
88/99: Azneft–den Bulvar entlang–Oper–Richard-Sorge-Park

Metro

Die U-Bahn ist die schnellste Möglichkeit, sich durch die Stadt zu bewegen. Für 2 AZN erwirbt man am Bahnhof eine Plastikkarte, die man am Schalter aufladen lässt. Metros fahren zwischen 6 und 1 Uhr ca. im 10-Minuten-Takt. Für jede Fahrt werden entfernungsunabhängig 20 qəp. abgebucht. Der Streckenplan wird in einer Info-Säule im Eingangsbereich visuell und akustisch in drei Sprachen erklärt. Am Eingang müssen sich Reisende mit viel Gepäck auf eine Taschenkontrolle einstellen. Die schönste U-Bahnstation ist Metro Nizami, aber Achtung: Fotografieren ist verboten. Bei der modernen Station İçəri Şəhər stehen einige der neuen grauen Telefonsäulen, an denen man ins Ausland telefonieren kann.

Nationaler und internationaler Busverkehr (siehe Umschlagkarte)

Der neue **zentrale Busbahnhof** (Yeni Avtovaqsal) hat die Form eines Schiffs

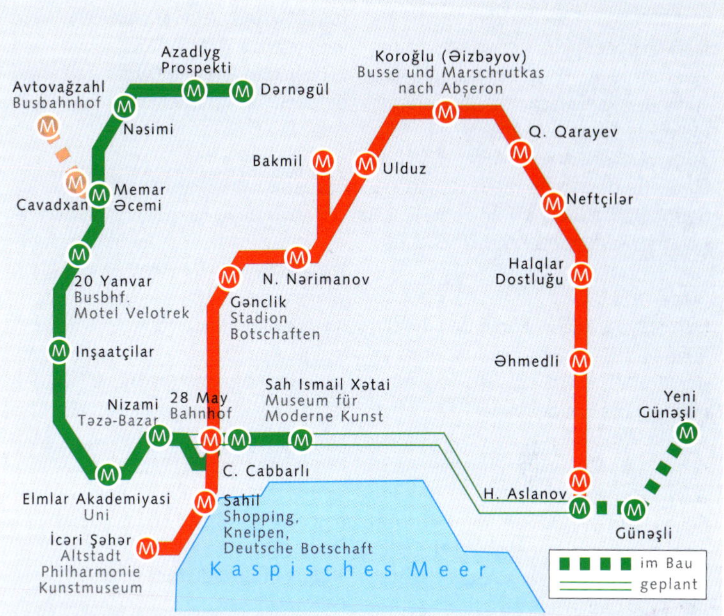

Baku, Metrolinien

und ist einer der größten und imposantesten des Kaukasus. An der Schnellstraße nach Sumqayıt gelegen, fahren von hier aus moderne Überlandbusse kostengünstig in die meisten Städte Aserbaidschans sowie nach Georgien, Russland, in die Türkei und den Iran. Fahrkarten für Inlandsfahrten kann man in der Regel direkt im Bus kaufen. So lange die geplante Anbindung an die Metro noch nicht existiert, kommt man aus dem Zentrum am besten per Taxi für 6 AZN. Die derzeit nächste Metrostation ist 20 Yanvar.

Fahrplan → S. 311.

Zudem gibt es diverse **dezentrale Haltestellen** in der Stadt:

Busse nach Sumqayıt fahren an der Metro 20 Yanvar von einer Einbuchtung vor dem Velotrek-Basar (Moskva prosp.) ab.

Städte auf der Halbinsel Abşeron werden von der Metro Koroğlu (Ex-Əzizbeyov) angefahren.

Sammeltaxis fahren von der Sammelstelle Şamaxınka für 10 AZN pro Nase in alle Richtungen. Dazu geht man vom Velotrek Basar aus zu Fuß ca. 500 m auf derselben Straßenseite stadtauswärts.

Busse und Marschrutkas nach **Lənkəran** und **Gənçə** fahren – zusätzlich zu denen vom zentralen Busbahnhof – vom Vurğun-Park aus.

Marschrutkas Richtung Qobustan halten am Azneft-Platz.

Züge

Bakus **Hauptbahnhof** befindet sich an der Metrostation 28 May. In dem kastenförmigen Bau mit der Sandsteinfassade findet man Fahrkartenschalter, Telefonzellen für internationale Gespräche und die Gepäckaufbewahrung (Saxmala kamerasi, 2 AZN/24 Std.). Züge nach **Xaçmaz** (Nabran) fahren nicht von hier ab, sondern vom **Keşla-Bahnhof**, den Bus 221 mit dem Hauptbahnhof verbindet. Fahrplan S. 312.

Flüge

Der **Heydar-Aliyev-Flughafen** (GYD) liegt ca. 25 km von Baku entfernt an der Straße nach Mərdəkən. Taxis brauchen für die Strecke etwa 30 Minuten und kosten je nach Verhandlungsgeschick und Sprachkenntnissen 20-30 AZN.

Billiger ist Bus 135, der für 0,40 AZN bis 18 Uhr regelmäßig ab AZAL-Office in der 28. May Str. nahe dem Hauptbahnhof zum Flughafen und zurück fährt, allerdings doppelt so lange braucht. Die Haltestelle am Flughafen liegt hinter dem Autoparkplatz. Der Gang dorthin kann eine Herausforderung darstellen, weil Taxifahrer versuchen, die Reisenden umzustimmen. Von der Metro Koroğlu (ehemals Meşedi Əzisbəyov) fahren Sammeltaxis für 6–8 AZN bis zum Flughafen. Übernachtungsmöglichkeiten direkt beim Flughafen bietet das Sheraton Hotel, Tel. 4374949, DZ ab 160 AZN zuzügl. 18% VAT.

Taxis

Taxis (taksi) findet man an jeder Straßenecke. Der Standardpreis für eine Fahrt im Zentrum beträgt 5–7 AZN. Wer auf Nummer Sicher gehen will, handelt den Preis vorher aus oder nimmt eines der günstigen lilafarbenen London-Taxis, im Volksmund ›Baklanjan‹ (Aubergine) genannt. Sie verfügen über ein Taxameter und verlangen 1 AZN Antrittsgebühr und 70 qep/pro km. Die Fahrer sind unter der Telefonnummer 9000 zu erreichen.

Unterkunft

Unterkünfte in Baku sind generell teuer. Speziell während der Internationalen Ölshow Ende Mai/Anfang Juni steigen die Preise in einigen Hotels noch einmal deutlich an, während in den heißen Folgemonaten oft ein günstigeres Angebot erhandelt werden kann. Hier eine Auswahl von teuer bis günstig. Neu eröffnet haben in Baku letzthin Kempinski (Badamer Distrikt), Marriott (Azadlıq-Platz), Four Seasons (Nefçilar Ave.) und Hilton (Bulvar).

Hotels in der Altstadt

(► Karte S. 78)

Meridian, Asaf Zeynallı 39, Tel. 4970809, www.meridianhotel.az. EZ ab 230 Dollar, DZ ab 295 Dollar, Suite ab 340 Dollar, Frühstück 15 Dollar/Pers. Gemischte Sauna mit bestem Standard für 40 Dollar/Std. Fantastische Lage und Restaurant mit Meerblick, aber gelegentlich laut.

Museum Inn Boutique Hotel, Q. Məhəmməküç. 3, Tel. 4971522, mobil 050/3036313, www.museuminn.az; EZ 160 AZN, DZ 180 AZN, Suite 200 AZN. In direkter Nähe des Jungfrauenturms, gehobener Standard mit Dachterrassenrestaurant, WiFi, Satelliten-TV, 24-Stunden Service, Kreditkartenzahlung möglich.

Sultan Inn, Böyuk Qala 20, 4372305, www.sultaninn.com. DZ Standard 170 AZN, Luxus 190 AZN, inkl. Frühstück. Im Herzen der Altstadt, äußerst stilvoll eingerichtet, 11 Zimmer mit W-Lan, Safe, Minibar und Klimaanlage, die ein richtiges Seidenstraßen-Flair aufkommen lassen. Empfehlenswert.

Kiçik Qala 98-Hotel, Kiçik Qala 98, Tel. 4371950, www.hotelgef.com, EZ 120 AZN, DZ 130 AZN (im Sommer verhandelbar). Rezeptionspersonal spricht Englisch, geräumige, saubere Zimmer teilw. mit Meerblick und Balkon, überall W-lan, nah Metro İçeri Şəhər.

Hotel Icherisheher, Məmmədyarov küç. 1/34, Tel. 4925215. EZ 90 AZN, DZ 120 AZN. Nettes, kleines Hotel direkt bei Metro İçeri Şəhər. Dachterrasse mit Altstadtblick, Rezeption spricht Englisch.

Old City Inn, Kiçik Qala küç. 10/16, Tel. 4974369, office@oldcityinn.com, www.oldcityinn.com. EZ ab 90 AZN DZ ab 110 AZN inkl. Frühstück (Preise verhandelbar). Kleines, ordentliches, etwas düsteres Hotel mit 15 Zimmern, Zimmer 7 bietet den besten Ausblick.

Guest House Inn, Harbi küç. 17, Tel. 055/7315637, guesthouseinn@mail.ru, EZ ab 85 Dollar, DZ ab 95 Dollar, Suite 105 Dollar inkl. Frühstück,. Mittagessen auf Bestellung, klein, sehr einfach, aber sauber, TV, Minibar, alle Zimmer mit eigenem Bad. Seeblick mit Aufpreis.

Altstadthotel, Məmmədyarov küç. 3/2 a, Tel. 055/7315637, aae@box.az. EZ 70 Dollar, DZ ab 80 Dollar, Suite 90 Dollar inkl. Frühstück. 8 ruhige Zimmer, davon 2 mit Balkon, deutschtümelndes Esszimmer mit Fußballsouvenirs. Es gibt Gerüchte, dass bei Einchecken vor 12 Uhr der Vortag später in Rechnung gestellt wird.

Azeri Hotel, Asef Zeynalli 39, Tel. 4970228, mobil 055/2163636; Standardzimmer 60 AZN; nettes kleines Hotel mit mäßigen Matratzen schräg gegenüber vom Jungfrauenturm.

Caspian Hostel, Asəf Zeynally 29 (schmale Straße beim Meridian-Hotel, dem ›1000 Camels‹-Zeichen folgen), 16 AZN/Bett. Sehr einfach, aber nett und mit heißer Dusche und Küche. Trotz miserabler Matratzen beliebt bei Rucksackreisenden. Das ein Stockwerk tiefer im Apt. 3 gelegene 1000-Camels-Hostel hat ähnliche Preise und Standards. Tel. Samir 055/6778175 oder Tabriz 050/2259987.

Hotels außerhalb der Altstadt

(► Umschlagkarte)

Dəniz Vağzali, Neftçilar küç. 58, Tel. 4180331; 3 Sterne, Schlafen im neuen Fährhafen-Gebäude direkt an der Küste für 255–285 AZN inkl. Frühstück. Kinder bis 7 Jahre sind frei.

Grand Hotel Europe, Tbilisi pr. 30, Tel. 4907090, www.europehotel-baku.com, EZ 220, DZ 240 AZN. Unattraktive Lage abseits des Zentrums, bar jeder interessanten Nachbarschaft. Das beste ist der Pool mit Bar im Garten. Ansonsten bietet der monströse Bau aus blauem Glas und weißem Beton alles, was ein internationales 5-Sterne-Hotel ausmacht.

Park Hyatt, Izmir küç. 1033, www.baku.park.hyatt.com und Hyatt Regency, Bakixanov küç.1, www.baku.regency.hyatt.com. Die benachbarten Hyatt-Hotels erreicht man unter Tel. 4961234. Das Park Hyatt ist mit seinen großen Zimmern einen Tick komfortabler. Verkehrstechnisch liegen die Hotels günstig, doch relativ weit vom Zentrum. Spezialangebote findet man regelmäßig auf den Websites.

Respublika Luks, Xaqani küç. 24,Tel.: 055/7315637, www.hotelrespublika.com, 5 Sterne, Suiten von 250 - 480 Dollar. Das Hotel mit den pompös ausgestatteten Suiten gegenüber dem

Landmark-Gebäude ist der Nachfolger des alten Regierungshotels Respublika. Die Nachfolge macht sich unter anderem an dem Link der Hotel-Webpage zur Website vom Präsidenten kenntlich. In Reichweite sind der Hauptbahnhof und der Bulvar, und im dazugehörigen Restaurant gibt es wochentags von 12–15 Uhr ein relativ preiswertes Mittagsmenü um 15 AZN.

Radisson SAS, Nizami küç. 340, Tel. 4982402, sales.radissonsas@isrplaza.com, baku.radissonsas.com. Suite ab 240 AZN ohne Frühstück. Direkt am Fontänenplatz in der Spitze des wenig attraktiven ISR-Plaza-Gebäudes mit grandioser Aussicht aus geräumigen Zimmern. Mit Pool und allem erdenklichen Komfort, aber eindeutig zu teuer.

Austin, Nizami küç. 58, Tel. 5980811, www.austinhotel.az. DZ ab 177 AZN, Frühstück inkl. Mit Internet, Sauna und kleinem Pool mitten in der Fußgängerzone in historischem Altbau. Suite mit Jaccuzzi, Küche und großem Balkon. Ein großes Plus ist das nette Personal, ein kleines Minus der fehlende Lift, denn das Hotel erstreckt sich bis in die 5. Etage. Trotzdem die beste Wahl außerhalb der Altstadt.

Park Inn, www.baku.rezidorparkinn.com, Azadlıq prosp. 1, Tel. 4906000. DZ ab 150 AZN inkl. Frühstücksbuffet. Der wenig attraktive Betonbau liegt am Bulvar direkt gegenüber dem neuen Einkaufszentrum Park Bulvar. Das Preis-Leistungsverhältnis stimmt, außer bei der zu teuren Bar. Die angenehm eingerichteten Zimmer haben Internet, Flachbildschirm-TV und eine bunte Wand und sind insgesamt mehr funktional als luxuriös. Gut ist die Sushi-Bar im 11. Stock.

Azcot Lodge, Hüsi Haçiyev küç. 7, Tel. 4925477, www.azcothotel.com, EZ ab 95 AZN, DZ ab 120 AZN inkl. Frühstück exkl. Steuern (verhandelbar). Exzellente Lage direkt am Fontänenplatz, hell und freundlich, mit Internet, Fön, Safe und Wasserkocher im Zimmer. Eine gute Wahl.

Caspian Guest House, Zorge küç. 8, Tel. 4987809, rcaspian@intrans.az, EZ 80 AZN, DZ 90 AZN, Suite 150 AZN inkl. Frühstück. Kostenpflichtiger Internetanschluss im Zimmer. Teilweise mit Balkon, guter Standard, plüschige Zimmer. Abholservice vom Flughafen auf Anfrage. Lage nahe Bulvar, aber nicht zentral.

Araz Hotel, Y. Safarov küç. 30, Tel. 4905063. DZ 40–80 AZN mit oder ohne eigenes Bad. In einer Wohngegend weit entfernt vom Zentrum, an der Straße zum Flughafen. Sehr einfach und mäßig sauber, aber mit Klimaanlage und TV. Beliebt bei Rucksackreisenden. Bus 1, 36 und 135 fahren von hier zum Bahnhof.

Tamadon Hostel, Teymur Əliyev küç. 32, Gənclik; ca. 20 AZN/Pers. 9 Zimmer und Schlafsäle auf 3 Etagen, oft mit Balkon. Ventilator, Etagenküche, Computer und WiFi.

Velotrek, Moskovski prosp. 3007, Tel. 4315189. 20 AZN/Pers. ohne Frühstück mit eigenem Bad. Versteckt zwischen Busbahnhof und Radrennbahn an der Metrostation 20. Januar liegt das Hotel erstaunlich ruhig in einem Hof. Einfache, aber gute Matratzen und durchgehend warmes Wasser. Sportlerhotel, das von zwei eher beleibten Herren betrieben wird, von denen einer ein wenig Englisch spricht. Wegen der fehlenden Klimaanlage sollte man sich im Sommer auf Moskitos einstellen, und als allein reisende Frau auf eine reine Männergesellschaft. Nachtschwärmer laufen Gefahr, vor verschlossenen Türen zu stehen, da das Hotel früh geschlossen wird. Späte Ankünfte vorher anmelden. Generell empfehlenswert.

Mietwohnungen

Für Aufenthalte, die länger als ein paar Tage dauern, ist es sehr viel günstiger, ein möbliertes Zimmer oder eine Wohnung zu mieten. Die Preise beginnen bei ca. 40 AZN/Nacht.

Baku Real Estate Agency, www.bakurealestate.com. E-mail-Anfragen unter office@bakurealestate.net werden nicht immer beantwortet, deshalb lieber anrufen, am besten bei der hilfsbereiten Marina: Tel. 050/4507740. Oder **Milena** kontaktieren (www.bakuapartment.com), die ebenfalls zuverlässig Wohnungen ab 40 AZN anbietet. Minimum 3 Nächte.

STI-Travel (s.o.) vermittelt Wohnungen für 75 Dollar/Tag inkl. Frühstück. Die viel beworbene Agentur Prant-Real Estate ist nur bedingt empfehlenswert.

Unterkunft am Strand

15 Autominuten südlich von Baku kann man direkt am Şihov-Strand wohnen, allerdings mit Blick auf die nicht weit entfernten Bohrinseln.

Crescent Beach, Salyan prosp., Tel. 4974777, www.crescentbeachhotel.com, EZ/DZ 147 AZN, Rabatt verhandelbar. Die ehemalige Kaserne bietet 260 Zimmer mit TV, Kühlschrank, W-Lan und teilweise Meerblick, Englisch sprechendes Personal und einen regelmäßigen Shuttle-Service ins Stadtzentrum (Metro İçəri Şəhər). Zudem Pool, Gym, große Terrasse und Privatstrand.

Ramada-Resort, Salyan prosp. 32 (direkt nebenan), www.ramadabaku.

Zwei Köche in Baku

com. EZ ab 205 AZN, DZ ab 230 AZN inkl. Frühstück. Plüschige Atmosphäre im großen Hightech-Bau mit Privatstrand, Tennisplatz und allen Annehmlichkeiten. Sehr gutes Buffet-Frühstück, Balkon, gute Betten, Minibar und Badewanne.

Restaurants

Restaurants in der Altstadt

(► Karte S. 78)

Muğam-Klub, Rzayeva küç. 9/Zeynallı Küç., Tel. 4924085. Wer nur einen Abend in Baku ist, sollte ihn hier verbringen. Zwar ist die alte Karawanserei deutlich auf Tourismus eingestellt, was sich auch in den Preisen niederschlägt (Kebab 15 AZN), aber die Atmosphäre in dem vielzelligen Bau ist unvergleichlich und schön orientalisch. Neben guter azerischer Küche werden Teppiche und ein Live-Programm (Bauchtanz, Musik etc.) geboten, für das pro Nase 8–12 AZN auf die Rechnung gesetzt werden. Sehr empfehlenswert.

Karawanserei, Böyük Qala 11, Tel. 4926668. Beliebt nicht nur bei Touristen wegen des atmosphärischen Hofs im historischen Gebäude. Zu mäßig überzeugenden Speisen wird abends Bauchtanz und Live-Musik geboten, was Sie auf Ihrer Rechnung wiederfinden werden.

Maiden Tower Gartenrestaurant, direkt am Jungfrauenturm, idyllisch gelegen. Teegedeck 10 AZN, Wasserpfeife 20 AZN.

Muğam Theater, Asəf Zeynallı küç., Restaurant mit Kulturprogramm in direkter Nähe des Jungfrauenturms, frisch restauriert mit offenem Glasdach, das dem Raum eine besondere Atmosphäre verleiht. Preislich entsprechend.

Köhnə Şəhər, V. Məmmədov küç. 24, Tel. 4920555. Sehr gute aserbaidschanische Küche im wohl temperierten Kellerrestaurant von preisgekröntem Koch. (Der Kollege von dem, der in rotem Plastik vor der Tür steht.) Unbedingt den Thymiantee kəklik otu probieren.

3rd floor-Restaurant, Böyük Qala 20, Tel. 4372311. Direkt über dem Hotel Sultan's Inn und neben dem Jungfrauenturm, Dachterrasse mit bester Aussicht, internationaler Küche und europäischem Ambiente. Angebot eher begrenzt, mäßig überzeugend und nicht preiswert, die Pirohi sind zu meiden. Anders als ausgewiesen, kann man nicht mit Amex-Karte zahlen. Allerdings gibt es kaum einen besseren Ort für Sonnenuntergänge oder Vollmondnächte.

Restaurants außerhalb der Altstadt

Von den unzähligen Restaurants in Baku hier nur eine Auswahl. Mehr findet man im Baku Restaurants Guide, der in allen größeren Hotels ausliegt.

Aserbaidschanische Küche

Firuzə, Əliyarbəyov küç. 14 (nahe Fontänenplatz), Tel. 4933634. Große Auswahl außerordentlich guter Speisen zu günstigen Preisen und mit aufmerksamem Service (► Karte S. 84). Eingang versteckt hinter grüner Plane, Stufen runter.

Bəhbəh I, Şihaliyev küç. 20, Tel. 4981810, und Bəhbəh II, Aliyarbəyov 9, Tel. 4988734. Bəhbəh heißt ›lekker‹, und der Name ist Programm. Mit ihrer großen Auswahl an lokalen Spezialitäten von 8–20 AZN gehören die beiden Restaurants zur Spitzenklasse. Besonders gut ist die Dolma. Abends Live-Musik (► Karte S. 84).

Sheki, Botanischer Garten, Tel. 5102481. Nach einem Spaziergang durch die Botanik kann man hier gut und preiswert speisen (► Umschlagkarte).

Fayton-Klub, Behbudov küç. 17, Tel. 4988101. Im Kellergewölbe verschieden geschmückte Separées im traditionellen Stil, sehr dekoratives Ambiente, leider ohne Tageslicht. Abends 19.30–23 Uhr Live-Programm (kostet extra). Steak 20 AZN, gute Leaf Dolma und Pip Dolma, sonst teilweise sehr fettig. Beim Jazz-Center (► Karte S. 92).

L'aparte, İstiqlaliyyət küç. 51, Tel. 4977779. Geheimtipp, versteckt in einem Keller nahe Fontänenplatz. Lokale und europäische Spezialitäten (► Karte S. 84).

İstirahət Həsən, H. Salmani Str. 7 (im Viertel Xətai), Tel. 050/6725572. Typisch aserbaidschanisches Publikum, rustikales Ambiente. Preisgünstig und lecker.

Georgische Küche

Dukhan, 8/13 Nizami küç., Tel. 5982229. Gut: Pkhali (Paste aus Spinat und Roter Beete mit Walnuss, 5 AZN) und Khachapuri (mit Käse gefüllte Teigtaschen). Hauptgerichte 5–10 AZN, wochentags 12–16 Uhr günstiger Lunch (► Karte S. 92).

Imereti, Xaqani küç. 13, Telefon 4934181; exzellentes und preiswertes Essen hinter unscheinbarem Kellereingang neben der Irakischen Botschaft. Tägl. 18–24 Uhr, möglichst reservieren (► Karte S. 92).

U Dali, Ibrahimov küç. 5, nahe armenischer Kirche am Fontänenplatz, Tel. 4949356. In dem halben Untergeschoss kann man noch den Hauch des alten Baku spüren. Die Wirtin kümmert sich persönlich (► Karte S. 84).

Türkische Küche

Sultan's, Xaqani küç. 10, Telefon 5980555. Speisen im großen Saal oder Hof direkt gegenüber der Irakischen Botschaft. Große Auswahl an Salaten und Vorspeisen (► Karte S. 92).

Namli Kebab, M. Qardaşlari küç. 3, Tel. 050/2014445. Typisch aserbaidschanische Speisen zu moderaten Preisen, gegenüber vom Russischen Theater (► Karte S. 92).

MADO, direkt daneben; nettes Café mit leckerem Kuchen, Salaten, pikanten Kleinigkeiten. Gute Kaffeeauswahl, gemütliches Ambiente auf 2 Etagen. Gehobene Preisklasse (► Karte S. 92).

Merkez Lahmacun, İstiqlaliyyət küç. 49, Tel. 4929528. Das ideale Restaurant für eine kurze Mittagspause oder einen nächtlichen Imbiss, da 24 Stunden geöffnet. 3 Minuten von İçəri Şəhər an der Ringstraße, günstig und einfach (► Karte S. 84).

Inter Grand Türk, Əlizadə küç. 5, Ecke T. Əliyarbayov. Tel. 4934692. Lecker und preiswert (► Karte S. 84).

Italienische Küche

Philharmonic, in der Philharmonie, Tel. 4371033. Neben dem Scalini einer der besten Italiener Bakus. Vorspeisen 10 AZN, Hauptgerichte 14 AZN, Pizza und Pasta 9 AZN (► Karte S. 84).

Restaurant Scalini, Bakixanov küç. 2, Tel. 4982850. Direkt neben dem Hyatt Außerordentlich teuer, aber sehr gut. Die beste Pizza von Baku gibt es hier, günstiger am Sonntag. Empfehlung: Risotto mit Porcini und Confit de Canard. Mittags und abends geöffnet (► Karte S. 101).

Indische Küche

Marshall's, Tağiyev küç. 12, Tel. 4937849. Fast am Fontänenplatz gelegen, mit Bar und Billard, große Auswahl, Kellerrestaurant mit Buffet an Wochenenden für 12 AZN und Live-Musik (► Karte S. 92).

Maharaja, Əlizadə küç. 6a. Tel. 4946300. Hauptgerichte 11–16 AZN (► Karte S. 92).

Weitere Empfehlungen

The Palms, im ›Sea View Plaza‹, Nərimanov pr. 4 (direkt unterm Denkmal). Kühles Flair, allein wegen Blick auf die Stadt lohnenswert, frische Brise und bisweilen laute Popmusik. Internationale Küche, besonders gut: gegrillter Mint Fish mit Chili Aioli für 12 AZN. Sonntags Brunch von 12 bis Mitternacht. Essen 8–10 AZN (► Karte S. 97).

Chinar Restaurant am Funicular, Tel. 4920888, panasiatische Küche, exquisite Cocktails, gediegenes Ambiente innen und außen, erlesene Speisen, gehobene Preise (► Karte S. 97)

Cafés und Teestuben

Cafés

Hazz, im Landmark-Gebäude, Nizami küç. 96. Elegantes Café mit Live-Musik und guten Burgern (► Karte S. 92).

Azza, direkt am Fontänenplatz. Sitzen im kühlen Hof am Springbrunnen, innen sehr gestylt. Beliebt bei Ausländern, gehobene Preise (► Karte S. 92).

Aroma Café, Hacibəyov küç. 18. Tel. 5980707. Bekannt für guten Kaffee, leckeren Ceasar-Salat, gemütliche Sessel (oben) und W-Lan (► Karte S. 92).

Sunset-Café, im Kino Azərbəycan. Leider kein Sonnenuntergang in Sicht, dafür leckerer und sehr füllender Apple Crisp und Milchshakes (5 AZN), alles im American Style und teuer (► Karte S. 84).

Café Mozart, Əlizadə küç. 2. Von wegen Wiener Melange und Kleine Nachtmusik! Das Mozart ist türkisch, die Speisekarte englisch. Nett draußen sitzen mitten im Zentrum. Häufig voll, da sehr beliebt, So englisch- türkischer Brunch ab 10 Uhr bis nachtmittags für 15 AZN mit Riesenauswahl und lecker (► Karte S. 84).

Vitamin Café, Tolstoy küç. 169, hinter dem ISR Plaza; besonderes Flair und gemütliche Sofas. Individuelle Kinosäle für bis zu 15 Personen für 2 AZN/ Pers. mit großen Videoleinwänden und internationalen Filmen an der Bar. Bier 3–5 AZN, kleine Speisen, große Wasserpfeifen. Tägl. außer Mi 18-22 Uhr Live-Musik mit der hinreißenden Sängerin Roya und ihrer Gitarrengruppe Vitamin. Geöffnet tägl. 11–24 Uhr (► Karte S. 92).

Ali und Nino, Nizami küç., direkt neben der Oper. Nettes Café mit Bücherei zum Schmökern und Kaufen. An den Wänden findet man die Figuren des gleichnamigen Romans wieder. Mittags werden preisgünstig pikante Kleinigkeiten angeboten (► Karte S. 92).

Café Caramel, Boyük Qala 21, Tel. 492 3526; in direkter Nähe des Sultan's Inn. Gediegene Einrichtung, große Auswahl an Tees, Kaffees und Cocktails, am Wochenende Brunch. Geöffnet 18–23, Fr/Sa - 2 Uhr. Gehobene Preisklasse (► Karte S. 92).

Teestuben

Tee trinken kann man fast überall. Viele Bäckereien bieten im hinteren Teil ihrer Läden kleine Sitzgelegenheiten mit Tee und Kuchen zu Ladenpreisen an. Dazu gehört auch die Kette Çudo Peçka, in deren Läden man von süß bis pikant günstig schlemmen kann.

Şəhidlər Xiyabanı (ehem. Kirov-Park), bietet bei Tee mit Nüssen und Schokoriegel unter freiem Himmel den besten Blick auf die Stadt in ruhiger Umgebung (► Karte S. 97).

Kardeşler Café, am Eingang der Metro-Station Sahil, Tee 20 qep., Kuchen ab 30 qep. Riesige Auswahl, unschlagbar preisgünstig. Dafür nimmt man die süßen Verführungen gern im Stehen ein (► Karte S. 92).

Kneipen und Bierlokale

Paul's, Rəfibəli Ecke Zərgərpalan küç., Tel. 4924577. Deutsche Lieblingskneipe und beliebter Treffpunkt. Geöffnet ab 18 Uhr, So. geschlossen. Gulasch, Spätzle, Steaks vom Grill, im Winter zudem Schweizer Käsefondue und Glühwein. Original deutsche Würstchen (► Karte S. 97).

The Brewery, İstiqlaliyyət küç. 27, Tel. 4372868. Brauereikeller für Tageslichtscheue nahe Metro İçəri Şəhər. Selbstgebrautes Bier und Apfelstrudel werden serviert von Kellnerinnen im Dirndl. Dazu deftige, fleischlastige Küche, Fr. Abend Live-Musik. Hauptgerichte 8–13 AZN, Bier 2-4 AZN, 11 Uhr - open end (► Karte S. 84).

München, Nizami 125 (Ecke Puşkin), Tel. 4937600. Kneipe mit langer Tradition, in der man trotz des Namens kaum Deutsche antrifft. Im Angebot sind Erdinger, Bavaria (3–5 AZN), Eisbein und Wiener Würste aus Moskau (10–30 AZN). Täglich 11–23 Uhr (► Karte S.92).

Saphire, Malakanski/Molokan-Garten, mit Biergarten, Teestube (die Kanne 6 AZN), Restaurant und Cocktailbar auf der Dachterasse. Schick und hochpreisig. (► Karte S. 92).

Finnegan's, A. K. Əlizadə küç.8, Tel. 4989857. Beliebter Irish Pub mit Guiness und einfachen Gerichten. Fr Disco, Mi/Sa Live-Musik. Happy hour 19–20 Uhr. Stammkneipe der Hash House Harriers. (► Karte S. 84).

Otto's, A. K. Əlizadə küç. 3 (Eckhaus), Tel. 4986979; Pub mit wunderschönen Tonnengewölben. Am Wochenende Live-Musik (► Karte S. 84).

O'Mally's und Tequila Junction, Nizami küç. 71, Tel. 4894332. Irish Pub und Bar direkt neben dem ISR-Plaza, ganzjährig zum Draußenstehen, Happy hour wochentags 18–20 Uhr. Im O'Mally's sind im Angebot hausgemachter Kuchen und ein Stadtplan: das Baku Street Directory (20 AZN) (► Karte S. 84).

Shakespeare, A. K. Əlizadə küç. 6, Tel. 4924334. 11–03 Uhr. Britischer Pub mit Billard und TV, berühmt für seine Curries, war früher das absolute In-Lokal, heute mit viel Konkurrenz (► Karte S.92).

Bars

Während immer mehr neue Bars das vormals sehr eingeschränkte Nachtleben bereichern, sind Diskos mit vollen Tanzflächen nach wie vor eine Rarität.

Lounge, gegenüber vom Hyatt, neben Scalini. Schicke Bar mit Karaoke und vielen Ausländern, manchmal Salsa, tägl. bis 2 Uhr (► Karte S. 101).

Tequila Junction, beim ISR-Plaza. Mexikanisch, beliebter Treffpunkt (► Karte S. 84).

Shark, Xaqani küç.4, Tel. 4939669. Fr u. Sa Live-Musik, Mo–So 18–20 Uhr Happy Hour (► Karte S. 92).

Q bar, Böyük Qala 29, Tel. 4372305. Open-Air-Bar mit roten Laternen und Blick auf den Jungfrauenturm. Idealer Platz für einen Vollmond-Cocktail, nur müssen die Jungs noch das Mixen üben. Gesalzene Preise (► Karte S. 78).

Eleven, in der 11. Etage des Park Inn. Sehr populär und schick, umfangreiche Cocktailkarte, gediegene Preise. Gesichtskontrolle beim Einlass (► Karte S. 92).

Sky Bar im Landmarkhotel, Nizami küç. 90a. Spektakulärer Blick auf die Bucht vom gemütlichen Sofa mit Live-Klaviermusik. Nachmittags Teatime und Schokoladen-Buffett (► Karte S. 92).

Hezz, am Fuß des Fernsehturms, ist einer der wenigen Clubs, in denen sich die Tanzfläche regelmäßig füllt (► Karte S. 97).

Cross Roads, Tolstoy küç., Disco mit Pop und House bis morgens um 5 Uhr (► Karte S. 92).

Saloon Bar, Z. Tağiyev küç., Kostengünstig und unkompliziert ausgehen nahe Fountainsquare (► Karte S. 84).

Amburan Beach Club, Bilgəh, Tel. 4538685, info@amburan.com. Wochenendpartys am Strand von Bilgəh (Abşeron), tägl. Speisen, Drinks und Live-Musik (► Karte S. 125).

Museen und Galerien

Historisches Museum, Tağiyev küç. 4, Tel. 4933648. Größtes Museum Bakus, der opulente Bau wurde 2007 saniert. Wochentags 10–18 Uhr. Eintritt 10 AZN, Studenten und Fotos je 2 AZN (► Karte S. 84).

Kunstmuseum, Niyazi küç. 9–11, Tel. 4925789. Tägl. außer Mo, Einlass 10–16 Uhr. 5 AZN, Fotografieren streng untersagt. Zwischen den separaten Gebäuden steht ein Geldautomat (► Karte S. 84).

Museum für Moderne Kunst, Yusif Safarov küç., Tel. 4908404. Di-So 11–21 Uhr. Eintritt 5 AZN. Fotos ohne Blitz und private Videos ohne Aufpreis möglich (► Umschlagkarte).

Museum Center mit Teppichmuseum (noch) Neftçilər prosp. 123a (am Bulvar), Tel. 4937287. Tägl. außer Mo 10–18 Uhr, Einlass bis 17.30. Teppichmuseum: 5 AZN, Führungen je nach Gruppengröße 5–20 AZN, Foto pro Teppich 3 AZN. **Theater-** und **Unabhängigkeitsmuseum** (je 2 AZN) befinden sich im selben Gebäude sowie eine **Galerie für moderne Kunst**. Verkauf von Souvenirs und Büchern (► Karte S. 84).

Literaturmuseum, İstiqlaliyyət küç. 53 (Fontänenplatz). Tel. 4927403, Mo–Sa 11–18 Uhr, 10 AZN (► Karte S. 84).

Miniaturen-Kabinett, 1-ci Qesr Döngəsi 67 (Altstadt), tägl. außer Mo und Do 11–17 Uhr, Eintritt frei. 5000 Mini-Bücher aller Genres nach Nationalitäten sortiert (► Karte S. 78).

Musikmuseum, R. Behbudov küç. 5, Tel. 5986972, Di–So 10–18 Uhr, 1 AZN. Klassische aserbaidschanische Instrumente, Di mit Muğam-Musik (► Karte S. 92).

Vurğun-Museum, Kleines Hausmuseum des Dramatikers. Eintritt frei. Direktorin spricht Englisch (► Karte S. 94).

Ethnographisches Museum, Böyuk Qala küç. 42 (Altstadt), wartet auf seine Wiedereröffnung.

Füzuli-Institut für Handschriften, İstiqlaliyyət küç. 8, zu empfehlen ist eine vorherige Anmeldung, Tel. 4928333 (► Karte S. 84).

Narimanov-Museum: İstiqlaliyyət küç. 35, Tel. 4920515. Hausmuseum des kontrovers beurteilten Politikers (► Karte S. 984).

Nobel-Museum, Villa Petrolea, Nobel prosp. 57/2 (in direkter Nähe des Luna Parks), Tel. 4244020, email: info@bakunobel.org; mit Originalmobiliar, Restaurant und Gästehaus, Besichtigung nur wochentags nach Anmeldung, Eintritt frei (► Umschlagkarte).

Centre For Contemporary Art, Gulle küç. 15, neben dem Karavanserei-Restaurant in der Altstadt, Tel. 4925906. Lokale moderne Kunst, auch zum Verkauf. Di-So 11-20 Uhr. (► Karte S. 78)

Josif Mirza Atelier, Xagani küç. 4, Tel. 4935285. Versteckt links hinter dem Sultan-Restaurant stellt der Maler u.a. Bilder inspiriert von den Felszeichnungen in Qobustan aus (► Karte S. 92).

Qiz Qalasi Galerie, neben dem Jungfrauenturm, Tel. 4927481. Galerist Emin zeigt und verkauft lokale und internationale Kunst. Mo-Fr 10-19 Uhr, S/So 10.30-19 Uhr (► Karte S. 92)

Konzert und Theater

Zentrale Verkaufstellen sind die Kioske, die auch das umfassende Kulturprogramm für Baku bereithalten und bis ca. 19 Uhr geöffnet sind.

Klassische Musik

Philharmonie, İstiqlaliyyət küç. 2, Tel. 4972904/5, im Stadtpark bei Metro İçəri Şəhər, Karten 5-15 AZN, Programm: www.filarmoniya.az. (► Karte S. 84).

Staatsoper, Nizami küç. 95, Tel. 4930818. Opern- und Ballettaufführungen in grandiosem Saal. Karten 11-16 AZN. (► Karte S. 92).

Kapellhaus, 28. May küç.15, Tel. 938041. Außer im Sommer Di und Fr Klavier- und Kammerkonzerte. Programmanfrage kapellhaus@azerin.com. (► Karte S. 92).

Jazz

Karavan Jazz-Klub, A. Əliyev küç. 4, Tel. 4971139. Der Jazz-Keller und persönlicher Lieblingsklub, leider oft wenig besucht bei manchmal erstaunlich guter Musik und interessanten Persönlichkeiten. 3–5 AZN/Pers. für das Programm werden mit auf die Rechnung gesetzt. Fr und So nur Klavier, sonst Bands von 21 bis 24 Uhr (► Karte S. 84).

Jazz-Center, R. Behbudov küç. 2, Tel. 4939941 . Außer beim Jazz-Festival im Juni (www.festival.jazz.az) ist hier im Sommer tote Hose. Ansonsten gutes Programm und schickes Ambiente, Musik inkl. Bier 10–12 AZN, tägl. ab 19 Uhr, Programm: www.jazz.az. (► Karte S. 84).

City Lights-Bar, oben im ISR-Plaza, Tel. 5981133, Fr –So ab 21 Uhr Live-Jazz mit Ausblick (► Karte S. 84).

Pop

Heydar-Aliyev-Palast, Bül-Bül küç., 35, Tel. 4898484. Konzerthalle am gleichnamigen Platz, in der große, internationale Rockkonzerte stattfinden. Tickets 20-150 AZN. (► Karte S. 92).

Muğam

Am stimmungsvollsten kann man Muğam-Musik in den Altstadt-Karavansereien, speziell im **Muğam-Klub** erleben (► Karte S. 78).

Muğam Center, Neftçilar Ave. 9, am Bulvar, Tel. 4978970/72, www.mugam.az. Konzerthalle mit 350 Plätzen und Edelgastronomie (► Karte S. 84)

Theater)

Green Theatre (Yaşil Teatr), Sonaxanım küç. 1, Tel. 4924982. Open-Air-Bühne. Tolle Kulisse, bisweilen sehenswerte Aufführungen, Karten bis ca. 20 AZN (► Karte S. 97).

Akademisches Nationaltheater, Füzuli-Platz 1, Tel. 5962647. Tickets 6-10 AZN, Stücke auf Aserbaidschanisch mit Übersetzung www.azdrama.az (► Karte S. 97).

Russisches Vurğun-Theater, Xaqani küç. 7, Tel. 4930063. Programm: www.rusdrama-az.com, Karten 4–11 AZN (► Karte S. 92).

Junges Theater, Nizami küç. 72, Tel. 4938852, Tickets 4–6 AZN, Stücke auf Russisch und Aserbaidschanisch (► Karte S. 92).

Staatliches Puppentheater, Neftçilər prosp. 36, Tel. 4924458, Tickets 2 AZN. Aserbaidschanisch und Russisch, www.kuklateatri.com (► Karte S. 92).

Sport und Freizeit

Hash House Harriers: Sonntagnachmittags gemeinsam joggen, walken und trinken. Flexibler Treffpunkt, Info auf www.bah3.info, Facebook: Hashhouseharrier Baku und E-Mail: grandmasterbhhh@gmail.com.

Baku Bicycle Club (BBC): Per Rad das Land entdecken. Off-Road- und Straßentouren in geselliger Runde am Wochenende, möglichst mit eigenem

Fahrrad, Verkehrssprache Englisch. Kontakt: laveryrw@bp.com.

Gənclik-Sportzentrum: Tennis, Schwimmen, Fitness u.a. mit gutem Standard. Olympiya küç. 6, Tel. 4658400. Details auf www.ganjlik.com (az/ru).

Schwimmen: Alle großen Hotels haben Pools. Am größten im Hyatt (viele Familien), ruhiger und kleiner im Park Inn, beliebt auch im Europahotel (im Sommer draußen). Überall mit Sauna und überteuert. Alternative: Aquapark, Raşid Behbudov küç. 59, großes Spaßbad, 6 AZN/Stunde, nur mit Badekappe (► Karte S. 101).

Fitness: In allen großen Hotels, am günstigsten im Crescent Beach-Hotel.

Tennis: Gənclik-Sportzentrum, Hyatt-Hotel und im Officer's Club neben dem Təzə-Basar, am Bulvar (► Karte S. 101).

Klettern (Indoor): Green Rock, Salatin Asgarova küç. 101, Nähe Metro Nizami, Tel. 070/6512203, www.greenrock.az. Von außen unscheinbar im Ex-Schwimmbad; engagiertes junges Team, das im Sommer auch Outdoor-Klettern in Qobustan organisiert. 2 Std. ab 5 AZN, Equipment 2,50 AZN, Instruktion kostenlos. Tägl. 13–22 Uhr (► Karte S. 101)

Wellness: Tazəbəy-Hammam, Hamidov küç., Ecke Behbudov prosp., Tel. 5967913. Entspannen in historischen, komplett sanierten Hammams nahe der Sprachenuniversität oder İçəri Şəhər. Jeweils leider nur für Männer! Eintritt 17 AZN, Massage 20 AZN, Schrubben 10 AZN (► Karte S.78).

Reiten: Reitklub Gunay in Gəncilik, Najaf Nərimanov küç.., Block 1978, Tel. 4615555. Reitstunden auf Anfrage.

Geselliges

International Women's Club (IWC): Kontakt über website www.iwcbaku.org.

Rotary Club Baku Int., Telefon 050/2169393, www.bakurotary.org. Mittwochs 19.30–21 Uhr im Hyatt Hotel.

Strände

15 Min. Autofahrt südlich von Baku liegen die **Şixov-Strände** mit einigen Restaurants und Hotels mit Privatstrand. Bus 105 und 92 fahren dorthin regelmäßig vom Azneft-Platz. Öffentlich sind der Republic Beach (Eintritt 2 AZN, sauber), Dostluq Beach (kostenlos, weniger attraktiv) und weitere Strände hinter dem Crescent Beach-Hotel. Überall genießt man einen interessanten Blick auf die vorgelagerten Bohrinseln und eine entsprechend fragwürdige Wasserqualität. Zum Baden sind deshalb die Strände auf der **Nordseite der Abşeron-Halbinsel** geeigneter.

Bootstouren (► Umschlagkarte)

Vor dem neuen Fährhafengebäude gegenüber Dom Sowjet legt alle 30 Minuten ein Boot zu einer ca. 30-minütigen ›Rundfahrt‹ ab. Im Sommer bis 22 Uhr, Tickets 2 AZN.

Der Yachtklub am Bulvar vermietet Katamarane für 150 AZN/Std. oder eine 200-Mann-Fähre für 200 AZN/Std. Tel. 5981887, yclub@caspar.baku.az.

Einkaufen

Souvenirs

Klassisches von Teppichen bis Kupferware gibt es in der Fußgängerzone am Fontänenplatz, in der Altstadt und im ersten Stock des Nargiz-Plaza-Einkaufszentrums. Bei Antiquitäten sollte man

sich unbedingt erkundigen, ob zur Ausfuhr ein Zertifikat benötigt wird, das von den Händlern innerhalb eines Tages für 30-50 AZN beschafft wird.
Klassische Baku-Fotografien verkauft **ASIM** in der Böyuq Qala küç. 11 nahe der Schweizer Botschaft, historische Aufnahmen und attraktive Ölfeldbilder gibt es bei **The Frame Shop** hinter dem Museum Center in der Zafira Əliyeva Küç. 21 (► Karte S. 84).
CDs und DVDs mit Filmen und den neuesten Computerprogrammen bekommt man ab 3 AZN bei **ABC-Records** (sprechen Englisch) oder anderen Läden an der Nizami küç. (► Karte S. 92).

Basare

Der **zentrale Gemüsemarkt**, Rəfibəyli küç., ist ein Muss für Nostalgiker und zwei Fußminuten vom Fontänenplatz entfernt (► Karte S. 97).
Weitaus fotogener ist der **Təzə-Basar** mit Pyramiden polierter Granatäpfel. Dort verkauft Elnur Beluga-Kaviar: Tel. 050/6404231. Busse fahren von der Milli Bank am Heydar-Aliyev-Platz dorthin (► Karte S. 101).
Yaşıl Bazar (Grüner Markt) hinter dem Bahnhof ist besonders günstig (► Karte S. 92).
Lökbatan Basar, der frühere Flughafenbasar: Weitläufiger Markt mit viel Ramsch aus China. Unschlagbar günstig. 15 Min. vom Zentrum, gut mit Bussen ab Metro Koroğlu erreichbar.

Supermärkte und Kaufhäuser

Neptun, Badalbeyli küç. 102, ist am günstigsten, aber mit beschränktem Sortiment (► Karte S. 92).
Citimart, Saməd Vurğun küç. 19, liegt sehr zentral (► Karte S. 92).
Kontinental in der Nizami Küç. 68 (Ecke Bülbül) hat alles von Lind-Schokolade bis Corn Flakes, ist aber ausgesprochen teuer (► Karte S. 92).
Ramstore, Babek prosp. Block 1129 liegt dezentral, in der Nähe des neuen Heydar-Aliyev-Kulturzentrums, hat aber die größte Auswahl (► Umschlagkarte).
New World, Inşaatçiylar prosp. 31, ist eine etwas günstigere Alternative (► Karte S. 101).
MUM, Ecke Nizami küç./Azərbaycan prosp., Traditionskaufhaus der Sovjet-Ära, inzwischen mit aufgestocktem Sortiment (► Karte S. 84).
Xezer Trade Center, riesiges Einkaufszentrum östlich des Zentrums am Nobel-Prospekt.
Park Bulvar, Bulvar, neues Center mit internationaler Mode und Glamour, gehobene Preise (► Karte S. 92).

Apotheken

Die meisten Apotheken sind von 9–22 Uhr geöffnet.
Einen Englisch sprechenden Arzt findet man im **Medi Club**, Hacibəyov küç. 45, Tel. 4970912.

Eingemachtes auf dem Təzə-Basar

Rund um den aserbaidschanischen Fußball

Die Erwartungen waren groß, als Berti Vogts 2008 als neuer Nationaltrainer für die aserbaidschanische Nationalmannschaft verpflichtet wurde. Die Leidenschaft für den Fußball sollte er unter den Aserbaidschanerrn entfachen und die Stadien füllen, »so wie es in Deutschland ist«, wünschte sich seinerzeit der Sportminister Asad Rahimov. Aserbaidschan rangierte auf Platz 119 der Weltrangliste zwischen Kenia und Liechtenstein.

Die Fußballgeschichte Aserbaidschans war bis dato nicht gerade rühmlich verlaufen. Der einzige international bekannte Name aus der heimischen Fußballszene war Tofiq Bachramov, berühmt geworden als der ›russische Linienrichter‹, der im WM-Finale von 1966 zwischen England und Deutschland fälschlicherweise den Ball hinter der Linie gesehen hatte. 2:2 stand es in der Verlängerung, als der Brite Geoff Hurst den Ball an die Unterkante der Latte schoss, von wo dieser auf die Torlinie und zurück ins Feld sprang. Was für deutsche Fans stets klar war, ist durch eine Analyse des 35 mm Films inzwischen bewiesen: Der Ball hat die Linie nie überschritten, und Deutschland wurde um seinen Titel betrogen. Und die Engländer? 40 Jahre danach und passend zur Weltmeisterschaft 2006 hat die Community der in Aserbaidschan lebenden Briten ihrem Gastland ein charmantes Geschenk gemacht: ein Denkmal eben jenes Linienrichters, persönlich enthüllt von Geoff Hurst, UEFA-Präsident Michel Platini und FIFA-Präsident Sepp Blatter.

Das steinerne Andenken an den 1993 verstorbenen Fußballer und späteren Generalsekretär des aserbaidschanischen Fußballvereins steht in voller Pracht vor dem Nationalstadion – dem Tofiq-Bachramov-Stadion. Der attraktive Bau im sowjetisch-klassizistischen Stil wurde 1952 im Bakuer Stadtteil Gənclik für knapp 30 000 Zuschauer errichtet und nach Bachramovs Tod nach dem prominenten Fußballer benannt. Aus Anlass der Fußballweltmeisterschaft 1998 brachte die aserbaidschanische Post zudem eine Briefmarke zu Ehren des Linienrichters heraus.

Mittlerweile bekommt die Fußballikone Konkurrenz. In den letzten drei Jahren konnte die Mannschaft immerhin um fünf Plätze aufsteigen und steht damit jetzt auf Platz 114. Die neuen Helden heißen Vağif Çavadov, Kamran Ağayev und Raşad Sadiqov. Insgesamt kann die Mannschaft bei 42 Spielen auf neun Siege und zehn Unentschieden seit 2008 zurückblicken. Vogts Einsatz war nicht immer unumstritten, sein Verhalten nicht immer von Fingerspitzengefühl geleitet. Bereits fünf Monate nach Antritt wollte er den Job das erste Mal hinschmeißen, das letzte Mal nach der 1:3 Niederlage gegen Deutschland im Juni 2011, als ihn Kritiker mit Klopapier bewarfen und aus Wasserkannen für die Toilettenspülung bespritzten. Aber die Verbundenheit scheint doch größer zu sein, als angenommen. Einstimmig hat der aserbaidschanische Fußballverband (AFFA) die Verlängerung seines Vertrages bis Ende 2014 beschlossen, weil er »Disziplin und Siegeswillen eingeführt« habe. Nun soll Berti die Aseris zur Qualifikation zur WM 2014 in Brasilien führen. Tofiq Bachramov würde es freuen. Sein Stadion wurde gerade frisch renoviert.

Das Tofiq-Bachramov-Denkmal vor dem Nationalstadion

TOFİQ BƏHRAMOV
SPUBLİKA ST

»Ich liebte das flache Meer und die flache Wüste und dazwischen diese alte Stadt und die lärmende Menschheit, die hierher kam, Öl suchte, reich wurde und davonzog, weil sie die Wüste nicht liebte.«

Kurban Said, Ali und Nino

Rund um Baku

Petroglyphen, Öl und Schlamm

Weite Teile der Umgebung Bakus bestehen aus karger Halbwüste, in der sich jedoch einige der vielleicht interessantesten Sehens- und Merkwürdigkeiten Aserbaidschans verbergen.

Besonders widersprüchlich ist die Halbinsel Abşeron, die im äußersten Osten mit einem Nationalpark beginnt und im Westen bis zur apokalyptischen Industriestadt Sumqayıt reicht.

Der Nationalpark Altıağaç und die Pirqulu-Region nördlich von Şamaxı, der einstigen Hauptstadt des mächtigen Schirwan-Khanats, bieten kühles Klima und Wandermöglichkeiten in bewaldeten Bergen.

Am prominentesten sind wohl die viele Jahrtausende alten Felszeichnungen von Qobustan, die seit 2007 zum UNESCO-Weltkulturerbe zählen. Die ältesten von ihnen entstanden vor rund 10 000 Jahren.

Alle in diesem Kapitel beschriebenen Ausflüge und Sehenswürdigkeiten sind gut in Form von Tagesausflügen von Baku aus zu bewältigen. Abgesehen von der Abşeron-Halbinsel orientieren sich die Vorschläge an den drei Hauptverkehrsachsen, die von Baku aus gen Süden, Norden und Westen führen.

Richtung Qobustan

Eine Tour von Baku gen Süden verspricht einige Superlative: den ›National Flag Square‹ mit dem derzeit höchsten Fahnenmast der Welt (162 Meter) und dem ›National Flag Museum‹ zu seinen Füßen – allein die überdimensionale Flagge, die oben weht, wiegt 350 Kilo; in direkter Nachbarschaft die Baku Crystal Hall, extra für den Eurovision Song Contest 2012 gebaut; dann das älteste ›Off-shore‹-Ölfeld Aserbaidschans, die Bibi-Heybət-Moschee, die als eines der wichtigsten muslimischen Heiligtümer gilt, ›steinalte‹ Felszeichnungen, die östlichste lateinische Inschrift und die landesweit meisten Schlammvulkane. Um die vielen interessanten Abstecher auf dem Weg in die Wüste wahrnehmen zu können, macht man diese Tour am besten mit dem Auto und plant einen ganzen Tag ein.

▸ Karte S. 125

■ Ölfeld Bibi Heybət

Ein erster Abstecher von der Hauptstraße gen Süden führt durch das Ölfeld von Bibi Heybət, ehemals ein Open-Air-Museum alter Gerätschaften und aller Stadien von Rost, das mittlerweile jedoch weiträumig optisch saniert wurde und viel von seinem apokalyptischen Reiz verloren hat. 2008 hat man in einer Verschönerungsaktion den Rost hübsch überstrichen und Bäumchen zwischen die Ölpfützen gepflanzt. Nachdem man hier 1844 die weltweit erste Ölbohrung erfolgreich durchgeführt hatte, wurde 50 Jahre später die flache Bucht mit Sand aufgefüllt, um so auch Offshore-Quellen erschließen zu können. Inzwischen sind diese Vorkommen weitgehend erschöpft.

Für eine Besichtigung zu Fuß ist die historische Öllandschaft zu weitläufig, bei einer Durchquerung im Auto muss man damit rechnen, angehalten und zurück geschickt zu werden. Mit Glück schafft man es an der Küste das Grab des polnischen Ingenieurs Pawel Potocki zu finden. Er trug entscheidend zu Entwicklung des Ölfelds bei, bevor er erblindet und todkrank darum bat, im ölgetränkten Boden seines Lebenswerks begraben zu werden. Dank des steigenden Meeresspiegels leckt inzwischen das Meer seine Zehen.

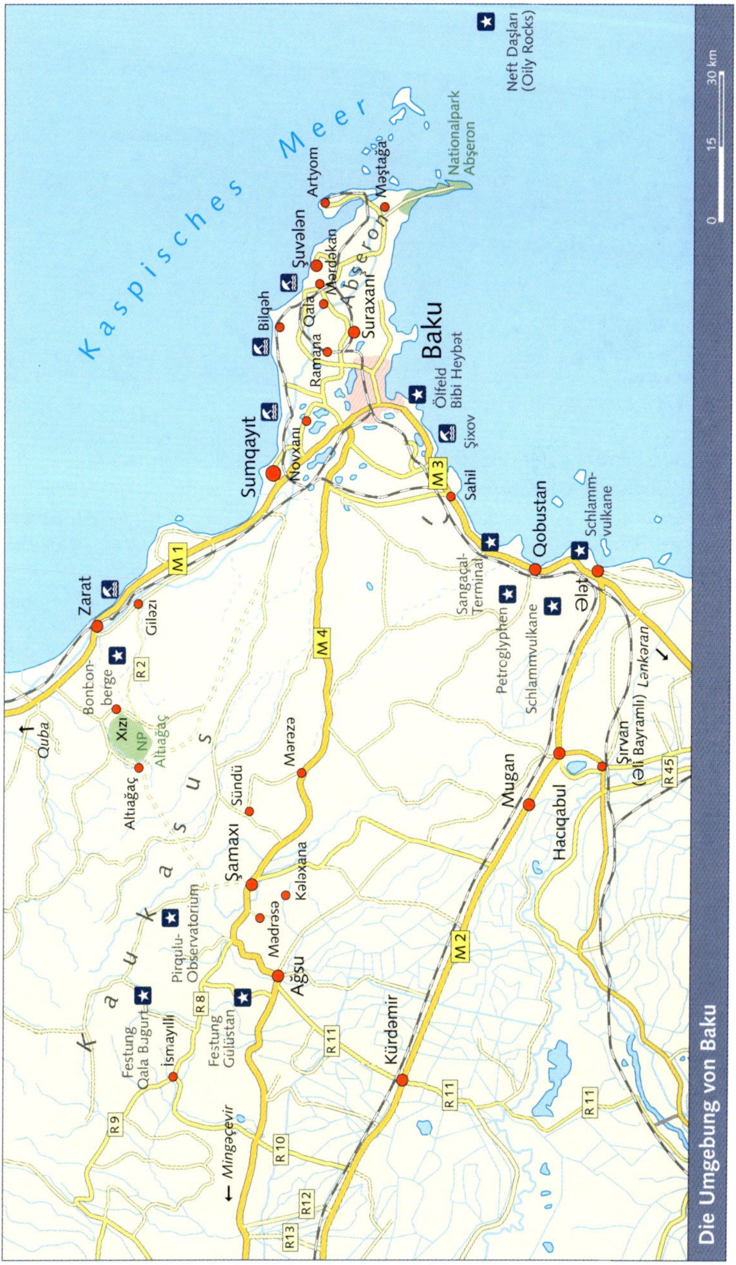

Die Umgebung von Baku

Rund um Baku

Am Meer bei Bibi Heybət

Am südlichen Ende des Felds thront auf einer Anhöhe die **Bibi-Heybət-Moschee**, von der aus man einen grandiosen Blick über die Ölfelder auf die dahinter liegende Stadt hat, speziell bei Sonnenauf- oder -untergang. Unter Stalin wurde das ursprünglich 1257 erbaute Gotteshaus zerstört und erst Ende der 90er Jahre des letzten Jahrhunderts wieder aufgebaut, übrigens als bislang einziges der damals abgerissenen Heiligtümer. Die Moschee ehrt Okuma, die Schwester des siebten Imam Ali ibn Musa, der nach dem Bruch mit dem Kalifen samt Familie aus Bagdad fliehen musste. Sein Grab im Iran ist neben Mekka und Karbala im Irak eine der zentralen schiitischen Pilgerstätten. Okuma floh indes an die Küste von Baku, wo sie nun begraben liegt, während eine ihrer Schwestern in Nardaran ruht. Einer Legende zufolge sah man nach dem Abriss der Moschee eine in Weiß gehüllte Frau im Meer verschwinden, um zu besseren Zeiten zurückzukehren. Noch ward sie nicht wieder gesehen (das Meer wurde inzwischen zugeschüttet!), doch steht die Moschee wieder. Eine Fotowand erinnert daran, dass sich Heydar Aliyev persönlich für die Finanzierung eines der Minarette verbürgte. An der Straße vor dem Bau steht ein Kasten, den passierende Fahrer mit Geld füttern, während im Inneren Gläubige huldigend das Grab der Okurna umkreisen. Kopftücher kann man am Eingang leihen.

Ofenfrisches Fladenbrot ist weiter südlich, an der Abzweigung zum Lighthouse Inn, in einer **Təndirxana** (traditionelle Lehmofenbäckerei) im Angebot.

Terminal Sangaçal

Vorbei an Badestränden und den großflächigen Salzseen von Lökbatan passiert man Sahil, eine unattraktive Plattenbausiedlung, deren einziger Bonus eine halbwegs freundliche Promenade ist. Ein großes Hinweisschild kündigt 45 Kilometer südlich von Baku den Terminal Sangaçal an, einen der weltweit größten Öl- und Gasterminals, der die lange Baku-Çeyhan-Pipeline (BTC) bedient. Im Terminal stellt das Caspian Energy Center die Geschichte der Öl- und Gasförderung aus, Besucher müssen sich jedoch aus Sicherheitsgründen vorzeitig anmelden (Details siehe Infokasten).

▸ Karte S. 125

Felszeichnungen von Qobustan

Im Dorf Qobustan (Gobustan) weist eine Hinweistafel zu den berühmten Felszeichnungen, die in einem weitläufigen Areal etwa sechs Kilometer landeinwärts zu finden sind. Man nimmt an, dass in der Steinzeit das Meer bis fast dorthin reichte und die Umgebung einst grün und fruchtbar war. Zeichnungen aus dieser Zeit stellen Menschen und Tiere dar, darunter Kämpfer, Amazonen-Frauen mit abgeschnittenen Brüsten, Ziegen und Stiere. Auch Jagdszenen und Schiffe kann man entdecken. Durch Erosion kamen insgesamt über 6000 aus verschiedenen Zeitaltern stammende Petroglyphen zum Vorschein, die Qobustan zu einem einzigartigen Feilichtmuseum machen. Allerdings muss man sehr viel genauer hinsehen, als es Fotos der Zeichnungen vermuten lassen, denn für Fototermine wurden die Steinbilder (bis es die UNESCO verbot) für mehr Effekt mit weißer Zahnpasta gefüllt. 1989 und 1994 besuchte der norwegische Ethnologe Thor Heyerdal das Gebiet und entwickelte die Theorie, dass hier Skandinavier ihre Spuren hinterlassen hätten, da in Norwegen ähnliche neolithische Zeichnungen von Booten gefunden wurden.

Die Felszeichnungen von Qobustan

Mehr über die 20 Höhlen der Steinzeit-Bewohner, ihre Zeichnungen und die nahe gelegenen 400 Kurgan-Gräber kann man in dem neuen Museum erfahren, in dessen kreisförmig angelegten Kammern mit vielen Touchscreens Besucher in die Vergangenheit abtauchen.

Nicht weit davon befindet sich ein kleiner **›Tamburin-Stein‹** (gaval daş), eine Miniversion des großen Felsens, der weiter in der Wüste liegt. Schlägt man den Fels mit einem anderen Stein, verursacht man melodiöse Laute, die an ein Tamburin erinnern und je nach Jahreszeit und Wetterlage variieren. Unterhalb des Freilichtmuseums, auf Höhe des neuen Besucherzentrums, führt ein Pfad zu einem weiteren Fels, der eine fast 2000 Jahre alte Inschrift trägt. Dies, so sagt man, ist der östlichste lateinische Schriftzug, den man bis heute entdeckt hat. Angeblich stammt er von der 12. Legion des römischen Kaisers Domitian, die um 80 nach Christus bis ans Kaspische Meer vorstieß, dort jedoch nie dauerhaft Fuß fasste.

Schlammvulkane

Im Umkreis von Qobustan gibt es zahlreiche Schlammvulkane. Einer der größten, der Vulkan Turagay, befindet sich vom Museum aus etwa zwölf Kilometer landeinwärts. Am weitaus spektakulärsten und gut zu erreichen ist eine Vulkangruppe etwa zehn Kilometer südlich von Qobustan an der Straße nach Ələt, ein beeindruckendes Ensemble spuckender und gurgelnder Hügel (I). Kurz hinter der AZ-Petrol-Tankstelle führt rechter Hand bei einer Schranke ein mehrfach abzweigender Sandweg direkt dorthin.

Rund um Baku

Auch auf der anderen Seite der Tankstelle liegen Vulkane versteckt (II), die aber nur mit einem Jeep erreichbar und sehr schwer zu finden sind. Der äußerst schlecht befahrbare Weg beginnt genau südlich der AZ-Petrol-Tankstelle und folgt vage der Hochspannungsleitung. Zur besseren Orientierung für Reisende mit Navigations-System stehen im Info-Kasten die wichtigsten Koordinaten.

Qobustan-Informationen

GPS-Koordinaten

Schlammvulkane I: Abzweigung von der Hauptstraße bei N39.99280 E49.39681, rechts halten bei N39. 99657 E49.40232.

Gruppe kleiner Vulkane: N39.99666 E49.40271

Hoher Krater: N39.99657 E49.40312

See: N39.99551 E49.40637

Koordinaten für Schlammvulkane II: N39.99831 E49.45512

Der Ort Qobustan (nicht zu verwechseln mit dem gleichnamigen Rayon!) liegt 60 km südlich von Baku direkt an der Küstenstraße. Die Felszeichnungen sind im Ort ausgewiesen und befinden sich ca. 6 km östlich davon. Die spektakulärsten Schlammvulkane kann man auch ohne Jeep erreichen, aber die Wege sind nur bei gutem Wetter befahrbar.

Marschrutka 105 und 92 fahren vom Azneft-Platz bis zum Ort Ələt, die Fahrt kostet 0,40 AZN. Zu den Ölfeldern in Bayil aussteigen und durch einen Eingang in der Mauer auf das Feld laufen. Für die Felszeichnungen im Ort Qobustan umsteigen in ein Taxi oder etwa 1 Std. mühsamer Fußweg zu den Petroglyphen.

Ein Fahrer für die ganze Tour sollte nicht mehr als 40 AZN kosten, je nach Dauer des Ausflugs. Taxifahrten von Qobustan zu den Felszeichnungen kosten bis maximal 7 AZN, inklusive Wartezeiten

Ein Blick in die Zukunft: Den Auflagen der UNESCO folgend, sollen in Qobustan Restaurants und Übernachtungsmöglichkeiten entstehen. Gleichzeitig muss alles wieder in seinen ›ursprünglichen‹ Zustand versetzt und konserviert werden.

Für einen Besuch im **Caspian Energy Center** mit computerbasierten Medien und Infos auf englisch muss man sich möglichst drei Tage im voraus anmelden. Tel. 447 02 55, cec@bp.com. (45 km südlich von Baku an der Salyan-Straße).

Das **Qobustan-Museum** ist tägl. von 10.30–16.30 Uhr geöffnet. Eintritt 3 AZN, Fotografieren 2 AZN. Führungen auf englisch und mit fachkundigem Personal ab 6 AZN, Gruppen 15 AZN. Tel. Tel. 492 61 45.

Es gibt einige Radler, die auf Mountainbike-Touren zu den Schlammvulkanen schwören. Auf jeden Fall viel Wasser mitnehmen, es ist im Sommer extrem trocken und heiß.

AZ-Petrol-Tankstelle kurz vor Ələt.

Karte S. 125

Was ist eigentlich ein Schlammvulkan?

In Aserbaidschan gibt es weltweit die meisten Schlammvulkane. Sie blubbern aus der dürren Erde, mal mit grauen Blasen, mal in sabbernden Strömen. Sie haben nichts mit Vulkanismus zu tun. Sie sind so kühl wie ihre Umgebung und haben keine Verbindung zum Inneren der Erde. Vielmehr haben sie mit Aserbaidschans Öl- und Gasvorkommen zu tun. Durch geologische Faltungsprozesse wird Gas im Untergrund zusammengepresst und quillt durch Ritzen zusammen mit Wasser und Gestein nach oben. Dabei sind die kleinen Vulkanfelder, auf die man vor allem im Umfeld von Baku stößt, nur Auswüchse eines viel größeren Vulkans, der mehrere tausend Meter in der Tiefe verborgen ist, dort wo die großen Gasvorkommen ruhen. Der Schlamm, den ein Vulkan ausspuckt, ist stark mineralhaltig und besitzt eine heilende Wirkung. So kann es zum Beispiel nicht schaden, versuchsweise mal einen Arm in den Vulkan zu tauchen, was angeblich gut für die Haut ist.

Andere Vulkane liegen vor der Küste von Baku im Meer und sind nur am sprudelnden Gas an der Wasseroberfläche auszumachen. Das Gas, das Schlammvulkane ausstoßen, besteht zu mindestens 90 Prozent aus Methan und ist deshalb leicht entzündlich. So kommt es, dass Schlammvulkane, wie ihre Magma speienden Brüder, Flammen spucken können, die bis zu mehreren hundert Metern auflodern. Größere Ausbrüche sind eine absolute Rarität, aber 2001 hatte ein Vulkan bei Lökbatan sein großes ›Coming out‹: Bis ins 15 Kilometer entfernte Baku sah man die hoch in den Himmel aufschießende Flamme, die noch drei Tage später still vor sich hin brannte, bevor die Schlammströme wieder versiegten.

Um Aserbaidschans Vulkane vor Schäden und Zerstörung zu bewahren, wurden 23 von ihnen 2002 unter Schutz gestellt, allerdings bislang noch nicht sehr effektiv. Nun gibt es Überlegungen, die Vulkane einzuzäunen.

Berühmte Vulkane liegen südwestlich von Baku bei Ələt (der Firuz-Vulkan), Qobustan und Salyan sowie westlich von Baku an der Straße Richtung Şamaxı, an der sich die Vulkangruppe Buraniz Julgya bei Kilometer 41 versteckt.

Schlammvulkan bei Qobustan

Die Abşeron-Halbinsel

Auf den ersten Blick touristisch alles andere als verlockend, liegt doch ein gewisser Reiz in der Eigenwilligkeit Abşerons (Aberschon): Mittelalterliche Burgen stehen in Ölfeldern, Schlammvulkane glucksen unweit von ewigen Feuern und Salzseen in einer lebensfeindlichen Halbwüste, und wo einst Zarathustra und die feuerverehrenden Zoroaster wandelten, befinden sich heute Aserbaidschans bedeutendste muslimische Heiligtümer. Die ganze Landschaft, in die sich Baku in rasantem Tempo ausbreitet, ist von Öl und Sand geprägt. An ihrer Küste liegen Badestrände, Luxusvillen wohlhabender Städter und ein Nationalpark.

Die Abşeron-Halbinsel kann man auf Tagesausflügen von Baku gut erkunden. Dabei ist zu bedenken, dass zu den meisten Orten zwar direkte Busverbindungen aus Baku bestehen, sie untereinander aber kaum verbunden sind. Wer nicht viel Zeit hat, sollte deshalb lieber mit dem Auto auf den durchweg guten Straßen fahren.

Die Strände von Abşeron

Aserbaidschan ist beileibe kein Badeparadies, doch gibt es im Norden der Halbinsel einige Sandstrände, die sich im Sommer großer Beliebtheit erfreuen. Das seichte Ufer und das klare Blau wirken verlockend, und sicherlich ist das Wasser hier um einiges weniger belastet als an den Şixov-Stränden bei Baku.

Die besten Strände gibt es bei Mərdəkan (Sahil, Marina), Bilqəh (Amburan) und Novxanı. Für ein paar Manat kann man Schirme und Sonnenliegen ausleihen, wobei die anschließende Müllentsorgung im Preis inbegriffen ist. Bisweilen fallen auch Parkgebühren oder ein Eintrittspreis an. Hotels gibt es inzwischen überall, und wo heute noch Platz ist, wird morgen sicherlich gebaut. Westlich von Novxanı säumen die neuen Hotelanlagen fast ohne Unterbrechung die Küste bis nach Sumqayıt.

Binagadi-Elektrikmuseum

Für technisch Interessierte lohnt auf dem Weg nach Novxanı ein Abstecher zum Binagadi-Elektrikmuseum (Bakı Elektrik Şəbəkə Yarımstansiya muzeyi). Zu den Exponaten zählen noch funktionstüchtige Siemens-Apparaturen des Elektrizitätswerkes in BiBi Heybat von 1901. Man gelangt dorthin über den Benegadi Highway zur Bengadineft 2. Maden Str. (Binəqədi şossesi, Binəqədineft II mədən) oder mit dem Bus 133 vom Azadlıq Prospekt über Ganclik. Besichtigung nach Voranmeldung unter Tel. 012/4802569. Peri Xanum beschreibt telefonisch den Weg.

Abşeron

Vorwahl: 012.

Die Nordstrände sind etwa 25 bis 30 km von Baku entfernt und lokal nicht ausgeschildert. Im Sommer einfach den Ständen mit Bademode folgen, die die Straßenränder säumen. Direkt am Strand gibt es meist gebührenpflichtige Parkplätze.

Wer von Novxanı vor Sonnenaufgang gen Baku fährt, hat unterwegs

Strandleben auf Abşeron

die malerischsten Ausblicke auf den Salzsee Masazır.

Novxanı: Bus 98 ab Gənclik, andere Busse fahren von Sumqayıt die Küstenstraße (Hotelzone) entlang.
Mərdəkan-Strände: Bus 114 von Metro Heydər Əliyev, 341 von Metro Neftçilər.
Amburan: Bus 171 und 72 (Richtung Bilqəh) von Heydər Əliyev.

Novxanı: Aquapark, Tel. 448 30 30, www.afhotel.az.; DZ ca. 100 AZN, Suite 200 AZN inkl. Frühstück. Von der Baku-Straße aus rechts am Strand gelegener, über 300 Zimmer großer 4-Sterne-Komplex mit Disco, Fitness, Tennis, 24-Stunden-Restaurant und im Sommer jeden Abend Live-Konzerten im Hof. Nichts für ruhige Stunden. Pool mehr zum Planschen als zum Schwimmen (Für Besucher 10 AZN/Stunde).
Die **Strandhotels** Gılavar, Neptun (Tel. 447 39 87) und Bemə Qay liegen an der Straße nach Sumqayıt und haben eigene Strände. Für ruheliebende Urlauber sind sie sicherlich eher zu empfehlen als das extrovertierte Disneyland Diana mit echten Affen und Straußen in einem Beach-Plastikzoo.
Mərdəkan/Sahil-Strand: Khazar Golden Beach Resort, Sahil-Strand, Tel. 454 88 23, www.khazarbeachhotel.com. DZ ab 200 AZN inkl. Frühstücksbuffet. Große Viersterne-Anlage mit allem Komfort, aber mäßigem Geschmack, Pool mit Meerblick, Sauna.
Marina Beach am gleichnamigen Strand bietet Bungalows am Strand ab ca. 40 AZN, Tel. 050/381 80 25.
Bilgəh:
Bilgəh Estates, www.bilgehestates.az; Meerblick mit Pool und Garten, 5 Sterne, ganzjährig.

Der Feuertempel von Suraxanı

Der Feuertempel Ateşgah ist die bei Touristen beliebteste Attraktion Abşerons. Etwa eine halbe Stunde von Baku entfernt, liegt er im Ort Suraxanı (Surachany). Die Fahrt führt durch nur noch teilweise aktive Ölfelder, die einst zu den wichtigsten des Landes gehörten. Bereits 1825 zählte man hier 15 Ölquellen, und 1859 wurde in Suraxanı die erste Petroleumraffinerie Russlands gebaut. Die Ortschaft selbst ist völlig belanglos, doch über den Feuertempel schrieb Alexandre Dumas im 19. Jahrhundert: »Mitten unter diesen nie erlöschenden Feuern steht ein großes viereckiges Gebäude, dessen Zinnen wie riesige Gasbrenner Flammen auswerfen. (...) Der Anblick war ungemein glänzend und feierlich.«

▸ Karte S. 125

Feierlich ist der Anblick der Tempelanlage heute höchstens dann, wenn die ›niemals erlöschenden Feuer‹ für Touristen angeschaltet werden. Denn seit Öl und Gas gewonnen werden, ist das Feuer erloschen und wird nun regelbar durch eine Gasleitung gespeist. Einerseits ist durch die extensive Förderung auf den umliegenden Feldern wohl der Druck gesunken, andererseits stecken sicher ökonomische Erwägungen dahinter, den Gasstrom zu regulieren.

Geschichte des Tempels

Kontrovers sind die Diskussionen um Geschichte und Bestimmung der Kultstätte. Angeblich diente sie bereits vor unserer Zeitrechnung als Tempel der Zoroastrier, einer ursprünglich persischen Glaubensgemeinschaft von An-

Angeblich war der Tempel eine Kultstätte der Zoroastrier

hängern Zarathustras, die den Gott Ahura Mazda verehrte. Anders als die Bezeichnung ›Feueranbeter‹ vermuten lässt, huldigen die Zoroaster keineswegs den Flammen, sondern dem Gott des Lichts, den diese symbolisieren. Der Zoroastrismus war zur Zeit des Sassaniden-Reichs Staatsreligion Persiens und wurde erst durch die Vorherrschaft der Araber im 7. Jahrhundert durch den Islam abgelöst. In der Konsequenz wurden dort alle heiligen Stätten, die mit dem Zoroastrismus in Verbindung standen, zerstört. Anders als häufig behauptet, hat der heutige Tempel damit allerdings kaum mehr zu tun. Er wurde erst im frühen 18. Jahrhundert von indischen Händlern an der Stelle eines früheren Feuertempels erbaut und dann vermutlich von einer indischen Religionsgemeinschaft genutzt, die hier mystische Rituale durchführte. Fest steht, dass der Tempel bereits am Ende des 19. Jahrhunderts funktionslos war und sich zu Sowjetzeiten zur Touristenattraktion entwickelt hat. Seither werden die fensterlosen Kammern wieder bewohnt, und zwar von lebensgroßen Puppen, die indische Asketen mimen.

Əmirkən und Ramana

Ein Abstecher zu den Orten Əmirkən (Ämirkän) und Ramana lässt sich gut mit einem Besuch beim nahegelegenen

Suraxanı

Der Flughafenstraße bis zur Abfahrt, dann der Straße entlang der Gleise folgen. An ihrem Ende liegen rechter Hand ein Parkplatz und der Eingang zum Tempel. Freunde von Ölfeldern fahren alternativ die südliche Strecke über Zig. Die Küstenstraße in Baku in östlicher Richtung nehmen, vorbei am Kreisverkehr mit dem Steinbullen und durch die Ortschaft Zig, wo in der Nähe Duzlu Göl mit heilenden Schlammbädern lockt. In Suraxanı am Kreisverkehr mit dem großen Mosaik rechts abbiegen und den Bahngleisen bis zum Tempel folgen.

Von Baku Metro Koroğlu Bus 333, 160 (über Binə), oder 231 (nach Əmirkan über Suraxanı).

Elektritschkas fahren von Bakus Hauptbahnhof unregelmäßig nach Suraxanı, der anschließende Fußweg dauert ca. 10 min.

Tägl. geöffnet 10–18 Uhr. Eintritt 8 AZN, Fotografieren 2 AZN. Das Feuer wird nur für große Touristengruppen und bevorzugt am Abend entzündet.

Die Festung Ramana

Ateşgah-Feuertempel verbinden. Alle drei Orte sind auf sehr unterschiedliche Weise vom Öl geprägt, das im Umfeld extensiv gefördert wird. In Alt-Ramana bietet sich der kuriose Anblick einer mittelalterlichen Burg am Rande eines weiten Ölfelds, während Əmirkən seine elegante Moschee den Ölmillionen von Murtuza Muchtarov verdankt. Er ließ sie 1908 zu Ehren seines Heimatdorfes errichten und sich selbst daneben begraben. Von Suraxanı aus erreicht man Əmirkən mit dem Bus 231 oder indem man beim zentralen Kreisverkehr in Richtung Heydar-Aliyev-Poster abbiegt. Im Ort schlängelt sich eine schmale Gasse vorbei an einigen hübschen weißen Häusern, hinter denen die Minarette der reichverzierten Moschee aufragen.

Burg Ramana

Die Burg von Ramana ist schon wegen ihrer Lage die interessanteste Burg Abşerons. Sie wächst 15 Kilometer nördlich von Baku aus einem mächtigen Felsen und beherrscht in ihrer Monumentalität die ganze Gegend. Ihre Lage ermöglichte es optimal, Gegner frühzeitig zu erkennen und sie von den Zinnen aus unter Beschuss zu nehmen. Unterhalb breiten sich skurril-fotogene Ölfelder aus. Sollte die Burg verschlossen sein, öffnet sie auf Anfrage die Russisch sprechende Frau im hellgelben Haus gegenüber für 3 AZN pro Person. Der meist ebenfalls verschlossene kleine Anbau ist eine Moschee.

Nach Ramana kommt man über die Flughafenstraße (Ausfahrt Ramana). Die Straße führt zurück zu einem unbeschilderten Kreisverkehr unter der Autobahnbrücke. Dort die erste Ausfahrt nach rechts nehmen.

Der Bus 304 fährt ab Metrostation Koroğlu (ehemals Meşedi Əzizbəyov). Die Marschrutka hält im Zentrum der Altstadt, von wo aus ein etwa fünfminütiger Fußweg zur Burg führt. Dabei lohnt ein kleiner Bummel durch den Ort: Gegenüber des bescheidenen Markts steht eine minarett- und kuppellose große Moschee von 1913, deren Verzierungen typisch für die Ölboom-Phase sind. Nicht weit davon ragen die Kuppeln eines alten Hammams auf, der noch in Gebrauch ist.

▸ Karte S. 125

Yanar Dağ, der brennende Berg

Zwischen den Dörfern Digah und Mamedlı (auch Magomedlı) im Norden Bakus findet sich ein interessantes Kuriosum: Hier steht eine karge Felswand in Flammen, und das bereits seit 1958, als ein Hirte sie zufällig entzündete. Dies ist zumindest die gängige Variante. Bisweilen hört man, der Hang brenne schon seit 100 Jahren und wurde auf deutschen Fliegerkarten im Zweiten Weltkrieg als Landmarke genutzt, da man das Feuer trotz aller Bemühungen nicht löschen konnte.

Das Naphta im Boden Abşerons entwickelt Gase, die durch Löcher im Boden austreten, was nicht unbedingt direkt an der Quelle geschehen muss. Diese Gase sind hoch entzündlich, weshalb Yanar Dağ im Winter eine gute Heizung abgibt.

Eine einfache Teestube bietet rustikale Sitzgelegenheiten auf dem Feuer unterschiedlich nahen Terrassen, je nach Wärmebedürfnis. Der Eintritt kostet 2 AZN, ein Set mit Tee und Beilagen für maximal vier Personen stolze 10 AZN, doch das Vergnügen lohnt sich, bevorzugt am Abend.

Mit dem Bus 227 gelangt man für 20 qep. von der Bakuer Metrostation Koroğlu (ehemals Meşedi Əzizbəyov) kostengünstig dorthin. Ein Taxi von Baku kostet etwa 10 AZN, wobei die wenigsten Fahrer die Strecke kennen. Autofahrer wählen von der Flughafenstraße die erste Ausfahrt (Suraxanı) und fahren über den Ort Zabrat immer geradeaus. An der Gabelung biegt man rechts an der Tankstelle ab und orientiert sich dann an den 24-stöckigen Wohnblocks, die links der Straße auftauchen. Beim Linksabbiegen erscheint das Hinweisschild ›Yanar Dağ‹ und steigert die Vorfreude kolossal.

Mərdəkan

Mərdəkan (Märdäkan) ist eine der größten und ältesten Siedlungen der Abşeron-Halbinsel. Nah an der Küste gelegen, war sie bereits zur Zeit des letzten Ölbooms ein beliebter Erholungsort wohlhabender Bakuer, und daran hat sich bis heute nicht viel geändert.

Festungstürme

Im älteren Teil der Stadt liegen zwei mittelalterliche Festungstürme. Sie waren Bestandteil einer Wehranlage, die sich einst über die ganze Halbinsel zog. Diese war ihrerseits mit einem Verteidigungsgürtel verbunden, der nördlich beim Berg Beşbarmaq verlief. Der Bau dieser Festungen, zu denen auch die Türme von Nardaran und Ramana zählen, reicht bis in die Römerzeit zurück. Im Angriffsfall wurde auf den Turmspitzen Öl entzündet, ein Alarmsystem, das die Bevölkerung warnte.

Die beiden Türme von Mərdəkan wurden in der Sowjetzeit saniert, wobei der größere von ihnen der weitaus interessantere ist. Um ihn zu finden, biegt man bereits vor dem Zentrum von der Hauptstraße links in die Əzizbəyov-Straße (mit dem kaum mehr leserlichen Straßenschild) ein, um sich bei der nächsten T-Kreuzung rechts zu halten. Dann sieht man über den niedrigen Dächern schon den 22 Meter hohen Turm aus dem 14. Jahrhundert. Sollte der Eingang verschlossen sein, fragen Sie im Dorf nach Vidade Amrula, der in der Nachbarschaft lebt. Zwar hat er kaum noch Zähne, aber den Schlüssel zum Turm. Für ein kleines Trinkgeld bietet er eine sehr lohnende Führung auf aserbaidschanisch oder russisch an.

Unter dem fünfstöckigem Wehrturm befindet sich angeblich ein unterirdi-

sches Gangsystem, das die Türme Abşerons einst miteinander verband. Auf einer steinernen Karte im Turm ist mit Löchern gekennzeichnet, wo sich damals die jeweiligen Ausgänge befanden.

Überirdisch führt eine Wendeltreppe in die oberen Etagen, aber, wie meist, beginnt sie leider nicht im Erdgeschoss, und eine Leiter gibt es (bisher) nicht. Doch sind die Wehrmauern begehbar, und bei gutem Wetter kann man von hier nicht nur das Meer, sondern sogar bis Beşbarmaq sehen. Im Hof sind neben etwa dreißig Speichergruben ornamentale Steine und Werkzeugfunde ausgestellt.

Moschee

Neben dem Wehrturm steht eine kleine Moschee ohne Minarett. Die bereits 1373 erbaute Tuba-Şahi-Moschee wurde von den Mongolen zerstört und in verkleinerter Form 1482 wieder aufgebaut. Bis vor einigen Jahren diente sie als Museum, inzwischen ist sie wieder aktiv. Der niedrigere runde Festungsturm aus dem 13. Jahrhundert liegt weiter nordwestlich im Gewirr der Gassen versteckt.

Dendrologischer Park

Weit jüngeren Datums ist Mərdəkans Dendrologischer Park. 1895 ließ ihn der Bakuer Ölbaron Muchtarov anlegen, von dem auch der Hochzeitspalast in Baku und die Moschee in Əmirkən stammen.

Heute befinden sich in dem weitläufigen Park Pflanzen aus aller Welt, darunter allein 370 verschiedene Heilpflanzen. Von 1924 bis 1926 genoß der russische Poet Sergej Esenin die grüne Ruhe der Anlage und schrieb hier seine ›Persischen Motive‹, woran ein kleines Hausmuseum erinnert. Besonders enthusiastische Pflanzenfreunde können sich in Muchtarovs **einstiger Datscha** für 30–'50 AZN einmieten. Der Park ist täglich von 10 bis 21 Uhr geöffnet und kostet vier Manat Eintritt.

▸ Karte S. 125

Sanatorium

Ebenfalls um 1900 wurde das inzwischen desolate Sanatorium gebaut, das sich linker Hand der Hauptstraße durch ein großes Portal bemerkbar macht. Ein Spaziergang auf dem baumbewachsenen Gelände zeugt vom mondänen Baustil jener Jahre. In der Eingangshalle scheint die Zeit stehengeblieben zu sein – im Gegensatz zu den letzthin bescheiden renovierten Therapieräumen, in denen mit Schlamm und Öl behandelt wird. Das grundsanierte Gästehaus entspricht durchaus westlichen Standards und bietet Kuren von 18 Tagen mit 8 bis 10 Anwendungen und Vollpension je nach Unterbringungsstandard für 420 – 680 AZN. Tel. 012/4544478.

Mərdəkan

Nach Mərdəkan kommt man mit dem Auto über die gut ausgeschilderte Flughafenstraße, mit der (selten fahrenden) Elektritschka vom Bakuer Hauptbahnhof oder mit den Bussen 24 oder 24T von der Metro Koroğlu. Wer zu den Festungstürmen will, sollte am goldenen Nizami-Denkmal vor dem Zentrum aussteigen.

Mərdəkans beste (und vermutlich teuerste) Speisen gibt es im **Restaurant Göruş**, einem verspiegelten Glaskasten an der Hauptstraße zwischen Sanatorium und Muchtarov-Park.

Nardaran

Einer der interessantesten Orte Abşerons ist Nardaran. Anders als der Rest des Landes ist die 25 Kilometer von Baku entfernte Ortschaft – wie auch das

Pilgermarkt in Nardaran

benachbarte Məştağa – von einem konservativen Islam geprägt, und fromme Sprüche zieren Mauern und Hauswände, vor denen Frauen im Tschador spazieren. Es ist wohl der landesweit einzige Ort, an dem man keine Heydar-Aliyev-Bilder oder -Statuen findet und die Tankstelle ›Halal‹ (ehrlich) heißt.
Es gibt hier eine große Koranschule und die landesweit größte und prächtigste **Moschee**. Erst in den späten 1990er Jahren wurde sie über dem Grab von Rahima errichtet, der Schwester des 7. Imams, dessen andere Schwester in Bibi Heybət ruht. Im Inneren des Baus erweisen ihr Gläubige durch winzige Fensternischen, die zum Grab weisen, ihre Ehrfurcht. Besonders am Wochenende ist die schiitische Moschee hoch frequentiert von Pilgern, speziell aus dem Iran. Auf dem weitläufigen Gelände herrscht strenge Kopftuchpflicht, davor werden religiöse Utensilien verkauft, dahinter schimmert blau das Meer. In unmittelbarer Nachbarschaft steht eine **mittelalterliche Festung**, leicht auszumachen an ihrem runden Turm. Die Festung steht offen, ist aber recht unspektakulär, und

die Stufen zur Turmbesteigung beginnen erst in der unerreichbaren Höhe von acht Metern.
Andere Sehenswürdigkeiten sind die architektonisch attraktive **Haci-Baxşi-Moschee** aus dem 17. Jahrhundert und die blau bekuppelte **Ağa-Moschee**. Ansonsten ist Nardaran, das früher von der Blumenzucht lebte, vor allem für illegale Kaviargewinnung berüchtigt.
Der Ort ist klein, und alle Sehenswürdigkeiten können innerhalb weniger Fußminuten bewältigt werden. Der Bus 89 fährt von der Metrostation Koroğlu mit hoher Frequenz (und dennoch oft überfüllt) direkt zum Eingang der Rahima-Moschee. Durch den Hinterausgang des Geländes kann man gut zum Festungsturm spazieren, der sich auf der anderen Seite des Friedhofs befindet. Wer mit dem Auto kommt, hat Gelegenheit, sich bei einem der vielen Tandir-Öfen vor dem Ortseingang mit frischem Brot zu versorgen.

Museumsdorf Qala

Das Dorf Qala (Gala), etwa 20 km östlich von Baku gelegen, besteht aus zwei Teilen. Interessant ist der ältere Ortsteil, eine inzwischen beinahe unbewohnte 800 Jahre alte Siedlung, deren Spuren zurückreichen bis in die Bronzezeit. Zu seiner Blütezeit lebten in der einst bedeutenden Handelsstadt mit vielen Moscheen, Bädern und Karawansereien über 20 000 Menschen.
Inwischen hat die Heydar-Aliyev-Stiftung den bis dato brachliegenden Ort aus dem Dornröschenschlaf erweckt und ihn zum ersten Freilichtmuseum Aserbaidschans, dem ›Qala Arxeoloji Etnoqrafik Muzey Kompleksi‹ gemacht. Das Upgrade mit neuem Park und breiten Straßen hat auch reiche Bakuer nach Qala gelockt, die einzelne Ruinen privat saniert haben. Die anderen bedeutenden Gebäude sollen sukzessive folgen. Das alte Flair ist noch abseits des neuen Touristenzentrums zu finden, wo die Bewohner sich unbeeindruckt von dem neuen Interesse an ihrer Heimat geben. Detailgetreu rekonstruiert wurde bereits die Moschee im oberen Teil des Ortes. Ihre merkwürdige L-Form erklärt sich durch die Aufteilung in einen Männer- und einen Frauentrakt. Während der vordere und größere Teil den Männern zugeteilt war, beteten hinten die Frauen. Folgt man der kleinen Gasse vom Eingang der Moschee etwa 200 Meter, kommt man zu einer zweiten. Der von außen völlig unscheinbare Bau ist innen besonders atmosphärisch und wird gerade saniert.
Der Name Qala bedeutet ›Turm‹, und man nimmt an, dass hier mal eine ähnliche Festung wie die in Ramana und Mərdəkan stand. Mit der Sowjetära setzte jedoch der Verfall der Stadt ein, und ihre Moscheen wurden entweder zerstört oder geschlossen, die Bewohner zogen fort. Ohne Führung ist es schwierig, in Qala Wesentliches zu entdekken. Jedoch ist die Organisation ›Eko-Sfera‹ gerade dabei, hier einen neuen Kulturtourismus zu etablieren. Eine Idee besteht darin, die Kulturschätze Qalas mit dem Naturreichtum des Abşeron-Nationalparks zu verbinden. Eintägige Gruppenausflüge für 20 Personen, die EkoSfera nach Qala organisiert, beinhalten neben einer professionellen Führung durch drei Museen den Besuch lokaler Teppich-, Batik- und Keramikwerkstätten

Pilgerinnen in Nardaran

und werden für 30 AZN pro Person angeboten. Der Eintritt ins Museum kostet 3 AZN (Kontakt: Firuza V. Sultanzadeh, Tel. 492 43 48, www.ekosfera.az, ecosfera@azeurotel.com).

Die Busse 50 und 87 fahren etwa alle dreißig Minuten von Baku (Metro Koroğlu) nach Qala, wobei die Linie 50 an der Tankstelle hält, während 87 dort rechts abbiegt und so noch näher an den Stadtkern fährt. In jedem Fall muss man noch ein paar Meter laufen. Autofahrer fahren von Neu-Qala aus etwa noch vier Kilometer weiter gen Osten, dann weist rechter Hand ein rotes Schild zur Altstadt. Folgt man der Hauptstraße weiter Richtung Insel Artyom, findet man etwa einen Kilometer nach Qala das große Restaurant Fountain.

Der Abşeron-Nationalpark

In einer ehemaligen Sperrzone im Südost-Zipfel der Abşeron-Halbinsel befindet sich seit 2005 der kleinste Nationalpark Aserbaidschans. Zwar ist die Botanik hier eher karg, doch kann man verschiedene Vogelarten und, mit etwas Glück, im Sommer eine Kaspi-Robbe beim Sonnenbad beobachten. Sie ist die einzige Robbenart, die außerhalb der Ozeane in Salzwasser lebt und deshalb eine völlig eigenständige Entwicklung genommen hat. Leider sieht man sie wegen des regen Schiffsverkehrs nur selten. Ihren Lieblingsplatz, die dem Festland vorgelagerte Sandinsel, teilt sie mit hier brütenden Seeschwalben und Möwen. Dazu kommen zwischen Spätsommer und Winter Flamingos und Pelikane. Auch Spuren von Füchsen und Schakalen kann man im Sand ausmachen, in dem im Juli die Persische Winde ihre weißen Blüten zeigt. Dem jungen Park fehlt es noch deutlich an Infrastruktur, und mit öffentlichen Verkehrsmitteln kommt man nicht hierher. Autofahrer fahren über den Ort Zira bis zum Parkeingang. Eintritt 4 AZN pro Person und Auto.

Die Seen von Abşeron

Ein Phänomen sind die vielen Seen, die in der Halbwüste um Baku liegen. Besonders auffällig sind sie beim Landeanflug auf die Stadt, wenn sie verlockend blau blitzen. Aus der Nähe betrachtet relativiert sich dieser Eindruck häufig. Der größte von ihnen ist das **Ceyranbatan-Reservoir** an der Straße nach Sumqayıt, ein abgezäunter Trinkwassersee. Andere Seen hat sich die wachsende Stadt inzwischen einverleibt, oder sie sind als Teil der Ölfelder hoffnungslos verseucht. Ein beeindruckendes Beispiel

Der Salzsee Masazır

▸ Karte S. 125

dafür ist der salzhaltige **Böyük-Şor-See** im Norden Bakus, der trockengelegt werden soll, um darauf einen Sportkomplex zu bauen. Ihn erreicht man, indem man die Abfahrt Sabunçi nimmt und sich bei nächster Gelegenheit links Richtung See hält.

Weitaus attraktiver sind die Salzseen an der Straße nach Novxanı, speziell der **Masazır-See**. In einer noch relativ wenig verbauten Umgebung ähnelt er, im Sommer ausgetrocknet, einer Schneelandschaft, die je nach Tageszeit in verschiedenen Farben schimmert. Die Salzkonzentration ist so hoch, dass sich ständig Salz an den Ufern ablagert und anschließend abgetragen wird, wobei es sich bei Regen wieder auflöst. Besonders fotogen ist der See im Sonnenuntergang, bevor die Salzförderer Feierabend machen. Von Baku aus braucht man mit dem Auto etwa eine Viertelstunde zum Masazır-See, der direkt hinter der gleichnamigen Ortschaft liegt.

Die Insel Artyom

Ein Ausflug zur Insel klingt romantischer, als es ist: Artyom ist ein trostloses Stück Land, das zunehmend vom steigenden Meer verschluckt wird. Deshalb wurden die Bewohner aus dem Nordzipfel bereits weiter südlich in Pirallahı angesiedelt, doch hätten sie vielleicht besser daran getan, die Insel ganz zu verlassen. Immerhin, es gibt den obligatorischen Heydar-Aliyev-Park, umringt von uninspirierten Wohnblöcken (1948 gebaut von deutschen Kriegsgefangenen), Ölfeldern und Flüchtlingssiedlungen. Hübsch ist allein ein Ausflug zum Leuchtturm, der zwar schon lange außer Betrieb und verschlossen ist, doch hat man von hier einen guten Ausblick über die Landschaft. Dorthin gelangt man, indem man von der Hauptstraße gegenüber den verwaisten Militäranlagen links abbiegt. Bus Nummer 50 fährt von Baku über Qala bis Artyom. Hubschrauber fliegen vom Landeplatz auf Artyom regelmäßig nach Neft Daşları, doch ohne Sondergenehmigung wird man nicht mitgenommen.

Neft Daşları

Sicherlich einer der faszinierendsten Orte Aserbaidschans ist Neft Daşları (Ölfelsen/›Oily Rocks‹), die weltweit einzige Stadt auf Stelzen mitten im Meer. Sie liegt seit 1948 vor dem östlichen Zipfel Abşerons, etwa 45 Kilometer von der Küste entfernt, auf ölspendenden Felsen und rostigen Trägern. Hier leben in Hochhausblöcken etwa 5000 Menschen, fast ausschließlich Männer, von denen die meisten im zweiwöchigen Wechsel auf den Ölfelsen oder dem Festland arbeiten. Einst wurden hier 300 Kilometer Straße verlegt, von denen noch die Hälfte erhalten ist, und auch ein Kino und eine Bäckerei gibt es – alles allerdings gefährdet vom steigenden Meeresspiegel und Korrosion. Auch die ursprünglich 600 Ölquellen, die bis heute mehr als 170 Millionen Tonnen des begehrten Rohstoffs hervorgebracht haben, sind wohl nur noch teilweise ergiebig. Leider wird das touristische Potential Neft Daşlarıs bisher nicht genutzt, und ein Besuch ist nur mit Genehmigung des aserbaidschanischen Erdölunternehmens SOCAR möglich. Wer diese hat, kann mit dem Hubschrauber von Baku oder Artyom fliegen oder die wöchentlich ablegende Fähre besteigen. Ohne Lizenz bleiben die Dokumentation ›Oil Rocks – City above the Sea‹ (2009) von Marc Wolfensberger und der Film ›Die Welt ist nicht genug‹, in dem James Bond auf Neft Daşları Verbrecher jagt.

Sumqayıt und die Küstenregion

Die Küstenstraße verbindet die Abşeron-Halbinsel mit den Südausläufern des Großen Kaukasus. Dazwischen liegen 80 Kilometer ödes Flachland. Abstecher ins Landesinnere überraschen mit bunten Bergen und dem üppigen Grün des Altıağaç-Nationalparks. Direkt vor Sumqayıt führt rechts eine Abzweigung von der M2 um die Stadt herum, während die andere Stecke einen Schlenker durch ihr bizarr-fotogenes Industriegebiet macht.

Sumqayıt

Bevor Stalin die Idee hatte, hier ein bedeutendes sowjetisches Industriezentrum zu errichten, war Sumqayıt (Sumgait) eine Viertausend-Seelen-Gemeinde in einer Bucht mit weiten Stränden im Nordosten der Abşeron-Halbinsel. Schön hätte es hier sein können, doch die Realität gleicht einem (post-) industriellen Albtraum. In den 1940er Jahren wurde der Küstenabschnitt mit mehr als vierzig chemischen und petrochemischen Fabriken und dazugehörigen Wohnblocks bebaut, und heute ist Sumqayıt mit über 300 000 Einwohnern die drittgrößte Stadt Aserbaidschans. Produziert wurde hier bis in die frühen 90er Jahre möglichst kostensparend und ohne das geringste Augenmerk für Sicherheit, Gesundheit und Umwelt. Nach der Ablösung von der Sowjetunion brach die Produktion drastisch ein und Sumqayıt konnte zunehmend aufatmen. Dennoch wurde das Industriegebiet von Sumqayıt im Jahr 2007 in einer Studie des Blacksmith-Instituts zu einer der zehn verseuchtesten Städte der Welt gezählt. Inzwischen versucht man durch industrielle und städtebauliche Umstrukturierungen die Lage zu verbessern: Neue Betriebe modernen Standards sorgen für einen wirtschaftlichen Aufschwung und Grünanlagen und Fußgängerzonen für ein ansprechenderes Stadtbild. Der Ludwigshafen-Park ehrt die deutsche Partnerstadt, mit der es seit 1977 einen regelmäßigen und intensiven Austausch von Besuchern und Erfahrungen gibt.

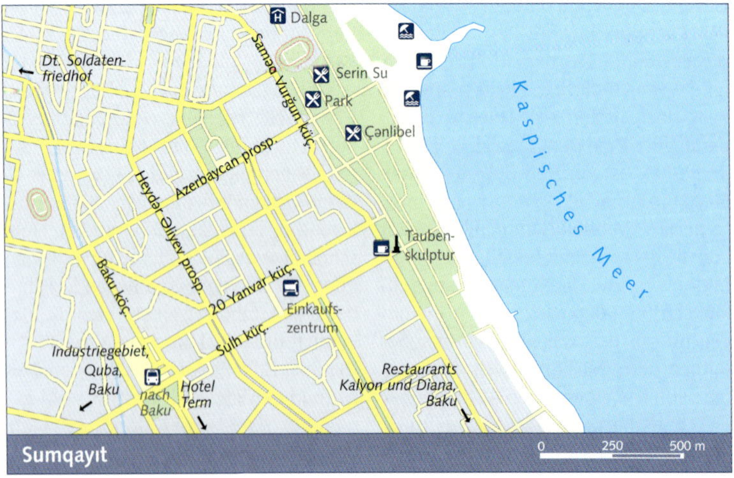

▲ Karte S. 125

In den Bonbonbergen (Candy Cane Mountains) nordwestlich von Sumqayıt

1988 machte Sumqayıt Schlagzeilen mit interethnischen Krawallen zwischen Aserbaidschanern und Armeniern, die hier zuvor in friedlicher Nachbarschaft gelebt hatten. Es gibt Hinweise, dass der Konflikt von sowjetischer Seite provoziert wurde, um die Republiken an sich zu binden. Inzwischen sind die Armenier weg, stattdessen sind aserbaidschanische Flüchtlinge aus Karabach eingezogen, die hier bis heute unter teilweise sehr ärmlichen Bedingungen leben müssen.

Gründe, nach Sumqayıt zu fahren, sind das mit Hilfe deutscher Kriegsgefangener im stalinistischen Stil erbaute Stadtzentrum (inzwischen weitgehend und bedauerlicherweise nicht immer stilgerecht modernisiert), der orientalisch anmutende und trotzdem überschaubare Basar, der breite Sandstrand mit angrenzenden Waldstreifen und Meerblick-Cafés, die deutlich besser Luft als in Baku (trotz Industrie!), der 1995 wieder hergerichtete versteckte Kriegsgefangenenfriedhof, auf dem 311 deutsche Soldaten ruhen und – für den, der's mag – das postapokalyptische Industriebrachland westlich der Stadt, ein fotogenes Labyrinth von rostigen Pipelines und Schornsteinen, das in absehbarer Zeit verschwinden wird. Die schönsten Strandspaziergänge inklusive Beach-Bar und Schiffswrack führen vom Zentrum aus Richtung Nordwesten, das industrielle Horrorszenario liegt an der Straße nach Quba.

Ausflüge von Sumqayıt

Nicht überall ist die Meeresküste direkt zugänglich. Einen wilden **Strand aus Muschelsplittern**, den man meist ganz für sich allein hat, gibt es zum Beispiel beim Dorf Giləzı. Das Baden in freier Natur beeinträchtigen allein einige Felsen, die im flachen Wasser lauern, relativ wenig Müll und einige alte Fischernetze. Zum Strand hinter der Tankstelle rechts von der Hauptstraße abbiegen, über die Brükke, und dann rechter Hand der Piste folgen bis zum Meer.

Etwa 14 Kilometer landeinwärts von Giləzı (Richtung Altıağaç, ausgeschildert) werden die Berge auf einmal bunt. Die rot-weißen Streifen haben ihnen den Namen **Candy Cane Mountains** eingetragen. Das ebenfalls rot-weiße Haus, das isoliert in der Felslandschaft steht, ist ein

Museum für den Poeten Mikayil Müşfiq, der hier geboren wurde und im Alter von 30 Jahren wegen seines Widerstands gegen das Sowjetregime verhaftet und umgebracht wurde. Außer für Kenner aserbaidschanischer Literatur ist das Museum von beschränktem Interesse. Die seltenen Busse von Sumqayıt und Baku nach Xızı und Altıağaç fahren hier vorbei, doch wer nicht stundenlang warten will, steigt besser in Giləzi oder Sumqayıt in ein Taxi und weist den Fahrer an, zum ›pamjatnik mischfika‹ zu fahren. Im eigenen Auto biegt man in Giləzı von der Hauptstraße ab und fährt durch das Portal Richtung Xızı und Altıağaç.

Sumqayıt

Vorwahl: 018.

Die Stadt liegt 40 km nordwestlich von Baku.

Eine attraktive, wenngleich auch längere Alternative zur M2 Baku–Sumqayıt ist die Strecke über Masazir und Novxanı. Ein Highlight nach einem Sumqayıt-Besuch besteht dabei in einem Sonnenuntergangs-Tee am Strand von Novxanı oder Cörət mit Blick zurück auf die Industriekulisse.

Im Ort selbst hilft evtl. das deutsche Sprachzentrum (YFU) mit sehr hilfsbereiten Kolleginnen mit guten Sprachkenntnissen weiter: N.Nərimanov küç, 5. Mikrorayon, Haus 6/53, Tel. 644 09 87.

Die Busse 41A, 45, 110 und 111 fahren im Minutentakt von der Metrostation 20 Yanvar in Baku (Tblisi Ave. vor dem Velotrek-Basar; ausgewiesen, wenn man mit der U-Bahn kommt) nach Sumqayıt. Zurück nach Baku kommt man bis ca. 22 Uhr vom Busbahnhof (Avtovaksal) in Sumqayıt. Von dort fahren auch zwischen 7 und 15.30 Uhr Busse in alle größeren Städte Aserbaidschans (u.a. 8.15 Şəki, viele nach Quba und Xaçmaz).

Term, Baku küç. Block 44, Tel. 018/642 46 55. 80 AZN/Pers., englischsprachige Rezeption, Wifi, Pool, 2010 neu eröffnet.

Ansonsten bieten sich die vielen Resorts an, die die Küstenstraße nach Novxanı säumen.

Im Waldgürtel an der Küste sowie an der Straße nach Novxanı gibt es zahlreiche kleine (Strand-)Restaurants und Teehäuser.

Park-Restaurant, im Wald, kurz vor dem nicht zu übersehenden Stadion; neues, modernes Lokal, z.T. englischkundige Bedienung, eher europäische Küche und bepreiste Karte.

Sərin Su, etwas versteckt weiter Richtung Stadion; typisches rustikales Gartenrestaurant.

Çənlibel, großes Restaurant in Strandnähe mit Dachterrasse, weitem Meerblick und guter Küche

An der Straße nach Novxanı:

Kaliyon, gediegen, obere Preisklasse, Meerblick.

Diana, gleich daneben; rustikal, gemütlich.

Am östlichen Ende der Heydər Əliyev küç. liegt kurz hinter dem Krankenhaus im 4. Mikrorayon das mäßig interessante **Geschichtsmuseum**. Mittags geschlossen.

Karte S. 125

Der Nationalpark Altıağaç

Während in der trockenen Küstenregion nur wenig gedeiht, erstrecken sich einige Kilometer landeinwärts weite Wälder auf sanften Hügeln. Rund hundert Kilometer von Baku entfernt, ist dies der stadtnächste Wald und ein beliebtes Erholungsgebiet mit mildem Klima und gesunder Luft. Kein Wunder also, dass 2004 hier ein Nationalpark gegründet wurde. Besonders schön ist er zwischen März und Juni, wenn Primeln, Orchideen und Gladiolen blühen. Vor allem aber soll er die Eichenwälder am Fluss Ataçay schützen. Damit man Bären, Füchse und Rotwild besser beobachten kann, verleiht der Park Ferngläser und plant ein Netz von Wanderwegen. Eine reizvolle Route durch Eichenwälder führt an mehreren Wasserquellen vorbei bis Qiselqasma, wo ein Restaurant Stärkung verspricht.

Für ein längeres Naturerlebnis findet man verschiedene Unterkünfte im Park, nächtliches Wolfsgeheul inklusive. Ein Informationszentrum liegt vier Kilometer hinter dem Ort **Xızı** direkt an der Straße und markiert den Eingang des Geländes. Man kann es ignorieren und somit den Eintritt sparen, doch unterstützt man mit jeder Eintrittskarte direkt den Park. Im Preis inbegriffen sind auf Wunsch ein Leihkompass und -fernrohr sowie ein lokaler Führer, was besonders sinnvoll ist, solange die Wege noch nicht gekennzeichnet sind.

Auch Privatunterkünfte im **Dorf Altıağaç** können hier arrangiert werden. Während der Sommerferien ist das eventuell schwierig, weil dann die Großfamilien aus Sumqayıt und Baku sich hier lüften. Das Dorf mit einladenden alten Häusern, einer Moschee, ein paar kleinen Läden und einer Seilbahn, die vom Hotel Cənnət Bağı zu einem Aussichtspunkt mit Café führt, ist Teil des Nationalparks, der das gesamte bewaldete Territorium umfasst. Außerhalb des Gebiets liegt **Xızı**, ein belangloser Ort bis auf eine kuriose Ampelkreuzung. Verblüffend deplaziert wartet sie hier auf Verkehr,

Bergformationen im Nationalpark

und am liebsten würde man die Ampel kurzerhand nach Baku verpflanzen. In entgegengesetzter Richtung führt ein mühsamer, aber landschaftlich sehr lohnender Weg innerhalb mehrerer Stunden von Altıağaç bis Şamaxı. Die Sandpiste ist nur mit dem Jeep und bei trockenem Wetter befahrbar. Karte und Beschreibung finden sich im Kapitel zu Şamaxı.

Nationalpark

Vorwahl: 023.

Da eine öffentliche Straße in den Park führt, sollte es auch ohne vorherige Überweisung des Eintrittsgeldes von 4 AZN keine Zutrittsprobleme geben. Eine Bankverbindung war bei Redaktionsschluss nicht bekannt.

Von Baku aus fährt ein Bus in der Nähe der U-Bahnstation 20. Januar ab, 14.30 Uhr vom Flughafenbasar. Von Sumqayıt gibt es mehrere Busse täglich. Alternativ wählt man einen Bus nach Xızı oder Findiğan, um dann zum Park zu laufen.

Privatunterkünfte im Dorf Altıağaç kosten 10 AZN/Pers., vermittelt vom Parkzentrum oder auf direkte Anfrage. Die sonst häufigste Art der Unterkunft sind Bungalowsiedlungen. Es entstehen gerade noch weitere.

Mərcan-Holiday-Centre, vom Nationalparkzentrum fährt man ca. 10 km auf der Hauptstraße landeinwärts, dann muss man rechts abbiegen (ist ausgeschildert), Tel. 050/5337109 (Qədir). Einfaches DZ mit Bad, Sitztoilette und Heizung 40 AZN. Neuere Holzhütten gibt es auf der anderen Seite des Ataçay-Flusses.

Benachbart ist der **Cil-Kompleks**, Tel. 050/5530608 (Abbasov). DZ 50 Dollar, ähnlicher Komfort, Preis verhandelbar. Hinter dem zugehörigen Restaurant sprudelt eine Trinkwasserquelle.

BDU Turbaza (Bungalows der Staatlichen Uni Baku), rechts vor dem Dorfeingang von Altıağaç, Tel. 050/3845215 (Bahram). Auf Anfrage gibt es manchmal freie Zimmer, im Juni und Juli wohnen allerdings Studenten hier. 6er-Bungalows mit warmer Dusche und kleinem Balkon für 45 AZN.

Cənnət Bağı, direkt neben dem Dorf Altıağaç, Tel. 3144215. DZ ab 60 AZN bis 240 AZN für die Luxussuite im separaten Gebäude. Die sicherlich komfortabelste Unterkunft im Park (4 Sterne) mit Sportplatz, Billard, sehr traurigem Zoo und phantastisch gelegenem Pool. Gäste haben allerdings von lauten Schulklassen im Sommer berichtet.

Qisel Qasma, oberhalb vom Jarimja (12 km oberhalb des Dorfes Altıağaç), Tel. 050/3818838 (Muşviqa). Mit 10 AZN pro Pers. sehr günstig, allerdings schwer und nur mit dem Auto zu erreichen. Bungalowsiedlung mit 7 Hütten, Gästehaus und Sauna, ganzjährig offen.

Im Sommer gibt es viele Schaschlik-Restaurants am Straßenrand.

Das **Cənnət Bağı** (s. Hotel) bietet weite Aussichten vom Sommercafé im Glasturm und ein großes Restaurant drinnen und draußen, das mehr auf Gruppen als auf Alleinreisende eingestellt ist. Schaschlik kostet 3 AZN, Fisch 8 AZN, Huhn mit Kartoffeln bekommt man für 10 AZN.

▸ Karte S. 125

Şamaxı und Umgebung

Das Umland von Şamaxı ist weitaus interessanter als die Stadt selbst, die historisch bedeutsam war, jedoch kaum Spuren ihrer reichen Geschichte trägt. Die Şirvan-Region erlebte ihren Höhepunkt im Mittelalter, wovon zahlreiche Reste der ursprünglich 360 Festungen zeugen, die auf den Hügeln um Şamaxı verstreut sind. Mit ihnen schützte die Schirwanschah-Dynastie ihr Reich, bis es im 16. Jahrhundert von den Persern erobert wurde. Nach wie vor ist die Teppichproduktion von Şirvan bekannt, aber auch Weinbau und Viehzucht spielen eine wichtige Rolle. Auf dem Weg von Baku lohnt ein Zwischenstop in dem Örtchen Mərəzə mit Heiligengrab und Heydar-Park. Weitere Sehenswürdigkeiten im Umkreis von Şamaxı sind das altraktiv gelegene Pirqulu-Observatorium im Norden der Stadt und im Süden einige Grabstätten.

Das Diri-Baba-Mausoleum in Mərəzə

Von Baku nach Şamaxı

Der rund 130 Kilometer lange Weg von Baku nach Şamaxı ist dermaßen karg, dass es schon wieder interessant ist. Bar jeder erkennbaren Vegetation zieht sich grau und hügelig die Landschaft dahin und trumpft nur hier und da mit ein paar Hochspannungsmasten, Schlammvulkanen oder hoffnungsvoll gepflanzten, doch bisher einsamen Bäumchen auf. 41 Kilometer westlich von Baku versteckt sich ganz nah an der Straße eine Gruppe von etwa zehn aktiven **Schlammvulkanen**. Eine Sandpiste führt rechts von der Hauptstraße direkt dorthin. Wer Lust auf weitere Vulkane hat, findet sie mit etwas mehr Engagement beim Ort Şıxzahirlı, etwa drei bis vier Kilometer südlich von der Hauptstraße. Bei Kilometer 80 links abbiegen und dem Sandweg folgen, um vor dem steilen Anstieg links abzubiegen. Vor dem Dorf stehen zwei größere Vulkane auf einer Anhöhe.

Mərəzə

Die ehemalige Molokanensiedlung Mərəzə (Märäsä) birgt einige Besonderheiten. Das **Diri-Baba-Mausoleum** erkennt man leicht an seiner weißen Kuppel, die bereits vor dem Ort einen Kilometer rechts von der Hauptstraße aus der Felslandschaft herausleuchtet. 1402 wurde hier Diri Baba, der ›lebende Großvater‹ begraben, dessen Körper nie verwesen wollte. Auch jetzt lebt darin ein Großvater, allerdings einer jüngeren Datums, der muslimischen Besuchern aus dem Koran vorliest. Der fotogene Bau ist halb in eine Felshöhle eingelassen und fügt sich so hervorragend in die

Landschaft. Im Inneren führt eine schmale Treppe hinauf bis auf das Dach des vielbesuchten Heiligtums.

Eine neue Heydar-Aliyev-Moschee unmittelbar vor dem Zentrum und ein Heydar-Aliyev-Park am Ortsende erinnern an den ›Vater der Nation‹. Unter der nachts leuchtenden Glaspyramide im Park verbirgt sich keineswegs ein aserbaidschanischer Louvre, sondern ein im Sommer unerträglich heißes Café mit wässrigem Kaffee. Im Hintergrund erhebt sich, neben Musikschule und Standesamt, ein imposantes Luxus-Heydar-Aliyev-Museum aus Marmor. Am Wochenende wird zudem zwischen 18 und 24 Uhr eine Musik-Fontänenshow geboten.

Sündlü

Wer Zeit und Lust auf authentisches Dorfleben hat, kann von Mərəzə aus einen Abstecher nach Sündlü machen. Dort kann man Frauen am Brunnen beobachten, die Teppiche waschen und Esel mit wassergefüllten Güyüms beladen. In Mərəzə führt rechts hinter den Geschäften eine langweilige, mäßig gute Asphaltstraße Richtung Funkturm. Nachdem man zwei Abzweigungen rechts liegen gelassen hat, folgt man bei der Gabelung dem Schild nach Himilli, um dann die erste Sandstraße links nach Sündlü zu wählen. Der Weg rechts von der Gedenkstätte am Ortsende führt auf einer mäßig geteerten Straße im Bogen zurück auf die Hauptstraße nach Şamaxı. Täglich um 8 Uhr fährt ein Bus von Sündlü nach Şamaxı und um 13 Uhr zurück.

Teppichwäsche in Sündlü

Das Heiligtum Pirsaat Pir

Kurz vor Şamaxı, östlich der Pirsaat-Brücke, teilt sich die Straße, und die nördliche Abzweigung führt rechter Hand vorbei am **Heiligtum Pirsaat Pir**. Wer bei der Minimoschee mit dem überdimensionalen Dach eine Spende hinterlässt, wird eine gute Fahrt haben.

Şamaxı

Tragische Entwicklungen haben dazu geführt, dass die einst wichtige Station

Karte S. 125

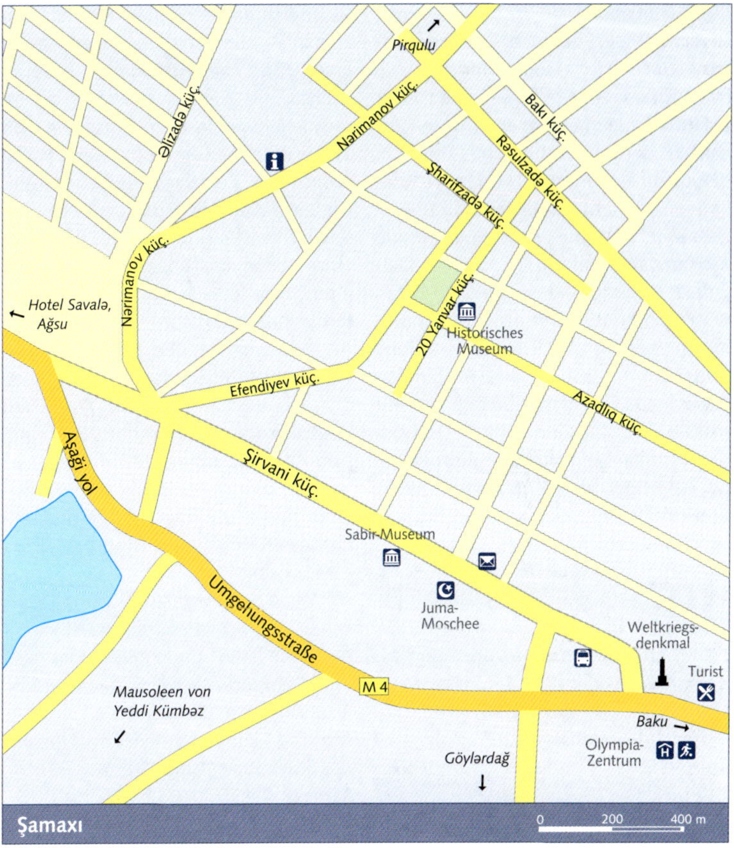

der Seidenstraße und ehemalige Hauptstadt des reichen Schirwan-Khanats, das sich zu seiner Blüte von Baku bis Derbent ausdehnte, heute eine wenig bedeutende Kleinstadt mit lediglich 20 000 Einwohnern ist.

Zum erstenmal wurde Şamaxı bereits im 2. Jahrhundert von dem Geographen Ptolemäus erwähnt. Im Verlauf seiner Geschichte war es schweren Angriffen und Erdbeben ausgesetzt, die die Stadt mehrfach komplett zerstörten. Obwohl die Einwohner sie unverdrossen immer wieder aufbauten, wurde nach einem fatalen Beben im Jahr 1859 die Hauptstadt des Schirwan-Staats nach Baku verlegt. Der Bau der Eisenbahnstrecke nach Tbilisi erfolgte zudem weiter südlich, so dass Şamaxı auch seine Bedeutung als Handelsplatz zwischen Baku und Gəncə einbüßte. Alexandre Dumas schrieb über Şamaxı, dass man nie wisse, »ob die Stadt morgen noch stehen wird«. Nun, sie steht, wieder einmal, wenn auch in reduzierter Attraktivität und Bedeutung.

800 Meter über dem Meeresspiegel ergießt sich Şamaxı über einen Hang, an

dessen unterem Ende die massive **Juma-Moschee** aus dem 19. Jahrhundert steht, das einzige architektonisch attraktive Gebäude der Stadt. Sie wurde 1902 auf dem Fundament einer Moschee aus dem 10. Jahrhundert errichtet, die wiederum auf einen Tempel von Feuer- oder Sonnenanbetern zurückgeht. 1918 ausgebrannt, blieb die Moschee bis in die 1970er Jahre eine Ruine, wurde dann jedoch saniert und fungiert seit den 90er Jahren wieder als Gotteshaus. Künftig soll sie durch besonders hohe Minarette ergänzt werden. Im Inneren beeindruckt der monumentale Bau mit massigen Säulen und rohen Steinwänden, während man im Hof ausgegrabene Reste der älteren Moschee findet und eine Pumpe, die hier kein Öl, sondern Wasser befördert.

Nicht weit davon erinnert ein **Museum** an den Dichter Sabir, der neben Nasimi einer der bedeutendsten Poeten Şamaxıs war. Sehenswerter sind die fotogenen Kuppeln der **Mausoleen von Yeddi Kümbəz**, die von einem Hügel südlich des Zentrums herüberwinken. Die einst sieben Gräber der Schirwanschah-Dynastie sind teilweise über 200 Jahre alt und noch begehbar, auch wenn man ihnen deutlich die Spuren der letzten Erdbeben ansieht.

An den umgebenden Hängen wuchs einst üppiger Wein, denn in der Sowjet-Zeit war die Stadt für ihre Wein- und Kognakproduktion bekannt. Nach einer Anti-Alkoholkampagne Gorbatschows wurden jedoch viele Weinberge zerstört, und heute ringt Şamaxı mühsam um seinen Ruf als Weinstadt.

i Şamaxı

Vorwahl: 020.

Touristeninformation in der N. Nərimanov küç. 80, Tel. 265 10 22, tic_shamakhi@tourism.az. Am Wochenende geschlossen.

Von Baku aus fahren Busse ab Şamaxınka, ca. 1 km nördlich von der Metrostation 20 Yanvar, am Kreisverkehr, an dem der Tbilisi Pr. in die Moskva küc. übergeht. Von hier fahren Busse nach Şamaxı und Umgebung (Ağsu, Mərəzə).

In Şamaxı liegt die Busstation direkt am Kreisverkehr (Ortseingang aus Richtung Baku) unscheinbar auf dem Parkplatz vor dem Hissələri-Restaurant.

In Şamaxı:

Olympia-Zentrum, Tel. 265 11 30. DZ 50 AZN, Suite 100 AZN inkl. Frühstück und Nutzung aller Sportmöglichkeiten. Nur Schwimmen 4 AZN/Stunde, 25-m-Bahn. Ordentliche Zimmer und Bungalows, die weitaus beste Möglichkeit im Umfeld.

Motels (1 km hinter dem Zentrum an der Straße nach İsmayıllı):

Şamaxı, Tel. 050/682 29 19; ab 10 AZN, mäßige hygienische Standards, leckere Speisen, speziell das Schaschlik, abends Live-Musik.

Savalan, Tel. 055/254 30 35. DZ mit Bad 20 AZN, ohne Bad 10 AZN. Teilweise fensterlose Zimmer, keine Klimaanlage. Mit Gartenrestaurant; Sauna und Massage auf Anfrage. Stopp für Busse nach Baku.

In Pirqulu (ca. 30 min. von Şamaxı):

Fortuna, Tel. 26 49 86 18, fortuna@bakinter.net. Kleine Hütten bar jeden Charmes ca. 30 AZN (in der Nebensaison verhandelbar) mit Terrasse, Heizung, europ. Toiletten, fabelhafter Aussicht und frischer Luft. Direkt ge-

▸ Karte S. 125

genüber dem Observatorium, eigenes Lebensmittelgeschäft, Restaurant etc. Im Winter Skizentrum, bei Anfrage Reitpferde.

Şirvanseraj Kompleks, DZ 23 AZN. Neu mit Haupthaus und fünf Bungalows.

Hotel und Restaurant Xari Bül-bül, Tel. 263 34 31 84. Hütten auf Stelzen und kleinem Teich.

Das **Babayurd-Resort** oberhalb von Pirqulu (Tel. 262 12 86 34) sollte man trotz der teppichbehangenen usbekischen Jurten meiden: Der Besitzer steht in dem dringendem Verdacht, Gäste ordentlich abzuzocken und zudem seinen bissigen Schäferhund auf sie loszulassen.

Im Zentrum von Şamaxı gibt es ein namenloses Restaurant, dessen Speisen uns nicht bekommen sind. Alternativen:

Turist, einfaches und günstiges Großraumrestaurant mit gutem Frühstück. Direkt am Ortseingang rechts, der Name steht nicht dran.

Restaurant an der Straße nach Pirqulu (das gelbe, von Samaxi aus rechter Hand): sehr beliebt, schönes Panorama.

Weitere Restaurants liegen am Busbahnhof und an der Straße nach İsmayıllı.

Die Festungen Gülüstan und Qala Bugurt

Nicht weit von der Straße nach Pirqulu stehen zwei der vielen Festungen des früheren Schirwan-Khanats. Ein Besuch erfordert viel Muße und Enthusiasmus. **Gülüstan** war einst die Zentralburg der Schirwan-Dynastie, wurde im 16. Jahrhundert von den Persern zerstört und liegt seitdem in Trümmern auf einer Bergspitze. Die ältesten Teile stammen aus dem frühen 11. Jahrhundert. Der einfachste Weg zur Festung beginnt beim Dorf Xınışlı (Chynyschli). Am hinteren Dorfende führt von einer Quelle ein Fußweg vorbei am Teich bis zur Festung, die man von der Quelle aus bereits sieht. Die Aussicht von oben belohnt für den Weg!

Ebenfalls aus dem 11. und 12. Jahrhundert stammt **Qala Bugurt**, 24 Kilometer von Şamaxı entfernt auf einer dramatischen Felsnase aufragend. Tatsächlich ist allein die Lage der ehemaligen Festung das eigentlich Imposante, und der mühsame Weg zu den paar erhaltenen Felsbrocken empfiehlt sich allein für Jeepfahrer mit viel Enthusiasmus. Etwa zwölf Kilometer hinter Şamaxı verlässt man die Hauptstraße, indem man gegenüber vom Babayurd-Schild links Richtung Bushaltestelle abbiegt. Von hier aus sind es weitere zwölf zunehmend schlecht befahrbare Kilometer bis zur Festung. Nach etwa drei Kilometern sieht man links auf einem bewaldeten Gipfel eine ›chinesische Mauer‹, hinter der sich der Präsident eine Datscha eingerichtet hat. Zwei Kilometer später kann man sich rechts an einer Trinkwasserquelle abkühlen. Nach weiteren 2,5 Kilometern wählt man die linke Abzweigung und folgt dann dem Hauptweg bis zum Flussbett. Nach dem Durchqueren links dem Fluss folgen und zwei kleine Dörfer durchqueren, bis nach vier Kilometern die Ruine gegenüber einem kleinen weißen Haus auf einem steilen Fels thront. Der Aufstieg (und speziell der Abstieg) auf dem steilen, porösen Untergrund ist sehr mühsam und nicht ungefährlich.

Pirqulu

20 Kilometer nördlich vom Zentrum Şamaxıs erstreckt sich auf grünen Hügeln Pirqulu (Pirgulu), ein Waldgebiet mit Wandermöglichkeiten, frischer Luft und einem interessanten Observatorium auf einer Höhe von 1500 Metern. Drumherum befinden sich in attraktiver Lage mehrere Hotels und Ausflugsrestaurants (siehe Infokasten Şamaxı) sowie ein Naturschutzgebiet.

Das **Observatorium** empfängt gern Besucher, wobei man nur während der Woche oder nachts ab 21 Uhr die Astronomen bei der Arbeit beobachten kann. Wer über Nacht bleiben will, sucht sich am besten im direkt gegenüber gelegenen Hotel Fortuna ein Quartier. In Angedenken an den mittelalterlichen Astronomen Nasiraddin Tusi wurde 1960 das Pirqulu-Observatorium als eine der wichtigsten Warten der Sowjetunion gebaut und kurz darauf mit einem großen Zeiss-Teleskop aus Jena versehen. Das Teleskop mit einem Durchmesser von zwei Metern und 85 Tonnen-Spiegeln, durch das die Sonne beobachtet wird, ist neben dem obstbaumbewachsenen Grundstück die Hauptattraktion von Pirqulu. Auch heute noch werden Teleskope und Ersatzteile aus Deutschland importiert. Es gibt keine organisierten Führungen, und je nachdem, auf wen man trifft, wird ein anderes Teleskop vorgeführt, wobei die Verkehrssprache Russisch ist. Zwar wird in der Regel keine Gebühr für die Besichtigung verlangt, aber ein Trinkgeld wird sicher gern gesehen. Mehr Informationen sind auf Englisch auf der Webpage des Observatoriums zu finden (www.shao.az).

Die Straße von Şamaxı nach Pirqulu Pirqulu sollte inzwischen fertig asphaltiert worden sein. Früh morgens fährt ein Minibus von Şamaxı, ansonsten fahren Taxis für maximal 20 AZN die 30-Minuten-Strecke. Der Asphalt endet direkt vor den Toren des Observatoriums, von wo aus nur noch ein schwer passierbarer Weg weiter ins bergige Umland mit attraktiven Wandermöglichkeiten führt.

Im Observatorium Pirqulu

▶ Karte S. 125

Kələxana und Mədrəsə

Wenig südlich von Şamaxı stehen beim Dorf Kələxana (Kälächana) malerisch in der Landschaft sieben **Türben** mit spitzen Dächern aus dem 17. Jahrhundert. Dank Verwitterung und Steinklau sind zwei der ehemals neun Gräber bereits verschwunden. Der Abstecher zu den Türben lässt sich gut als Rundtour gestalten, indem man über Mədrəsə (Mädrasä) fährt: Von der Umgehungsstraße westlich des Zentrums von Şamaxı bei einem Restaurant-Schild links Richtung Mədrəsə abbiegen, um dann der bescheidenen Asphaltstraße zu folgen. Schon bald ragt linker Hand die idyllisch gelegene Kirche von Mədrəsə auf. Seit die ehemals armeni-

Türben bei Kələxana

sche Bevölkerung 1990 einem Mix aus Flüchtlingen gewichen ist, wird sie als Scheune genutzt, und zum Beten dient die neue Moschee. Biegt man im Ort zweimal links ab, führt eine sehr staubige Straße ins Tal und vorbei an einem Teich. Das nächste Dorf ist Kələxana mit den Türben. Zurück führt der Weg rechts vorbei an zwei Sendetürmen, die unübersehbar aus der Landschaft ragen, bis man nach 3,7 Kilometern das Dorf Beleyiesy erreicht. Dort gegenüber vom pinken Schulgebäude rechts abbiegen, um nach zwei Kilometern die Umgehungsstraße von Şamaxı zu erreichen. Zwei andere bemerkenswerte Türben liegen etwas weiter südlich: Im Dorf Göylar Dağ steht der Mərdəkan-Pır, der heilende Kräfte besitzt, während die vielleicht schönste Türbe, dachlos und aus dem 19. Jahrhundert, sich am Rand von Qaraqoyunlu, etwa sieben Kilometer südlich von Ağsu, befindet.

Von Şamaxı nach Altıağaç

Eine sehr abenteuerliche und landschaftlich reizvolle Strecke führt nördlich von Şamaxı bis Altıagaç über sehr faltiges und entlegenes Gelände. Vonnöten sind viel Zeit und ein Jeep. Die folgenden Kilometerzahlen sind ab der Abzweigung von der Hauptstraße nach Pirqulu gemessen. Hinter Çuxuryurd biegt man am Schild zum Babayurd-Restaurant rechts ab und überquert den Pirsaat-Fluss. Eine kurvige Schotterstraße führt zunehmend bergauf, um 12,5 Kilometer nach Verlassen der Hauptstraße das Dorf Astraxanka zu erreichen. Von dort aus geht es wieder hinab, bis man bei 15,1 die rechte Abzweigung wählt. Bei Kilometer 17 führt der Weg quer durch das Flussbett, wofür sechs Kilometer weiter ein erstaunliches, wenn auch karges Bergpanorama belohnt. Danach kommt das schwierigste Stück: Bei 26,6 durchquert man erneut ein diesmal sehr widerspenstiges Flussbett, hinter dem der Weg steil bergan bis auf knapp 1500 Meter führt. Wiederum entschädigt die Aussicht. Kilometer 33 bringt Sie in ein kleines Dorf, acht Kilometer weiter erreichen Sie Altiağaç, wo die Teerstraße beginnt. Durch das kleine Dorf Baxşil und vorbei an vielen Çayxanas führt von hier die Straße bis zur Küste bei Giləzi.

Der Weg ist das Ziel

»Das Rauschen des vorbeifließenden Baches, das Grün der Wiesen, die sich unter den Blikken immer weiter ausdehnten, erzählte von den guten Dingen der Welt, den lobenswerten Anstrengungen, von Reinheit und Sauberkeit.«

Elçin, Das weiße Kamel

Der Norden

An der Küste entlang bis Dəvəçi

Der Nordosten Aserbaidschans ist nicht ohne Grund eines der beliebtesten Reiseziele im Land. Je weiter man Baku Richtung Dagestan verlässt, desto grüner und üppiger wird die Natur, desto höher erheben sich die Gipfel des Großen Kaukasus. Im Westen sind sie steil und hoch, während gen Küste das Gebirge sanft abfällt. Das beste Wander- und Klettergebiet mit eindrucksvollen Bergpanoramen befindet sich im Umfeld des Şahdağ-Massivs, dessen vergletscherter Gipfel mit 4243 Metern der zweithöchste im Land ist. Eine Tour zu Pferde zwischen Laza und dem zeitlosen Bergdorf Xınalıq zählt zu den Höhepunkten einer Reise nach Aserbaidschan und vermittelt gleichzeitig einen Eindruck der kulturellen Diversität in dieser Gegend. Lesgier, Bergjuden und Xınaluqen besiedeln hier die Hänge des Kaukasus und sprechen jeweils eine eigene Sprache. Das Küstengebiet zwischen Xudat und Nabran ist die Côte d'Azur der Aserbaidschaner. Hotels reihen sich an einem sandigen Küstenstreifen, in dem sich im Sommer halb Baku tummelt. Das lianenreiche Waldgebiet dahinter soll ein Nationalpark werden.

Das Flachland an der Nordküste war zu Zeiten des kaukasischen Albanien durch lange Mauern geschützt, deren berühmtester Durchgang das Eiserne Tor bei Derbend war. Die Mauern sind verschwunden und ihre Steine anderweitig verbaut, doch Reste der Festungsanlagen verbergen sich noch an den steilen Hängen des mysteriösen Beşbarmaq. Unübersehbar winkt er eineinhalb Stunden nördlich von Baku aus der Landschaft, und ein Aufstieg zu seinen Felsfingern ist ein großartiges Erlebnis! Zu seinen Füßen halten Busse, die Baku mit Quba und Nabran verbinden. Nördlich davon führt eine Straße durch die Çirax-Ölfelder zur gleichnamigen Burg auf einem steilen Felsen. Die in Folge beschriebenen Sehenswürdigkeiten sind gut als Abstecher auf dem Weg nach Norden oder auf Tagesausflügen von Baku zu erreichen.

Pause am Şahdağ

▸ Karte S. 157

Kaspisches Meer
Nabran
Şollar
Xudat
Xaçmaz
Çarxı
Dəvəçi
Siyəzən
Baku,
Sumaqayit
Beşbarmaq
Çirax-
Ölfelder
Məşrif
M 2
Nügədi
Təngə Altı
Afurca
Çirax
Qala
S. 170
Qusar
Quba
S. 175
Laza
Xınalıq
Sudur
2312 m
Şahdağ
4243 m
Babadağ
3629 m
Kaukasus
RUSSLAND
(DAGESTAN)
ASERBAIDSCHAN
2788 m
4142 m
4466 m
Qəbələ
3879 m
3837 m
4016 m
Şəki
0 10 20 km
Der Nordosten

Der Norden

Beşbarmaq

Der Name dieses dramatisch geformten Berges bedeutet ›Fünf Finger‹. Wie eine natürliche Festung überragt er die Umgebung, mit der er sich je nach Jahreszeit grün oder braun färbt. Von der Straße aus betrachtet kann man sich schwerlich vorstellen, dass zwischen den Fingern, die sich steif gen Himmel rekken, Dutzende von Frauen sitzen und gegen ein Trinkgeld die magischen Kräfte des Berges bemühen. Wer ihn besteigt, erlebt ein faszinierendes Beispiel der Mischform von Islam und animistischen Traditionen, die für Aserbaidschan so bezeichnend ist. Auf der Suche nach Fruchtbarkeit, Gesundheit oder dem Sinn des Lebens erklimmen Gläubige im Sonntagskleid die Felsen und werben mit Küssen und Berührungen um die Gunst des Bergs. Eine schmale Treppe führt hinauf bis in die höchsten Fingerspitzen, in denen heilige Männer mit Gebeten aufwarten.

Unterhalb der Finger liegen Höhlen und Reste einer alten Festung verborgen.

Von der Moschee zu seinen Füßen ist der Berg Beşbarmaq in einer guten Stunde zu besteigen, doch weitaus bequemer ist eine andere Route: Folgt man der Hauptstraße knapp zwei Kilometer weiter Richtung Quba, beginnt links vom weißen Café Elvin und neben dem lila Restaurant Qarabağ, (den einzigen Gebäuden weit und breit) eine holprige Schotterstraße, die sich etwa zehn Minuten den Berg hinaufwindet, um in einen Rastplatz auf der Südseite des Berges zu münden. Hier gibt es Tee (çay) im Angebot und Reitpferde für Heilsuchende, denen die lange Treppe zum Gipfel unbezwingbar erscheint. Oben belohnt eine grandiose Aussicht auf das türkisblaue Meer und die westlichen Kaukasusgipfel.

Die meisten Busse von Baku Richtung Norden nutzen das Beşbarmaq-Rondell an der M2 für eine Pause. Dort gibt es ein Restaurant und kleine Läden. Busrei-

Der Blick belohnt für den Aufstieg

▸ Karte S. 157

sende, die von hier den Berg besteigen, können später am Tag mit einem anderen Bus weiter oder auch nach Baku zurück fahren. Wichtig für Bəsbarmaq: Man sollte viel Kleingeld für die erwarteten Trinkgelder einpacken!

Zur Burg Çirax Qala

Wer ein eigenes Auto und viel Zeit hat, kann den gut fünfzig Kilometer langen Schlenker zur Burgruine Çirax Qala machen. Ihre malerische Lage auf einem über tausend Meter hohen, steil abfallenden Fels inmitten dichter Wälder rechtfertigt den nicht ganz einfachen Weg dorthin. Das Gebäude ist relativ gut erhalten, aber während am Felsen darunter die Erosion nagt, drohen oben seine imposanten Mauern einzustürzen. Grundlegende Maßnahmen zur Rettung der Burg sind dringend von Nöten. Sie war einst Teil der der durch Mauern verbundenen Befestigungsanlagen und im 18. Jahrhundert der südlichste Punkt des damaligen Quba-Khanats, danach wurde sie dem Verfall überlassen. Von Siyəzən und Dəvəçi aus führen akzeptable Straßen zum Gelände des Qala Altı-Sanatoriums. Ab dort windet sich ein Weg bis etwa einen halben Kilometer vor die Burg. Ein schmaler Waldpfad führt sodann zu einem Eingang, der allerdings selbst für schlanke Entdecker zu winzig ist. Linker Hand gelangt man aber mit etwas Geschick und festen Schuhen um den Turm herum und kann so das Gelände, das einen großartigen Panoramablick auf die umliegende Landschaft gewährt, von hinten bezwingen.

Im Ort Siyəzən beginnt die Straße zur Burg links hinter dem Postamt und führt, vorbei an Ölfeldern, nach knapp zehn Kilometern über den Fluss Gilgilçay. Kurz dahinter ragt linker Hand über den Wäldern erstmals die Burg auf. Die nächsten zehn Kilometer führen an einigen einfachen Unterkünften und Ausflugsrestaurants vorbei bis vor die Tore des Qala Altı Sanatoriums. Die Straße durchquert das Kurgelände, von dessen Hinterausgang noch viereinhalb Kilometer bis zur Burg zurückzulegen sind. Alternativ kann man es den Patienten gleichtun und in einer guten Stunde zur Burg hinauf spazieren. Autofahrer halten sich hinter dem Sanatorium links und bleiben auf der Asphaltstraße, bis sich nach eineinhalb Kilometern die Burg zum zweiten Mal zeigt. Der dorthin weisende Schotterweg führt nach weiteren eineinhalb Kilometern zu einem Funkturm. Hier rechts auf einen Sandweg abbiegen und die nächste Abzweigung ignorierend bis zu einem steilen Anstieg fahren. Dort liegt im Wald ganz unvermutet ein kleines Sommer-Café, bei dem der kurze Fußweg zur Burg beginnt.

Einfache Möglichkeiten zur Einkehr findet man am besten vor dem Sanatorium. Das simple Kafe Dəvəçi bietet nicht nur Schaschlik, sondern für 20 Manat auch bizarre Zimmer in einem Wohnwagen mit Plumpsklo im Wald (Tel. 050/489 43 32). Zum Duschen muss man allerdings ins benachbarte Sanatorium. Im dazugehörigen Hotel Qala Altı kann man für 10 Manat pro Nase etwas komfortabler übernachten und hat mit viel Glück warmes Wasser und einen morschen Balkon (Tel. 050/334 12 28, 023 35/526 56).

Dəvəçi und Şabran

Dəvəçi ist ein belangloser Ort mit ein paar Läden und Restaurants, einem Café und einer AZ-Petrol-Tankstelle. Von sehr viel größerer Bedeutung war einst die Stadt Şabran, deren Ruinen vierzehn Kilometer nördlich an der Straße nach Nabran stehen. Wer es nicht eilig hat,

Imposant: Çirax Qala

findet hier die Reste einer kleinen Festung aus dem 17. Jahrhundert. Bereits tausend Jahre zuvor im Sassaniden-Reich gegründet, verlor Şabran später aufgrund der strategisch ungünstigen Lage im Flachland an Bedeutung. Ein kurzer Weg linker Hand führt viereinhalb Kilometer nach der Nabran-Abzweigung zu den Ruinen, die das Ende der kargen Landschaft verheißen: Hier verläuft die magische Grenze, hinter der Wälder und Obstbäume wachsen.

▶ Karte S. 157

Richtung Küste

Die bei Qandov abzweigende A1 führt ab Xaçmaz durch üppige Laubwälder direkt bis an die Strände von Nabran, Aserbaidschans beliebtestem Urlaubsgebiet. Dazwischen liegt Xudat, ein Ort mit misstrauischem KGB, sehr vielen Apotheken, ein paar ganz hübschen Häusern, dem obligatorischen Heydar-Aliyev-Museum und einer alten Moschee. Viel Sehenswertes gibt es nicht. Wer dennoch kommt, findet am entlegenen Busbahnhof regelmäßig Busse nach Baku, Xaçmaz und Qusar. Busse nach Nabran fahren etwa fünfhundert Meter weiter Richtung Zentrum ab. Durch einen kleinen Abstecher an der Straße nach Nabran gelangt man zu den Şollar-Mineralwasserquellen im gleichnamigen Ort. Dem Finder wurde im umgebenden Park ein Denkmal gesetzt, und die Quellen, die sich in dem weißen Hügel verbergen, kann man besichtigen.

Xaçmaz

Xaçmaz ist wenig spektakulär, aber durchaus einen Zwischenstopp wert. Zu Fuß kann man vom attraktiven Bahnhof (um 1900 erbaut vom Ölbaron Tağiyev) gut Museen und Parks erreichen oder sich bei einer der raren Touristeninformationen des Landes Auskünfte über die Region geben lassen. Mit etwas

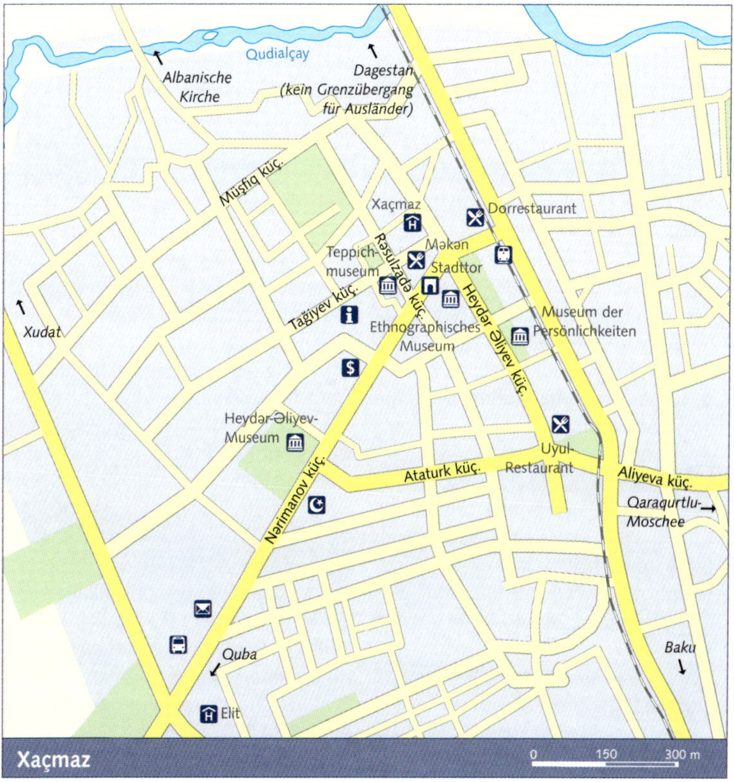

mehr Zeit bieten sich Abstecher zur albanischen Kirche in Alt-Xaçmaz oder der Qaraqurtlu-Moschee aus dem 15. Jahrhundert an. Beide erreicht man mit dem Taxi für ein paar Manat. Die Moschee mit den vielen Kuppeln liegt jenseits der Bahngleise und ist schon lange inaktiv. Den Schlüssel zum Gebäude besitzt Frau Güllər, die in der Nachbarschaft lebt und auf Anfrage aufschließt. Am besten fragt man nach ihr im Lebensmittelladen rechts neben der Moschee.

Die albanische Kirche liegt auf der anderen Seite des Zentrums und ist nicht mehr als eine grasbewachsene Ruine, die allein durch ihre Monumentalität beeindruckt. Von der Müşfiq küç. biegt man rechts in die Natveran küç. ab, um dann rechter Hand über den Häusern die grasige Kuppel zu sehen.

Im Dorf Şixlar, nordwestlich von Xaçmaz, steht die Scheich-Yusif-Moschee, in deren Türbe der Scheich samt Familie seit über 500 Jahren begraben liegt.

Xaçmaz

Vorwahl: 023.

Touristeninformation: Z. Tağiyev küç. 1, Tel. 325 16 51, tic_khachmaz@tourism.az. Hilfsbereites Personal, das wenig Englisch spricht, gern die Stadt zeigt und Hotelbuchungen für Nabran vornimmt. Tägl. 9–18 Uhr, Sa halbtags, So geschlossen.

Von Baku (Şamaxınka-Stopp) fahren ab 8 Uhr ca. alle 30 Min. Busse nach Xaçmaz (3 Std. Fahrt), außerdem um 15, 15.40, und 17 Uhr Busse vom neuen Busbahnhof. Zurück fahren die Busse vom Kreisverkehr aus. Zwischen 8 und 16 Uhr regelmäßige Busse von/nach **Quba**, **Xudat** (Busbahnhof) und **Nabran**.

Züge nach Baku 4 mal tägl., Elektritschka von Baku nach Xaçmaz um 8.00 und 19.20 Uhr vom Keşla-Bahnhof (vom Hauptbahnhof aus Marschrutkas 224 und 274).

Taxis innerhalb des Zentrums kosten 2–3 AZN. Sammeltaxis nach Baku halten am Baku-Busstopp.

Hotel Xaçmaz, Tel. 323 40 40. DZ mit Bad 5 AZN, mit Waschbecken 4 AZN. Unschlagbar günstig, schäbig und zentral.

Elit, rotes Backsteingebäude nahe Busbhf. an der Straße nach Baku, mit Garten, Restaurant und Internet. Guter Standard, aber dezentral.

Uyut-Restaurant, Heydər Əliyev küç., Das vielleicht beste Restaurant der Stadt. Aserbaidschanische Küche, berühmt für Tabaka und Beef Stroganov.

Məkan, gut und zentral an der Nərimanov küç.

Dorrestaurant, direkt am Bahnhof. Einfach, beschränkte Auswahl, günstig.

Café Xaçmaz, freundliche Çayxana im Hof gegenüber dem gleichnamigen Hotel.

Das **Museum der Persönlichkeiten** an der Heydər Əliyev küç. ist ein Platz im Zentrum, den Büsten nationaler Berühmtheiten säumen. Links stehen Musiker und Komponisten, rechts Literaten.

Karte S. 157

Ethnographisches Museum, Nərimanov küç., viel Archäologisches aus der Umgebung von Xudat und Xaçmaz.
Teppichmuseum, im ›Kultur- und Erholungspark‹ (mit Plastikzoo), tägl. 9–18 Uhr. Ausgestellt sind Teppiche aus dem 20. Jahrhundert, dazu einige wenige ältere, zudem Gemälde kontemporärer lokaler Künstler.
An der Nərimanov küç. gibt es eine architektonisch imposante Variante des allgegenwärtigen **Heydər-Əliyev-Museums** in Sandstein.

Nabran

Nabran ist ein Dorf im Rayon Xaçmaz, in dessen Norden und Süden sich unzählige Hotels, Restaurants und Resorts an einem dreißig Kilometer langem Strand reihen, der aserbaidschanische Urlauber ins Schwärmen bringt. Sicherlich ist dank der dünnen Besiedelung und fehlender Industrie die Wasserqualität ungleich besser als an den Stränden der Halbinsel Abşeron, doch angesichts des schmalen Sandstreifens entlang der Straße fällt es schwer, den lokalen Enthusiasmus zu teilen. Immerhin: Der dichte Wald, der direkt dahinter liegt, soll von Xudat bis kurz vor die russische Grenze zum Nationalpark Samur-Yalama werden. Künftig kann man sich also nicht nur auf Strandspaziergänge, sondern auch auf Wanderungen im artenreichen Laubwald freuen. Wichtig: für Ausländer ist der Grenzübergang nach Russland nicht zu passieren.

Im Sommer vergnügt sich halb Baku in Nabran, während man ab Mitte September den Strand lediglich mit ein, zwei Kühen teilt. Daher empfiehlt sich Nabran speziell in der Nachsaison durchaus für ein ruhiges Erholungswochenende. Die Bandbreite der Unterkünfte reicht vom traurigen Bungalow im Sowjetstil bis zum Resort mit Pool und Strandbar. Die besten Strände sind zwischen Atlant- und Flamingo-Hotel und südlich vom Xezer-Motel, während man direkt im Dorf mit einigen Geschäften, einer Post, Apotheke und Bushaltestelle die beste Infrastruktur und einen Touch aserbaidschanischen Alltags hat. In Unterkünften, die weiter landeinwärts liegen (Atlant, Greenville, Malibu), hört man mit etwas Glück außerhalb der Saison nachts die Wölfe heulen.

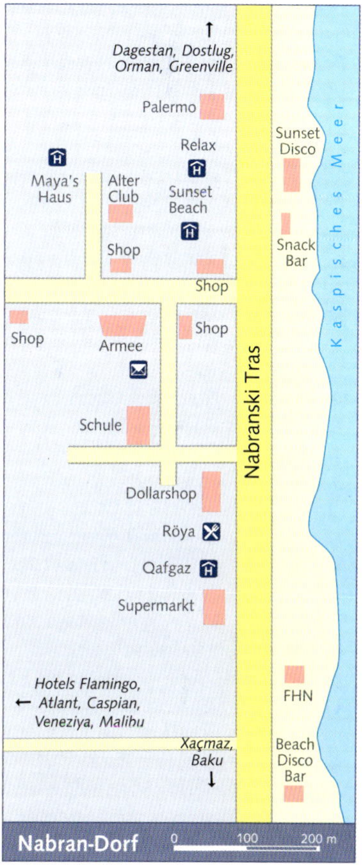

Nabran

Vorwahl: 023.
Postamt: Mo - Fr 9 - 13, 14 - 17 Uhr.

180 km von Baku, direkt an der A1.

Marschrutkas zwischen Baku (Şamaxınka) und Nabran (Dorf) fahren im Sommer mit hoher Frequenz. Vom Busbahnhof in Baku fahren Busse ganzjährig um 8.30, 9.40, 12.20 und 13.30 Uhr, zurück um 7, 7.30, 13.30 und 15 Uhr (gut 4 Std, 5 AZN). Nach Saisonende gibt es nach Xudat ca. 5 Busse tägl., im Sommer wesentlich mehr. Es gibt keine Direktbusse von/ nach Quba.

Ein Großteil der Unterkünfte unterschiedlichsten Standards schließt nach den aserbaidschanischen Sommerferien (Mitte September), in anderen bekommt man dann Zimmer zu günstigen Preisen. Im Sommer sollte man vorher reservieren. Hier eine kleine Auswahl von Nord nach Süd:

Nördlich des Dorfes Nabran:
Teilweise nur sehr schmaler, erdiger Sand- oder Kieselstrand.

Orman, Tel. 050/318 38 01. DZ ab 30 AZN im kleineren Hotel direkt an der Küste mit Balkon, Pool und Meerblick, neben dem Dostluq-Kompleks. Mit Restaurant, Sat.TV, Klimaanlage und angemessenen Preisen.

Green Ville, Tel. 050/331 80 32, www.greenvillebaku.com. DZ ab 50 AZN, großes Resort mit 18 relativ angenehm eingerichteten Zimmern, Bungalows und diversen Sportmöglichkeiten, 15 Fußminuten vom Strand im Wald gelegen, Mai–Sept..

Im Dorf:

Sunset Beach, Tel. 560 47 47. DZ ab 30 AZN ohne Frühstück. 11 kleine Zimmer, davon die Hälfte mit Meerblick mit Balkon. Alle haben TV und ein ordentliches Bad, im Sommer gibt es einen Pool und eine nahe Stranddisco, die evtl. laut werden kann. Generell empfehlenswert, allerdings ist der Name falsch: Statt Sonnenuntergängen sieht man hier die Sonne aufgehen, am besten vom südöstlichen Eckzimmer aus.

Sehr einfache **Privatzimmer** direkt dahinter vermietet Maya. 4-Bett-Zimmer ohne Bad im ruhigen Hof für 10 AZN/ Person.

Südlich des Dorfes Nabran:

Üç Qardaş, Tel. 050/719 97 05. DZ im Winter 20 AZN, Sommer 40 AZN. Die Zimmer sind einfach, aber mit heißem Wasser, mäßig sauber und liegen um einen bepflanzten Innenhof mit Restaurant und Billard. Restaurant im Winter nur auf Anfrage.

Caspian Sea Resort, Tel. 050/235 40 02, www.caspiansearesort.az; DZ ab 80 AZN, neues Resort mit großer Parkanlage und Poollandschaft, gutem Frühstücksbuffett mit Meerblick, Sauna bis 18 Uhr und Fahrradverleih!

Flamingo, Tel. 306 99 79. Acht einfache Zimmer mit Bad, Ventilator und Matratzen mit deutlich spürbaren Federn, aber alle mit Meerblick und Heizung, ab 15 AZN. Auch im Winter geöffnet. Zum Essen gibt es eine hübsche kleine Terrassen am Hang zum Meer mit kleinem Wasserfall.

Atlant, Tel. 050/375 47 47, contact@atlant-az.net, www.atlant-az.net. Bungalows mit gutem Standard für 4–6 Leute mit und ohne Küche je nach

Karte S. 157

Saison 50–150 AZN. Vorteil: Das einzige Hotel Nabrans, in dem man Englisch versteht! Ansonsten: Großes Disneyland-Resort, 650 Meter von der Straße entfernt im Wald gelegen. Demnächst mit über 200 Zimmern, Disco, Billard, Fußball, Tennis, Paintball, großem Pool, Internet, Massage und Friseur.

Café Bulaq, Tel. 050/2355126, bulag@azertunel.com; 35 AZN/Pers. inkl. 3 Malzeiten in Hütten für 2–5 Pers., jew. 2 Zimmer teilen sich ein Bad. Sehr familiäre Atmosphäre, einfach.

Veneziya, Tel. 050/5970430 Bungalows für 25 AZN/Pers. Sauber, mit TV, Minibar, guten Matratzen und Wohnzimmer in weitläufiger Anlage mit Rosen, allerdings ohne Meerblick und etwas gesichtslos, im Winter geschlossen.

Malibu, Tel. 050/3308803, Siedlung Seyidli, www.malibu.az. Mit 130 AZN (im Winter 100 AZN) pro gepflegtem Bungalow im Wald eine der besten Unterkünfte in Nabran. Jeweils 2 Schlafzimmer mit Wohnzimmer, sehr gutem Bad, Küche und Klimaanlage, sauber. Zudem gibt es einen Internet-Club, Sauna, Fitness und einen 20-m-Pool. Einfaches DZ ohne eigenes Bad und Klimaanlage ganzjährig 40 AZN.

Isti Su, Dorf Müqtədir, Tel. 050/3344 5164, istisu@hotmail.com. DZ ab 25 AZN im Winter, 40 AZN im Sommer. Direkt am Strand gelegen mit Meerblick und Thermalbad (Isti Su bedeutet heiße Quelle). Fairer Preis für 1–3-Zimmer-Bungalows mit Badewanne und viel Garten. Restaurant, Billard, Tennis, Bar, durch benachbarte Stranddisko im Sommer evtl. laut.

Wenig empfehlenswert finden wir derzeit Sapter Caspian, Nabran-Kompleks, das benachbarte Turist Otel, das Qafkas-Motel und das Palma-Resort.

Viele Restaurants haben nur im Sommer geöffnet. Hier eine kleine Auswahl:

Qoşa Cay, Das mit Abstand beste Fischrestaurant liegt an der Straße zu Malibu und Palma und ist an der Hauptstraße ausgeschildert. Es gibt frische Forellen, Beluga und mehr, dazu backt die Frau des Chefs frisches Brot.

Restaurants **Ellada** und **Antalya**: Beide liegen direkt am Strand, haben aber nur im Sommer geöffnet und sind recht einfach.

Sport Land: Hier kann man mitten im Wald tägl. von 9–21 Uhr Tennis, Badminton, Fitness, Minigolf und Tischtennis spielen. Nur im Sommer geöffnet.

Weitere Sportmöglichkeiten findet man in allen größeren Hotels.

Fladenbrot-Bäckerin

Quba und Umgebung

Quba (Guba) ist bekannt für Teppiche und Äpfel. Für Reisende ist die Stadt vor allem als Basis für Ausflüge ins Umland interessant, das aufgrund seiner Höhe im Sommer eine attraktive Fluchtmöglichkeit vor der Hitze bietet. Es lohnt jedoch auch ein Abstecher in die Stadt selbst, die mit etwa 27 000 Einwohnern und einer Universität die bedeutendste Stadt im Nordosten Aserbaidschans ist.

Gegründet wurde Quba im Jahr 1744, als der lokale Machthaber Hussein-Ali seinen Sitz von Xudat hierher verlegte. Sein ehrgeiziger Sohn Fatali Khan brachte der Stadt Anerkennung und Reichtum, bis 1806 das Khanat Teil Russlands wurde. Heute liegt Quba ruhig am Ufer des Qudiyalçay-Flusses, von dessen anderer Seite die jüdische Siedlung Krasnaja Sloboda herüberwinkt.

Das Zentrum Qubas befindet sich im Umkreis der silbrig glänzenden Juma-Moschee und wurde letzthin mit einer kleinen Grünanlage mit Springbrunnen und einer Touristeninformation aufgebessert. Auch sonst hat Quba einige Besonderheiten zu bieten. Wen interessiert, wer die ulkigen Fliegenpilze aus Stein am Straßenrand (auch in Qusar) gepflanzt hat, findet eine Antwort im **Paxlava-Laden** in der Əliqulu Nərimanov küç.. 124. Paxlava (Baklava) ist eine Spezialität in Quba und überall im Angebot, doch allein bei Heydər mischt sich das süße Gebäck mit skurrilen Kunstgebilden, die er am Straßenrand nebst steinernen Pilzen verkauft.

In der Siedlung Krasnaja Sloboda

Quba hat mindestens vier Moscheen, von denen die **Juma-Moschee** äußerlich besonders attraktiv, innen aber sehr puristisch ist. Weitaus mystischer ist die buntbemalte **Ardebil-Moschee**, eine ehemalige Kirche. In ihr finden sich ein buntes Sammelsurium sakraler Requisiten, uralte Koranbücher und im Eingangsbereich grelle Heiligenbilder. Bunt ist ebenfalls die **Haci-Cafar-Moschee**, die wie die **Saxinə-xanım-Moschee** im 19. Jahrhundert gebaut wurde.

Nicht weit davon gibt es die **Teppichmanufaktur Qadim Quba (QQ)**, bei der man den knüpfenden Frauen über die Schulter sehen kann. Wer im benachbarten Geschäft nichts Passendes findet, kann hier Teppichwünsche in Auftrag geben. Die Fertigung eines Teppichs dauert bis zu drei Monate, dann wird er direkt nach Baku geliefert. Durch eine bescheidene, aber charmante Fußgängerzone in der Asadov küç. kommt man in einen beschaulichen Teil Qubas, in dem es einen über hundert Jahre alten Hammam (leider außer Betrieb) und ein schön kafkaeskes Nizami-Kino in Bonbonrosa gibt. Darin gibt es keine Filme mehr, dafür Billard und Brause.

Vom benachbarten Nizami-Park aus führt eine breite Treppe, die angeblich deutsche Kriegsgefangene gebaut haben, zu einer Fußgängerbrücke über den Fluss. Dies ist der schönste Weg zur

▸ Karte S. 157

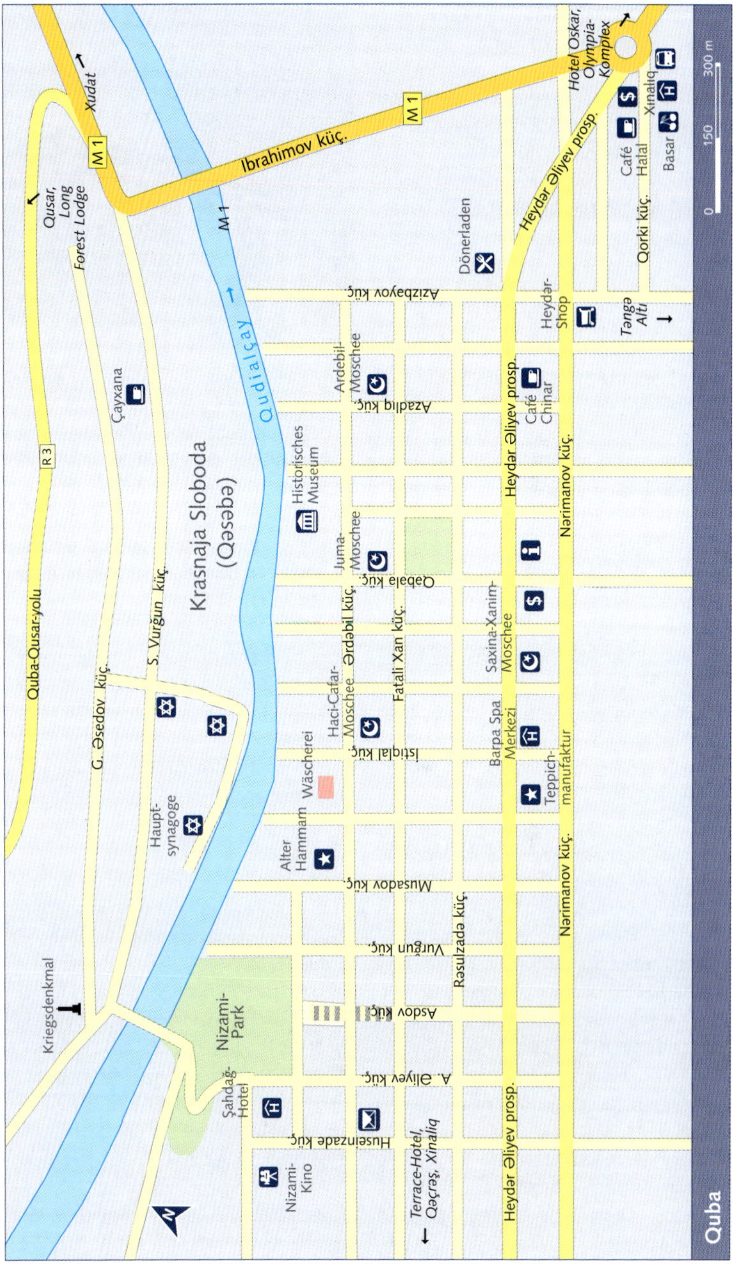
Quba
Krasnaja Sloboda (Qəsəbə)
Qudialçay
Quba-Qusar-yolu
R 3
M 1
Qusar, Long Forest Lodge
Xudat
Ibrahimov küç.
Hotel Oskar, Olympia-Komplex
Çayxana
G. Əsedov küç.
S. Vurğun küç.
Haupt-synagoge
Kriegsdenkmal
Nizami-Park
Şahdağ-Hotel
Nizami-Kino
Terrace-Hotel, Qəçrəş, Xinaliq
Huseinzade küç.
A. Əliyev küç.
Asdov küç.
Vurğun küç.
Rəsulzadə küç.
Musadov küç.
Alter Hammam
Wäscherei
Istiqlal küç.
Haci-Cafar-Moschee
Ərdəbil küç.
Fatali Xan küç.
Qəbələ küç.
Juma-Moschee
Historisches Museum
Azadliq küç.
Ardebil-Moschee
Azizbəyov küç.
Dönerladen
Heydər Əliyev prosp.
Barpa Spa Merkezi
Saxina-Xanim-Moschee
Teppich-manufaktur
Café Chinar
Heydər-Shop
Tənge Altı
Nərimanov küç.
Qorki küç.
Café Halal
Basar
Xinaliq
0 150 300 m

Siedlung Krasnaja Sloboda (›Rote Siedlung‹, aserbaidschanisch Qırmızı Qəsəbə, meist nur Qəsəbə genannt), in der in friedlicher Nachbarschaft mit den Muslimen Qubas 5000 Bergjuden leben. Beim Bummel durch die Gassen offenbaren sich gleichermaßen Wohlstand und Verzierungswut der kleinen Gemeinde, deren Häuser mit viel Blechschmuck prunken. Aus Israel, in das viele der Juden nach 1991 ausgewandert sind, fließt Geld hierher, womit auch der Bau der neuen Bet-Knesset-Synagoge unterstützt wurde. Stalin hatte seinerzeit fast alle Synagogen abreißen lassen und den Gebrauch von Hebräisch verboten. Vom Busbahnhof in Quba fahren von 9 bis 16 Uhr regelmäßig Busse nach Krasnaja Sloboda (am Bus steht Qəsəbə). Doppelzimmer im dortigen Hotel kosten 60 AZN und sollten im Voraus gebucht werden.

Die Ardebil-Moschee war einst eine Kirche

Im Westen geht Quba über in **Qəçrəş** (Kätschräsch), eine Siedlung mit Ferienhäusern, Sommerrestaurants, Blick auf den Şahdağ und gen Westen zunehmender Bewaldung. Von hier führt die Straße vorbei an zahlreichen Waldhotels bis in das Bergdorf Xınalıq.

Quba

Vorwahl: 023.

Touristeninformation: im ehemaligen Kulturzentrum am Heydər Əliyev prosp. 165, Tel. 3353618, tic_guba@box.az.

Dank der neuen Straße dauert die Fahrt vom Busbahnhof in Baku nur noch 2 Stunden (4 AZN). Der neue Busbahnhof in Quba liegt dezentral außerhalb hinter viel Spiegelglas. Von hier regelmäßiger Busverkehr nach Baku (zwischen 7.30 und 17.30 Uhr alle 30 Min., zusätzlich Marschrutkas und Sammeltaxis von Şamaxınka für 8–10 AZN/Pers.).

Busse nach **Xaçmaz** etwa 10 x tägl., **Alpan** 4x tägl., **Xudat** 3x tägl, **Susay** 1x tägl., nach **Qusar** fahren Busse alle paar Minuten.

Es gibt derzeit keine Busse nach Xınalıq, aber morgens starten Ladas vor dem Hotel Xinaliq (in der Nähe des Marktes).

Von 7 bis 18 Uhr hat die Gepäckaufbewahrung geöffnet.

Die besten Unterkünfte liegen außerhalb der Stadt im Wald oder in Dörfern.

In der Stadt:

Barpa Spa Merkezi, Heydər Əliyev prosp., Tel. 3354191. Neues Wellneshotel mit Park mitten im Zentrum. Derzeit im Angebot 50 AZN /Pers. inkl. Vollpension, sonst EZ 120 AZN, DZ 190 AZN. Diverse Pflegebehandlungen ab 15 AZN.

Olympia-Komplex, Quba-Baku-Magistrale, Tel. 3351517, goc@zqan.az, www.gubaolympic.az. Große EZ/DZ

Karte S. 157

ab 50 AZN, 4-Bett-Zimmer 80 AZN inkl. Sauna, Pool und Frühstück. Die Zimmer sind einfach, aber sauber mit Telefon und Klimaanlage. Das beste ist der 50-Meter-Pool mit den großen Fenstern. Restaurant mit Kantinenflair, aber ordentlichem Essen. Ruhig und 3 km vom Zentrum.

Hotel Oskar, Heydər Əliyev prosp. 22, Tel. 050/4174070. EZ 20 AZN, DZ 30–40 AZN ohne Frühstück, verhandelbar. Das kleine Hotel mit den 7 noch kleineren Zimmern liegt direkt beim Busbahnhof. Nach vorne hat man einen Balkon, aber auch die laute Straße, die Betten sind eher bescheiden, das Bad ist okay. Nett und lecker ist das Restaurant im Hof.

Hotel Xınalıq, 22. Block, 200m östlich vom Busbahnhof, Tel. 050/3323155; ab 5 AZN/Pers. Trotz neuem Anstrich sehr simpel mit schlechten Matratzen und geruchsintensiven Gemeinschaftsbädern, nicht für allein reisende Frauen geeignet. Angeblich soll renoviert werden.

Außerhalb von Quba:

Terrace-Hotel, Qəçrəş, Tel. 3353015, terracequba@box.az. DZ 75 AZN inkl. Frühstück. Hervorragende Küche und ruhige Lage; kleiner Pool, Internet, Bar und Billard. Den Namen verdient das Hotel zurecht, doch fragt man sich, warum die potentiell phantastische Sicht auf den Şahdağ nicht genutzt wird. Nur aus den westlichen Zimmern kann man die Berge sehen, während der beste Platz auf der oberen Terrasse den Satellitenschüsseln gehört. Die größeren Zimmer haben eine Küche. 10 Autominuten vom Zentrum, dahinter liegen weitere Unterkünfte im Wald.

Cənnət Bağı, Dorf Əmsər, Tel. 050/2001986; DZ ab 50 Euro. Großes 4-Sterne-Hotel mit Sauna, Pool Bungalows und Restaurant mit Live-Musik in schöner Lage.

Long Forest Lodge, 20 km nordwestlich von Quba bei Alpan, Tel. 050/3630085, Baku: 4930807, www.ata.az. EZ 75 AZN, DZ 125 AZN in Blockhütten mit Klimaanlage unter britischem Management. Das Resort liegt in idyllischer Abgeschiedenheit am Fluss und verleiht für 5 Dollar tägl. Mountainbikes, für 5 Dollar stündlich Pferde. Außerdem gibt es Sauna, Spielplatz und eine sündhaft teure Bar. Großartig für Ausflüge in die Umgebung, aber der Standard im Olypia-Zentrum ist inzwischen besser.

Im **Oskar-Hotel** oder im frisch eröffneten **Kafe Halal** an der Qorki küç.: klein, aber fein. Alle Speisen um 1 AZN.

Qadim-Quba-Teppichknüpferei, Heydər Əliyev küç. 132, Mo–Sa 10.30–13 und 14–18 Uhr. Nebenan im Laden Verkauf.

Das **Historische Museum** in der Ərdəbil küç. erkennt man an der Büste des Aufklärers Bakixanov, der davor wacht.

Die Təngə-Altı-Schlucht

Die Umgebung der dramatischen Schlucht Təngə Altı (Tängä Alty) ist im Sommer ein beliebter Ausflugsort mit Wasserfällen und ein paar einfachen Hotels am Vəlvəl-Fluss. Nach der Saison hat man Wald und Fluss für sich allein, findet aber auch nur schwerlich Unterkunft. Etwa zwanzig Kilometer südlich von Quba an einer durchweg gut befahrba-

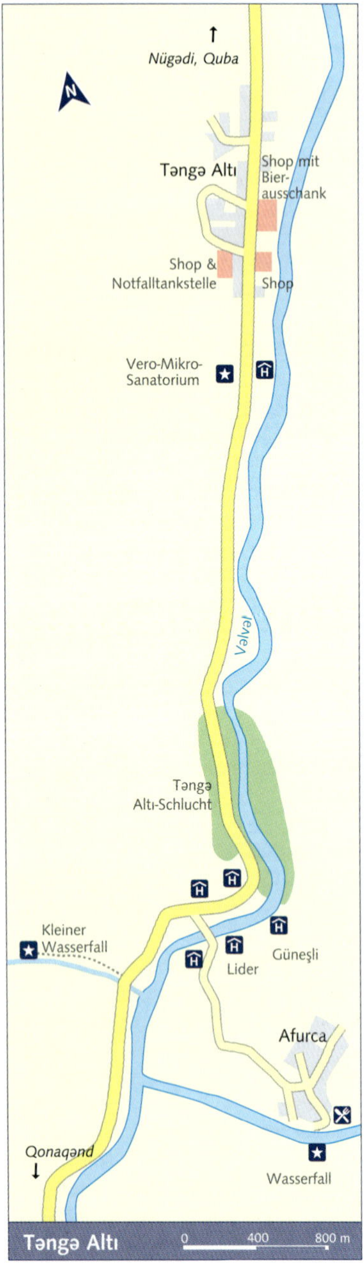

ren Straße gelegen, ist Təngə Altı ein gemütlicher Halbtagsausflug oder der Beginn einer äußerst herausfordernden Jeeptour in die Berge um Qonaqkənd.

Auf dem Weg zur Schlucht durchquert man zwei Orte gleichen Namens, die durch den Qaraçay-Fluss getrennt sind. Wie es scheint, sind sie in einen Wettbewerb um die originellste Moschee getreten, zumindest was deren kuriose Blechdächer betrifft. Während **Nügədi I.** mit einer schlanken Zwiebel und einem stämmigen Minarett antritt, besticht **Nügədi II.** mit einer Kuppel im Fußball-Look. Das Innere der Zwiebelmoschee ist sehr schön bunt und wurde 2007 saniert. Ein Blick hinein lohnt sich, auch wenn das marode Äußere es nicht vermuten lässt.

Etwa zwölf Kilometer weiter durchquert man das kleine **Straßendorf Təngə Altı**, hinter dem sich die gleichnamige Schlucht zu beiden Seiten des Flusses auftürmt. Im Ort gibt es eine sehr provisorische Tankgelegenheit, zwei kleine Geschäfte und immerhin einen Bierausschank. Drumherum liegen zahlreiche Sommer-Restaurants. Am Ortsausgang kann man die Gelegenheit nutzen und im winzigen ›Mikrosanatorium‹ Vero ein Bad nehmen, wenn auch nur im Hammam, denn der Pool ist bislang wasserlos (nur im Sommer geöffnet).

Die nunmehr ungeteerte Straße führt linker Hand über die Brücke ins **Dorf Afurca** (Afurdscha). Oberhalb des Dorfs fällt ein zwanzig Meter hoher Wasserfall von den Bergen, der im Sommer eine beliebte Dusche ist. Einfach dem Weg drei Kilometer bergan folgen und sich an den Schildern zum Restaurant Afurca Şəlalə orientieren. Şəlalə (Schälalä) heißt Wasserfall, und das Sommerrestaurant liegt direkt dar-

▸ Karte S. 157

unter. Von hier aus kann man bei Tee und Schaschlik einen guten Ausblick genießen. Ein weiterer, kleinerer Wasserfall namens Pirbanovşa rauscht auf der anderen Seite des Vəlvəlcay-Flusses an der zunehmend schlechter werdenden ›Straße‹ Richtung Qonaqkənd (Gonakänd).

Təngə-Altı-Schlucht

Vorwahl: 023.

Von Quba fahren regelmäßig Busse nach **Nügədi**, Fahrtdauer ca. 20 min. Der Bus fährt bis zum Dorfende, dann zurück. Nach **Təngə Altı** kommt man von hier aus nur per Taxi oder trampend. 1 x tägl. gibt es von Quba einen Bus nach **Qonaqkend**, der in Təngə Altı und an der Brücke zum Afurca-Wasserfall hält: Morgens um 9 Uhr ab Quba, am nächsten Tag um 7 Uhr zurück.

In Nügədi I. gibt es eine 24-Stunden-Tankstelle, danach nur noch sehr provisorische Tankgelegenheiten in Təngə Altı.

Die besten Hotels liegen bei Afurca direkt am Flussufer. Geöffnet sind sie von April bis September und besonders günstig im Frühling und der zweiten Septemberhälfte.

Lider-Restaurant und Hotel, Tel. 3343275. DZ 20–30 AZN, sehr einfach, aber neu, Preis verhandelbar. In idealer Lage unübersehbar direkt am Fluss, links von der Brücke. Man spricht hier ausschließlich Aserbaidschanisch!

Günəşli, Tel. 3343482. DZ 40 AZN mit Bad und Frühstück, Mittag- und Abendessen auf Anfrage. Überteuert sind die sehr einfachen Zimmer ohne Bad. Direkt neben dem Lider-Hotel mit Garten am Fluss. Betrieben von Aleksandar, einem netten Bergjuden aus Krasnaja Sloboda, der in denkbar ausländerfreundlichem Russisch gern über die jüdische Siedlung berichtet.

Vəro, in Təngə Altı. Mini-Hammam und Mikrosanatorium direkt an der Straße. Übernachten in zwei Bungalows, Preise verhandelbar.

Cənnət Baği, Nügədi I, auf einer Waldlichtung am linken Flussufer; kleiner, unbeheizter Pool, Bungalows, ganzjährig offen.

Qusar

Nur zwölf Kilometer nördlich von Quba zieht sich entlang des Nordufers des Qusarçay die ruhige Quasi-Hauptstadt der aserbaidschanischen Lesgier. Das Zentrum von Qusar (Gusar) ist leicht zu übersehen und befindet sich rund um einen unauffälligen Platz zwischen Busbahnhof und der großen Mustafa-Qazdal-Moschee, dem sicherlich imposantesten Bau der Stadt. Bei einem Bummel durch die Hauptstraße kann man die entspannte Atmosphäre und einige hübsche Häuser genießen, während direkt neben dem Busbahnhof ein lebendiger Basar lockt.

Ansonsten ist Qusar mäßig spektakulär und eher als Ausgangspunkt für Ausflüge ins Umland, speziell nach Laza, als für längere Aufenthalte geeignet. Wer länger bleiben will, findet am südlichen Flussufer, in Qarabulaq, zahlreiche Resorts im Wald, die über eine Fußgängerbrücke zu erreichen sind.

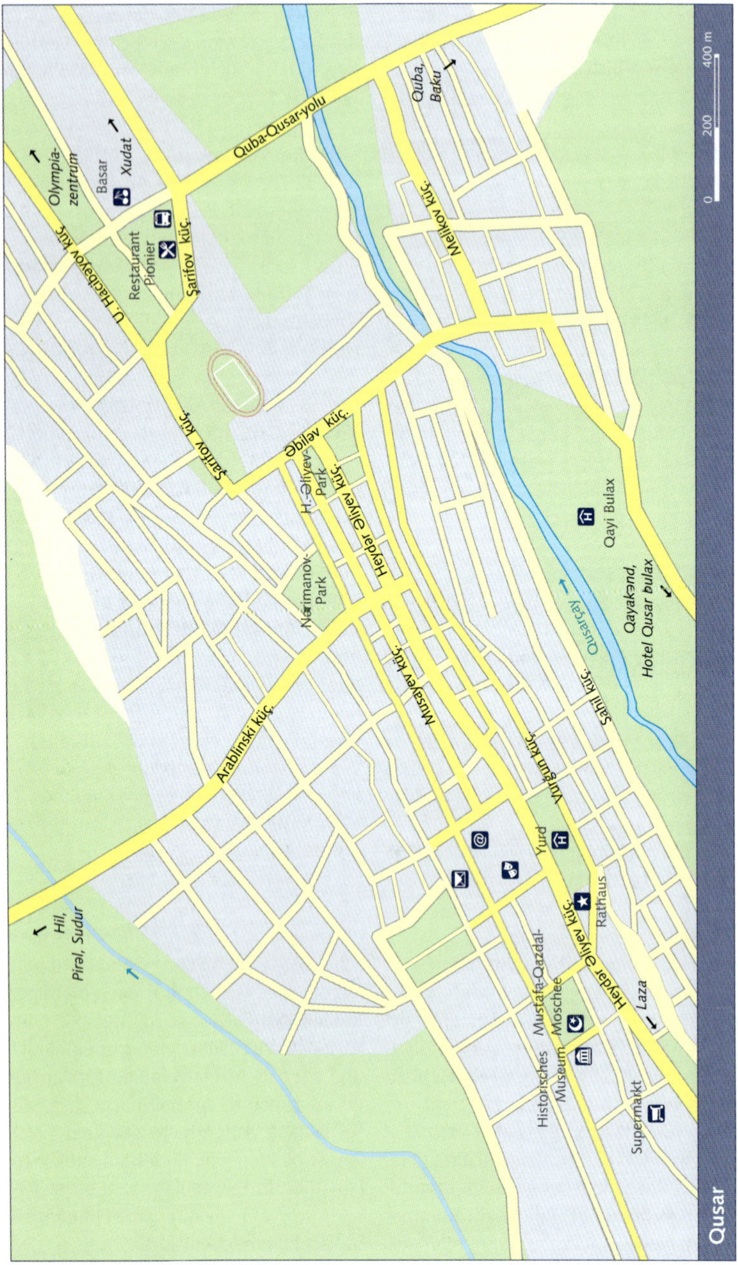
Qusar
Olympia-
zentrum
Basar
Xudat
Quba-Qusar-yolu
Quba,
Baku
Melikov küç.
Restaurant
Pionier
Şarifov küç.
U. Hacibəyov küç.
Şarifov küç.
Əbilov küç.
H. Əliyev-
Park
Heydər Əliyev küç.
Nərimanov-
Park
Qayi Bulax
Qayakənd,
Hotel Qusar bulax
Qusarçay
Şamil küç.
Arablinski küç.
Musayev küç.
Vurğun küç.
Yurd
Rathaus
Heydər Əliyev küç.
Mustafa-Qazdal-
Moschee
Historisches
Museum
Supermarkt
Laza
Hil,
Pirəl, Sudur
0
200
400 m

Karte S. 157

Qusar

Vorwahl: 023.

Tempolimit im Ort 40 km/h!

Der Busbahnhof liegt im Ostteil der Stadt neben dem Basar. Alle paar Minuten fahren vom Vorplatz aus Busse nach **Quba**, ansonsten nach **Baku** alle 30 Min. zwischen 7 und 17.30 Uhr (3,5 Std., 3 AZN) und nach **Xudat** 6 x tägl. zwischen 7 und 15 Uhr.

CBT (→ S. 313) organisiert auf Anfrage Homestays bei Isaq, einem Apfelbauern im Umland. Im September und Oktober wird geerntet und gekostet!

Nördlich des Flusses:

Der große **Olympia-Komplex** im östlichen Ortsteil bietet hochwertige Übernachtungsmöglichkeiten.

Hotel Yurd, Tel. 3852823; klein, im Zentrum, kürzlich saniert.

Südlich des Flusses: Mit dem Auto über die Brücke Richtung Quba und 1. Schotterstraße rechts oder zu Fuß vom Zentrum aus über die Fußgängerbrükke. Hier eine bescheidene Auswahl:

Hotel Qaya Bulax, Tel. 3853995, 055/6738689. Hübsch gelegen im Wald am Fluss, riesiger Garten, sehr idyllisch, günstiges Essen und Billard-Platz. Im Sommer beliebt bei Familien und voll. Bungalows: 2 DZ 40 AZN/3 DZ 60 AZN (im Winter billiger), recht einfach mit Bad und teilweise Hockklo. Die 6er-Bungalows sind sehr viel besser! Schnäppchen: Das Luxus-Bungalow mit allem Standard für 80 AZN (6 Pers.). Vom Busbhf. Taxi 1–2 AZN.

Qusar Bulax, Tel. 050/5251222, direkt am Fluss. Ca. 80 AZN pro Bungalow für 5 – 6 Personen. Balkon, Flussblick und -rauschen in ungemein exzentrischer Anlage mit goldenen Steinlöwen und -adlern. Die Ausstattung ist ähnlich einfach wie im Qaya Bulax, doch immerhin durchgehend mit Sitztoilette (sonst eher bescheidenes Bad).

Rund um Xınalıq

Bis vor kurzem noch war Xınalıq (Chynalik) ein zeitloser Ort, ein der Welt entrücktes Dorf irgendwo hoch in den Kaukasusbergen. Doch hat sich sein mystischer Charme herumgesprochen, und Besucher – etwa 250 im Jahr – sind inzwischen keine Seltenheit mehr, Satellitenschüsseln auch nicht. 2006 hat man anlässlich eines Präsidentenbesuchs die Straße von Quba hierher geteert und damit Xınalıq an die Wirklichkeit angebunden.

Nichtsdestotrotz ist das 5000 Jahre alte und gut 2000 Meter hoch gelegene Bergdorf noch immer einer der spektakulärsten und schönsten Orte Aserbaidschans. Nicht nur hat es eine einzigartige Architektur mit terrassenartig angelegten Lehmhäusern an einem steilen Berghang, sondern auch eine eigene Sprache, die zur Gruppe der nordöstlichen Kaukasussprachen gehört und sich dank der Isolation hier erhalten hat. Die knapp 2000 Bewohner sind stolz darauf und erzählen es bei jeder Gelegenheit – bei Bedarf auf aserbaidschanisch oder, seltener, auf russisch. Man sagt, dass vor der Christianisierung Albaniens im 4. Jahrhundert die Einwohner Xınalıqs Zoroaster (›Feueranbeter‹) gewesen seien, wovon noch einige kleine Kultstätten (sogenannte pirs) in der Umgebung zeugen. Etwa eineinhalb Fußstunden nordwestlich von Xınalıq befindet sich ein kleiner

Ateşgah, eine ewige Flamme, auf der man sich Tee wärmen kann. Am einfachsten findet man diese Heiligtümer mit lokaler Begleitung.

Im sunnitischen Dorf selbst gibt die uralte **Abu-Muslim-Moschee** (›Wenn unser Dorfältester nicht weiß, wie alt sie ist, dann muss sie uralt sein‹), vermutlich aus dem 12. Jahrhundert. Man erkennt sie an den mit Schnitzereien geschmückten Balken im östlichen Teil des Dorfes, quasi neben dem Sendeturm (Azercell- und Bakcell-Nutzer haben in Xınalıq inzwischen Mobilfunkempfang). Reinschauen lohnt sich, den Schlüssel hat der schon betagte Sarvan.

Xınalıq ist knapp 60 Kilometer von Quba entfernt und von Baku aus gut an einem Wochenendausflug zu besuchen. Eine Übernachtung im Dorf ist eine einmalige Gelegenheit, als Gast einer Familie mehr über das entbehrungsreiche Leben in den Bergen zu erfahren und am frühen Morgen das klare Licht zu erwischen, das Xınalıq ungemein fotogen macht.

Vor allem aber zählt das umliegende Gebirge zu dem Schönsten, das Aserbaidschan zu bieten hat. Mit einer entsprechenden Genehmigung eignet sich das Dorf zum Beispiel gut als Basis zur Besteigung des Şahdağ oder benachbarter Berge. Einen Eindruck von der gewaltigen Szenerie vermittelt bereits die knapp sechzig Kilometer lange Fahrt von Quba nach Xınalıq, die durch eine steile Schlucht führt, vorbei an einem Wasserfall und einem mächtigen Fels, der selbst bei gutem Wetter Wolken auffängt und deshalb als als Wolkenfänger-Canyon bekannt ist. Unterwegs liegen im Wald einige Sommerrestaurants und -resorts. Im Folgenden schlagen wir zwei alternative Routen nach Xınalıq vor, die mehr Zeit in Anspruch nehmen, dafür aber auch weitaus mehr Abenteuer versprechen.

Über Alpan und Long Forest

Für diese Strecke sind ab Alpan ein Jeep oder Pferd, Abenteuerlust und gutes Wetter – auch an den Vortagen – unerlässlich. Nach Regenfällen ist der Boden so matschig, dass man unweigerlich steckenbleibt. Wir selbst haben auf dem Weg zwei Reifen eingebüßt und muss-

Unterwegs nach Xınalıq

Karte S. 175

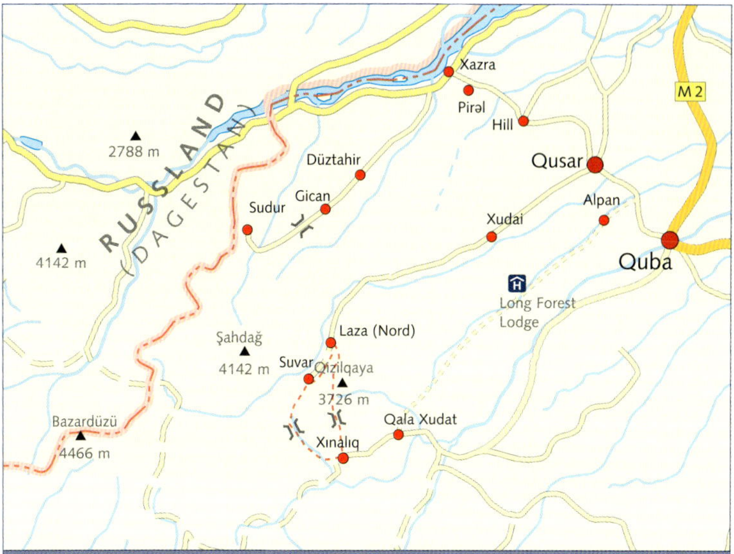

Unterwegs in den Bergen

ten mehrmals schieben, trotz geländegängigem Fahrzeig. Dennoch, die Landschaft ist phänomenal und belohnt mit dem Gefühl, sich weit abseits ausgetretener Pfade zu bewegen.
Die Straße nach Alpan zweigt kurz hinter der Lada-Werkstatt Richtung Long Forest Resort von der Hauptstraße zwischen Quba und Qusar ab und wird nach etwa einem Kilometer zum Schotterweg. Bei Alpan fährt man durchs Flussbett ans nördliche Ufer, vorbei an den Resten der ehemaligen Brücke. Auf der anderen Seite dem Sandweg entlang dem Flussverlauf folgen, bis man vor Susay, einem Lesgier-Dorf, wieder auf die andere Seite des Flusses wechselt, diesmal bequem über eine Brücke. Hinter dem Ort, zu dem erstaunlicherweise noch Busse fahren, wird der Weg sehr steil und schwierig. Bisweilen finden Reparaturarbeiten statt, doch sollte man mehrere Stunden für die Strecke bis Xınalıq kalkulieren. Vor allem auf dem letzten Stück ab Qala Xudat besteht nach Regen akute Rutschgefahr, weshalb sich dann dringend die Verbindungsstraße zur weiter südlich verlaufenden Asphaltstraße empfiehlt.
Alternativ kann man im Long Forest Resort oder in Susay Pferde und einen Führer mieten und von dort nach Xınalıq reiten. Ein Mountainbike hingegen ist keine empfehlenswerte Variante: Ein ehrgeiziger Radler konnte mehrmals nur haarscharf den aggressiven Angriffen der Schäferhunde entkommen, die entlang des Wegs ihre Reviere bewachen.

Von Laza (Nord) nach Xınalıq per Pferd

Eine Wanderung von Laza nach Xınalıq zählt zum Schönsten, was Aserbaidschan zu bieten hat. Leider kann zu diesem Abenteuer aufgrund aktueller Restriktionen, die mehrere Genehmigungen erfordern, nur bedingt geraten werden (→ S. 178). In etwa sechs bis acht Stunden kann man vom nördlich gelegenen Laza nach Xınalıq reiten oder laufen. Mit Pferd und Führer ist man am besten vor Schäferhunden gefeit und muss sich in den bisweilen nebligen Bergen nicht um den richtigen Weg sorgen. Die 15-Kilometer-Strecke bietet grandiose Ausblicke auf den Şahdağ und führt über einen Pass durch eine Berglandschaft, die man allein mit wenigen Hirten teilt. Pferde und Führer kann man samt Verpflegung im Hotel Suvar bei Laza oder sicherlich etwas günstiger direkt im Dorf Laza mieten. Für den umgekehrten Trip lassen sich auf Anfrage auch in Xınalıq Führer und Pferde organisieren. Mit etwas Zeit wird sich sicher jemand finden, der sich freut, seine Dienste anbieten zu können. Da es unterwegs keine Dörfer gibt, sollte man sich vorher um Proviant und Wasser kümmern.

Verwirrenderweise gibt es ein zweites Dorf Laza (Süd) in der Nähe von Qəbələ, von dem man ebenfalls nach Xınalıq reiten kann, allerdings braucht man mindestens zwei Tage. Die Strecke ist reizvoll, aber landschaftlich nicht ganz so dramatisch wie der Treck von Laza-Nord (Qusarski Laza). Auch hier benötigt man eine Genehmigung, zudem ein Zelt und Schlafsäcke.

Das Pferd ist das geeignete Transportmittel

Xınalıq

Vorwahl: 023.
www.xinaliq.com

Von Quba fahren tägl. drei Busse nach Alpan und einer nach Susay. Nach Xınalıq gibt es bislang keinen Busverkehr. Eine Handvoll Jeeps bietet eine Art Ersatzservice vor dem Hotel Xınalıq in Quba an. Sie fahren meist morgens ohne Fahrplan los, sobald sie voll sind, wenn also mindestens sieben Leute in das kleine Auto gequetscht wurden. Dazu bedarf es Verhandlungsgeschick, denn die Plätze sind begehrt. In Xınalıq fahren die Jeeps unterhalb des Dorfes hinter der neuen Schule ab.

Für 45–50 AZN (geteilt durch alle Insassen, 55–80 AZN return, abhängig ob man am gleichen oder einem anderen Tag zurück fährt) kann man sich im Jeep-Taxi von Quba nach Xınalıq fahren lassen. Am besten kontaktiert man dazu den englischkundigen Fahrer Xeyraddin Jabbarov: Tel. 050/225 92 50, kheyraddin@gmail.com. Er kann auch Unterkünfte organisieren.

Trampen ist erfahrungsgemäß sehr schwierig, da die seltenen Autos meist voll belegt sind. Taxi von Baku und return 130 AZN (bakutaxi@gmail.com).

▸ Karte S. 175

Die AZ-Petrol-Tankstelle in Quba (Heydər Əliyev props., kurz hinter dem Ortseingang) ist die letzte offizielle Tankgelegenheit und sollte vor einer Fahrt Richtung Xınalıq unbedingt genutzt werden.

In Xınalıq:

In Xınalıq gibt es ein sehr schlichtes ›**Hotel**‹ (weißer Bau am Dorfeingang) mit 3 kalten, kargen Zimmern für 20 AZN/Pers. inkl. Frühstück (Renovierung geplant). Weit empfehlenswerter und atmosphärischer ist es, **privat bei den Bewohnern** unterzukommen. Das geht auf eigene Anfrage im Dorf (»asir yedemé xinalig'r giyeh yetsindé« = »Ich möchte in Xinaliq übernachten.«), durch lokale Guides oder die Agentur CBT (→ S. 313). In der Regel wird man ab 10 AZN/Pers. aufgenommen und zahlt je nach Anzahl und Art der Mahlzeiten bis zu 30 AZN. Leider gibt es inzwischen ein, zwei schwarze Schafe unter den Dorfbewohnern, die ein möglichst gutes Geschäft machen wollen. In diesem Fall sind klare Absprachen unerlässlich.

Qafar Lalayev (Tel. 3149089) spricht Russisch und ist sehr geschäftstüchtig, Yasin gilt als weitaus generöser und bietet reichhaltige Kost, so auch Zaur Lalayev (Tel. 051/8309720), der auch Reitpferde hat.

An der Straße nach Quba:

Nazlı Bulaq, bei Qrızdəhnə, Tel. 050/2038321. EZ 83 AZN, DZ ab 90 AZN, rosa Resort, 26 km vor Xinaliq Xinaliq mit 3 Restaurants, WiFi und schlichten Zimmern.

Minara, im Dorf Qusnətkazma, Tel. 050/6169848. DZ ca. 70 AZN. Gemütliche Steinhütten mit Kamin und ordentlichem Bad.

Das Museum von Xınalıq hat einen beeindruckenden Fundus alter Schriften und Fundstücke aus der Gegend. Sollte geschlossen sein, im Haus links nebenan nach dem Schlüssel fragen. Man erkennt das Museum an seinem steinernen Portal mit zwei Türmen mitten im Dorf.

In Telmans ›Kaufhaus‹ in Xınalıq findet sich alles von Bier (1 AZN) bis zur Winterjacke. Der Laden versteckt sich im Südosten des Dorfs, gegenüber den eisernen Waschrinnen.

Bei den Dorfbewohnern kann man auf Anfrage selbstgemachte Butter und Käse erwerben, zudem verkaufen einige Frauen buntgestrickte Socken und Mützen.

Waschtag im Gebirge

Unterwegs in den Bergen

Spektakuläre Landschaften, frische Luft und ein Hauch von Abenteuer sind gute Gründe, sich aufzumachen in Aserbaidschans Berge. Von ihrer besten Seite zeigen sie sich mit Wasserfällen und Blumenwiesen im Frühling, während man die höchsten Gipfel nur im Juli und August erreicht. Besonders geeignet für Wanderungen sind im Großen Kaukasus die Gebiete um den Şahdağ, Aserbaidschans zweithöchstem Gipfel, und die Gegend um Şəki, Ismayıllı und Zaqatala, Təngə Altı und Pirqulu. Zu den beliebten Wander- und Kletterregionen im Nordosten Aserbaidschans zählt der Trip zwischen Laza (Nord) und Xınalıq mit spannenden Klettermöglichkeiten an den Gipfeln Baltaqaya und Qiziqaya. Leider gelten für genau diese Region (Nationalpark Şahdağ) derzeit sehr restriktive Bestimmungen. Zwar kommt man problemlos nach Laza und Xınalıq, nicht mehr aber ins bergige Umland: Neben Genehmigungen des Umweltministeriums in Baku (B. Ağayev küç. 100, Tel. 012/492 59 07, Bearbeitungszeit drei Wochen) und der Grenzarmee in Qusar ist die Begleitung eines professionellen Guides vorgeschrieben (Tel. 012/492 73 69), und es sind stolze 52 AZN Eintritt zu entrichten. Das Geld muss a priori an das Umweltministerium überwiesen werden (Shahdag National Park bank recvizits, International Bank, Shabran town branch, Code: 5000051201, TIN: 990001881, Kto. 33205019449580043253). Mitzuführen ist der Einzahlungsbeleg. Die Zahl der zugelassenen Besucher wurde auf maximal 50 pro Monat beschränkt. All diese Bestimmungen sind neu und es gibt bislang keine Erfahrungsberichte, wir bezweifeln jedoch stark die Funktionalität und hoffen auf Kurzlebigkeit! Alternativ locken im Süden des Landes die Talışberge bei Yardimli und Lerik und nicht weit von Baku der Altiagaç-Nationalpark.

In jedem Fall wandert man bar jeder Infrastruktur, denn weder gibt es Wanderkarten noch ausgewiesene Wege oder gar Hütten. Das kaukasische Abenteuer heißt Kompass und Zelt, dazu eventuell Führer, Pferd oder Jeep. Mit dem Jeep erwarten Sie Off-Road-Abenteuer verschiedener Schwierigkeitsgrade. Die landschaftlich reizvollen Strecken über Alpan nach Xınalıq, nach Sudur oder südlich von Təngə Altı sollte man nur vollgetankt bei trockenem Wetter und möglichst im Konvoi befahren. Im Frühling anschwellende Flüsse sowie Steinschläge und Erdrutsche (speziell an der Straße nach Lahıc) können ebenfalls ein Durchkommen verhindern.

Für Wanderungen abseits befahrbarer Wege und speziell für höhere Gipfel empfiehlt sich oftmals ein Führer. Diese findet man auf Anfrage in den Dörfern, im Long Forest Resort, in Laza im Hotel Suvar oder bei Mevlut (Tel. 023/385 70 35), der auch Pferde organisieren kann, in den Nationalparks oder bei Reiseagenturen in Baku. Sie zeichnen sich in der Regel allein durch ihre Kenntnis der Region aus, haben hingegen keine Lizenz, Erste-Hilfe-Ausbildung oder besonderen Sprachkenntnisse. Mit etwas Glück sprechen sie ein paar Brocken Russisch. Ein Führer kostet je nach Gegend und Verhandlungsgeschick etwa 50 Dollar am Tag, ein festes Preissystem gibt es nicht.

Per Pferd kommt man in Gegenden, die mit dem Auto schwerlich zu erreichen sind und fühlt sich ungleich sicherer vor aggressiven Schäferhunden als zu Fuß.

Der Umgang mit Pferden ist hierzulande nicht allzu zimperlich, und bisweilen findet man sich auch zu zweit auf einem Rücken wieder. Reitkenntnisse sind nicht erforderlich. Mehr als zwei Pferde bestellt man besser mindestens einen Tag im voraus. Am besten ist es, Pferde und Führer direkt im Dorf zu finden, damit das Geld tatsächlich dorthin und nicht in die Vermittlung fließt. Die Organisation CBT (www.cbtazerbaijan.com) bietet in einigen Gegenden Pferde für 35 AZN pro Tag an. Beliebte Pferderouten führen von Laza-Nord nach Laza-Süd oder Xınalıq und umgekehrt. Pferde, Zelte und Schlafsäcke kann man im Suvar-Hotel (→ S. 181) leihen, Kletterequipment im Long Forest Resort bei Alpan (→ S. 169). Am besten ein bis zwei Tage vorher anmelden. Mögliche Gefahren sind Schäferhunde. Steinewerfen ist effektiver als Drohgebärden mit dem Stock, und einige Wanderer schwören auf Pfefferspray, das sie aus dem Ausland mitbringen.

Neben einer Genehmigung braucht man für die Besteigung des 4243 Meter hohen Şahdağ (›Königsberg‹) mit Schneekuppe und Gletschern Fitness und alpine Erfahrung. Am besten ist er von Suvar (Laza Nord) aus zu bezwingen, das 1850 Meter hoch liegt. Profis wandern von dort um drei Uhr morgens los, um den Gipfel zu erklimmen und noch am selben Abend zurückzukehren. Weitaus entspannter besteigt man ihn allerdings in zwei bis vier Tagen mit Übernachtung beim Basecamp, einem idealen Zeltplatz mit Panorama und Wasserquelle, das man zu Fuß von Laza in vier bis sechs Stunden erreicht. Von dort benötigt man weitere fünf bis sechs Stunden zum Gipfel, für den Rückweg zum Camp drei bis vier Stunden. Es gibt mehrere Aufstiegsmöglichkeiten, die in der Schwierigkeit zwischen 5A und 3B variieren. Drei-Tages-Touren zum Şahdağ mit Pferd, Verpflegung, Ausrüstung und Führer bieten das Suvar-Hotel und die Long Forest Lodge an. Alternativ erreicht man den Berg über Xınalıq, von wo aus man mit dem Jeep bis zum Basecamp fahren kann. Auch den Gipfel des Babadağ kann man nur im Juli/August erklimmen. Besser als der riskante Weg von Xınalıq ist ein Aufstieg von Lahıc. Von dort sind es etwa 15 Kilometer zum Berg, von denen man 80 Prozent mit dem Jeep zurücklegen kann. Einige schwärmen vom 3700 Meter hohen Xınalıq Dağ, während andere von Long Forest aus eine Tour mit Pferden zum ähnlich hohen Jarudağ machen. Bazarduzu (›Marktplatz‹) ist mit 4466 Metern der höchste Berg Aserbaidschans und liegt zur Hälfte in Dagestan. Auf dem Weg zum relativ selten bestiegenen Gipfel muss man über einen Gletscher.

Für weitere Informationen, Bergführer und Touren wendet man sich am besten an den Bergsteiger-Verein in Baku (Tel. 493 81 10, sarik@azintex.com) oder den vielerprobten Elçin Məmmədov (Tel. 050/318 63 90, sirius@aze.vt.com).

Zu zweit auf einem Pferd, im Hintergrund das Şahdağ-Massiv

Laza (Nord)

Laza (Lasa, auch Qusarçay Laza in Abgrenzung zum südlichen Qəbəlinski Laza genannt) ist ein optimaler Startpunkt für Wanderungen nach Şahdağ, Xınalıq, Sudur oder Laza-Süd. Das Lesgier-Dorf am Qusarçay-Fluss ist klein und selbst weniger spektakulär, doch die umliegende Berglandschaft mit mehreren Wasserfällen ist umso imposanter und bietet phantastische Ausblicke - wenn sie nicht gerade vom Nebel verschluckt wird. Knapp 40 Kilometer westlich von Qusar gelegen, ist Laza bislang nur mit dem Jeep zu erreichen, doch wird sich das bald ändern: Unmittelbar vor dem Dorf entsteht **Aserbaidschans erstes Skigebiet**, das das größte und mondänste des gesamten Kaukasus werden soll. Da gerade Baumaßnahmen stattfinden, ist bisweilen Geduld vonnöten, wenn der Weg für ein paar Stunden von Baggern blockiert ist. Künftig wird es also eine Asphaltstraße und im Touristen-Komplex ›Şahdağ‹, der noch 2012 eröffnen soll, zahlreiche Unterkünfte geben. Was dann noch vom Charme des entlegenen Dorfs bleibt, ist eine andere Frage. Die Dorfbewohner allerdings freuen sich auf neue Arbeitsplätze, denn bislang bietet der Ort nicht allzu viele Möglichkeiten. In Laza gibt es eine Schule, in der der einzige Lehrer, Xalid, 30

Gebirgslandschaft

Schüler unterrichtet, wenn er nicht gerade im einzigen und selten geöffneten Kiosk steht und Lebensmittel verkauft, darunter hervorragenden Honig aus der Region. Nebenbei vermietet er günstig Zimmer an Touristen. Im alten Ortskern findet man außerdem eine gut hundertjährige Moschee mit obskurem Dach, die schon lange geschlossen und nicht betretbar ist. Die Straße von Qusar folgt dem Qusarçay-Fluss, an dem kurz vor dem Stauwerk gerade eine neue Fischzucht entsteht. Im Ort Zindan Muruq muss man den Fluss durchqueren, danach weisen blaue Hinweisschilder nach Suvar, das direkt hinter Laza liegt.

Laza

Ausflüge zu Pferde: Günstiger als im Suvar kann man im Dorf Laza zum Beispiel den Führer Melvut plus Pferd buchen. 50 AZN pro Tag inkl. Pferd wären ein guter Preis. Tel. 023/3857035.

Laza liegt 40 km westlich von Qusar. Für die Strecke braucht man einen Jeep und sollte (zurzeit) ca. 1,5 Stunden rechnen.

Es gibt bislang keinen Busverkehr nach Laza, sondern lediglich bis Əniğ, ein Dorf auf halber Strecke (11.20 und 16.20 Uhr ab Qusar). Von Əniğ aus kann man versuchen zu trampen, doch Verkehr ist hier eher rar.

Karte S. 175

In Qusar wartet ein sehr betagter und einsamer roter Lada Niva am Busbahnhof auf Passagiere. Für die Strecke nach Laza nimmt er 40 AZN (mit etwas Glück auch 40 Dollar). Alternativ kann man für etwa denselben Preis den Abholservice vom Hotel Suvar in Anspruch nehmen.

Suvar-Resort, 2 km oberhalb von Laza, gut ausgeschildert, Tel. 050/ 353 92 66, highlander70@mail.ru, www.suvar.az. DZ 60 AZN bis 150 AZN ohne Frühstück. 120 AZN Haus für vier Personen mit Sauna.

Als einziges Hotel und dank seiner idealen Lage direkt unter einem Wasserfall und mit Blick auf den Şahdağ ist das Suvar bereits zur Institution geworden und wurde 2011 saniert. Entsprechend können die Preise gestiegen sein. Es gibt Bungalows mit je zwei Zimmern mit Bad (Duschkabine) und Heizung. Der Manager Eldar spricht fließend Englisch und hilft mit Pferden, Führer und Ausrüstung bei der Organisation von Wanderungen aus. Essen und Wodka sind teuer, aber gut. An Sommerwochenenden ist das Hotel bisweilen ausgebucht, innerhalb der Woche sollte man die Preise ruhig verhandeln.

Günstiger und authentischer kann man bei den Dorfbewohnern übernachten. Die Organisation CBT (→ S. 313) vermittelt preisgünstige Luxus-Homestays beim Dorflehrer Xalid und seinem Bruder Zahid.

Von Qusar nach Sudur

Der Weg ist das Ziel bei einer Fahrt nach Sudur – und der Weg hat es in sich. Sudur liegt auf 2000 Metern Höhe am Fuße des Şahdağ-Massivs und kurz vor der Grenze nach Dagestan. Zum Ort schlängelt man sich über eine schlechte Piste, einen hohen Pass und durch eine atemberaubende Landschaft mit Blick auf Aserbaidschans höchste Gipfel. Am schönsten, aber auch am herausforderndsten ist das letzte Stück, jenseits des Dorfes Gican. Das dahinterliegende grasige Hochplateau belohnt mit den besten Ausblicken und eignet sich ideal für Picknicks oder Camping. Sudur selbst ist ein durchschnittliches Dorf mit einer grünbedachten Moschee, zwei kleinen Läden und zwei mäßig beeindruckenden, wenn auch hohen Wasserfällen in der Nähe. Rings umd das Dorf wachsen Kartoffeln, die in dieser Gegend besonders gut gedeihen. Die Magie dieses Ausflugs liegt in der Abgeschiedenheit und den Abenden, an denen sich der Nebel über die tieferen Täler legt.

Von **Qusar** aus führt der Weg nach Sudur durch mehrere Dörfer, in denen man noch Frauen mit ihren Güyüms, den traditionellen Wasserkrügen, an den Brun-

Beim Wasserholen

Unterwegs nach Sudur

nen beobachten kann. Wenig inspirierend ist die Ortschaft **Hil**, etwas attraktiver dagegen **Pirəl**.

Im Dorf **Xazra** stehen die Reste des Mausoleums von Scheich Çunejd, einem Kämpfer, der hier 1456 in einer Schlacht zwischen den Schirwanschahs und den Scheichen von Ardebil fiel. Hinter Jagun endet der Asphalt, und ein Schild weist zum Ort Mucuq, den man links liegen lässt, um alsbald das meist trockene Flussbett zu durchqueren. Interessant ist **Böyuk Murno** mit einem altem Friedhof und einem kleinen pir (Heiligtum). Wählt man im Dorf die rechte Abzweigung, kommt man vorbei am Brunnen und der Moschee. Den größeren Ort **Düztahir** kann man getrost ignorieren, aber **Gican** liegt fantastisch auf saftigen Wiesen mit Bergpanorama. Dahinter führt der Weg steil bergan und über den Pass zum nächsten Dorf, in dem Häuser aus einem Fels wachsen.

Von hier kann man **Sudur** schon sehen, doch trügt der Schein, denn die Straße windet sich in schier endlosen und äußerst unwegsamen Schleifen, bis sie schließlich in das Dorf mündet. Etwa eineinhalb Kilometer vor Sudur fließen rechts und links vom Fluss zwei Wasserfälle von den Bergen, während die weißen Felsen, die hinter Sudur aufragen, bereits jenseits der russischen Grenze liegen.

Von Qusar nach Sudur

Die Strecke ist nur mit Jeeps zu bewältigen. Speziell das letzte Stück ist nicht nach oder während Regen befahrbar. Von Qusar aus sollte man mindestens drei Stunden Fahrzeit einplanen – gutes Wetter vorausgesetzt.

Alternativ erreicht man Sudur zu Fuß oder per Pferd, z.B. innerhalb eines Tages von Laza (organisiert vom Suvar-Hotel, s. S. 179).

Tägl. fährt ein maßlos überfüllter UAZ-Bus von Qusar, Abfahrt zwischen 9 und 11 Uhr, Ankunft ca. 4 Std. später. Am nächsten Morgen um 6 zurück. Der hellblaue Bus ist unbeschriftet und steht in der hintersten Reihe am Busbahnhof, der Fahrer heißt Nizami. An der Abzweigung vor Sudur fährt er erst nach Oənərcay (Nachbardorf in Sichtweite), danach Richtung Sudur.

Von Qusar nach Hil 5 x tägl. zwischen 7 und 15.30 Uhr, nach Pirəl um 9.30 und 13.30 Uhr.

Übernachten im Zelt, auf Anfrage bei den Dorfbewohnern oder vermittelt durch die Organisation CBT (→ S. 313) beim Kartoffelbauern Fazil oder seinem Nachbarn Zeydulla mit dem schönsten Bett des Dorfs für 18 AZN inkl. Frühstück.

▸ Karte S. 175

Richtung Nordwesten

Der Nordwesten Aserbaidschans liegt den Südhängen des Großen Kaukasus, dessen schneebedeckte Gipfel die Grenze zu Russland markieren. Die hohen Berge, das milde Klima und das waldige Grün, in das man westlich von Basqal taucht, machen die Region zu einer der attraktivsten Gegenden Aserbaidschans. Besonders beliebte (Wochenend-)Ziele sind die Stadt **Şəki** mit ihrem Khan-Palast sowie das abgelegene Bergdorf **Lahıc** mit alten Kupferschmieden und Kopfsteingassen. **Zaqatala**, umrahmt von Nussbäumen, Teefeldern und Alleen, bietet wegen seiner unmittelbaren Nähe zu Russland und Georgien ein internationales Flair und eine ungewöhnlich entspannte Atmosphäre.

Historisch gesehen bestand die Region einmal aus drei Khanaten, dem großen und mächtigen Şəki, dem nördlichen Balakən und dem winzig kleinen Ilisu. Letzteres ist heute ein Dorf in idyllischer Berglandschaft mit Wasserfällen, Heilquellen und vor allem viel Aussicht in die umliegenden Täler.

Der Kreisverkehr westlich von Şamaxı, von dem südlich die Straße nach Ağsu abzweigt, ist der Wendepunkt, hinter dem die frischgeteerte Strecke gen Westen ungemein attraktiv wird. Sie führt über einen Bergkamm, der freie Aussicht auf die Kaukasusgipfel gewährt, um anschließend in einen dichten Wald zu tauchen, in dem vier Kilometer nördlich **Basqal** verborgen liegt. Das recht wohlhabende Dorf hat einen attraktiven historischen Kern, der allerdings zunehmend von neuen Datschas umgeben wird. Sehenswert sind der alte Hammam und die inzwischen sanierte Moschee. Auf einem Hügel unweit vom Dorf Sulut, sagt man, habe sich einst Alexander von Mazedonien von seinen Eroberungen erholt. Kein schlechter Platz, fanden auch die Khane von Şamaxı, und haben sich dort im 13. Jahrhundert einen Turm gebaut. Die Trümmer davon, Fitdağ geheißen, erreicht man mit Jeep über Sulut oder innerhalb eines Tages per Pferd von Lahıc, während man sich die Reste der

Gartenrestaurant im Bergdorf Ilisu

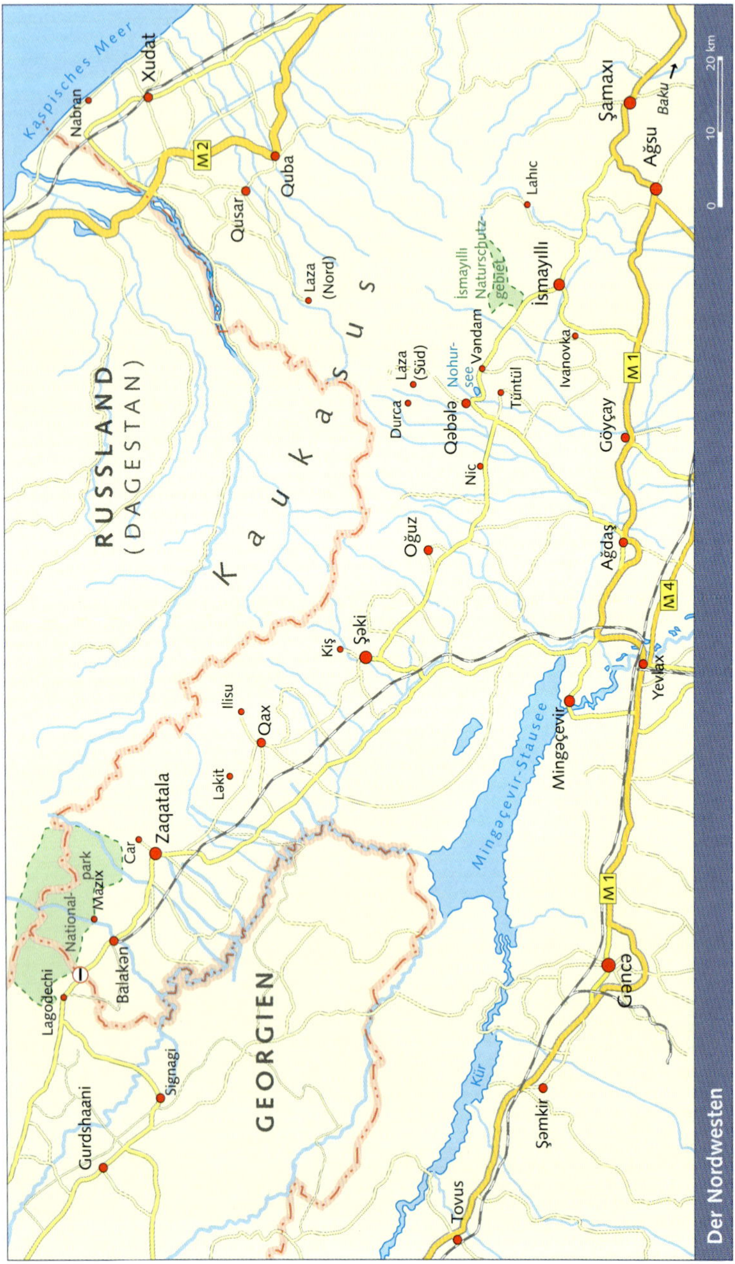
Kaspisches Meer
Nabran
Xudat
M2
Quba
Qusar
Laza (Nord)
RUSSLAND
(DAGESTAN)
Kaukasus
Lahıc
İsmayıllı Naturschutzgebiet
İsmayıllı
Vandam
Nohur-see
Laza (Süd)
Durca
Qəbələ
Tüntül
Ivanovka
Niç
Oğuz
Şəki
Kiş
Ilisu
Qax
Ləkit
Zaqatala
Car
Mazix
Nationalpark
Balakən
Lagodechi
Signagi
Gurdshaani
GEORGIEN
Mingəçevir-Stausee
Mingəçevir
Yevlax
Ağdaş
Göyçay
M 1
M 4
Ağsu
Şamaxı
Baku
Gəncə
Şəmkir
Kür
Tovus
0
10
20 km
Der Nordwesten

Cavanşır-Festung aus dem 7. Jahrhundert in einem siebenstündigen Aufstieg vom Dorf Talistan erklettern muss.

Lahıc

Versteckt hinter steilen Bergen und Schluchten liegt auf einer Höhe von gut 1400 Metern das Dorf Lahıc (Lahidsch). Bekannt für seine **traditionellen Kupferschmieden** war dies lange ein idealer Ort, um handgefertigte Samowars oder Güyüms (Wasserkrüge) zu erwerben und das dörfliche Treiben in den uralten Pflastersteingassen zu genießen. Bis vor ein paar Jahren schien hier die Zeit stehen geblieben zu sein, doch seit Lahıc und sein attraktives Umland zu einem beliebten Ausflugsziel geworden sind, trifft man hier auf erstaunliche Errungenschaften der Moderne: Lahıc hat eine überaus kompetente **Touristeninformation**, eine Çayxana mit Lieferservice und englisch kommentierter Speisekarte im Fenster sowie einen richtigen Stadtplan! Damit verbunden ist allerdings auch eine schleichende Kommerzialisierung, und so wird im Dorf statt echtem Kunsthandwerk auch billiger Tand verkauft. Noch übernachtet man in Privatunterkünften oder in zwei charmant improvisierten Pensionen, doch gibt es Gerüchte, dass bei Lahıc demnächst ein großes Fünf-Sterne-Hotel gebaut werden soll - das wäre wohl das Ende der idyllischen Abgeschiedenheit.

Das spektakuläre **Girdmançay-Tal**, zu dessen Seiten sich Felswände wie steinerne Vorhänge falten, war vor 2000 Jahren das Herzstück des ersten albanischen Königreichs. In dieser entlegenen Landschaft gründete der persische Schah Kaikoroso das Dorf Lahıc, dessen Einwohner behaupten, von persischen Kupferschmieden abzustammen und noch heute einen dem Persischen verwandten Dialekt sprechen. In Lahıc gefertigte Gefäße, Waffen und Schmuck wurden im Mittelalter über Şamaxı zu den Basaren der Seidenstraße transportiert. Von den ursprünglich 200 Werkstätten ist nur ein Bruchteil entlang der Huseynov-Straße geblieben, die sich bis in den Ostteil des Orts zieht. Dort, in Aracit, sind die Gassen breiter und die Häuser haben größere Gärten. Jeder Dorfteil hat als soziales Zentrum einen Platz, an dem sich die Bewohner sammeln, und mehrere alte Moscheen.

Kupferschmiedewerkstatt in Lahıc

Die große **Zavaro-Moschee** wurde 1805 erbaut und war zu Sowjetzeiten ein Kino, in einer anderen (1914) befindet sich das regionale **Museum** mit alten Teppichen, Waffen und Werkzeugen. Zwischen beiden Dorfteilen liegt das charmante Schulgebäude, in dem bis zu 300 Schüler unterrichtet werden. Die umliegenden Wohnhäuser sind in einer speziellen Technik gebaut, die sie durch eine Verbindung von Stein und Holzbalken (divarçu) erdbebensicher macht.

Die Straße nach Lahıc ist akut gefährdet von Erdrutschen und Steinschlägen und deshalb nicht immer frei. Am sichersten befahrbar ist sie von Mai bis September,

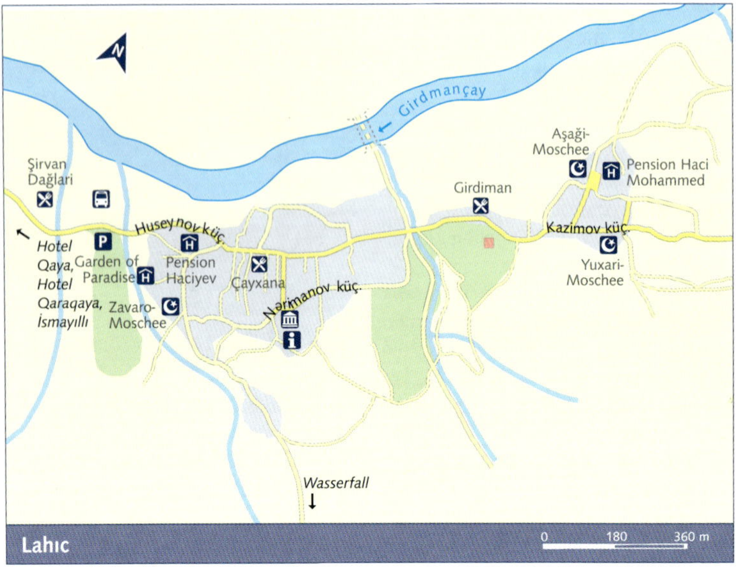

danach drohen Regen und Matsch. Von der Hauptstraße aus fährt man die 19 Kilometer Huckelpiste am besten im Jeep am Girdmançay-Fluss entlang, vorbei an einer Hängebrücke, Picknickplätzen mit Obst- und Gewürzständen und dem Felsen am Niyal-Schaschlik-Café mit Wasserfall-Panorama.

Von Lahıc aus kann zu Pferde das weitere **Umland mit Burgruinen und Wasserfällen** erkundet werden. Zum Angebot der Touristeninformation zählen unter anderem ein Ausflug zum 40 Meter hohen Wasserfall im Kislarçay-Tal und die Besteigung des heiligen Bergs Babadağ, Aserbaidschans zweithöchstem Gipfel.

Lahıc

Vorwahl: 020.

Touristeninfo, Tel. 2877571, tic_lahij@box.az, tägl. 10–14, 15–19 Uhr. Im Angebot sind Stadtpläne (1 AZN), Zimmervermittlung (10–15 AZN), Souvenirs (z.B. T-Shirts), Ausflüge; Guides und Reitpferde hier günstiger (12 AZN/Std.) als im Cənnət Baği. Neben dem Museum, ausgeschildert im Ort.

Von Lahıc nach **İsmayıllı** fahren Busse um 8, 11 und 13 Uhr für 1,20 AZN. Ein Direktbus fährt von **Baku** (Şamaxinka) um 8 Uhr nach Lahıc und um 15 Uhr zurück. (8 AZN), Busse von Baku nach İsmaıllı fahren stündlich und kosten 5 AZN, Taxis von dort weiter nach Lahıc kosten 20 AZN.

Lahıc ist bereits an der Hauptstraße Richtung Qəbələ ausgeschildert. Von İsmayıllı fährt man noch ca. 45 Minuten, wobei die letzten 15 Minuten durch eine atemberaubende Kliff-Landschaft führen.

Die Brücke in die Altstadt ist zwar offiziell (leider!) nur für LKWs gesperrt,

▸ Karte S. 184

aber auch andere Wagen sollte man außerhalb stehen lassen, am besten vor dem ›Garden of Paradise‹. Im Dorf gibt es nämlich kaum Park- und Wendemöglichkeiten.

Auf dem Weg nach Lahıc:

Hotel Qaya, 6 km von der Hauptstraße Richtung Lahıc, Tel. 050/2258090. Gegenüber von einem kleinen Campingplatz. Hotel mit 45 Zimmern zwischen 80 und 150 AZN. Die Zimmer haben Badewanne, alles sauber – wenn auch nicht besonders gemütlich und ohne Bergblick. Sauna 1 Std. 20 AZN, 24-Stunden-Restaurant.

Hotel Qaraqaya, 5 km von der Hauptstraße, Tel. 050/3481894. Bungalows für ca. 45 AZN auf weitläufigem Grundstück und mit Tennisplätzen. Alle Zimmer mit Sitztoilette und warmer Dusche.

In Lahıc:

Dorfbewohner bieten **Privatunterkünfte** an, wobei nur die Aracit-Gegend fließendes Wasser hat. **Familie Haciyev**, 10 AZN/Person mit Plumpsklo und ohne Bad. Sohn Ruslan (nur im Sommer in Lahıc) spricht Englisch und hat über 800 Visitenkarten internationaler Besucher gesammelt, die er gern vorzeigt. Über weitere freut er sich. Tel. 050/6120553, ruslan-hajiyev@yahoo.com.

Dadaş Əliyev arbeitet in der Touristeninfo und bietet für ca. 20 AZN/Pers. ein schönes Haus mit Innentoilette und fließendem (warmen!) Wasser und guter Verköstigung. Er hilft auch gern beim betrugsfreien Shoppen im Dorf.

Garden of Paradise/Cənnət Baği, Tel. 2877200. Großes Haus direkt am Ortseingang. 15 AZN/Pers., 10 AZN im Zelt. Schöner Garten, Besuch im 320 Jahre alten Hammam nebenan inkl., teuere Speisen und Getränke. Vorsicht, der Englisch sprechende Inhaber Ismailov ist leider sehr geschäftstüchtig! An Sommerwochenenden bisweilen ausgebucht.

Haci Mohammad, Aracit-Platz, Tel. 2877494; einfaches DZ für 20 AZN, 4 AZN Frühstück. 7 Zimmer mit externem Bad, ruhig und sein Geld wert. Ortsteil Aracit.

Das **Girdiman-Restaurant** plant gerade 6 Gästezimmer.

Sehr schlichte Campingplätze ohne Infrastruktur gibt es gegenüber dem Qaya-Hotel (im Wald) und ca. 1 km vor Ortseingang Lahıc (am Berg). Zelten mit mehr Komfort kann man bei der Pension Garden of Paradise am Ortseingang.

Girdiman, Restaurant mit Aussicht und Garten in Aracit. Das Essen ist gut, aber der Service bestürzend langsam.

Şirvan Dağlari, am Ortseingang. Netter Garten mit Aussicht auf den Fluss. Man kann günstig essen und trinken sowie Billard spielen.

Die **Çayxana** in der Huseynov küç. bietet einfache Kost und Frühstück, wenn man es schafft, den offensichtlich wenig geschäftstüchtigen Besitzer im Obergeschoss zu wecken.

Das **Regionalmuseum** liegt in einer ehemaligen Moschee an der Nərimanov küç.. im oberen Teil der Stadt, gleich neben der Touristeninformation.

İsmayıllı

Die zwischen Şamaxı und Şəki gelegene Hauptstadt des gleichnamigen Rayons ist weitläufig und wenig attraktiv. Erst in den letzten Jahren ist İsmayıllı (Ismaili), benannt nach dem mittelalterlichen Schah Ismail, zu einer nennenswerten Stadt herangewachsen, die sich von der Durchfahrtsstraße aus gen Süden ergießt. Dort findet man einen quirligen Basar und eine Vorzeige-Teppichfabrik (H. Əliyev prosp. 30, Südende der Stadt).

Umso reizvoller ist İsmayıllıs Umgebung mit zahlreichen Wasserfällen und Festungsrudimenten, die sich in den bewaldeten Hügeln verbergen und zu Wanderungen einladen.

Das Talistan-Motel

İsmayıllı

Vorwahl: 020.

Talistan-Motel, am Kreisverkehr Richtung Qəbələ, Tel. 055/755 32 10. 10 AZN/Pers. im ›Luxus‹-Zimmer. Luxus bedeutet mehr Autolärm, dafür Balkon und trauriges Bad, normale Zimmer gehen nach hinten raus, sind ruhiger, aber ohne Bad. In jeder Preisklasse gibt es Matratzen für Anspruchslose, wenig vertrauenswürdige Türschlösser, Mini-TV, abgewetzte Teppiche und einen individuellen Geruch. Ein Bonus ist das original Sowjet-Design, speziell im Foyer. Weitaus attraktivere Hotels liegen im nördlichen Umfeld der Stadt sowie bei Vəndam und Lahıc.

Der dezentrale Busbahnhof im Süden der Stadt wird kaum genutzt. Busse nach **Qəbələ** und **Şəki** halten an der Hauptstraße, direkt beim Internetcafé Ecke H. Əliyev prosp., Busse nach **Baku** (9, 10, 14.15, 15.15, 16.15 Uhr) gegenüber der Tankstelle.

Ivanovka

▸ Karte S. 184

Ein Relikt aus der Sowjetzeit ist das Kolchos-Dorf Ivanovka. Auf schier endlosen Feldern erntet man gemeinschaftlich Kartoffeln und Wein, statt sich mit Domino im Café zu vergnügen, und auf den sorgsam gezogenen Straßen, die noch ›uliza‹ (russ. für Straße) heißen, spielen blonde Kinder. Rundherum russisch anmutende Häuser, in denen überwiegend Molokanen leben, Altgläubige, deren Vorfahren aufgrund ihrer religiösen Überzeugung als ›apokalyptische Fundamentalisten‹ aus Russland ausgewiesen und zu den Muslimen geschickt wurden. Zudem leben in Ivanovka einige Lesgier. Es versteht sich von selbst, dass die Verkehrssprache hier nach wie vor Russisch ist.

Für Besucher haben John und Tanya Howarth eine Pension mit excellentem Frühstück eröffnet (Tel. 050/225 88 61).

Das **Regionalmuseum** in der uliza Alieva 4 verwahrt einen Fundus an Wissenswertem über das 200jährige Dorf. Von außen erkennt man es unter den umliegenden Wohnhäusern allein am grünen Gartenzaun. Im Haus Nummer 19 verkauft Gregorij Schnaps und den berühmten Honig von Ivanovka. Seine Frau ist Deutschlehrerin und erzählt gern über das Dorf und dessen Geschichte, so auch, dass hier bereits seit 1968 durchgehend Deutsch unterrichtet wird.

Es gibt keinen Busverkehr, aber Sammeltaxis vom Baku-Kreisverkehr in İsmayıllı, gegenüber der Çaldaş-Petrol-Tankstelle. Von dort führt die Straße lange geradeaus, bis man an der Ivanovka-Tankstelle nach links abbiegt. Von dort sind es noch sechs Kilometer durch weite Kolchos-Felder bis zum Dorf.

Zwischen İsmayıllı und Qəbələ

Flüsse, Wasserfälle und ein mit Restaurants gespicktes Waldgebiet am Rande eines Naturschutzgebiets findet man westlich von İsmayıllı. Oberhalb von

Am Stadtrand von Qəbələ

Xanagah thronen die sehr mageren Reste von **Qız Qalası** (Jungfrauenturm) aus dem 11. Jahrhundert, die man nur nach dem mühsamen Durchqueren des Ahoh-Flusses erreicht. Leichter geht es per Pferd, das man im gleichnamigen Resort leihen kann.

Folgt man von der Hauptstraße aus rechter Hand dem **Göyçay-Fluss** gen Norden, gelangt man nach vier Kilometern nach Istisu, wo direkt am Fluss das **Restaurant Balli Bağ** liegt. Tipp: Hier abends Fisch essen, und nach einer Übernachtung im nahen Green House Resort zum etwa neun Kilometer entfernten Wasserfall aufsteigen. Nur den ersten Kilometer kann man mit dem Jeep zurücklegen.

Leichter erreichbar ist **Yeddi Gözəl** (›Die sieben Schönen‹), eine Ansammlung von Wasserfällen bei **Vəndam**. Leider zeigt sich von den sieben Schönheiten nur eine, und die anderen sechs Wasserfälle müssen noch im Wald gefunden werden. Direkt hinter dem Vəndamçay-Fluss rechts auf einen Schotterweg einbiegen und die erste Abzweigung rechts durch das Dorf wählen. Anschließend den linkeren Weg wählen, um bei einem Schild wieder rechts abzubiegen. Nach vier Kilometern Fahrt sind es noch etwa 150 Meter zu Fuß bis in eine tiefe Schlucht. Dort stößt man zuerst auf das **Sommer-Restaurant Şəlalə** (›Wasserfall‹) mit großer Terrasse über dem Fluss, dahinter rauscht der recht schmale, aber mehrstufige Namensgeber. In der Nachsaison ist das Restaurant nur nachmittags geöffnet. Speisen (und baden oder rudern) kann man alternativ am Ufer der **Nohursees**, unmittelbar vor Qəbələ. Sechs Kilometer südlich ist das attraktive Dorf **Tüntül** einen Abstecher wert.

Zwischen İsmayıllı und Qəbələ

Sahil, Tel. 050/3548157. Empfehlenswertes Resort direkt am Nohursee, bietet Touren in die Umgebung, Bootsfahrten und Fischfang.

Green House, Istisu, Tel. 050/3421443. DZ 60 AZN, Suite 100 AZN ohne Frühstück. Großes Resort mit gutem Standard im Wald am Fluss.

Qız Qalası, Xanəgah, Tel. 0178/6136490. 20 AZN/Hütte mit heißem Wasser, Pferdeverleih möglich. Idyllische Lage am Fluss.

Duyma, Vəndam, Tel. 050/3460888. DZ 16-30 AZN. Saubere Zimmer mit Klimaanlage und heißem Wasser. Nettes Personal. 2005 eröffnetes Hotel mit 4 Stockwerken, Bar und Restaurant in bester Lage. 15 Autominuten zum Wasserfall, eine zum kleinen Teich.

Dreimal am Wasser:
Mehriban Hiyera's Restaurant am Nohursee, **Şələlə** am Wasserfall Yeddi Gözəl, **Balli Bağ** am Göyçay-Fluss.

Qəbələ und Umgebung

Qəbələ (Gäbälä/Kabala) mausert sich dank seiner schönen Umgebung mit neuen Hotels und kulturellen Events zusehens zum beliebten Reiseziel. Die Stadt zählt - ähnlich wie Şamaxı - zu den ältesten Handelsstädten Aserbaidschans. Daran erinnern mit Mühe die 20 Kilometer von der heutigen Stadt entfernten Ruinen des mittelalterlichen Stadtkerns. Das heutige Qəbələ ist auf einigen wenigen Karten noch immer als Kutaschen verzeichnet - diesen russischen Namen trug es bis 1991 zu Ehren des ersten aserbaidschanischen Kommandeurs in der russischen Armee. Im übersichtlichen Zentrum fanden in den letzten Jahren massive Sanierungsmaßnahmen statt und es wirkt nun sehr kultiviert. Unter anderem wurde die **Moschee** wieder in Betrieb genommen, die lange Jahre als Museum gedient hatte. Derweil wird eine größere Moschee gebaut, die den in die Jahre gekommenen Altbau künftig ersetzen soll. International bekannt ist das ansonsten unauffällige Qəbələ wegen seiner **Raketenabwehrstation**. Südlich des Orts ragt sie wie ein mächtiger Betonriese auf, zu dem Unbefugte leider keinen Zutritt haben. Bis 2012 gilt noch ein Pachtvertrag mit den Russen, die die Station 1985 erbauten. Nachdem Putin 2007 beim G8-Gipfel in Heiligendamm im Rahmen der Diskussion um ein gemeinsames Raketenabwehrsystem in Osteuropa vorgeschlagen hatte, die Anlage künftig mit den Amerikanern zur teilen, wird vorerst nun der Vertrag mit Russland verlängert. (Die Russen zahlen bislang jährlich rund 5,5 Millionen Euro für die Nutzung). Indes warnen Umwelt-

Eingang zum Stadtmuseum

▸ Karte S. 184

schützer vor Gesundheitsschäden. Die Radarstation steht nur 150 Kilometer von der iranischen Grenze entfernt und kann angeblich einen Radius von 6000 Kilometern überwachen. Am besten sieht man sie von der Straße, die nach Ağdaş führt.

Jüngere Besucher werden sich eher für das Qabaland, Qəbələs Vergnügungspark, interessieren.

Qəbələ

Vorwahl: 024.

Busse fahren für 5 AZN ca. alle 20 Min. nach **Baku**. Ein Bus nach **Mingəçevır** fährt um 8, nach **Gəncə** um 8.15 und 8.30 und nach **Şəki** um 9 und 12 Uhr, ca. 2 Std. Fahrt.

Qəbələ, 28 may küç. 31, Tel. 205 24 08, info@hotelqebele.com. EZ 40 AZN, DZ 60 AZN. Kleine Zimmer mit Balkon, Klimaanlage, Duschkabine und Minibar in zentralster Lage. Leider keine hohen Hygienestandards, mäßig Englisch sprechende Rezeption.

Gilan, 28 May küç., Zarağan kəndi, Tel. 205 28 02. EZ 20 AZN, DZ 50 AZN, Suite inkl. Frühstück 70 AZN, ca. 4 km vom Zentrum Richtung Ağdaş. Modern, gute Zimmer, wenig aufregendes Essen.

Karvan, Hədar Əliyev küç., (südl. Teil des Parks), Tel. 205 06 73. 50–70 AZN mit Frühstück im roten Bau mit Balkon.

Am Fluss Richtung Laza und in Vəndam:

Qafqaz Riverside, I. I.Qurtaşinlı küç., Tel. 205 43 30, www.qafqazriverside hotel.com; DZ ab 110 AZN, Bungalow ab 130 AZN in der Haupsaison, großes neues 5-Sterne-Resort am Fluss (hinter Khanlar-Resort) mit Bergpanorama. Helle, geräumige, leicht kitschige Zimmer, Spa mit Hammam, Sonnenterasse mit Ausblick. Sehr gutes Frühstück.

Khanlar-Resort, I.Qurtaşinlı küç., (5 km an der Straße nach Laza), Tel. 050/371 80 80; DZ ab 80 AZN, EZ 50 AZN inkl. Frühstück. Gute Hütten in ruhiger Waldlage mit Terasse beim Fluss. Empfehlenswert, Ende Mai – Ende September.

Yeddi Gozel, Tel. 070/295 07 07, Vəndam; 40–80 AZN inkl. Frühstück, Zimmer und Hütten am Fluss.

Semerana, Tel. 050/208 50 59, Vəndam; Zimmer 100 AZN, Hütte 200 AZN, inkl. Frühstück. Schickes Resort mit Pool und kleinen Teichen.

Am Ortsausgang Richtung Agdaş.

Das **Restaurant Qəbələ** neben der Moschee, gegenüber dem gleichnamigen Hotel ist eine gute Wahl.

Poppiger ist die **Heydar garden çayxana** auf der anderen Straßenseite.

Das **Städtische Museum** liegt in der Qutqaşınlı küç. 40, tägl. 10–18 Uhr. Neben Fundstücken und einem Modell des historischen Qəbələ gibt es alte Grammophone, Morsegeräte und Telefone, die der enthusiastische Direktor gern vorführt. Zudem eine Heydər-Əliyev-Ecke und geschmäcklerische Heldenportraits aus der zweiten Hälfte des 20. Jhs. Eintritt 0,50 AZN.

Nebenan liegt das **Heydər-Əliyev-Museum**.

Laza und Durca

15 Kilometer nördlich von Qəbələ gelegen, ist das Dorf Laza (Süd) ein beliebter Startpunkt für eine zweitägige **Wanderung nach Xınalıq** (Details dazu S. 173) oder einen relativ fordernden Tagesausflug zu den über 50 Meter hohen **Mucuk-Wasserfällen**. Für beide Touren empfiehlt es sich sehr, in Laza Pferd und Führer zu mieten. Der Ort selbst lockt mit frischer Luft und einem guten Blick auf den schneebedeckten Tufandağ-Gipfel, doch gibt es in Laza selbst keine Unterkünfte, sondern nur auf halbem Weg Richtung Qəbələ. Dort liegen am Fluss einige einfache Sommerhotels. Wählt man am Hotel Tural die linke Abzweigung, gelangt man in das nur im Sommer bewohnte Nachbardorf **Durca** (Durdscha), das zwar weniger beeindruckend liegt als Laza, mit seinen charakteristischen Holzbalkonen architektonisch jedoch weit attraktiver ist.

Zwischen Qəbələ und Şəki

Südlich von Qəbələ zweigt zwischen einer Ansammlung von Geschäften an einer unauffälligen und wenig frequentierten Bushaltestelle die Straße nach Şəki ab.

Wenige Kilometer weiter liegen die **historischen Wurzeln Qəbələs** in Form von massigen Wachtürmen und Mauern, die einst die bedeutende Handelsstadt umschlangen und 1959 von Archäologen wiederentdeckt wurden. Ihre Geschichte reichte vom 3. Jahrhundert vor Christus bis ins 18. Jahrhundert, als der persische Eroberer Nadir Schah die Stadt komplett zerstörte. Die eindrucksvollsten Überbleibsel des alten Qəbələ sind zwei Backsteinwachtürme, deren Fundamente in den 80er Jahren verstärkt wurden, um weitere Erosion verhindern. Ansonsten ist schon wieder Gras über die Stadt gewachsen, deren archäologischen Funde man im Museum des neuen Qəbələ findet. Ein Taxi von dort zur Ausgrabung und zurück sollte um die zwölf Manat kosten.

▸ Karte S. 184

Nic und Oğuz

Nur wenig weiter liegt die alte Ortschaft **Nic** (Niedsch), ehemals Zentrum der albanischen christlichen Kirche und traditionelle Heimat der Uden (oder Udinen). Das alte Volk spricht eine eigene Sprache, die dem Lesgischen verwandt ist, und ist christlich. Als Zar Nikolas I. die Uden im 19. Jahrhundert zwang, ihr albanisches Christentum aufzugeben, wandten sich viele der armenischen Kirche zu, weshalb ihre Nachnamen, den Regeln der armenischen Kirche entsprechend, ›armenisiert‹ wurden. Im Zuge der ethnischen Auseinandersetzungen in den 1990er Jahren erwies sich das als denkbar ungünstig, und inzwischen wurde erlaubt, die ursprüngliche Namensform wieder anzunehmen. Trotz einer erheblichen Emigration nach Russland machen die Uden heute noch weit über die Hälfte der Dorfbewohner aus. Sie leben eine individuelle Form von Christentum mit animistischen und zoroastrischen Einflüssen, während die drei alten Kirchen, die sich in den verschlungenen Gassen verbergen, leerstehen. Im Dorf gibt es die Idee, die albanisch-christliche Kirche wiederzubeleben, um die armenisch-orthodoxe aufzugeben.

Eine Handvoll der insgesamt etwa 8000 kaukasischen Uden lebt in **Oğuz** (Ogus), einem unauffälligen Ort mit einer wiederbelebten imposanten Synagoge der hier ansässigen Bergjuden. Bis 1990 diente sie als Kaufhaus, während die lokale Kirche ein Museum beherbergt. Dazu gesellt sich das obligatorische Heydar-Aliyev-Museum.

Şəki

Von Wäldern umgeben breitet sich die Stadt Şəki (Scheki) wie ein Amphitheater an den Südausläufern des großen Kaukasus aus. Mit ihrem milden Klima, dem Khan-Palast, berühmten Süßigkeiten, einer wiederbelebten Weinkultur und Übernachtungsmöglichkeiten in einer alten Karawanserei gleicht sie einem orientalischen Kurort und bietet sich als attraktiver Wochenendausflug von Baku an.

Geschichte

Die Geschichte Şəkis reicht über 2000 Jahre zurück. Bevor es 1805 von Russland verschluckt wurde, war Şəki (damals Nukha) Hauptstadt eines eigenständigen Khanats. Zu dessen Verteidigung ließ Khan Haci Çələbi zwei Festungen errichten, um sich von der nördlicheren bei Kiş aus erbittert gegen die im 18. Jahrhundert anrückenden Perser zu verteidigen. Als Nadir Schah sich wunderte, wer es wagte, sich ihm zu widersetzen, antwortete Çələbi der Legende nach ›Komm und sieh!‹, ›gələrsən görərsən‹, was der Festung ihren bis heute gültigen Namen eintrug. Während Gələrsən Görərsən den Angriffen standhielt, ging Şəki selbst 1772 in den Fluten des Kiş-Flusses unter und wurde in der Nähe der zweiten Festung des Khans als Nukha neu errichtet. Erst 1968 wurde Nukha wieder in Şəki umbenannt. Drei große Karawansereien zeugen bis heute von der Bedeutung, die Şəki als Handelsplatz zwischen Dagestan und der südlich verlaufenden Handelsroute einst hatte. Eine besondere Rolle spielte dabei die in Şəki produzierte Seide (ipek, im Şəki-Dialekt ›ipeç‹ ausgesprochen), eine begehrte Ware auf den Stationen der Seidenstraße. In der Sowjetära entstand in Şəki die größte Seidenfabrik der UdSSR (damals das Lenin-Kombinat) mit über 7000 Angestellten. Nach ihrem Zusammenbruch in den 1990er Jahren wurde die Seidenproduktion nun wiederbelebt und ist inzwischen wieder voll funktionsfähig.

Tor an der Einfahrt nach Şəki

Karte S. 184

Şəki
0
300
600 m
Oberer Stadtpark
Quriançay
Axundov küç.
Garnisonskirche/Museum für Kunsthandwerk
Khan-Palast
Gelersen Görərsen Festung
Ethnographisches Museum
Gemälde-galerie
Karawanserei
Kafe
Çingiz-Klub
Ömer-Əfəndi-Moschee
Schach-schule
Zentral-moschee
Halva-Laden
Glennhill Inn
Panorama
Denkmal für den 2. Weltkrieg
Markt für Kunsthandwerk
Fətəlixan Xoşki küç.
Müşfiq küç.
nach Kiş
Kiş
Seiden-fabrik
Seiden-shop
Şəki-Saray
Axundov-Kino
zum Bahnhof
Heydər Əliyev küç.
Rəsulzadə prosp.
20 Yanvar küç.
Cobrailov küç.
M. Əliyev küç.
Həmidov küç.
S. Rəhman küç.
Axundov-Park
Basar
Pensionat
S. Mumtaz küç.
Schutzdämme
Teestube
Kişçay
Olympiazentrum, Baku, Bahnhof

Wie die bei Touristen beliebten Schals und Tücher hergestellt werden, kann man nach Anmeldung (Tel. 246 18 47) dort live erleben.

Sehenswürdigkeiten

Şəki ist eine langgezogene Stadt, die gen Norden zunehmend attraktiver wird. Zwischen Busbahnhof und Altstadt liegt das moderne **Zentrum** mit Internetcafés und dem Basar. Von dort führt ein beschaulicher Weg entlang des Qurianςay-Flusses und attraktiver Altstadtfassaden zu Karawansereien, Festung und Palast. Ein Spaziergang dorthin lässt sich gut mit Şəkis Halva versüßen, eine rosa Baklava-Spezialität aus Honig und Nüssen, die entlang des Flusses verkauft wird. Der **beste Halva-Laden** befindet sich auf der rechten Flussseite, gegenüber der Schachschule, einem weißen Haus mit pittoresken Blechverzierungen.

Die großen **Karawansereien** aus dem 18. und 19. Jahrhundert wurden bislang nur teilweise wiederbelebt. Während

Ein Halva-Bäcker bei der Arbeit

sich in einer ein beliebtes Hotel befindet, werden in einer anderen, neben dem **Çingiz-Klub** mit Kino und Ausstellungen, derzeit Souvenirs verkauft.

■ Festung und Khan-Palast

Wenige Fußminuten nordöstlich vom Karawanserei-Hotel liegt die historische Festung mit dem Palast und zahlreichen Museen. Der **Khan-Palast** (Xan Saray), die wohl berühmteste Attraktion Şəkis, wurde Ende des 18. Jahrhunderts im osmanischen Stil und angeblich ohne einen einzigen Nagel erbaut. Dabei ist das Gebäude mit gerade mal acht Metern Tiefe erstaunlich klein. In den letzten Jahren wurde es (unter der Leitung der Denkmalpflege Mecklenburg!) sorgfältig restauriert, und so kann man sich, barfuß oder mit Plastiküberziehern versehen, voll und ganz dem Farbrausch der naiv-realistisch ausgemalten, ansonsten jedoch leeren Residenz hingeben. Die hohen Türschwellen dienten der Wärmedämmung, verleiten jedoch im gedämpften Licht der bunten Şəbəkə-Fenster leicht zum Stolpern. Der zentrale Raum im Obergeschoss ist verziert mit heldenhaften Kampfszenen Çələbis, während das rechte Zimmer mit mehr Blumen und Vögeln als Gemach der Frauen diente. Vom Balkon aus hat man die beste Aussicht auf eine 480jährige Platane im Hof. Der Zutritt zum Palast ist nur mit Führung erlaubt, Fotografieren und Filmen kostet eine Extra-Gebühr (2 bzw. 4 AZN) und die Waren, die die kleine Info-Box für Touristen am Eingang bietet, findet man wesentlich günstiger in der Stadt.

Innerhalb der Festungsmauern finden sich außerdem eine einfache Gaststätte (›Kafe‹) und mehrere Museen. Darunter eine plüschige **Gemäldegalerie** mit lokalen und nationalen Werken, bewacht

von einer ganzen Truppe Wärterinnen, nebenan ein **Ethnographisches Museum** mit Funden der Gələrsən Görərsən-Festung, Seidenstoff-Designs und antiquierter Lenin-Stickerei sowie eine überschaubare Ausstellung regionaler Teppichmuster und Stickereien in einer alten **orthodoxen Garnisonskirche**.
Mit etwas mehr Zeit bieten ein Spaziergang zur bescheidenen Gedenkstätte für den Zweiten Weltkrieg im **oberen Stadtpark** oder ein Tee auf der anderen Seite des Kiş-Flusses einen guten Ausblick auf die Stadt. Unweit des Flusses kann man im **unteren Stadtpark** Open-Air-Billard spielen oder in einem der Sommerrestaurants speisen.
Beliebte **Ausflugsziele** sind die Museumskirche im Dorf Kiş und der Berg Marxal.

i Şəki

Vorwahl: 024.
Die **Touristeninformation** (Tel. 044/277 13 40, tic_sheki@tourism.az) ist ausgeschildert und befindet sich in der Festung beim Eingang zum Palast, ist aber nur saisonal geöffnet. Auch die **Rezeption des Hotels Şəki-Saray** kann aufgrund besserer Englischkenntnisse und zuvorkommenderem Service hilfreich sein. Dort wird für 1 AZN ein mäßig guter Stadtplan verkauft.
Führer, Infos, Privatunterkünfte und Touren bietet zudem die **Spektr Co.-Touristenagentur** an: Nizami küç. 11, Tel. 93 64 26. info@spekt.az.

Am hochfrequentierten Busbahnhof (Tel. 244 46 17) gibt es an der Kasse jemanden, der Englisch versteht. Marschrutka 11 fährt von hier zur Karawanserei (0,30 AZN). Große Busse nach **Baku** fahren um 8, 8.30, 9.30, 11, 12, 14, 16 und 17 Uhr ab. Zwischendurch fahren kleinere Minibusse die Strecke in 4,5 bis 6 Std. mit Essenspause bei Şamaxı. Von Baku nach **Şəki** kommt man 8.10, 8.50, 11, 12.20, 14, 16.30, 17 und 17.30 Uhr vom Busbahnhof aus. Morgens gibt es Busse nach **Gəncə** und **Xaçmaz**, 2 x tägl. nach **Qəbələ**. Per Marschrutka kommt man nach **Qax**.

Der Bhf. liegt 5 km südlich vom Zentrum (Taxi 5 AZN). Züge von und nach Baku brauchen 8 Stunden und kosten knapp 4 AZN. Eine bequeme Möglichkeit ist der Nachtzug: Ab Baku und Şəki um 21.15 Uhr. Leider kann man in Baku nur One-Way-Tickets nach Şəki kaufen, und bei Ankunft ist der dortige Schalter noch geschlossen.

Lange Jahre war die Karawanserei die weitaus populärste Unterkunft in Şəki. Inzwischen gilt das Saray-Hotel als empfehlenswerter. Für schmalere Geldbeutel ist besonders das Panorama-Hotel zu empfehlen, das seinem Namen alle Ehre macht.
CTB organisiert auf Anfrage **Homestays** (z.B. bei Ilgar Agayev mit guten Englischkenntnissen und warmer Dusche). Farhad Azizov organisiert für 10 AZN/Pers. ein lokales B & B-Programm (Tel. 050/612 65 64, kein Engl.) Bei den einschlägigen Sehenswürdigkeiten bieten zudem manchmal dort wartenden Şəkianer Zimmer an.

▸ Karte S. 184

Im Khan-Palast

Karawanserei, M.F. Axundov 185, Tel. 2443172. Für günstige 30 AZN/DZ ohne Frühstück. Historischer Bau mit einzigartigem Ambiente. Die Zimmer sind teilweise renovierungsbedürftig, im Sommer sollte man reservieren (Rezeption spricht Englisch)

Şəki Saray, Rəsulzadə küç. 187, Tel. 2448181, www.shekisaray.az. EZ 85, DZ ab 95 AZN inkl. Frühstück und W-Lan (im Winter -25%). Komfortabel und geschmackvoll eingerichtet, die weitaus beste Unterkunft Şəkis. In der Saison frühzeitig (über die Website) buchen.

Panorama Hotel, Axundov küç., im oberen Park, Tel. 050/6229027. Liebevoll gestaltete DZ für 35 AZN, 3er Zimmer 45 AZN. Kleine Pension mit nettem Garten und gutem Frühstück. Bad und Klo sind separat, aber sauber und mit heißem Wasser. Speziell abends ist der Panoramablick auf Şəki bei einem Glas Çay im Garten ein voller Genuss.

Pensionat, Tel. 050/3708535 (Azag). DZ 16, Luxus-DZ 32 AZN, ohne Frühstück. Nett mit Rosengarten, aber ziemlich ab vom Schuss jenseits des Basars. Mit Ventilator, durchgelegenen Matratzen und zerschlissenen Teppichen, dafür aber sauberen Bädern mit Sitztoilette. Ein Angestellter spricht ein wenig Englisch.

Greenhill Inn Hotel, M.F. Axundov küç. 14/4, Tel. 055/5505424, www.greenhillinn.az; großes Hotel eröffnet Nov. 2011 mit 5 Etagen, Pool und großzügigen Zimmern.

Links am Eingang der Stadt bietet ein **Olympiazentrum** Zimmer mit modernem Standard und allen Annehmlichkeiten.

Karawanserei, idyllisch im Hof zwischen Rosenbeeten speisen. Das Essen ist gut, die Speisekarten teilweise auf Englisch, was dort allerdings niemand versteht. Besonders lecker ist kartof dolmacı mit Joghurt und Salat, dazu Tee mit Rosenmarmelade. Abends Live-Musik, aber kein Alkohol! Die orientalische Teestube (çay evi) bietet ein überteuertes ›Menü‹ mit Halva, Tee und Wasserpfeife für 20 AZN (handeln!). Bier gibt es im Laden ums Eck.

Restaurant im Şəki-Saray, speziell das Abendessen mit Jazz-Musik wird sehr gerühmt. Mittags gibt es Klassik.

Im unteren Stadtpark gibt es **Sommerrestaurants**. Weitere Einkehrmöglichkeiten liegen um den **Zentralplatz**.

Beliebt und mit einem guten Sortiment versehen ist die **Bar im Şəki Saray**. In der Woche bis 1, am Wochenende bis ca. 2 Uhr geöffnet.

Der Cingiz-Klub bietet Ausstellungen und Filme, bisweilen Englisch-Aserbaidschanisch.

Bester Halva-Shop, ›Alahmad‹ auf der rechten Flussseite, einfaches weißes Gebäude gegenüber vom Schachclub.

Şəki Handicrafts Association, Vidadi küç. 85, Tel. 2444264. Mit dem Erwerb von Souvenirs unterstützt man das lokale Kunsthandwerk. Im Angebot sind Teppiche, Keramik, Schmuck, Holzarbeiten und Musikinstrumente.

Geschäft der Seidenfabrik, hier gibt es die begehrten Seidenschals günstiger als in der Karawanserei oder beim Khan-Palast. Auch Seidenteppiche sind im Angebot.

▶ Karte S. 184

Ausflüge in die Umgebung von Şəki

Etwa sieben Kilometer nördlich von Şəki schmiegt sich das alte **Dorf Kiş** (Kisch) mit seiner **Museumskirche** an einen Hang. Mit norwegischer Unterstützung (angeregt durch den Archäologen Thor Heyerdahl, der eine historische Verbindung Norwegens und Aserbaidschans unter anderem an den Petroglyphen von Qobustan erkennen will) wurden in und um die mittelalterliche Kirche herum vor einigen Jahren Ausgrabungen vorgenommen, bei denen man auf eine etwa 5000-jährige Geschichte des Heiligtums stieß. Diese Geschichte des frühen Christentums in Aserbaidschan ist nun in Teilen sichtbar gemacht worden, indem unter anderem alte Gräber freigelegt wurden und die um 1900 ›armenisierte‹ Gestalt der Kirche zugunsten ihrer älteren Form aus dem 12. Jahrhundert dekonstruiert wurde. Nun steht die ›geglättete‹ Kirche hinter einem Zaun und verleitet zu der Frage, ob hier nicht allzu viel saniert wurde. Für Besichtigung, Fotos und Video ist jeweils eine Gebühr zu entrichten, geöffnet ist die Kirche zwischen 9 und 20 Uhr. Gegenüber der Kirche bietet Ilhama Hüseynova Unterkunft und in ihrem kleinen Sommerlokal bei Voranmeldung Speisen, sonst nur Getränke

Eingang zur Museumskirche von Kiş

Mützengeschäft in Şəki

(Hüseynova Ilhama, Tel. 050/6310246). Mindestens zwei weitere Gaststätten liegen an der Straße nach Şəki. Nach Kiş kommt man aus Şəki über den Rəsulzadə prosp. in Richtung Norden. Über zwei Brücken gelangt man in das Dorf, in dessen engen Gassen mehrere Schilder zum ›Albanian Temple‹ winken. Für Wanderungen im Umfeld von Kiş sollte man wegen der dortigen Millitärkontrollpunkte einen Pass bei sich führen.

Festung Gələrsən Görərsən

Wenige Kilometer von Kiş entfernt verstecken sich im Wald die Reste der Festung Gələrsən Görərsən. Der Weg dorthin ist zu Fuß in zwei Stunden, mit Jeep entsprechend schneller zu bewältigen und involviert zwei Flussdurchquerungen sowie einen Aufstieg entlang lockerer Steinbrocken. Als Entlohnung gewährt die Ruine einen fantastischen Ausblick auf die kaukasischen Berge. Einer davon, der Berg Marxal, ist ein beliebtes Ausflugsziel mit einem Resort unweit von Kiş. Neben Unterkünften werden dort Pferde für den etwa halbstündigen Aufstieg zum Gipfel geboten, der Aussichten bis weit nach Dagestan gewährt.

Kiş

Vorwahl: 024.

Die Busse 15 und 23 fahren vom Basar in Şəki aus mit Halt an der Nordseite des Zentralplatzes nach Kiş. Wegen langer Wartezeiten ist es allerdings ratsamer, für etwa 10 AZN zurück mit dem Taxi zu fahren oder zu laufen – es geht nur bergab!

Marxal-Resort, Tel. 246 12 65. Die Preise variieren je nach Standard. In ruhiger, waldiger Lage am Fluss, mit gutem Essen, Billard und Tennis.

Ilham Ağayev bietet 2 **Privatzimmer** direkt bei der Kirche mit Dusche im Garten. Wenig Englisch, Tel. 249 84 17.

Soyug Bulağ, unübersehbares Ausflugsrestaurant in einem Sowjet-Style-Pavillon direkt an der Straße von Şəki nach Kiş. Hier wird traditionelle Nationalküche serviert.

Qax und Umgebung

Qax (Gach) ist eine ruhige, langgezogene Provinzstadt vor einer grünen Bergkulisse. Es gibt nicht viele Gründe für einen längeren Aufenthalt, aber 2011 wurde die traditionelle Marktstraße Içəribazar mit historischem Stadttor und Stadtmauer aus dem 16. Jahrhundert rekonstruiert und erstrahlt nun samt kleinem Freilufttheater und Geschäften im neuen Natursteinlook. Das Ensemble wird durch den ebenfalls umgestalteten Nisamipark ergänzt. Nebenbei lohnt auch ein Abstecher zu drei alten georgischen Kirchen. Während die Kirche im

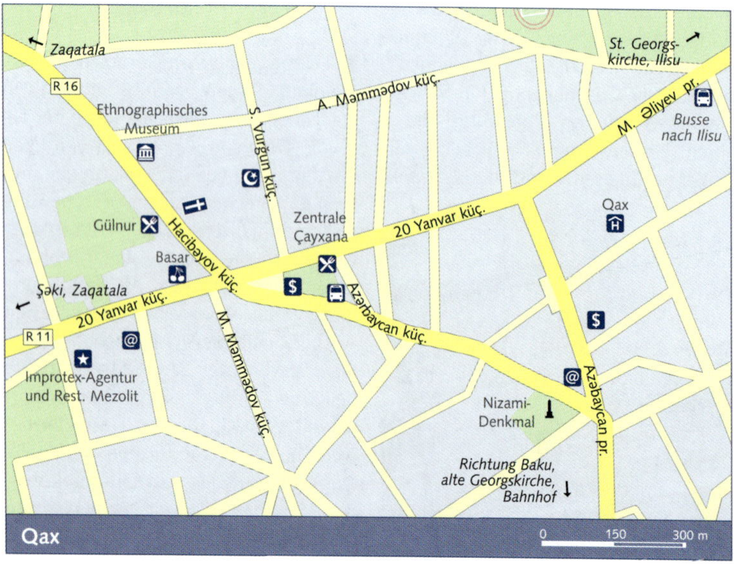

▸ Karte S. 184

Süden der Stadt noch auf ihre Sanierung wartet, ist die **St. Georgskirche** im Norden des Städtchens bereits frisch renoviert und innen mit neuen Fresken ausgemalt. Eine dritte, komplett leere Kirche steht in der Stadtmitte neben dem **ethnographischen Museum**, in dem Modelle weiterer Kirchen aus dem Umland ausgestellt sind. Das Leben spielt sich in Qax hauptsächlich im Umkreis der zentralen **Çayxana** mit dem auffälligen Blechdach ab. Von dort aus führt eine gemütliche Einkaufsstraße mit einigen sehr hübschen russischen Häusern zu einer wenig spektakulären Fußgängerzone, an die sich ein ehemaliges Kino und das bislang wenig heimelige Qax-Hotel reihen. Weit besser übernachten kann man im nahegelegenen Ort Ilisu.

Qax

Vorwahl: 024.

Busse von **Baku** nach Qax 10, 11, 12 und 17.50 Uhr. Von Qax nach Baku 9.45, 10.30, 12 und 18.30 Uhr; ca. 9 Std. Fahrt, 7 AZN. Zwischen 8 und 17 Uhr fahren stündlich Busse nach **Zaqatala**, mehrmals tägl. bis 17 Uhr nach **Ilisu**. 7, 13 und 17 Uhr nach **Ləkit**, 7, 9, 12, 14 und 17 Uhr nach **Qum**. Am neuen Busbahnhof gibt es eine Lounge und eine Gepäckaufbewahrung.

Der Bahnhof liegt isoliert in weiter Ferne. Besser ist es, in Şəki in einen Bus nach Qax zu umzusteigen.

Attraktivere Übernachtungsmöglichkeiten gibt es im nahen Ilisu. CBT (→ S. 313) organisiert Unterkünfte in Ləkit (3 AZN mit dem Taxi von Qax).

In Qax:

Improtex, 20 Yanvar küç. (gegenüber Busbahnhof), Tel. 050/364 47 12. EZ 10 AZN, DZ 20 AZN in kleiner Pension. Die Preise sind sehr fair für die zwei geräumigen Zimmer, die Bad, Küche und Wohnzimmer teilen. Gepflegtes Ambiente, mäßig attraktive Lage im Westteil des Orts.

Qax-Hotel, Nərimanov küç. 3, Tel. 255 45 69. EZ 3 AZN, DZ 4 AZN (verhandelbar). Außen hui, innen pfui gilt für das **Sowjethotel** im Zentrum, hinter dessen passabler Fassade sich derzeit noch bedauernswerte Zimmer ohne Bad befinden. Speziell alleinreisenden Frauen ist das Hotel nicht zu empfehlen. In der benachbarten Çayxana kann man Frühstück bekommen.

Im benachbarten Ort Qaybaş wird im Frühjahr 2012 in schöner Lage das große **El-Resort** (5 Sterne) mit allen Annehmlichkeiten eröffnet.

Mezolit, 20 Yanvar küç., nett gestaltetes Kellerrestaurant beim Improtex-Hotel. Lokale Küche.

Gülnur, Hacibəyov küç., beliebtes türkisches Restaurant, oft Hochzeiten.

Ethnographisches Museum, Hacibəyov küç. 1. Tägl. außer Mo 9–13 und 14–18 Uhr. Wenig überraschendes Programm, aber immerhin hat die Frau des Direktors, eine Englischlehrerin, einige Exponate zweisprachig beschriftet. Zudem werden einige interessante Alltagsgegenstände aus der Sowjetvergangenheit ausgestellt. Die benachbarte Kirche soll angeblich ebenfalls ein Museum werden.

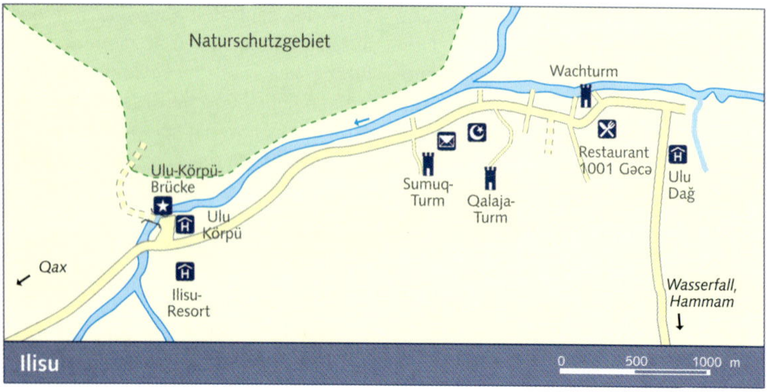

Ilisu

Der Weg von Qax nach Ilisu führt durch eine besonders schöne bewaldete Berglandschaft, was auch einigen wohlhabenden Aserbaidschanern aufgefallen ist, die hier vermehrt Wochenendhäuser bauen. Ilisu ist ein charmanter Luftkurort, in dem Mineralwasser aus den Bergen sprudelt und alte Wachtürme an einer Schnittstelle zweiter Täler an die große Vergangenheit des Dorfs erinnern, das einst Hauptstadt eines eigenständigen kleinen Sultanats war.

Kurz vor Ilisu spannt sich die **Ulu-Körpü-Brücke** aus dem 16. Jahrhundert über den Fluss, auf dessen anderer Seite ein Naturschutzgebiet die malerische Landschaft vor weiterer Zersiedelung bewahrt. In den dichten Wäldern leben Bären, Wölfe und einige rare Wildkatzensorten. An der zum Dorf hin ansteigenden Straße wird der berühmte Honig von Ilisu verkauft, und mehrere Çayxanas laden im Sommer zur Rast mit Bergpanorama.

Der Dorfkern schlängelt sich entlang einer einzigen Straße, an deren hinterem Ende ein zwei bis drei Kilometer langer Fußweg zu einer Schlucht mit dem 54 Meter hohem **Ram-Rama-Wasserfall** und dem alten **Hammam Piri** mit heilender Schwefelquelle führt. Zu letzterem fährt bisweilen ein UAZ-Jeep unweit des Ulu-Dağ-Hotels ab.

Sehenswert ist die gut erhaltene **Moschee** aus dem 18. Jahrhundert mitsamt ihrem Friedhof. Der **Sumuq-Turm** aus dem 17. Jahrhundert erinnert an den letzten Sultan, Daniyal Beg, der an der Seite Scheich Schamils in der Mitte des 19. Jahrhunderts jahrzehntelang gegen die Russen kämpfte. 2007 wurde der Turm saniert und mit einer beleuchteten Zufahrt versehen, so dass man ihn kaum verpassen kann.

Etwas fordernder ist der 15-minütige Aufstieg zu den Resten des rund 100 Jahre älteren **Qalaja-Turms**, den man dort, wo die Straße ein trockenes Flussbett überquert, rechter Hand am Hang liegen sieht. Über den bedauernswerten Zustand der Ruine tröstet der phänomenale Ausblick gen Dagestan hinweg.

Die Kirchen von Qum und Ləkit

Freunde albanischer Kirchenruinen kommen westlich von Qax gleich mehrfach auf ihre Kosten: Im Zentrum von Qum (Gum) beeindrucken die Reste einer Basilika, deren Ursprünge wohl im 6. Jahrhundert liegen. Zur Verstärkung der noch stehenden Seitenwände wurden

▸ Karte S. 184

die Ecken mit Ziegelsteinen gestützt. Zehn Fußminuten von Ləkit (Läkit) verstecken sich im Süden des Dorfs die Reste einer Rundkirche aus dem 7. Jahrhundert. In entgegengesetzter Richtung findet man auf einem idyllisch gelegenen Plateau die Ruinen des frühchristlichen Klosterkomplexes Yeddi Kilisə (Sieben Kirchen) aus dem 12. Jahrhundert. Vom Plateau ist ein Abstieg ins Flusstal möglich, um nach einer Flussüberquerung nach etwa 15 Minuten in Kotuklu den grün ummoosten **Mamirli-Wasserfall** zu erreichen.

Ilisu

Vorwahl: 024.

Das **Ilisu-Resort** bietet Wanderungen, Ausritte und Jeeptouren zu vielen Zielen in der Umgebung an.

Tägl. mehrere Busse von/nach Qax, der letzte um 17.10 Uhr.

Ulu Körpü, Tel. 050/3691 09. 20 AZN je Bungalow mit mäßig bequemen Betten, Heizung, heißem Wasser, Stehklo und Balkon. Sehr idyllische Lage direkt oberhalb des Flusses. Der Betreiber Dönmez Şabanov ist äußerst geschäftstüchtig, und man sollte darauf achten, dass man nicht mehr als den anfänglich ausgemachten Preis zahlt.

Ilisu Resort, Tel. 255 42 33. 22 AZN/Pers. im Bungalow mit heißer Dusche und Sitztoilette. Etwas gepflegter als Ulu Körpü, in den Sommerferien voll mit Familien. Großes Ausflugsangebot!

Ulu Dağ, Tel. 259 34 25 EZ 25 AZN, DZ 50 AZN mit TV, Sofa, Kühlschrank. Resort mit großer Sonnenterrasse und Pool vor Bergpanorama. Denkbar beste Lage zwischen Dorf und Wasserfall. Der dort arbeitende Elvin Mahmudov spricht Englisch.

Restaurant 1001 Gəcə, idyllisch gelegenes Sommerrestaurant mit Bergpanorama und Schafen.

Sangar Qala, gute traditionelle Küche im neu gestalteten Bau.

Zaqatala

Im äußersten Nordwesten der Republik gelegen, ist Zaqatala (Sagatala) eine sehr offene und freundliche Stadt, zu deren 35 000 Einwohnern nicht weniger als 16 Minderheiten gehören, darunter Russen, Ukrainer, Georgier, Avaren und Lesginen. Kein Wunder also, dass man hier vielerorts Russisch hört.

Sehenswertes

Im Zentrum der vornehmlich im 19. Jahrhundert gegründeten Stadt steht die imposante Ruine einer großen **Kirche**, von der es heißt, sie solle demnächst saniert werden. Bei der Gelegenheit wird auch ein Großteil des Kulturzentrums abgerissen werden, das derzeit Zugang und Sicht auf die Ruine versperrt. Falls das Zentrum noch stehen sollte: Im Inneren gibt es sehr hübsche sowjetische Wandreliefs! Bislang kann man sich nur von der Hinterseite durch die Büsche bis in das verwahrloste Kirchenschiff durchschlagen.

Auch für die darüber thronende **Festung** gibt es Pläne: Bis vor Kurzem beherbergte sie eine unansehnliche Kaserne und war somit Sperrgebiet, bis sie 2011 saniert und der Öffentlichkeit zugänglich gemacht wurde. 1830 von den Russen zum Schutz vor rebellischen Bergvölkern

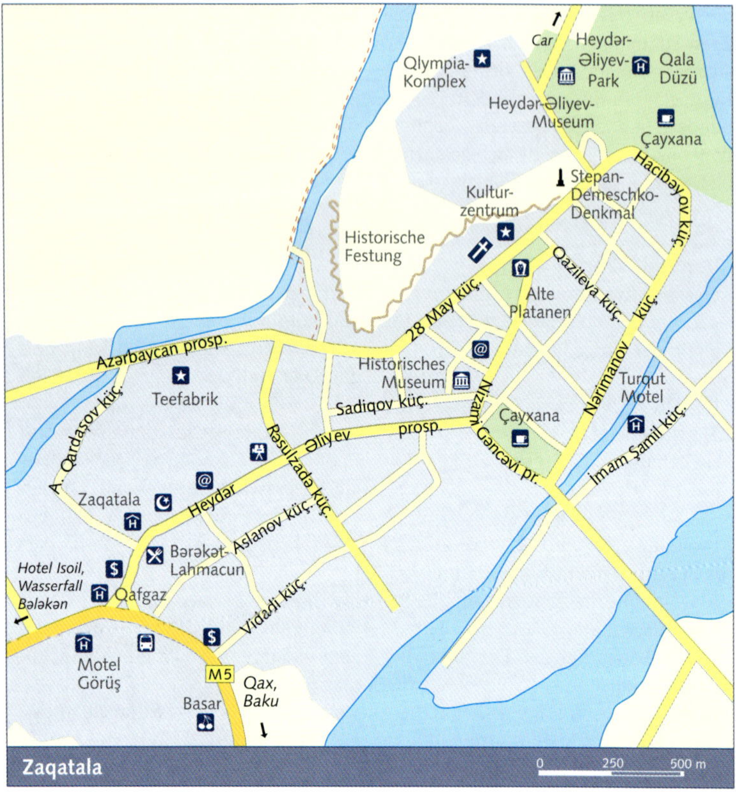

erbaut, wurde 1905 in der Festung die nicht minder rebellische Besatzung des berühmten Panzerkreuzers Potemkin inhaftiert. Die Seemänner rehabilitierten sich allerdings in der Sowjetära als Vorreiter der Roten Revolution, und einen von ihnen, Stepan Demeschko, ehrt bis heute ein **Denkmal** unweit des weitläufigen **Heydar-Aliyev-Stadtparks** mit Springbrunnen, Teestuben und Konzertbühne.

Sehenswert ist zudem die imposante **Moschee**, die vor einigen Jahren zwischen dem Zaqatala-Hotel und dem Studentenwohnheim am H. Əliyev-Prospekti gebaut wurde.

Ein wichtiger Wirtschaftszweig Zaqatalas sind Haselnüsse, deren Schalen im Winter als Heizstoff verwertet werden. Der 1933 von Deutschen erbaute Haselnuss-Betrieb wurde inzwischen durch einen moderneren ersetzt, aber unweit des stillgelegten Geländes kann man am Azərbaycan pr. 89 eine **Teeproduktion** besuchen, die den letzthin mit deutscher Unterstützung im Zaqatala-Rayon angebauten Tee verarbeitet. Hinter dem unauffälligen Eingang der Firma Mağazası verbirgt sich ein Paradiesgarten mit Kiwis, Granatäpfeln und Bananen. Lustwandelnd kann man die einzelnen Schritte der Teeherstellung in

▸ Karte S. 184

buntbemalten Maschinen im Sowjet-Stil beobachten und frischproduzierten Çay erwerben. Abends ist der beste Platz für ein Glas Tee unter den **800-jährigen** Platanen auf dem Dədə-Qorqud-Platz im Zentrum, während ein Bier gut im Garten des Turqut-Motels schmeckt.

Die unwegsamen Berge im Dreiländereck bei Zaqatala boten quer durch die Historie, von Scheich Schamil bis zu tschetschenischen Guerillas, ideale Schlupfwinkel im Kampf gegen die russische Armee. Der nördlichste Teil, der sich bis an die georgische Grenze erstreckt, ist seit 1929 ein bislang nur mit Sondergenehmigung des Umweltministeriums betretbares **Naturschutzgebiet** (Zapovednik), das sich bis auf über 3500 Meter Höhe erhebt. Genau an dessen Rand stürzt der vielleicht imposanteste **Wasserfall** Aserbaidschans in eine tiefe Felsgrotte.

Zaqatala

Vorwahl: 024.

Touristeninformation H. Əliyev-küç. 2, Tel. 2454143. Ramil Ibrahimov ist Englischlehrer und führt Besucher gern durch den Ort, Tel. 055/7558840.

Azal fliegt am Mo (9.30 Uhr), Mi (16 Uhr) und Fr (19.50 Uhr) für 35 AZN von Baku nach Zaqatala (Code: ZTU). Der Flug dauert eine Stunde und geht an den gleichen Tagen jeweils 1,5 Stunden später zurück nach Baku.

Tel. Busbahnhof: 050/5025121.

Innerhalb Zaqatalas gibt es zwei Buslinien: Nr.1 fährt von der Gagarin küç., Nr. 2 von Qaladuzu zum Busbahnhof. Lokale **Minibusse** (etwa nach Mazıx) fahren nicht vom Busbahnhof los, sondern halten an der Qax-Balakən-Hauptstraße beim Zaqatala-Basar und westlich des Zentrums zwischen Tankstelle und Denkmal. **Marschrutkas** nach Car halten ca. alle 30 Min. vor dem Hotel Zaqatala.

Regelmäßig fahren Busse nach **Şəki** und alle paar Minuten von der Vorderseite des Busbahnhofs nach **Balakən**. Zwischen 8 und 17 Uhr fahren ca. stündlich Busse nach **Qax**. Um 8.15, 8.45, 10.15, 11 und 15 Uhr starten Busse nach **Gəncə**. Um 14 Uhr fährt ein Bus nach **Mingəçevir**.

Busse nach **Baku** fahren derzeit um 9, 9.30, 10.10, 11, 12, 14 und 16 Uhr (Fahrtzeit ca. 9 Stunden). Zusätzlich gibt es täglich mehrere Marschrutkas.

Nachtzug aus Baku um 21.15 Uhr.

Hotel Qafqaz, H. Əliyev pr. 100, Tel. 050/2163636, qafqaz-hotel@mail.ru, DZ 50 AZN. Neues, familienfreundliches Hotel beim Busbahnhof.

Motel Görüş, direkt hinterm Busbahnhof, Tel. 2256944, DZ 8 AZN (variiert bisweilen). 3 bescheidene Zimmer mit mäßigen Betten, Ventilator, Bad und warmem Wasser nach 17 Uhr. Praktisch für nächtl. Ankünfte oder Frühstück bei früher Ankunft. Das Essen ist günstig und ok. Wahlweise französisches Bett oder zwei Einzelbetten. Günstigste Unterkunft der Stadt. Besitzer Muxtar ist nett, aber kein Engl.

Motel Turqut, İ. Şamil küç., Tel. 2256229. DZ 20–50 AZN (je nach Größe) ohne Frühstück. Etwas plüschige, saubere und geräumige Zimmer mit ordentlichem Bad und Gratis-Zahnbürste. Im Sommer Gartenrestaurant.

Zaqatala-Hotel, H. Əliyev pr. 92, Tel. 2255709. DZ ohne Frühstück 15 bis 30 AZN je nach Renovierungsgrad und Qualität der Betten. TV 5 AZN extra. Alle Zimmer mit Balkon, die geraden Nummern ohne Straßenlärm. Sehr zentrale Lage. Sanierter großer Sowjetbau. Stolz führt der Chef das angeblich mit rein ökologischen Materialien neu ausgestattete Restaurant vor.

Motel Qala Düzü, direkt im Aliyev-Park, DZ 40 bis 60 AZN je nach Ausstattung, ohne Frühstück. Die fünf Zimmer mit eigenem Bad liegen direkt neben einem Hochzeitspalast, was im Zweifelsfall laute Musik verheißt. Auch für Besucher ohne Auto, die nachts nicht mehr durch den Park laufen wollen, keine erste Wahl.

Isoil, F. Əmirov küç. 1, Tel. 2256959. Schickes DZ mit AirCon ca. 40 AZN. Pension mit Sauna an der Straße nach Katex/Balakən. (Ca. 0,5 km westlich des Busbahnhofs).

Bərəkət-Lahmacun, H. Əliyev pr. 161 (gegenüber Zaqatala-Hotel). Beliebtes (und einziges) türkisches Restaurant mit Suppen, Salat und Döner für 2–6 AZN. Wenig empfehlenswert ist die Pizza. Eher zu empfehlen für ein schnelles Mittagessen als ein gemütliches Dinner. Tägl. 11–21 Uhr.

Turqut-Motel, İ. Şamil küçesi. Im Winter in Séparées, im Sommer im Gartenrestaurant typische lokale Küche.

Ləzzət, im Nachbardorf Car. Georgische, dagestanische und aserbaidschanische Küche in schönster Natur. Sehr empfehlenswert, nur im Sommer geöffnet.

Regionalhistorisches Museum, H. Əliyev pr. 30. Tägl. 10–13 und 14–17 Uhr. Fotos vom Teeanbau und regionalen Kulturdenkmälern. Der enthusiastische Museumsdirektor Cahangir Soltanow ist sehr wissend und erzählfreudig und lässt sich auch durch mäßige Russischkenntnisse nicht beirren. Eintritt 1 AZN.

Das neue Heydar-Aliyev-Museum aus Sandstein prunkt im gleichnamigen Park.

Car

Car (Dschar) ist ein charmantes und recht wohlhabendes Avaren-Dorf mit großen Gärten und alten Bäumen sechs Kilometer nordwestlich von Zaqatala. Verborgen im westlichen Teil des Dorfs steht in einem Obstgarten **Çingiz Qala**, ein ursprünglich doppelt so hoher Turm aus dem 16. Jahrhundert, dessen kürzlich eingestürztes Dach von den Nachbarn notdürftig repariert wurde. Am Gemäuer des leerstehenden Turms, so wie an tiefer stehenden Mauerresten beim Fluss finden sich mehrere arabische Inschriften, die auf die Geschichte Çingiz Qalas verweisen – die mit Dschingis Khan übrigens nichts zu tun hat. Das kleine Car war einst ein eigener Ministaat, der von Nadir Schah attackiert wurde, bevor er Şəki angriff. Jenseits des Flusses führt ein Fußweg hoch in die Berge. Am nördlichen Ende von Car lockt neben einer ehemaligen Bushaltestelle eine **Schaschlik-Çayxana**. Von dort aus ist der linkere Aufstieg in die Berge der einfachere, während der rechte bisweilen sehr steil ist und zu einem Fluss führt, dessen Wasser selbst im Winter nicht kälter als zehn Grad wird. Bis zum Gipfel des **Şamil-Berges** braucht man etwa fünf Stunden, behaupten Cars Einwohner. Çingiz Qala

▸ Karte S. 184

findet man, indem man von der Hauptstraße dort links abbiegt, wo rechts ein sehr unauffälliger geschlossener Minikiosk am Straßenrand steht. Zur Übernachtung bietet das Resort Ləzzət (Tel. 2255251) von Juni bis September einfache und nachts oft sehr kalte Bungalows in ruhiger Waldlage ab 40 Euro.

Der große Wasserfall

Der vielleicht gewaltigste Wasserfall des Landes versteckt sich knapp 40 Kilometer von Zaqatala entfernt auf halbem Weg zwischen Zaqatala und Balakən und wartet auf ehrgeizige Besucher, die den steilen Abstieg in die tiefe Felsschlucht wagen. Doch der abenteuerliche Weg lohnt! Je nach Wagemut und Frustrationspotential gibt es verschiedene Varianten, auf jeden Fall sei aber zu festem Schuhwerk geraten. Am einfachsten ist der Weg per Auto, indem man die Hauptstraße beim Dorf **Katex** (Katech) verlässt und vorbei am alten Sägewerk dem zunehmend schlechter werden-

Der Çingiz-Turm in Car

Der Lohn der Mühe

den Weg bis zu einem Campingplatz am Katexçay-Fluss folgt. Von dort geht es zu Fuß sanft bergan, bis ein Schild den Zaqatala-Zapovednik (Naturschutzgebiet) ankündigt. Dort bitte nicht eindringen, sondern rechter Hand den mit Seilen versehenen Abhang hinuntersteigen bis zum Wasserfall.

Alternativ fährt sehr selten ein Bus von Zaqatala bis ans nördliche Ende des idyllischen Dorfs **Mazıx** (Masych) mit einer Turmruine aus dem 12. Jahrhundert, von wo aus man zunächst dem Fluss folgt, um ihn dann entweder mit Eisfüßen zu durchwaten oder mit stählernen Nerven über die marode Brücke auf die andere (Katex-)Seite zu gelangen. Versüßt wird das Abenteuer mit Honig, den ein Imker auf der Mazıx-Seite des Flusses verkauft.

Car

Hotel Ləzzət, Tel. 050/5778191, EZ 15 AZN, DZ 30 AZN, mit Bad. Steil schlängelt sich die Straße hinab bis zu diesem Bungalow-Resort mit einem beliebten Restaurant. Die einfachen, aber netten Hütten liegen auf beiden Seiten des Flusses. Geboten wird dagestanische, georgische und aserbaidschanische Küche, die man bei Belieben in einem Baumhaus genießen kann. Abends lockt eine Bar mit Kamin. Geöffnet hat das Resort aber nur im Sommer, Parken kostet extra.

Balakən

Der gänzlich unspektakuläre 10 000-Einwohner-Grenzort Balakən (Balakän) hat genau drei Besonderheiten aufzuweisen, die man zusammen in maximal einer Stunde absolvieren kann:

Der große Park mit der **Qarabağ-Gedenkstätte** beherbergt eine Seilbahn, die Besucher direkt von der Hauptstraße auf den 1000 Meter hohen Ehrenhügel mit Bergpanorama trägt. Sie liegt gleich rechts nach der Brücke über den Fluss hinter dem Ortseingang.

Gute Aussichten gewährt außerdem das mit seinen 40 Metern ungewöhnlich hohe und 2007 frisch sanierte **Minarett** aus dem 17. Jahrhundert, das zu einer 200 Jahre jüngeren Moschee gehört.

Zuguterletzt verfügt Balakən über einen großen und lebendigen **Basar**, er liegt links der Hauptstraße. Generell ist das 25 Kilometer entfernte Zaqatala der weitaus attraktivere Ort.

Zur **Weiterfahrt nach Georgien** muss man den Tbilisi-Schildern folgen, die nördlich des Zentrums bis zur Grenze in Postbina führen. Ohne eigenen Wagen kommt man am besten mit einem Taxi für etwa zehn AZN zur Grenze, um von der anderen Seite ein Taxi nach Lagodechi zu nehmen. Von dort aus fahren Busse nach Tbilisi. Berichten zufolge ist die Grenze hier schneller passierbar als bei der Roten Brücke westlich von Qazax.

Bei Balakən

▸ Karte S. 184

Balakən

Vorwahl: 024.

Alle paar Minuten fahren Busse von/nach **Zaqatala**. Die Fahrt dauert etwa 40 Min. und endet und beginnt in Balakən in einer Seitengasse der H. Əliyev küç, nicht weit vom Türk Restoranti.

Busse nach **Baku** halten jenseits der Brücke vor dem Ortseingang unweit der AZ-Petrol-Tankstelle um 8, 8.30, 9, 9.20, 12, 13 und 14 Uhr. Vom Busbahnhof in Baku starten Balakən-Busse um 9, 10, 10.30, 12.15, 13.30, 15.30 und 16.30 Uhr.

Der Bahnhof liegt 5 km südöstlich vom Ort ohne Busverbindung. Der Nachtzug nach Baku fährt um 18.10 Uhr. Abfahrt in Baku 21.15 Uhr.

AZ-Petrol-Motel, H. Əliyev küç., Richtung Zaqatala, Tel. 2952401. Neue, saubere Zimmer für 7 AZN/Person inkl. Frühstück, mit Geldautomat und Tankstelle vor der Tür. Praktisch für den morgendlichen Baku-Bus. Chef Mharram spricht kein Englisch, serviert bei Bedarf aber auch noch spät nachts ein Abendbrot.

Qubek-Hotel, S. Qozalov küç. Tel. 050/4929272, www.qubekhotel.az. Saison- und verhandlungsabhängig DZ ab 45 AZN inkl. WLan. Neues, großes 4-Sterne-Hotel mit Pool, Bergblick und gutem Restaurant direkt im Zentrum. Sehr angenehm.

Güney Doğu, beliebtes türkisches Restaurant im Park mit dem üblichen Schaschlik-und-Co.-Angebot und Sommerterrasse.

Türk Restauranti, H. Əliyev küç. Zentral, mit üblicher Auswahl.

Das Regionalmuseum im Park ist von äußerst beschränktem Interesse.

Auf dem Basar in Balakən

»Gieße mir Wein ein, wenn du nahst,
Und komme in das Schlafgemach von Nizami.«

Nizami

Der Westen

Gəncə und Umgebung

Die alte Stadt Gəncə (Gändschä) ist der Nabel des westlichen Landzipfels zwischen Georgien und Armenien und die Heimat des vielgepriesenen Dichters Nizami. Ihr bergiges Umland mit seinen weiten Tälern ist bekannt für Weinanbau und gehörte im 19. Jahrhundert als ›Elisavetpol‹ lange zu Tbilisi, zu dem es bis heute in enger Verbindung steht. Touristen schenken dieser Gegend meist weniger Aufmerksamkeit als etwa den nördlicheren Regionen der Republik, obwohl sie ein interessantes, wenngleich bislang kaum ausgeschöpftes Potential hat. Dazu gehören die Spuren deutsch-kaukasischer Vergangenheit, auf die man hier vielerorts stößt, und zu deren Erkundung die Stadt Gəncə eine gute Basis bietet. Göygöl, Tovus, Şəmkir und Çinarlı waren ursprünglich deutsche Siedlungen, und auch im landschaftlich sehr schönen Gədəbəy sowie im gewässerreichen Mingəçevır gibt es sichtbare Spuren deutscher Vergangenheit. Ein Hemmnis für Exkursionen in die attraktivsten Regionen des Kleinen Kaukasus ist die Nähe zu den armenisch besetzten Gebieten. Der schöne Bergsee Göygöl am Fuße des Bergs Kyapaz ist bislang kaum zugänglich, und Hacikənd, potentiell ein grandioser Kurort, zum Flüchtlingslager degradiert.

Schlussendlich ist da noch die gähnend langweilige Strecke, die man von Baku bis Gəncə zurücklegen muss. Es wird unbedingt geraten, das Stück dröge Steppe und Salzwüste zwischen Ələt und Yevlax zu meiden. Auch lokale Fahrer bevorzugen die nördlichere Strecke über Şamaxı und den Ağsu-Pass, um dann über Ağdaş Richtung Gəncə zu fahren. Oder, noch besser, man steigt in Baku in den Nachtzug, um morgens frisch in Gəncə anzukommen. Wer mit dem Auto und viel Zeit von Baku nach Georgien will, sollte generell erwägen, die längere, aber landschaftlich unendlich viel reizvollere Strecke über Şəki zu

Blick auf den Göygöl-See

▲ Karte S. 213

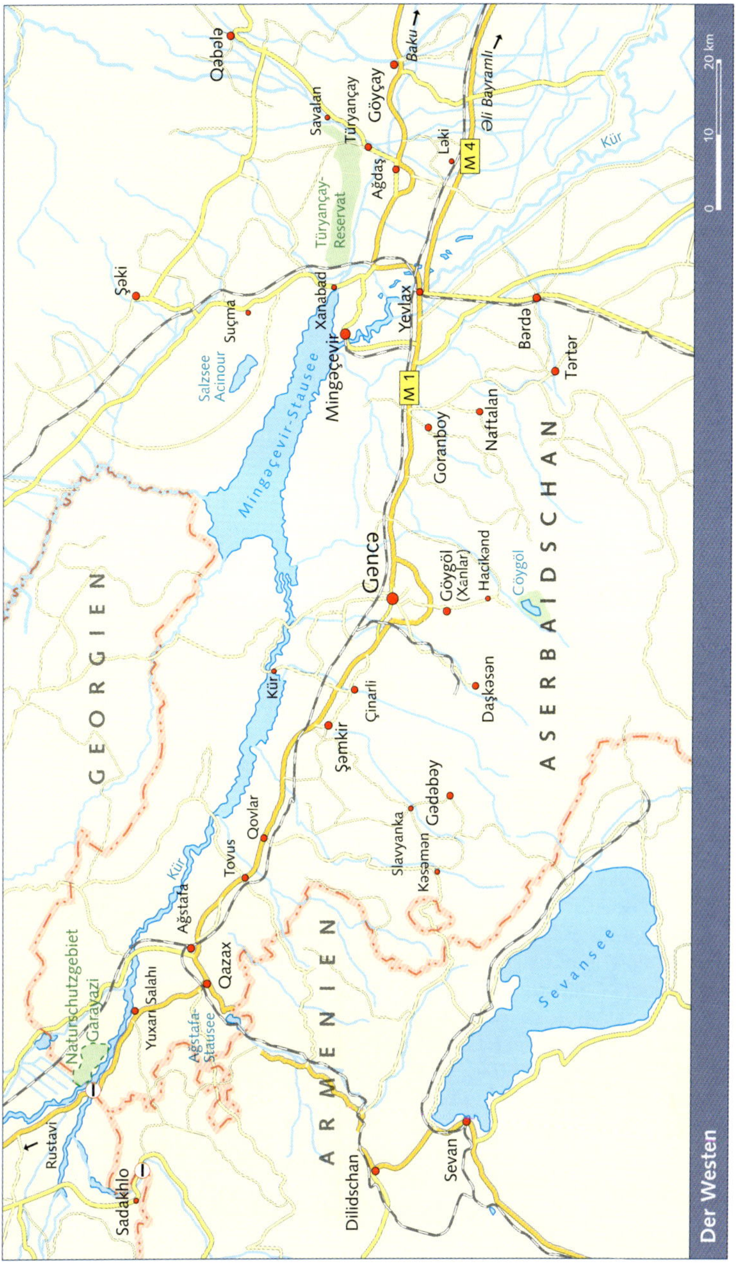
Qəbələ
Şəki
Savalan
Türyançay
Göyçay
Baku
Türyançay-Reservat
Ağdaş
Ləki
M 4
Əli Bayramlı
Kür
Xanabad
Suçma
Salzsee Acinour
Mingəçevir
Yevlax
Bərdə
Tərtər
Mingəçevir-Stausee
M 1
Goranboy
Naftalan
ASERBAIDSCHAN
Gəncə
Göygöl (Xanlar)
Hacikənd
Cöygöl
GEORGIEN
Kür
Çinarli
Daşkəsən
Şəmkir
Gədəbəy
Slavyanka
Kəsəmən
Qovlar
Tovuz
Kür
Ağstafa
Naturschutzgebiet Qarayazi
Qazax
Yuxarı Salahlı
Ağstafa-Stausee
ARMENIEN
Sevansee
Rustavi
Sadakhlo
Dilidschan
Sevan
0 10 20 km
Der Westen

wählen, um dann bei Balakən die Grenze zu passieren. Im Folgenden ein Streifzug durch die Gəncə-Region von Ost nach West.

Gəncə

Mit gut 300 000 Einwohnern ist Gəncə die zweitgrößte Stadt Aserbaidschans. Im Mittelalter war sie ein bedeutendes Kultur- und Handelszentrum und Heimat des berühmten Poeten Nizami, den landesweit beinahe so viele Denkmäler und Straßennamen ehren wie Heydar Aliyev. Gəncə liegt auf beiden Seiten des Gəncə-Flusses am Fuße des Kleinen Kaukasus und bietet neben einigen historischen Sehenswürdigkeiten relativ viel Grün, wobei trotz seiner Größe und mehrerer Hochschulen ein ausgesprochen provinzielles Flair herrscht. Gut eignet sich Gəncə als Basis für Ausflüge zu den ehemals deutschen Siedlungen im Umland und zum Göygöl-See, sofern der Zutritt gewährt wird. Eine optimale Möglichkeit, die mäßig spannenden 400 Kilometer von und nach Baku zu überbrücken, ist der allabendliche Baku–Gəncə-Nachtzug.

Gəncə rühmt sich einer 2000 Jahre alten Geschichte mit mehrfacher Zerstörung durch schwere Erdbeben und die Mongolen. Der Blütezeit im 12. Jahrhundert folgte ein neues Erwachen als religiöses und ökonomisches Zentrum im 17. Jahrhundert unter persischem Einfluss, und 1747 wurde Gəncə zur Hauptstadt eines eigenständigen Khanats. Nach der russischen Eroberung 1804 wurde der Khanat aufgelöst und Gəncə zu Ehren der Frau Zar Alexanders I. Elisavetpol genannt. Unter seinem ursprünglichem Namen fungierte es von 1918 und 1920 als provisorische Hauptstadt der kurzlebigen unabhängigen Republik, um unter den Kommunisten, in Angedenken

▸ Karte S. 213

Das Rathaus von Gəncə

an Stalins ungemütlichen Helfer Kirov, als Industriestadt Kirovabad wiedergeboren zu werden. Seit 1989 heißt Gəncə offiziell wieder Gəncə. An die Sowjetzeit erinnert eindrücklich das Rathaus im Stalin-Stil, vor dem lange ein steinerner Lenin stand. Lenin ist verschwunden, stattdessen gibt es nun ein Heydar-Alieyev-Museum nebenan.

■ Sehenswertes

Neben dem weiten Zentralplatz (einst Leninplatz) mit seinen großen Fontänen ragen blau die Minarette der großen Juma- alias **Schah-Abbas-Moschee** auf. Sie wurde ursprünglich zu Beginn des 17. Jahrhunderts erbaut, als die Einwohner Gəncəs in die neue Stadt übersiedelten. Der architektonisch raffinierte Bau versteckt sich in einem geschlossenen Hof und wirkt innen durch die großen Bögen, die die Räume miteinander verbinden, sehr monumental. Besonders attraktiv sind die bunten Şəbəkə-Fenster, durch die ein sanftes Licht einfällt. Nachdem der Khan von Qarabağ die Mo-

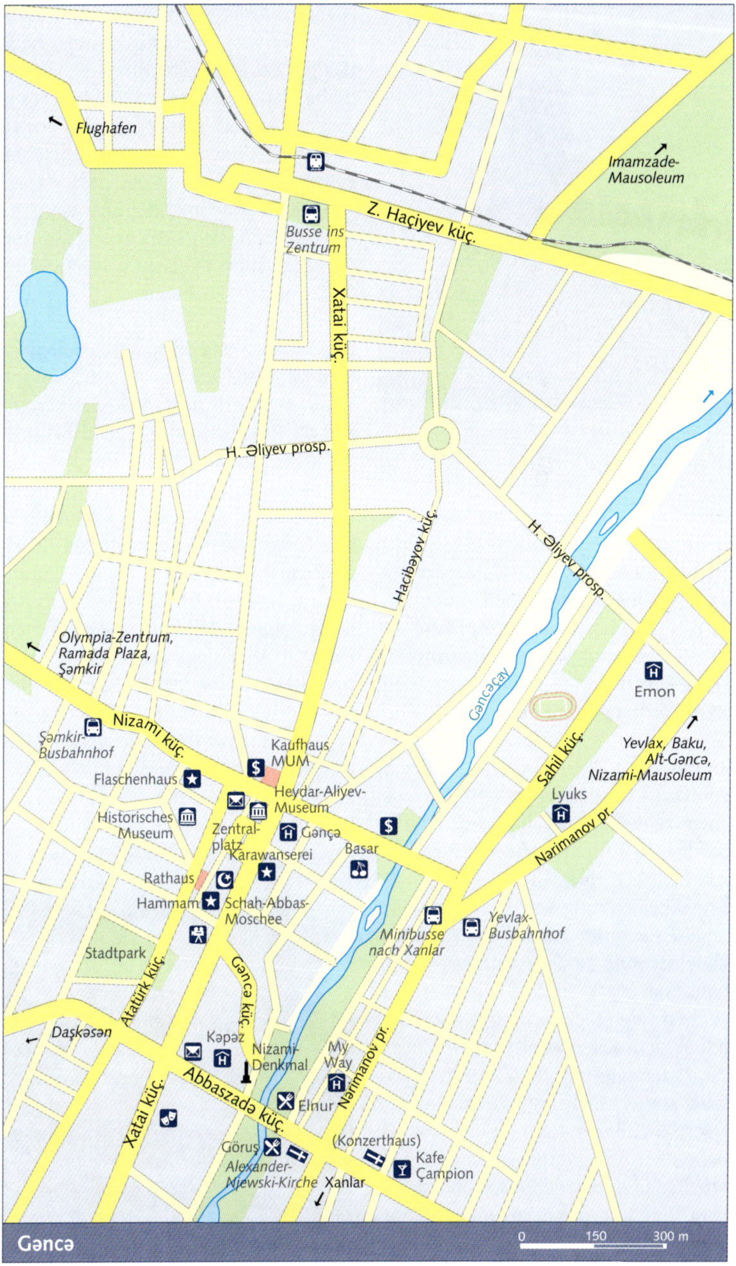
Flughafen
Imamzade-Mausoleum
Z. Haçiyev küç.
Busse ins Zentrum
Xatai küç.
H. Əliyev prosp.
Hacibəyov küç.
H. Əliyev prosp.
Olympia-Zentrum, Ramada Plaza, Şəmkir
Gəncəçay
Emon
Nizami küç.
Şəmkir-Busbahnhof
Kaufhaus MUM
Yevlax, Baku, Alt-Gəncə, Nizami-Mausoleum
Sahil küç.
Flaschenhaus
Heydar-Aliyev-Museum
Lyuks
Historisches Museum
Zentral-platz
Gənçə
Narimanov pr.
Karawanserei
Basar
Rathaus
Hammam
Schah-Abbas-Moschee
Yevlax-Busbahnhof
Minibusse nach Xanlar
Stadtpark
Atatürk küç.
Gəncə küç.
Daşkəsən
Kəpəz
Nizami-Denkmal
My Way
Nərimanov pr.
Abbaszadə küç.
Xatai küç.
Elnur
(Konzerthaus)
Görüş
Kafe Çampion
Alexander-Njewski-Kirche
Xanlar
Gəncə
0
150
300 m

Der Westen

Die ehemalige Kirche dient als Puppentheater

schee im 19. Jahrhundert zerstört hatte, wurde sie 1885 neu aufgebaut.
Unweit steht ein alter **Hammam** aus dem 17. Jahrhundert, und schräg gegenüber, neben dem Gəncə-Hotel, erstrahlt pink getüncht eine **Karawanserei**, in die künftig ein Museum nebst Touristeninformation einziehen soll.
Die einst deutsche **Alexander-Njewski-Kirche** kann sich glücklich schätzen, immerhin noch als Puppentheater genutzt zu werden, während nicht weit davon eine attraktive **armenische Kirche** zusehends zerfällt.
Eine Abwechslung vom Hammam-Moschee-Programm ist Gəncəs **Flaschenhaus**. Ibrahim Jafarov hat sein Wohnhaus mit fast 50 000 Glasflaschen verziert. Versteckt in der Dekoration findet sich das Portrait seines Bruders Yusif, der nicht aus dem Zweiten Weltkrieg zurückkehrte. An ihn ist auch die Nachricht an dem Haus gerichtet: ждем bedeuetet ›Wir warten‹. Um das Haus erhalten und renovieren zu können, verkauft Ibrahims Sohn im Untergeschoss Süßigkeiten.

Ein attraktiver Spaziergang führt entweder in den uralten **Stadtpark sadar baği** (Garten des Statthalters), dessen ›gigantische Platanen‹ bereits 1820 vom Franzosen Gambat gelobt wurden, oder durch die Gəncə küçesi, eine belebte Fußgängerzone, zum Fluss, dessen Ufer gen Süden zunehmend grüner werden. Abends trifft sich Gəncəs Jugend zur Fontänen-Show mit Licht und Musik am Platz vor dem **Rathaus**.

Alt-Gəncə und Nizami-Mausoleum

Fünf Kilometer vor den Toren der Stadt liegen in einem militärischem Sperrgebiet die Reste des alten Gəncə. Sie sind geradezu unsichtbar im Vergleich zu dem benachbarten Nizami-Mausoleum, das 20 Meter hoch und in einem schikken Marmormantel gehüllt seit 1991 über dem Grab des großen Dichters Nizami (1141–1209) aufragt. Die Metallskulpturen dahinter stellen Szenen aus dem Werk des Poeten dar – verfremdet vor moderner Kulisse, denn im Hintergrund winkt die Alu-Schmelze. Anfang 2012 wurde die Anlage rund um das Mausoleum restauriert und großzügig mit Granitplatten, Wasserbecken, Fontänen und Bäumen geschmückt.

Die Juma-Moschee

▲ Karte S. 213

Imamzade-Mausoleum

Nördlich von den Ruinen Alt-Gəncəs steht ein attraktiver Ziegelbau mit blauen Kuppeln, umgeben von einem Friedhof. Dies ist die Imamzade, ein Mausoleum und Teil eines kultischen Zentrums, das einst komplett von einer Mauer umgeben war. Bei einer Restauration im 19. Jahrhundert wurde eine Tafel angebracht, die besagt, dass dies die Ruhestätte des im 8. Jahrhundert verstorbenen Imam Mohammed Bagira ibn Ibrahim sei, dessen sterbliche Reste im Inneren hinter schwarzen Vorhängen ruhen. Allerdings gibt es einige Experten, die dies bezweifeln. Fest steht, dass die Imamzade mehrfach erneuert wurde, unter anderem 1879, weil der streng religiöse Jadigarsade mit den Inhalten der kufischen Inschrift nicht zufrieden war. Prompt ließ er die ganze Kuppel niederreißen und ersetzen. Nach wie vor ist die Imamzade ein bedeutendes muslimisches Heiligtum, das derzeit erneut saniert wird. Am besten erreicht man sie nicht über die Baku-Straße, sondern nördlich vom Bahnhof über das Dorf Aznixi.

Gəncə

Vorwahl: 022.

Touristeninformation, Şeyx Bahaddin küç. 59, Tel. 252 33 83, Direktor Rahimov.

Der Bahnhof liegt 4 km nördlich vom Zentrum am Ende der Xətai küç. Marschrutka Nr. 1 fährt von dort in die Stadtmitte.

Eine äußerst bequeme Option ist der **Baku-Gəncə-Nachtzug:** Abfahrt 20.45 (nach Tbilissi) 22.05 und 22.20 Uhr in Baku. Ein kupe-Ticket kostet derzeit 10 AZN. Alternativ fährt tagsüber ein nicht sehr schneller Schnellzug um 7.20 in Baku und um 15.30 in Gəncə los. Fahrtdauer knapp 7 Stunden.

Minibus Nr.1 fährt vom Bhf. ins Zentrum, Nr. 20 vom Basar über MUM (Kaufhaus) bis zum Olympia-Komplex. Am ›**Yevlax**‹-**Busbahnhof** muss man, anders als sonst, jede Fahrkarte am Schalter kaufen, sonst wird man nicht mitgenommen!

Zwischen 6.30 und 18.30 Uhr fahren halbstündlich Busse nach **Baku**. Nach **Bərdə** um 10.10, 12.50, 13.30 und 15 Uhr. 8 x tägl. nach **Mingəçevır** und 5 x nach **Naftalan**, 3 x nach **Şəki** um 8.20, 13.45 und 16.30 Uhr. Ein Rückfahrkarte nach **Istanbul** kostet 99 AZN. Fünf Fußminuten entfernt fahren regelmäßig Marschrutkas nach **Göygöl** ab. Zudem fahren vom **Şəmkir-Busbahnhof** zwischen 7.20 und 14.40 Uhr alle 20 min. Minibusse von/nach Şəmkir und weitere nach Tovus, Gədəbəy, und Daşkəsən.

Täglich um 9.55 fliegt AZAL von Baku zum kürzlich ausgebauten Gəncə-Flughafen (Code KVD). Zurück geht es jeweils um 11.55 Uhr, Flugdauer 1 Stunde, 40 AZN einfacher Flug. Tickets kann man online bei Azal (www.azal.az) buchen. Flüge von/nach Naxçıvan kosten aktuell 39 AZN. Internationale Flüge gehen nach Moskau, St. Petersburg, Kiew und Istanbul. Es gibt keinen Bus zwischen Flughafen und Stadtzentrum.

Gəncə, Xətai küç. 155, Tel. 256 51 18. 60 AZN für ein 3-Sterne-DZ mit harten Matratzen, Duschkabine und kleinem Balkon. Frühstück kostet 3 AZN (im

Sommer im Hof). Saniertes Vorzeigehotel der Sowjet-Ära in zentralster Lage, aber kein Englisch. Organisiert Stadtführungen und Ausflüge ins Umland.

Lyuks, Nərimanov pr. 42, Tel. 2544652. 16 DZ zu je ca. 20 AZN, einfach mit Badewanne, TV, oben teilweise mit Balkon. Mäßig sauber und funktional, aber bar jeder Ästhetik (Vorhänge!) eingerichtet. Alternative: plüschige Suite mit Jaccuzzi. Im Hinterhof gibt es ein wenig gemütliches Café. Nur 5 Fußminuten zum Busbahnhof, aber ein langer Weg ins Zentrum.

Emon, Kreuzung H. Aliyev küç/ F. Əmirov küç. (beim Restaurant Planet), Tel. 055/2007466, www.emon-hotel.com; 4 Sterne, schöne Zimmer ab 70 Euro. Von außen eher bescheiden, innen sehr schick.

My Way, A. Isqandarov küç. 59, Tel. 671019, www.myway-hotel.com; EZ 110, DZ 140 AZN im eleganten Backsteinbau. Kleine Zimmer, Pool, Bar, WiFi.

Ramada Plaza, Nizami küç. 237, Tel. 2670005; ab 120 AZN, 5-Sterne, freundl. Personal, große Zimmer, Pools und Sauna gut, aber nur bis 22 Uhr geöffnet. Essen mittelmäßig. 5–10 Automin. ins Zentrum.

Elnur, Axmad Camil küç., Tel. 2569729, direkt am Fluss gelegen mit Terrasse und Aussicht, eine beliebte Wahl. Tägl. 12–22 Uhr. Das **Göruş** liegt gegenüber mit guter Küche und netter Atmosphäre.

Historisches Museum, Atatürk küç. 244. Tägl. 11–19 Uhr, Eintritt 2 AZN. Im 1. Stock gibt es einige Souvenirs aus der deutschen Kolonie Helenendorf (Göygöl). Außerdem archäologische Funde und ein Modell des alten Gəncə, beschriftet fast ausschließlich auf aserbadschanisch. Im OG politische Geschichte des 19. und 20. Jahrhunderts mit sehr eigenwilligen Nationalgemälden des Künstlers Faiq, dazu ein paar Teppiche und eine Mannschaft adretter weiblicher Angestellter, die für die seltenen Besucher gern das Licht einschalten.

Kafe Çampion, Ecke Abbaszade-/ Nərimanov küç. Disco auf Aserbaidschanisch mit Russenpop aus krächzenden Lautsprechern in düsterem Kellerraum.

Mingəçevır

Mingəçevır (Mingetschewir; auch Mingechaur), mit etwa 100000 Einwohnern Aserbaidschans viertgrößte Stadt, wird allgemein unterschätzt. Hier einige ihrer Superlative: Mingəçevır liegt hinter einem der höchsten Staudämme Europas sowohl am größten See als auch am bedeutendsten Fluss Aserbaidschans. Zudem ist die Stadt dank ihrer Gründung zu Sowjetzeiten ungewöhnlich wohlstrukturiert und verfügt über ein klares Design.

An den Ufern des Flusses Kür kann man gut spazieren, beschaulich übernachten und preisgünstig frischen Fisch essen, während es am Stausee Badestrände mit Aussicht auf die umliegenden Berge gibt. In der Stadt selbst lohnt ein Schlenker zum **Theater** unweit der großen **Moschee** und dem **Denkmal des unbekannten Soldaten**.

Im **Regionalmuseum** stößt man auf Fundstücke, die bei archäologischen Untersuchungen im Gebiet des Sees gefunden wurden und belegen, dass hier

▲ Karte S. 213

bereits vor über 2000 Jahren eine Siedlung existiert haben muss. Die jetzige Stadt wurde jedoch erst in den 40er Jahren angelegt, und zwar mit Hilfe 10 000 deutscher Kriegsgefangener, die vor allem bei der Errichtung des Staudamms mitschaufeln mussten. Der dadurch entstandene über 600 Quadratkilometer große See staut das Frühjahrshochwasser des Kür und speist damit ein äußerst verzweigtes Kanalnetzwerk, das weite Landstriche bewässert und damit kultiviert hat. Das 1953 in Betrieb genommene Elektrizitätswerk hat Mingəçevir den verheißungsvollen Namen ›Stadt des Lichts‹ eingehandelt. Besonders hübsch ist der See im Abendlicht, wenn in ihm Richtung Georgien die Sonne versinkt. Ansonsten tummeln sich nur einige kleine Fischerboote auf dem Gewässer, was erstaunt, denn landschaftlich gesehen böte es Potential für viel mehr. Die einzige touristische Unterkunft am Ufer mit fantastischem Seeblick ist derzeit von Vertriebenen aus Qarabağ bewohnt.

Mingəçevır ist zu weitläufig, um zu Fuß erkundet zu werden. Alle Innenstadtbusse halten am Busbahnhof und am Eingang zur Stadt.

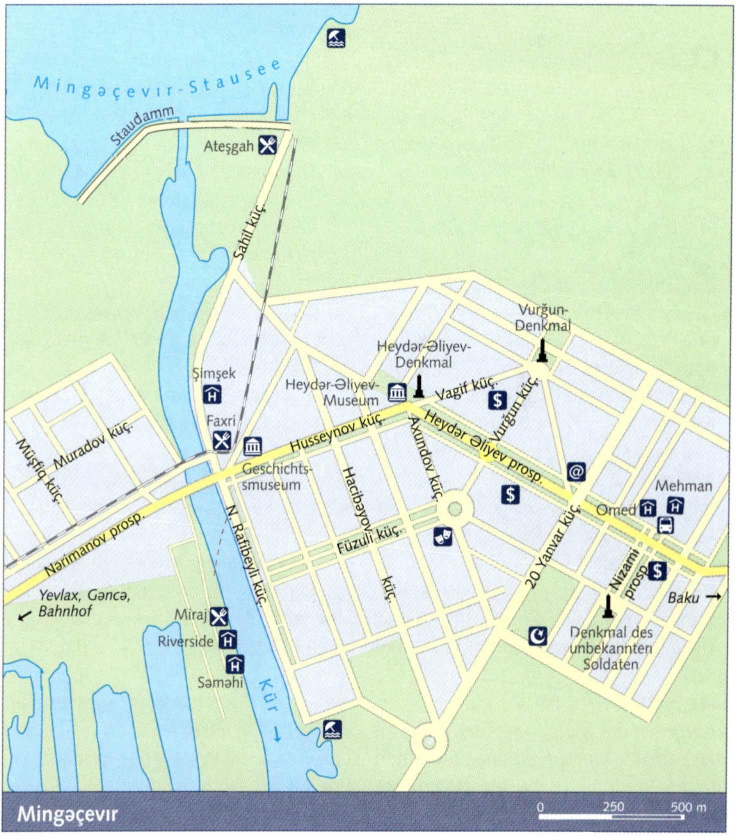

Der Westen

Mingəçevır

Vorwahl: 024.

Vom zentralen Busbahnhof aus fahren Busse nach **Gəncə** um 8, 9, 9.50, 12 und 17 Uhr, nach **Lənkəran** um 8.30 Uhr, **Ağdaş** stündlich von 7–16.30 Uhr, **Qəbələ** um 11 Uhr, **Şəki** um 7, 10, 13 und 16 Uhr, **Zaqatala** um 8.40 Uhr. Nach **Əcami** 13 Uhr Marschrutka.

Busse nach **Baku** fahren um 7.30, 8, 8.30, 9.30, 10 und 11 Uhr (ca. 7 Std.), dazu gibt es regelmäßige Minibusse am Denkmal des unbekannten Soldaten.

Der Zug von Baku startet um 17 Uhr, um um 22.45 Uhr in Mingəçevır anzukommen. Um 7 Uhr fährt er wieder ab. Der Bahnhof liegt außerhalb der Stadt, wird aber – manchmal – von Stadtbussen angefahren.

Lauschige Unterkünfte am grünen Kür-Ufer:

Səməhi-Motel, Tel. 2742998/ 2741416. 30 AZN für ein Zimmer mit eigenem Pool! Fast nur aus Schwimmbad bestehen die kleinen Hütten, angefügt sind zwei kleine Einzelzimmer mit lauter Klimaanlage und TV. Schön grotesk. Direkt am Fluss, jedoch ohne Flussblick, aber mit Sauna. Ohne all dies ab 7 AZN/Pers. im einfachen DZ.

Şimşek, Tel. 2743730. Ältere und neuere Bungalows 20–25 AZN. Alle mit eigener (einfacher) Sauna, Bad und mäßig funktionierender heißer Dusche, einige zusätzlich mit geräumigem Wohnzimmer. Man speist in besonders idyllischer Flusslage unter knisternden Hochspannungsleitungen, die man aber mit etwas Phantasie für zirpende Grillen halten kann. Das Essen ist gut und reichhaltig.

River Side, H. Hüseynov küç., Tel. 2749373. 30 moderne, komfortable DZ ab 120 AZN inkl. Saunanutzung; Freibad, Flussblick, Bootsverleih, Massagen.

Zentral am Busbahnhof gibt es zwei kleine Pensionen:

Mehman, Tel. 2756920 (Mila). 6 AZN/ Pers. im 3er-Zimmer. Ohne eigenes Bad, aber sauber und verhältnismäßig ruhig.

Saşar Omed, Tel. 050/4988914. 5 AZN/Person. Drei Zimmer insgesamt, die zum Busbahnhof weisen. Mit kleinem Gemeinschaftsbad und ausdrücklich keiner Prostitution, wie die sympathische Betreiberin betont.

Gute Fischrestaurants findet man direkt am Kür-Ufer.

Das **Ateşgah-Restaurant** am Stausee bietet günstige lokale Küche.

Sicherlich freuen sich die Fischverkäufer an der Straße nach Şəki über Kundschaft: Weit ausgestreckte Arme sind das Zeichen für frischen Fisch (und kleine Fischlein, auch wenn die Geste es anders vermuten lässt).

Der Salzsee Acinour

▸ Karte S. 213

Im Norden des Mingəçevır-Stausees ruht der Salzsee Acinour in einer einsamen Steppenlandschaft, die ob ihrer Leere anfällig ist für Fata Morganas. Im Sommer gleicht der trockene Salzsee einer weißen Schneefläche, doch im Winter füllt er sich mit Wasser und lockt Flamingos an, die hier bis zum frühen Sommer ausharren (tatsächlich, sie sind kein Trugbild!). Als Nahrung dienen ihnen Kleinkrebse, von denen der See nur so wimmelt. Man erreicht Acinour, indem man von der Şəki-Straße direkt vor dem verschlafenen Örtchen Suçma schräg links auf die schmale Asphaltstraße abbiegt. Zunehmend wird der Asphalt schlechter, und ein Stück ist ganz weggebrochen. Wegen dieser zehn Meter braucht man unweigerlich einen Jeep. Die Piste führt keineswegs direkt zum See, der ständig trügerisch herüberlacht, sondern beschreibt einen Bogen um ihn herum, so dass man sich zu Fuß oder per Jeep selbst einen Weg schaffen muss.

Ağdaş und Yevlax

In **Ağdaş** (Agdasch) gibt es eine Handvoll hübscher Ziegelhäuser aus dem 19. Jahrhundert, dazwischen eine unauffällige Karawanserei und ein nicht minder unauffälliges Hotel. Weitaus attraktiver ist die Umgebung. Die Straße Richtung Qəbələ wird zunächst zur Allee zwischen minarettartig aufragenden Bäumen und führt anschließend, bis zum Ort Savalan, durch eine imposante Canyon-Landschaft, deren erosionsgeformte Hügel mit Wäldern bewachsen sind. Sie gehören zum 1958 gegründeten **Türyançay-Reservat**, in dem sich verschiedene Geier- und Adlerarten beobachten lassen. Das Reservat reicht von Mingəçevır bis Göyçay und wird sowohl von engagierten Rangern geschützt als auch von giftigen Schlangen, die hier im Sommer vermehrt auftreten.

In entgegengesetzter Richtung kommt man nach **Yevlax** (Jevlach), einen gänzlich belanglosen Ort, dessen einzige Attraktion ein **überdimensionaler Lenin aus Stein** ist. In zwei Hälften geteilt, wurde er zwischen Industrieschrott am Ortsrand abgestellt und harrt dort vor der Kulisse der Şəki-Berge besserer Tage. Wer ihn besuchen will, wählt am Kreisverkehr mit AZ-Petrol-Tankstelle die Hauptstraße gen Westen und biegt vor deren Anstieg bei letzter Gelegenheit rechts in eine Seitenstraße ab. Etwa 200 Meter nach Überqueren der Bahngleise wird Lenin linker Hand sichtbar – wenn er nicht von Müll verdeckt ist. Im Zweifelsfall vor Ort fragen: Lenin hardadir? (Wo ist Lenin?)

Bərdə und Tərtər

Bərdə (Bärdä) und Tərtər (Tärtär) waren einst wohlhabende Handelsstädte, die heute zu unscheinbaren Provinzstädten unweit der Waffenstillstandszone geschrumpft sind. Im 7. Jahrhundert war Bərdə Sitz der christlichen Kirche und König Cavanşirs, der das kaukasische Albanien gegen die Sassaniden, Byzanz und die Araber verteidigte.

Die vielleicht erstaunlichste Begebenheit in Bərdəs Geschichte war der Einfall von Wikingern (!) im 10. Jahrhundert. Über die Wolga, das Kaspische Meer und die Kür segelten sie bis hierher, um sich zwei Monate später von den inzwischen mobilisierten Truppen des Emirs wieder in die Flucht schlagen zu lassen. Es folgten Zerstörungen durch Erdbeben, die Mongolen und schließlich 1736 durch den iranischen Schah Nadir.

Seitdem ist Bərdə ein kleiner Ort mit ein paar Baudenkmälern, die an seine große Geschichte erinnern. Zu den Hauptattraktionen Bərdəs zählt das hohe **Nuşabe-Mausoleum** aus dem 14. Jahrhundert, das mit seinen türkisfarbigen Kacheln an das Momine Khatun-Mausoleum in Naxçıvan erinnert. Die nicht weit entfernt aufragende **Imamzade-Moschee** (18. und 19. Jahrhundert) mit ihren vier Minaretten war und ist ein wichtiger Pilgerort. An der Nizami küç. 110 befindet sich der Kulturpalast mit dem Regionalmuseum. Sowohl in Bərdə als in Tərtər muss man wegen der Nähe zum besetzten Gebiet mit Polizei- und Militärkontrollen rechnen.

In **Tərtər** ist allein die Juma-Moschee aus dem 19. Jahrhundert von Interesse.

Ölbad in Naftalan

Im Öl schwimmen – hier kann man es wahr machen! Naftalan war einst ein schicker sowjetischer Kurort, zu dem jährlich mehrere tausend Kranke pilgerten, um im Öl badend Linderung zu finden. Schon Marco Polo erwähnte das einzigartige ›weiße‹ Öl Naftalans mit seiner Heilwirkung, und über die Seidenstraße fand es den Weg bis nach Indien und China.

Im 19. Jahrhundert bemühte sich eine deutsche Gesellschaft um die Vermarktung in Europa, und im Russisch-Japanischen Krieg (1904–1905) heilten die Japaner ihre Wunden mit dem Wunderöl der Feinde. Wörtlich übersetzt heißt Naftalan ›das Öl nehmen‹, und genau das wird hier gemacht. Das lokal geförderte Öl ist zu schwer für den Erdölmarkt, kann aber sehr wohl Schuppenflechte, Rheuma und Artritis lindern. Nach dem Zerfall der Sowjetunion wurden die meisten Sanatorien geschlossen, da Subventionen und russische Gäste ausblieben. Stattdessen zogen Flüchtlinge und Binnenvertriebene aus Qarabağ ein, von denen bis heute über 2000 in einigen Gasthäusern ausharren.

Gleichzeitig mausert sich Naftalan mit sorgfältig angelegten Grünanlagen, einem Entertainment Center und neuem Fitness Club zunehmend zur Wellnessoase für Gutbetuchte. Das in die Jahre gekommene, große Chinar-Sanatorium wurde zum 5-Sterne-Betrieb umgestylt, und an seine Seite sind zahlreiche neue Kurhotels gerückt, die vornehmlich wieder Russen ins Ölbad locken. Die Prozedur sieht vor, dass man täglich mehrmals für etwa zehn Minuten bis zum Hals in einer Wanne lauwarmen Öls verschwindet.

Naftalan

Vorwahl: 022.

Kuraufenthalte in Naftalan sind online zu buchen auf der Seite www.naftalan.biz, oder bei MediPRO in Baku, (Zardabi küç. 96, Tel. 050/5702000, info@medipro.az)

Minibusse fahren unregelmäßig nach **Tərtər**, **Mingəçevir**, **Gəncə** und **Goranboy** (4 AZN).

Möcüzəli Naftalan, Nizami küç. 20, Tel. 3523165; Seriöses Kurhaus mit relativ moderaten Preisen.

Naftalan, Şirvan pr. 31, Tel. 3523038, DZ ca. 35–70 AZN. Zimmer mit Klimaanlage, TV, Kühlschrank, Sitztoilette und Ölgeruch. 2-Wochen-Kur: je nach Zimmer 300–500 AZN inkl. Verpflegung im hellen, sauberen Restaurant.

Chinar-Sanatorium, Tel. 3521200. 2-Wochen-Kur: EZ ab 1000 AZN, DZ ab 1500 AZN inkl. Vollpension. Viel beworbener Luxus-Tempel. Das beste daran ist der Fahrradverleih!

Im kleinen Ort gibt es ein Museum, in dem die nicht mehr benötigten Krükken all jener ausgestellt sind, die Naftalan geheilt verlassen haben. Das Regionalmuseum befindet sich in der Gurbanov küç.

Karte S. 213

Deutsche Siedler in Aserbaidschan

Württemberg zu Beginn des 19. Jahrhunderts: Die Napoleonischen Kriege, feudale Willkür und Despotie, Missernten und Hunger sowie Verfolgung wegen religiöser Überzeugung bestimmen den Alltag der einfachen Leute im Schwabenland. Eine Lösung wäre Auswandern – doch wohin? Da kam ein verlockendes Angebot aus Russland. Zar Alexander I., Sohn der württembergischen Prinzessin Sophia, verspricht den gebeutelten Schwaben eigenes Land, Religionsfreiheit und Befreiung vom Kriegsdienst, wenn sie den Südrand seines Reiches besiedeln. Und so kam es, dass sich 1816/17 weit über tausend protestantische Familien auf den Weg machten, um per Planwagen entlang an der Donau über Wien und Belgrad bis in den Kaukasus zu ziehen. Die Strapazen müssen ungeheuerlich gewesen sein, und viele erreichten nie ihr Ziel. Auch durfte nicht jeder fahren, denn die russische Regierung verlangte Kenntnisse im Weinbau, Handwerk oder in der Viehzucht und zudem eine Familie und einen gewissen Mindestbesitz.

Etwa 500 der deutschen Neusiedler ließen sich in der Nähe von Gəncə nieder und gründeten 1819 eine erste Kolonie namens Helenendorf (heute Göygöl). Kurz darauf entstanden die Nachbarkolonien Annenfeld (Şamkir), Georgsfeld (Çinarlı) und Traubenfeld (Tovus), so wie weitere kleine Kolonien deutschen Ursprungs: Geschniegelte kleine Orte mit breiten Straßen, Apfelbäumen und ziegelbedachten sauberen Häuschen, dazu im Zentrum eine hübsche Kirche. 1942 gab es in Helenendorf eine erste deutsche Schule.

Die Hauptbeschäftigung der fleißigen Kolonisten war der Weinbau, der zur Quelle ihres Wohlstands und Ansehens wurde, und so findet man bis heute unter jedem der Kolonistenhäuser große Weinkeller.

Mit dem Ersten Weltkrieg begann sich das Schicksal der Siedler zu wenden. Der öffentliche Gebrauch der deutschen Sprache wurde untersagt, und man begann mit der Liquidation deutschen Besitztums. Stalins Landreform und die Massenverhaftungen der 30er Jahre führten dazu, dass viele Siedler emigrierten und nach Deutschland zurückkehrten. Die verbliebenen 20 000 in Aserbaidschan lebenden Deutschen wurden 1941 schließlich nach Kasachstan und Sibirien deportiert. Doch sie haben deutliche Spuren hinterlassen. Am eindrücklichsten begegnet man der kaukasusdeutschen Vergangenheit in Göygöl, wo bis vor nicht allzu langer Zeit einer der Nachfahren als ›lebendiges Souvenir‹ wohnte und der Nachwelt reiche Erinnerungen hinterlassen hat.

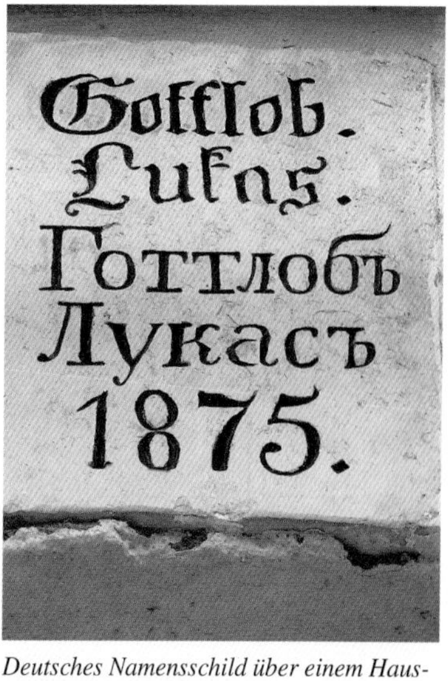

Deutsches Namensschild über einem Hauseingang

Göygöl

Wohlangelegte Straßen, ordentlich gesäumt von Bäumen und schmucken Häusern – Deutschland mitten im Kaukasus! Göygöl wurde 1819 als Helenendorf gegründet und war die bedeutendste deutsche, genauer gesagt schwäbische Kolonie Aserbaidschans. Spezialisiert auf Weinanbau, brachte es der kleine Ort zu Wohlstand und Bekanntheit. 1916 wurde Helenendorf umbenannt in Elenino und bekam ab 1928 unter dem Namen Xanlar (so hieß ein aserbaidschanischer Revolutionär) zunehmend die Repressalien der Stalin-Ära zu spüren. Zwar erlebte das Dorf in den 30er Jahren dank der ertragreichen Wein und Kognak produzierenden Genossenschaft ›Konkordija‹ noch eine kurze Blüte, doch 1941 wurden Xanlars Schwaben, insofern sie nicht bereits ausgereist oder verhaftet waren, nach Zentralasien und Sibirien deportiert. Stattdessen siedelte man Armenier an.

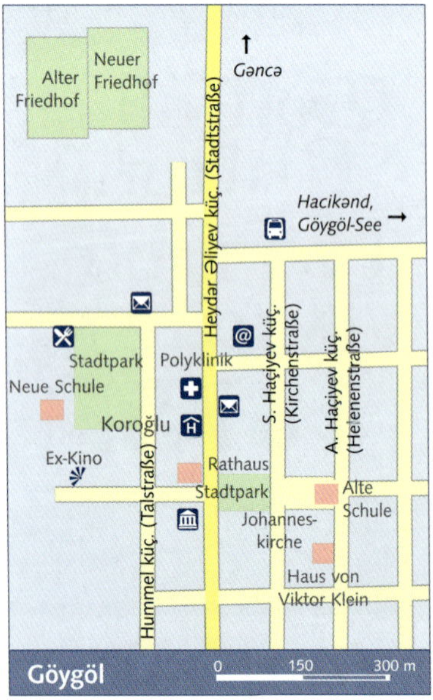

▸ Karte S. 213

Der Ort wurde Ende 2008 erneut umbenannt, diesmal in Göygöl. Man hofft, dass der Ort durch den Bezug auf den See Göygöl in den Genuss erhöhter touristischer Aufmerksamkeit gelangt.

Heute leben in Göygöl etwa 5000 Aserbaidschaner, darunter zahlreiche Vertriebene aus Qarabağ, doch erinnert viel an die einstiegen Siedler, und es ist spannend, sich auf die Suche nach deren Spuren zu begeben.

Sehenswertes

Die **St. Johannes-Kirche**, 1845 im Zentrum der Siedlung nach Plänen des Architekten A.W. Eichler errichtet, wurde 2008 mit deutschen Entwicklungsgeldern saniert, nachdem sie lange als Sporthalle fungierte. Inzwischen läuten ihre Glocken wieder. Durch den Aliyev-Park (einst Gemeindeplatz) führt von dort ein Weg zur H.-Aliyev-Straße (ehemals Stadtstraße), die einige besonders attraktive und sorgfältig angestrichene **Kolonistenhäuser** säumen. Häufig finden sich an den Eingangstoren noch die Namen der ehemaligen Bewohner und unter den Häusern deren einst berühmte Weinkeller.

Das **Rathaus**, von dessen bräunlicher Fassade Heydar herunterwinkt, wurde von der Familie Vohrer als Gästehaus erbaut und 1918 als Militärlazarett genutzt. Besonders stattlich ist die **Polyklinik** im Haus Nr. 38. Die westlich verlaufende **Hummelstraße** hieß früher Talstraße, wurde aber zur Erinnerung an die bedeutende Familie Hummel und ›stellvertretend für alle tüchtigen Helenendorfer‹ (so eine Hinweistafel) umbenannt und mit blitzblanken Straßenschildern versehen – auf aserbaidschanisch und deutsch.

Den besten Blick auf die alte Brücke, an der früher die Eisenbahn hielt, gewährt ein Platz hinter dem gelb getünchten Ex-Kino.

Das ehemalige Haus der Familie Vohrer

Abends trifft man sich im **Stadtpark** oder schlendert die **Əliyev küçesi** entlang. Ihre bunte Beleuchtung verleiht Göygöl nachts ein Flair von Weihnachten in einer süddeutschen Kleinstadt.

An der Straße nach Gəncə liegt unübersehbar ein **Friedhof** mit einer interessanten Mischung exaltierter Grabmäler. Sehr viel unauffälliger ist der benachbarte **Friedhof Chanlar II**, auf dem deutsche Kriegsgefangene ruhen. Daneben findet man alte, teilweise restaurierte Schwabengräber, darunter jedoch auch ein neueres: Neben seiner Urgroßmutter Louise wurde hier 2007 Viktor Klein beigesetzt, einer der letzten Nachkommen der Einwanderer. Sein Haus in der Haçiyev küç. 46 (vormals Helenenstraße) soll zukünftig als Museum Zeugnis vom Leben der Schwaben im Ort geben. Damit verknüpft ist die Idee, das Dorf zum Zentrum einer ›Deutschen Weinroute‹ zu machen und vielleicht gar mit einer Wiederbelebung der Weinberge auch die deutsche Vergangenheit aufleben zu lassen. Ein Investor aus Baku kümmert sich derzeit um die Wiederbelebung der Vohrerschen Weinkeller, in denen künftig wieder Wein und Sekt gekeltert werden soll.

Der Westen

Göygöl

Vorwahl: 022.

Marschrutkas von **Gəncə** fahren ab ca. 7 Uhr alle 20 Min. hin und zurück. Die 15-minütige Fahrt kostet 0,20 AZN. Auf dem Weg: eine Siedlung mit einer Mischung aus einstürzenden Häusern und pompösen Villen mit den unglaublichsten Blechdachverzierungen. Morgens fährt von der Stad Göygöl ein Minibus nach **Toğana** (Göygöl-See).

Am Stadtrand soll bald ein neues Hotel eröffnen. Bis dahin haben sich die Bewohner Göygöls darauf eingerichtet, auf Anfrage Besucher in ihren Häusern aufzunehmen. Das alte Hotel Koroğlu in der H. Əliyev küc. 40 eignet sich nicht mehr als Unterkunft.

Cənnət, gemütlich gelegenes Restaurant mit viel Grün.

Halte, was du hast

In Göygöl steht in der ehemaligen Helenenstraße 46 das Haus von Viktor Klein, dem ›letzten Deutschen von Aserbaidschan‹. Genauer gesagt war Viktor der letzte namentliche Nachfahre der schwäbischen Siedler, die 1819 in den Kaukasus zogen, um hier ein neues Leben zu beginnen. Im Frühjahr 2007 starb er im Alter von 71 Jahren und hinterließ ein Haus voll Erinnerungen an Deutschland - ein Land, in dem er nie gewesen war.

Ein bisschen düster ist es hier und muffig, als Fikret Ismailov, Viktors Freund, die Tür aufschließt. Morsche Dielen knarren, und durch zerschlissene Vorhänge sickert Tageslicht ins Wohnzimmer. Dort steht, inmitten von Biedermeiermöbeln und Nippes aus Schwaben, das Klavier, an dem er die Abende mit Bach oder Jazz verbrachte. Daneben ein antiker Plastikweihnachtsbaum, der außer Christbaumkugeln den Staub von vielen Jahren trägt, und in einer Nische Portraits von Goethe, Schiller, Beethoven und Co. - Ikonen deutscher Kultur mitten im Kaukasus. Viktor, scheint es, hat alles bewahrt, was aus Deutschland kam. »Halte, was du hast, dass niemand deine Krone nehme«, lautet ein Sinnspruch an der Wand: Das Lebensmotto eines einsamen Deutschen in Aserbaidschan?

Als 1941 die Schwaben gezwungen wurden, Helenendorf zu verlassen, durften fünf Familien bleiben, darunter die von Viktor Klein, damals ein Knirps von fünf Jahren. Sein Vater, heißt es, verfügte über russische Wurzeln oder gute Kontakte oder beides - doch darüber gibt es die unterschiedlichsten Geschichten. Geheiratet hat Viktor nie. Bis vor 15 Jahren lebte er hier zusammen mit seiner Mutter Lilli, danach bevorzugt mit Wodka und Wein.

An einer Petroleumlampe lehnt eine Postkarte von Schloss Neuschwanstein, rostige Turnringe hängen in der Scheune und ein Kreuz über dem Bett. Daneben, auf dem Nachttisch, eine Ausgabe von Brehms Tierleben von 1892. Im Bücherregal steht ganz vorne ›Der letzte Mohikaner‹ und gleich zweimal ›Robinson Crusoe‹!

Inzwischen liegt Viktor Klein auf dem alten deutschen Friedhof begraben, gleich neben seiner Urgroßmutter Louise aus Reutlingen und vor der Kulisse des Kleinen Kaukasus. 200 Menschen waren angeblich bei seiner Beerdigung. Das Haus, das künftig ein Museum werden soll, hat Viktor Klein der deutschen Botschaft vermacht.

Das Klavier von Viktor Klein

Hacikənd und Aşiqlı

Zwischen der Stadt Göygöl und dem See Göygöl liegt in erhabener Natur der liebliche Kur- und Ferienort Hacikənd (Hadschikänd), potentiell einer der schönsten Orte Aserbaidschans. Die Betonung liegt auf potentiell, denn Mitte der 90er Jahre wurden die ehrwürdigen Villen und Landhäuser aus dem 19. Jahrhundert in Flüchtlingslager verwandelt. Bis heute leben im Ort rund 2600 Vertriebene aus Xocalı und Kəlbəcər. Dennoch ist Hacikənd ein malerischer Ort, in dem ein Spaziergang zu positiven Zukunftsentwürfen für die noch immer attraktive Bausubstanz verleitet. Den Ort säumen viele Ausflugsrestaurants, die lauschig in den Wäldern liegen. Eine exzellente Alternative bietet das neue Restaurant des Resorts ›Helenendorf‹ am Dorfeingang von Aşiqlı, erkennbar an der historischen Windmühle. Besonders abends kann man hier gut speisen. Für eilige Reisende bieten mehrere Frauen am Ortsausgang von Aşiqlı frisches Brot direkt aus dem traditionellen Təndir-Ofen.

Der See Göygöl

Der See Göygöl und Berg Kapaz

Göygöl (Blauer See) ist ein Zauberwort, das viele Aserbaidschaner ins Schwärmen bringt. Ein klarer Bergsee umgeben von Wiesen und Wäldern vor dramatischer Bergkulisse, in ungestörter Natur. Tatsächlich zählt der über 1500 Meter hoch gelegene Göygöl zusammen mit dem benachbarten Maralgöl-See zum Besten, was Aserbaidschan zu bieten hat, man kommt aber bislang kaum hin. Von Anbeginn war die Geschichte des Sees dramatisch: Bei einem starken Erdbeben im Jahr 1139, das auch die Stadt Gəncə zerstörte, wurde die Spitze des Berg Kapaz abgeschlagen und blockierte fortan den Fluss Ağsu. Dadurch entstanden acht schöne Seen, von denen Göygöl der größte ist. Seit 1925 steht das Gebiet unter Naturschutz, wurde zwischenzeitlich aber noch touristisch genutzt, bis es in Folge des Konflikts mit Armenien vom Militär wegen der Nähe zur Waffenstillstandslinie abgeriegelt wurde. Kürzlich wurde die Region zum Nationalpark erklärt, zu dem man offiziell bis auf Weiteres jedoch noch keinen Zutritt bekommt. Geplant sind neue Unterkünfte mit Seeblick, Picknickplätze, Wanderwege durch artenreiche Laub- und Kiefernwälder und eventuell sogar Ausflüge zu Pferde, wenn der verbotene Paradiesgarten endlich seine Pforten öffnen wird. Besonders schön ist der blaue See im Herbst, wenn er die bunten Laubwälder spiegelt.

Beliebt bei den Bewohnern von Gəncə und ohne Restriktionen ist ein Ausflug zum Berg Kapaz, der über dem See aufragt und dessen Hänge im Sommer zum populären Picknickplatz werden. Mit dem Auto ist er in 30 Minuten von Gəncə zu erreichen.

Göygöl-See

Den Direktor des Schutzgebiets, Xaliq Şoşan İsqandarov, erreicht man per Mail: goygolmp@gmail.com oder telefonisch unter 050/20 35 53 13.

Göygöl liegt 36 km südlich von Gəncə. Hinter Hacikənd bietet die Strecke grandiose Ausblicke auf den gewaltigen Berg Kapaz. Bei der Siedlung Ağsu weist ein blaues Schild links nach Göygöl (7 km), doch ist die Straße weiterhin gesperrt. Rechts kommt man nach 3 km nach Toğana, von wo ein steiler Schleichweg zum See führt.

2 x tägl. fahren nachmittags Busse von Gəncə (Basar) bzw. Göygöl (Busbhf.) bis Toğana.

Das **Cənnət Məkan** in Toğana bietet einfache Unterkunft und Kost.

Von Gəncə bis zur georgischen Grenze

Zwischen Gəncə und der legendären Roten Brücke an der Grenze zu Georgien sind die Attraktionen spärlich gesät. Ein Bummel durch Şəmkir mag lohnen, und in Ağstafa und Qazax findet man gute Übernachtungsmöglichkeiten für Erkundungen im Umland. Wirklich reizvoll ist aber allein die Gegend um Gədəbəy, ein grün gewelltes, weites Hochland mit kleinen Dörfern und grandiosen Ausblikken, das sich hervorragend für Radtouren oder eine Schlenker von Şəmkir nach Tovus eignet.

Die deutsche Kirche in Şəmkir

Şəmkir und Çinarli

Kafe Annenfeld heißt das Restaurant im Zentrum von Şəmkir (Schämkir), das mit seinem Namen an die schwäbische Vergangenheit des Orts erinnert. Ein anderes Souvenir ist die inzwischen ungenutzte **Kirche**, die die deutschen Siedler 1909 errichteten, bevor sie 1941 von Stalin deportiert wurden. Obwohl die Tür offensteht, sei vor einem Besuch gewarnt: Als wir die Kirche betraten, kamen warnende Rufe von draußen zu spät, denn sofort waren wir von Ungeziefer befallen, das sich zahlreich im verwahrlosten Inneren eingenistet hat. Doch bald müssen Flöhe und Co. wohl wieder ausziehen, denn nach der geplanten Sanierung soll hier ein Kulturzentrum entstehen. Attraktive **Kolonistenhäuser**, ähnlich denen von Göygöl, findet man unter anderem in der Aslanov küçesi, westlich der aufwendig sanierten Fußgän-

▲ Karte S. 213

gerzone mit integriertem Zarife-Aliyeva-Park und einer attraktiven neuen Moschee.

Die **mittelalterlichen Reste Şəmkirs** liegen 20 Kilometer entfernt, unweit vom Dorf Muxtariat. Nachdem hier wohl schon im 6. Jahrhundert eine Siedlung existiert hatte, tobte dort 1195 eine bedeutende Schlacht gegen Georgien, und wenig später wurde das alte Şəmkir von den Mongolen zerstört. Trotzige Mauerreste aus dem 11. und 12. Jahrhundert stehen zusammen mit Rudimenten einer Brücke unweit von Muxtariat, einem kleinen Dorf nördlich der Hauptstraße. Von Çinarli nach Şəmkir fahrend geht der Weg kurz vor der Bushaltestelle rechts ab.

Çinarli war als Georgsfeld eine Tochterkonlonie Helenendorfs, in der sich neureiche Siedler Villen bauten. Dass die Kommunisten den Ort ausgerechnet Lenin nannten, hat daran wenig geändert, denn heute überstrahlen monströse Blechdächer neuerer Neureicher den ansonsten mäßig glanzvollen Ort.

Şəmkir

Vorwahl: 022.

Şəmkirs Transportsystem ist relativ unübersichtlich. Marschrutkas von/nach **Gəncə** fahren von Busbhf. 1 am östlichen Ende der belanglosen Einkaufsstraße ca. stündl. mit einem Schlenker durch **Çinarli**. Minibusse Richtung **Ağstafa** fahren an der nördlich vom Ort verlaufenden Hauptstraße am Kreisverkehr (am besten mit Taxi zu erreichen) ab, wo auch Busse in die Gegenrichtung (**Gəncə**) fahren. Tägl. 3 Busse und zahlreiche Taxis fahren von Halt 2 (ein Kiosk mit wartenden Leuten in der Vurğun küç., südlich des Stadtzentrums) nach **Gədəbəy**.

Hotel Sərxan, Nizami küç. 115, Tel. 050/3773201. Neues Hotel im schikken Sandstein-Look in der Nähe der Moschee.

Das rustikale **Restaurant Annenfeld** liegt mit Terrasse und viel Gegrilltem am westlichen Ende der Fußgängerzone (H. Aslanov küç 17).

Im bescheidenen **Heimatmuseum** in der Vurğun küç. erinnern Fotos an das Leben der Schwaben bis 1941.

Gədəbəy

Im 19. Jahrhundert vermutete der Industrielle Werner von Siemens bei Gədəbəy (Gädäbäy; auch Kedabeg) einen Paradiesgarten, und, siehe da, Unrecht hatte er nicht. Südlich von Şəmkir schlängelt sich die Straße sechs Kilometer steil den Berg hoch, um in ein bis zu 1000 Metern hohes Hochplateau zu münden, das sich ideal für Radtouren eignet. Inmitten der welligen Graslandschaft betrieb die Firma Siemens von 1864 bis 1904 eine Kupfermine mit Aussicht: »Trotz des oft etwas belästigenden Hüttenrauches genossen wir bei herrlichem Herbstwetter in vollen Zügen die Reize der schönen Umgebung Kedabegs«, erinnert sich Werner von Siemens. Heute gibt es die Reize rauchfrei und statt der Kupferhütte eine neue Buntmetallfabrik. Bevor die deutschen Unternehmen in Folge der

Auf dem Weg nach Gədəbəy

Revolution das Land verlassen mussten, hatte das Werk 1887 immerhin ein Viertel des gesamten Kupfers Russlands geliefert. Eine fotogene **historische Eisenbahnbrücke**, die die Firma samt anderer Infrastruktur zur Betreibung einer 28 Kilometer langen Schmalspurbahn nach Qalakend errichtete, spannt sich südlich der Siedlung elegant zwischen grünen Hügel.

Gədəbəy selbst ist ein beschaulicher Ort mit einem attraktiven Basar umgeben von Çayxanas und weitem Grün im Hintergrund. Die ehemals industrielle ›Altstadt‹ mit dem spitzen Kirchturm liegt unterhalb davon, direkt am Fluss. Der Weg nach Gədəbəy führt durch **Çardaxlı**, an dessen vormals armenische Einwohner nur noch die leere Kirche erinnert, und **Slavyanka**, wo sich morgens am Brunnen Dörfler und Esel zum Wasserholen treffen.

Um zur historischen Eisenbahnbrücke hinter Gədəbəy zu kommen, muss man nach vier Kilometern links zum Dorf **Düzüyurd** abbiegen, dem Asphaltweg weitere zwei Kilometer folgen, um dann schräg rechts auf einen Schotterweg einzubiegen. Nach 1,5 Kilometern ragt rechter Hand die Brücke auf. Folgt man der Düzüyurd-Straße weiter gen Süden, erreicht man, vorbei an einer Trinkwasserquelle, nach gut drei Kilometern nicht mehr geteerter Straße einen Aussichtspunkt mit dramatischen Felsformationen und einem weiten Blick zum Dorf Rustam Aliyev und bis nach Armenien.

Gədəbəy

Vorwahl: 022.

Vom Busbahnhof tägl. um 8.30, 9 und 9.30 Busse von/nach **Baku** (Fahrt 10 Std.), Taxis und Minibusse von/nach **Şəmkir**.

Eine attraktive Strecke führt von Gədəbəy im großen Bogen über Gərgər und Şamliq zurück an die Hauptstraße bis zum Qovlar-Bahnhof vor Tovuz. Allerdings ist die Straße hinter Gədəbəy nicht mehr geteert und besser mit dem Jeep befahrbar.

Mehrere Restaurants (z.B. **Farid**, **Goruş**) gibt es im Ort an der H. Əliyev küç.

Das einzige Hotel im Ort Gədəbəy wurde geschlossen. Alternativen:

Motel Aşaği Narzan, direkt vor Slavyanka, Tel. 050/335 25 99. DZ 60–120 AZN (Suite).

Kiçik Qafqaz Hotel, Maarif (bei Slavyanka), 050/206 08 51.

Hotel Yastı Meşə, vor Çardaxlı. Unübersehbar wegen der langen Einfahrt mit den vielen Lampen. Es gibt Tennisplätze und holzverkleidete Zimmer.

▸ Karte S. 213

Tovus und Ağstafa

Tovus, ehemals die deutsche Kolonie Traubenfeld, und Ağstafa, ehemals Elisavetinka, sind relativ belanglose Orte. Mit einigen neuen Hotels und einem Bahnhof, der als bedeutender Verkehrsknotenpunkt fungiert, punktet Ağstafa immerhin in Sachen Infrastruktur. Früher fuhren von hier Züge nach Jerewan ab. Als Basis für Ausflüge ins Umland ist Ağstafa deshalb gut geeignet, verfügt auch über eine Portion mehr Charme als der Nachbarort. Auf einem Spaziergang durch die Hauptstraße lohnt ein kurzer Abstecher in den netten **Vurğun-Park** mit Teestube und Open-Air-Billard, vielleicht noch ein Blick auf den quirligen **Basar**, dann kann man getrost weiterfahren.

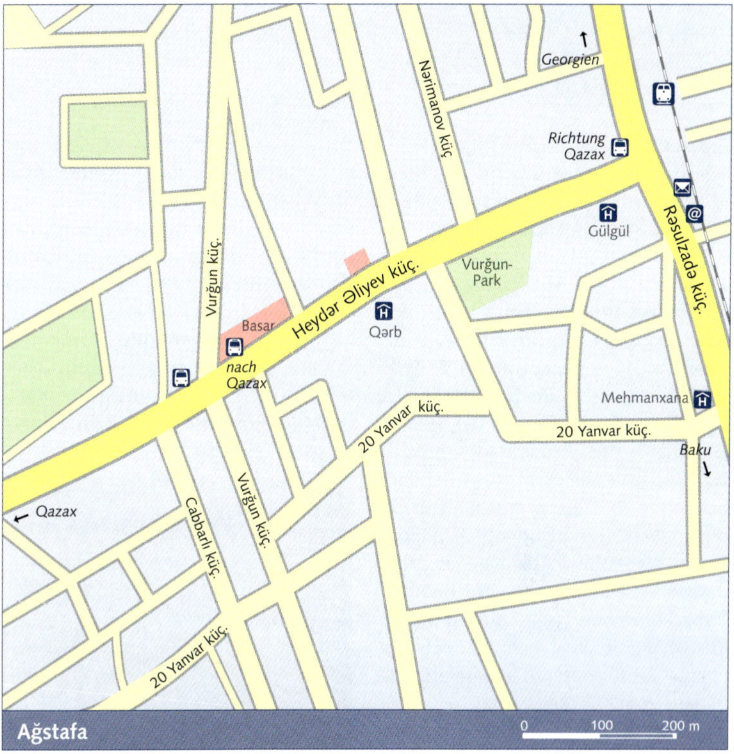

Ağstafa

Minibusse nach **Qazax** fahren alle 10–20 Min. vom Bahnhof ab und halten auch vor dem Basar. Alle anderen Busse vom Busbahnhof (Baku 8–12 AZN).

Von Tovus: Tägl. mehrere Busse nach Baku (8.15–17.30 Uhr). Alle Busse fahren vom Busbahnhof im Zentrum ab. Regelmäßige Marschrutkas in die Umgebung.

Nachtzug ab Baku um 22.05, Ankunft um 9.30 Uhr. Abfahrt nach Baku um

19.50 Uhr (zwei weitere Nachtzüge fahren später).

Gülgül, H. Əliyev küç., Tel. 050/ 3919514. DZ 20 AZ (Duschkabine, Sateliten-TV), Lux 30 AZN (Suite, Telefon). 6 Zimmer und nettes Personal, das ausschließlich Aserbaidschanisch spricht. Nichtraucher-Hotel!

Qərb Hotel, H. Əliyev küç, Tel. 022/2253091 EZ 24, DZ 32, Suite 40 AZN ohne Frühstück, aber auf Anfrage alle Mahlzeiten erhältlich. 7 wenig gemütliche Zimmer mit schmalen Doppelbetten, Klimaanlage, TV, Wasserkocher und Balkon. Die Bäder sind einfach und ohne Duschkabine. Dunkles, etwas deprimierendes Kellerrestaurant, sonst hell und freundlich.

Mehmanxana, Tel. 022/2252167. 6 AZN/Pers. Kleine, sehr einfache Zimmer ohne Bad (warme Dusche im Hof). Sehr freundlicher Familienbetrieb, von außen leicht zu übersehen.

Qazax

Nur 40 Kilometer von Georgien und einen Steinwurf von Armenien entfernt liegt Qazax (Gasach/Kasach), ein Ort von mäßigem Interesse, doch mit bewegtem Schicksal. Ein Teil des gleichnamigen Rayons liegt in Form zweier winziger Exklaven, Yuxarı Əskipara und Barxudarlı, in Armenien, doch lebt deren aserbaidschanische Bevölkerung infolge der Auseinandersetzungen seit 1990 in Notunterkünften in der Stadt Qazax. Es verwundert somit nicht, dass Reisende berichten, in diesem grenznahen Ort misstrauisch vom KGB empfangen worden zu sein, obwohl die eigenen Erfahrungen anders aussehen: Wir haben in fröhlicher Runde Tee getrunken mit Polizisten, die sich weit mehr für deutschen Fußball als für unsere Pässe interessiert haben. Vom KGB keine Spur.

Im 2. Jahrhundert vor unserer Zeitrechnung war Qazax Hauptstadt des Staats Atropatena, später Sitz des Sassaniden-Herrschers und ab 1767 ein eigenes Sultanat unter türkischem, dann georgischem Einfluss. 1801 von Russland geschluckt, gehörte Qazax weiterhin zum georgischen Territorium und schlug sich 1826 im Russisch-Persischen Krieg auf die Seite der Russen. 1918 war es Teil der aserbaidschanischen Republik und erstreckte sich bis zum Sevansee, doch Stalin hatte andere Pläne: Den südlichen Part der Region teilte er Armenien, den Rest Aserbaidschan zu und kreierte zudem zwei aserbaidschanische und eine armenische Exklave im jeweils anderen Land – eine Konstellation, die mit dem Zusammenbruch der UdSSR zum Scheitern verurteilt war und infolge des Karabach-Konflikts zu ethnischen Säuberungsaktionen führte.

Die Juma-Moschee

▸ Karte S. 213

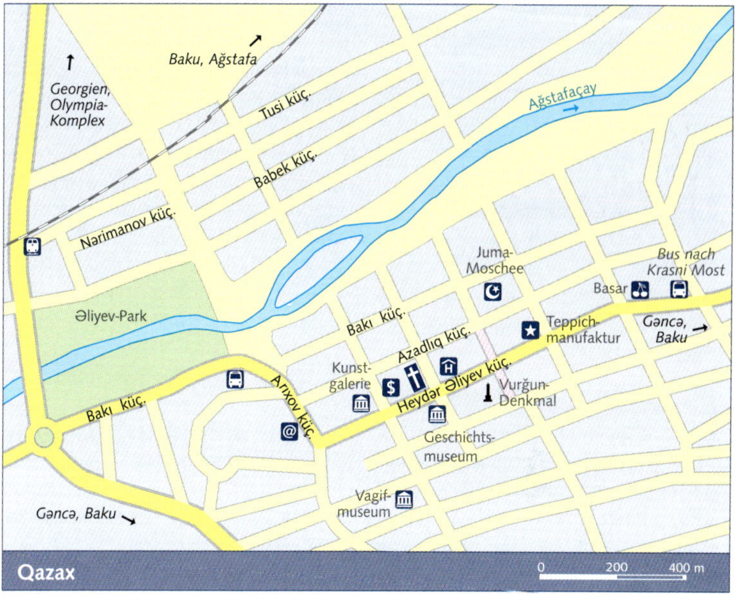

Sehenswertes

An die Poeten Vagif und Vurğun, einst in Qazax geboren, erinnern Denkmäler und kleine **Museen** im Zentrum der Stadt, das sich mit mehreren Parks mit Outdoor-Billard entlang der H. Əliyev-Straße schlängelt. Die attraktive, rot geziegelte **Juma-Moschee** aus dem frühen 19. Jahrhundert ist sunnitisch und mit strengen Kleidervorschriften für Frauen versehen. Bei unserem Besuch wurde nur komplett verhüllt Zutritt gewährt, wobei die Lehrerinnen der Medrese (Koranschule) im Hof mit entsprechenden Gewändern aushalfen – zur allgemeinen Belustigung der Schülerinnen. Nach so viel Aufwand ist das karge Innere des Baus allerdings eher enttäuschend. Zeitgleich wurde der gegenüberliegende und noch aktive **Kuppel-Hammam** erbaut. In der sogenannten **albanischen Kirche**, die frisch saniert und hellgelb getüncht durch die Bäume schimmert, befand sich lange ein Karate-Verein, während die **russische Ziegelkirche**, vormals ein Box-Klub, inzwischen saniert wurde.

Teppichknüpfen hat eine lange Tradition in Qazax, und in der lokalen **Teppichmanufaktur** kann man erleben, wie gleichzeitig bis zu fünf Frauen an einem großen Werk knüpfen.

Qazax

Vorwahl: 022.

Minibusse fahren regelmäßig vom Bahnhof und vor dem Basar in Ağstafa nach **Qazax**. Die Fahrt dauert knapp 20 Min. Von/nach nach **Tovus** 40 Minuten. Alle Busse fahren am Busbahnhof los, halten aber auch im Zentrum vor dem Kulturpalast, wenn man ein entsprechendes Signal gibt.

Busse nach **Krasni Most** (Qirmizi Körpü) fahren beim Basar los, halten aber ebenfalls an der Bushaltestelle unweit Kulturpalast an der H. Əliyev küç. . Um 14 Uhr (Ankunft um 22.50 Uhr) fährt ein Bus nach **Baku**.

Der Nachtzug nach Baku fährt um 19.30 ab (Ankunft 11.50 Uhr). Ab Baku fährt ein Zug um 22.20 Uhr. Mehr Züge von/nach Baku fahren von Ağstafa.

Das einzige **Hotel in der Stadt** in der Vurğun küç. ist kaum mehr als solches erkennbar und voll mit Flüchtlingen bzw. Binnenvertriebenen. Dennoch kann man ein Zimmer mieten mit schmutzigem Waschbecken ohne Wasser und marodem Balkon. Viele der seit Jahren bewohnten Zimmer haben nicht einmal Türen, und die nächste zuverlässige Waschgelegenheit ist im lokalen Hammam.

Olimpiya Kompleksi, 5 km Richtung Tbilisi, Tel. 2955400. DZ 60–80 AZN je nach Ausstattung im nagelneuen Komplex mit allen Annehmlichkeiten. Ungemein geschmackvoll eingerichtete Zimmer und Bungalows mit Flachbild-TV und Glaskeramik-Herd, Terrasse und Esszimmer. Suite mit Jaccuzzi-Bad 150 AZN. Tennisplätze vor Bergpa-norama, helles Restaurant und großer Pool (nur Schwimmen 5 AZN).

AZ-Petrol-Motel, Tel. 2924706. An der Tankstelle gegenüber dem Komplex ist es günstiger (DZ mit Bad ca. 20 AZN), aber weniger atmosphärisch. Busse zum Olympiya Kompleksi (bzw. Motel) sind entsprechend ausgewiesen.

Ausflug in den Süden von Qazax

Unmittelbar vor der armenischen Grenze liegt das **Ağstafa-Reservoir** mit Bademöglichkeiten und einem am Berg gelegenen Ausflugslokal mit Blick auf's Wasser und Armenien. Wenige Meter oberhalb des Lokals ragt auf dem waldigen Hügel die **Festung Dividan** aus dem 16. Jahrhundert empor. Im Volksmund heißt sie Koroğlu Qala und ist seit einigen Jahren nicht mehr zugänglich, da vom Militär gesperrt. Folgt man der Straße von Qazax Richtung Süden, sieht man rechter Hand den markanten Turm schon lange, bevor ein großer, blauer Betonpfeil mit roter Sonne an der Spitze zum See und zur Burg mit Restaurant weist. Nach etwa einem Kilometer schlechten Asphalts endet der obere Weg direkt vor dem Lokal. Hier angekommen, lohnt es sich, unbedingt bis zum obersten Séparée aufzusteigen, von dem aus man den besten Blick genießt.

Wählt man auf dem Rückweg den Weg entlang des Staudamms, kommt man durch das quasi entvölkerte Dorf Çafarlı

Restaurant am Ağstafa-Stausee

▸ Karte S. 213

bis nach **Abbasbeyli**, von wo aus man einen phantastischen Blick auf den abrupt über 850 Meter aufragenden Berg Goyazan hat. Von hier führt eine andere Straße zurück nach Qazax.

Die Rote Brücke

Die Strecke zur georgischen Grenze ist recht karg, bis sie ab Yuxarı Salahı dem Fluss Kür folgt und von hübschen Alleen gesäumt wird. Die Auwälder am Fluss sind Reste eines langen Waldbandes, das noch vor 50 Jahren den gesamten Flusslauf zierte, durch den Bau des Damms in Mingeçevir jedoch weitgehend zerstört wurde. Hier, kurz vor der georgischen Grenze, stehen die Bäume im Schutz des **Garayazi-Schutzgebiets**, dem wohl ältesten Waldschutzgebiet der Welt. Nichts desto trotz sind die dschungelartigen Wälder hochgradig gefährdet.

Das Dorf **Yuxarı Salahı** wartet mit einem kleinen Vurğun-Museum und einer Gedenkstätte für den Zweiten Weltkrieg auf, letztere vor allem erkennbar am dazugehörigen Flugzeug. Kurz vor dem Ort sowie kurz vor der Grenze gibt es interessante Friedhöfe, teilweise sehr fotogen und mit alten Türben versehen.

Die **Rote Brücke (Krasni Most /Qirmizi Körpü)** steht mitten im Grenzgebiet eines transkaukasischen ›Es-war-einmal‹ und ist nicht ohne weiteres zu erreichen. Mit etwas Charme kann man jedoch die aserbaidschanischen Grenzbeamten überzeugen, einem Zutritt zu gewähren.

Die Rote Brücke

1998 hat die EU eine neue Brücke spendiert, die speziell dem LKW-Verkehr zwischen Kaspischem und Schwarzem Meer besser gewachsen ist. Seitdem hat die im 12. Jahrhundert erbaute und im 17. Jahrhundert erneuerte Rote Brücke ausgedient und steht mit ihren ungleichen Bögen träge im Niemandsland. Bis 2005 führte sie zu einem blühenden Basar, dessen Reste am anderen Ufer inzwischen verfallen, und in ihren versteckten Gewölben gab es ein beliebtes Restaurant.

Wer nach **Georgien** will, sollte vor allem wissen, dass der Grenzübergang trotz bisweilen gegenteiliger Beteuerungen kostenlos ist. Erst auf georgischem Terrain werden für Autos Gebühren für Versicherung und Straßensteuer erhoben.

Der Westen

Rote Brücke

Minibusse fahren von Qazax bis zur Roten Brücke. Auf der georgischen Seite gibt es Taxis nach Rustavi oder Tbilisi.

Rechter Hand liegt direkt vor dem Grenzübergang das **Restaurant und ›Hotel‹ Xramçay** am Fluss. Das Essen ist gut, die containerartigen Liebeshütten im Wald machen allerdings einen äußerst lusttötenden Eindruck und kosten 2 AZN pro Nacht oder Stunde.

Nagorny Karabach

»Alles sei an diesem Lande schön. Am schönsten aber sei das Pferd von Karabagh, jenes berühmte Pferd, für das Aga Mohammed, Schah von Persien, seinen ganzen Harem hergeben wollte.«
Kurban Said, Ali und Nino

Nagorny Karabach (so eine gängige Transkription; auf Aserbaidschanisch Dağlıq Qarabağ) lässt sich übersetzen als ›Bergiger Schwarzer Garten‹ und ist ein Gebiet innerhalb der weitaus größeren historischen Provinz Qarabağ. Die Landschaft besteht, wie der Name verspricht, aus bis zu über 3700 Meter hohen waldreichen Bergen, in denen mittelalterliche Kirchen und Klöster, Moscheen und Festungen verborgen liegen – insofern sie den zerstörerischen Folgen des Krieges standgehalten haben. Seit Armenien Nagorny Karabach und die umliegenden Gebiete Anfang der 90er Jahre besetzt hat, ist es unmöglich, von Aserbaidschan aus dorthin zu rei-

Nagorny Karabach (Dağlıq Qarabağ) 0 20 40 km

sen. Die einzige Einreisemöglichkeit besteht derzeit über Armenien. Mit einem Stempel der international nicht anerkannten Republik Nagorny Karabach im Pass bleibt es einem allerdings verwehrt, anschließend den Rest Aserbaidschans zu bereisen. Seit Mai 1994 herrscht in der Region Waffenstillstand, doch wird vor Abenteuern im Umfeld der ehemaligen Frontlinien wegen der Gefahr von Landminen gewarnt. Angesichts der skizzierten Schwierigkeiten und der Unmöglichkeit, vom aserbaidschanischen Umland aus einzureisen, beschränkt sich dieses Kapitel auf einen kurzen Abriss.

Şuşa

Als Heimat bedeutender Dichter, Sänger und Komponisten sowie kunstvoll geknüpfter Teppiche, gilt Şuşa (Schuscha) als Hort aserbaidschanischer Kultur. Der Name der Stadt bedeutet ›Glas‹, was weniger mit ihrer Fragilität als – so eine von mehreren Erklärungen – mit ihrer klaren Bergluft zu tun hat. Dank der Lage im Gebirge und der vielen Mineralwasserquellen war Şuşa ein beliebter Kur- und Urlaubsort, in dem bis 1992 mehrheitlich Aserbaidschander lebten. Zu Beginn des 20. Jahrhunderts rangierte Şuşa mit 60 000 Bewohnern unter den größten Städten des südlichen Kaukasus, doch mittlerweile ist sie erheblich geschrumpft und zählt nurmehr 3000 Seelen.

Nach der Gründung durch Panah Ali Khan im Jahr 1752 wurde Şuşa zur Hauptstadt des Khanats Qarabağ. Der Nachfolger des Khans, sein Sohn Ibrahim, gab der Stadt ihren jetzigen Namen, folgte ansonsten jedoch der Tradition seines Vaters: Auch er wirkte als Patron der schönen Künste, bis er von seinem eigenen Neffen exekutiert wurde. Zu Beginn des 20. Jahrhunderts wurde das nur zehn Kilometer entfernte Xankəndı (heute bekannter als Stepanakert) zur regionalen Hauptstadt, und Şuşa verlor an Einfluss, nicht jedoch an kulturellem Ansehen.

Am 8. Mai 2012 jährt sich die Besetzung Şuşas durch die armenischen Streitkräfte zum 20. Mal, wobei die Stadt, die einst in dem Ruf stand, unbezwingbar zu sein, inzwischen ein eher trauriges Bild abgibt. Sehenswert ist neben Şuşas berühmt-berüchtigter **Stadtmauer** die **Festung Askeran/Zoraberd** aus dem 18.Jahrhundert bei Xankəndı sowie die imposante **Ghazanchetsots-Kathedrale** aus weißem Stein, die inzwischen saniert wurde. Unweit davon ragen die **Minarette** zweier Moscheen auf, die ganz offensichtlich schon bessere Tage gesehen haben, aber immer noch eine gute Aussicht auf die Stadt gewähren.

Weitere Sehenswürdigkeiten

Im Rayon Füzuli, drei Kilometer nordöstlich vom Dorf Tuğ, befindet sich die gewaltige **Azıx-Höhle**. Die Höhle aus sechs Kammern stammt aus der Steinzeit soll eine der ältesten menschlichen Wohnstätten Eurasiens sein. Ihre gewaltigste Kammer misst mehrere tausend Quadratmeter. Seit man darin einen 300 000 Jahre alten Kieferknochen gefunden hat, ist die Idee des Asychantropen geboren.

14 Kilometer östlich von Xankəndı, an der Straße zum Kloster Gandzasar, ragen die ursprünglich mittelalterlichen **Festungsmauern und -türme von Askeran** auf, die im frühen 18. Jahrhundert neu errichtet und nach 2008 restauriert wurden. Teilweise sind sie begehbar.

Das **Kloster Gandzasar** aus dem 13. Jahrhundert gilt als einer der architektonischen Höhepunkte Qarabağs und wurde inzwischen weitgehend restauriert. Speziell in der Kirche, die mit den anderen Gebäuden im Schutz einer Mauer steht, findet man außerordentlich detailreiche Reliefs. Gandzasar liegt etwa zwei Autostunden nördlich von Xankəndı in der dicht bewaldeten Bergregion Kəlbəcər.

Dort befindet sich auch das weit weniger gut erhaltene Kloster **Xudavank**, einst Residenz des kaukasisch-albanischen Bischofs. Xudavank ist ein fotogener Komplex romantisch überwucherter Gebäude aus dem 5. bis 13. Jahrhundert mit einem pittoresken Glockenturm in schönster Camping-Umgebung. Der Weg dorthin führt durch die Ortschaft Vank, in der zwei lange Wände mit den nun ungültigen aserbaidschanischen Kfz-Nummernschildern geschmückt wurden. Beide Klöster liegen unweit einer beeindruckenden Schlucht am Tartar-Fluss, jedoch auch in Reichweite der Waffenstillstandslinie, so dass man auf Begegnungen mit dem Militär gefasst sein sollte.

Nagorny Karabach

Vorwahl: +374.

Ein **21-Tage-Visum** für die international nicht anerkannte Republik kostet 3000 AMD (armenische Dram, ca. 6 Euro), und wird von der Ständigen Vertretung Nagorny Karabachs in Jerewan ausgestellt (Nairi Zaryan 17a, Tel. 010/249705, nkr@arminco.com, Mo–Fr 10–13 und 14–17 Uhr). Wer das Visum am selben Tag braucht, zahlt den doppelten Preis. Alternativ kann das Visum auch nach Ankunft direkt beim Außenministerium in Nagorny Karabach beantragt werden, wo man sich ohnehin mit der bei der Einreise ausgehändigten Karte registrieren lassen muss. Um später noch problemlos in den Rest Aserbaidschans und die Türkei reisen zu können, sollte man das Visum auf ein separates Papier stempeln lassen. Bei der Registrierung in Xankənı (Stepanakert) muss man voraussichtliche Aufenthaltsorte angeben, wobei die Ruinenstädte Fizuli und Agdam offiziell nicht besucht werden dürfen und auch nicht genannt werden sollten, wenn man Schwierigkeiten vermeiden möchte. (Azatamartikneri Poghoda 28, Tel. 047/414 18, cons@mfa.nk.am, tägl. 10–17 Uhr).

Tägl. etwa 8 Marschrutkas fahren für 5000 AMD in 6–8 Std. von **Jerewan** nach **Xankəndı** (Stepanakert), außerdem Taxis (8000-10000 AMD pro Nase). Von dort gibt es Marschrutkas nach **Şuşa** und in alle anderen Städte.

Hotel Shoushi, Amiryan Str. 3 (gegenüber Kathedrale), Tel. 0447/313 57; helles, freundliches DZ 35 Euro, Engl. sprechendes Personal, Kunst und gutes Restaurant.

AvanShoushiPlaza, Ghazanchetsots Str. 29, Tel. 0447/47 73 15 99, www.avanshoushiplaza.com; DZ ab 24 Euro inkl. Frühstück und Spa. Großes, neues Hotel internationalen Standards in zentraler Lage.

Eclectica Hotel, Vank, unterhalb vom Gandzasar Kloster, Tel. 010/50 01 68; einfaches DZ 40 Euro, beliebtes Hotel in Schiffsform direkt am Fluss.

▸ Karte S. 236

Minarett in Nagorny Karabach

Nur wenige Regionen im Bereich des Kaspischen Meeres können eine ähnlich wechselvolle Landschaft aufweisen wie der Süden Aserbaidschans. Auf kleiner Fläche findet man Lagunen mit Flamingos und Gazellen, subtropische Täler, in denen Zitrusfrüchte wachsen, Steppenlandschaften und üppige Wälder.

Der Süden

Von Ələt nach Masallı

Die 70 Kilometer lange Fahrt auf der sehr gut ausgebauten Straße von Baku bis Ələt dauert etwa eine Stunde. Kurz vor Ələt teilt sich die Straße. In westlicher Richtung führt die vierspurige Magistrale M4 weiter über Haciqabul und Şirvan (ehem. Əli Bayramlı) nach Kürdəmir, Gəncə und Tbilisi in Georgien. Die Straße von Ələt nach Salyan führt geradlinig durch die sich hier ausbreitende, wenig abwechslungsreiche Steppen- und Halbwüstenlandschaft des südöstlichen Şirvans. Etwa 35 Kilometer hinter Ələt ragt rechts der Straße der ›erloschene‹ Schlammvulkan Kürsəngi mehr als 100 Meter in die Höhe. Der Vulkan ist eine gute Orientierungshilfe für den gegenüberliegenden Eingang zum Şirvan-Nationalpark, ein erster Höhepunkt auf der Reise durch den Süden Aserbaidschans. Der Parkeingang ist bereits von weitem an einer Säule zu erkennen, auf der das Wahrzeichen des Parks thront, die in dieser Region beheimatete Kropfgazelle.

Eingang zum Nationalpark

▲ Karte S. 243

Der Şirvan-Nationalpark

Der Şirvan-Nationalpark wurde 2003 als erster aserbaidschanischer Nationalpark gegründet und ist seit 2006 auch für Besucher geöffnet. Er ist über 65 000 Hektar groß und besteht vorwiegend aus ebener Steppen- und letzter natürlicher Halbwüstenlandschaft am Kaspischen Meer mit einer unberührten Küstenlinie und Lagunen sowie mehreren salzhaltigen Binnengewässern. Diese auf den ersten Blick wenig spektakuläre und eintönige Landschaft entpuppt sich bei näherer Betrachtung als ein wahres Paradies für eine Vielzahl von Tierarten und offenbart dem Besucher überraschende Details, ganz zu schweigen von der Weite und Stille der Halbwüste. Dieses Gebiet ist Lebensraum der persischen Kropfgazelle, Europas einziger echter Gazellenart.

Für eine Safari durch den Park benötigt man ein möglichst geländegängiges Auto. Motorisiert lassen sich mit Glück noch andere Tiere beobachten, die außerhalb des Areals ebenfalls kaum noch anzutreffen sind. Dazu gehören Wildkatze, Wolf, Schakal, Fuchs, Dachs, Biber, Wildschwein, mehrere Fledermausarten und an den Ufern des Meeres die Kaspische Robbe. 65 Vogelarten beeindrukken in ihrer Farbenpracht und Vielfalt nicht nur Ornithologen. Die Uferzonen des zentral im Park gelegenen Schilfsees und des Kaspischen Meeres bieten Flamingo und Pelikan, Bussard, Reiher, Rötelfalke, Purpurhuhn, Lerche, Zwergtrappe sowie verschiedenen Gänse- und Entenarten einen optimalen Lebensraum in den Sommermonaten und einen Rastplatz im Frühjahr und Herbst.

Eine Safari durch den Nationalpark dauert zweieinhalb bis drei Stunden und

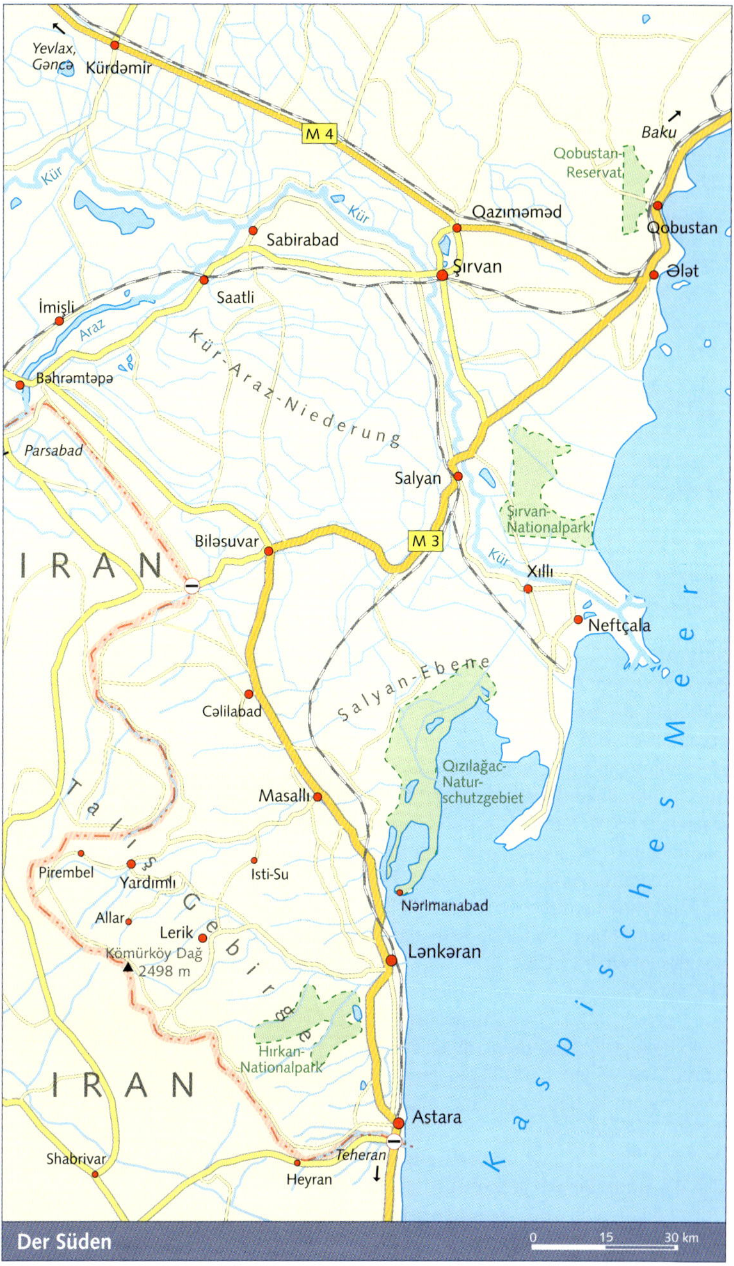
Yevlax, Gəncə
Kürdəmir
M 4
Baku
Qobustan-Reservat
Kür
Kür
Qazıməməd
Qobustan
Sabirabad
Şirvan
Ələt
Saatli
İmişli
Araz
Kür-Araz-Niederung
Bəhramtəpə
Parsabad
Salyan
Şirvan-Nationalpark
Biləsuvar
M 3
Kür
IRAN
Xıllı
Neftçala
Salyan-Ebene
Cəlilabad
Qızılağac-Natur-schutzgebiet
Masallı
Talış-Gebirge
Pirembel
Yardımlı
Isti-Su
Nərimanabad
Allar
Lerik
Kömürköy Dağ 2498 m
Lənkəran
Kaspisches Meer
Hırkan-Nationalpark
IRAN
Astara
Teheran
Shabrivar
Heyran
Der Süden
0 15 30 km

kann auf einen ganzen Tag ausgedehnt werden. Besonders lohnenswert sind die Stunden am Morgen sowie am Abend, wenn die Tiere des Parks ihre Unterkünfte verlassen bzw. wieder aufsuchen oder zu den Wasserstellen ziehen.

Şirvan-Nationalpark

Tel. 050/7966882, tägl. 9–18 Uhr. Eintritt von 4 AZN zu zahlen an Shirvan NP, Kapital Bank, Salyan branch, Code 200435, TIN 9900003611, Kto. 0137010001944, Swift Bik. AIIBAZ2X, Verwendungszweck: Special Fund of Shirvan NP (14080) tourism money entrance fee, TIN 7000121971.

Von **Baku**: Bus/Marschrutka nach Salyan oder Lənkəran fährt am Parkeingang vorbei und hält dort auf Anfrage (Der Park heißt auf azerisch Şirvan Milli Parkı.) Vom Nationalpark nach **Salyan** (Knotenpunkt für Weiterfahrten): vorherige Verabredung mit einem der Mitarbeiter des Parks notwendig.

Von **Salyan**: 5 AZN je Richtung zzgl. Wartepauschale nach Vereinbarung (3 AZN je Stunde).

Übernachtung derzeit nur in Salyan möglich.

Wenige hundert Meter hinter dem Eingang des Nationalparks gibt es auf der rechten Seite mehrere gute Straßenrestaurants. Die Produkte sind frisch, sehr gut zubereitet und preiswert.

Salyan

Etwa 25 Kilometer hinter dem Şirvan-Nationalpark beginnt Salyan, einstige Hauptstadt des im 18. Jahrhundert gleichnamigen Khanats und heute Rayonzentrum. Bekannt ist Salyan seit dem Mittelalter als Landwirtschafts- und Handelszentrum zwischen den nördlichen Khanaten und Persien sowie für die Karawanen entlang der Seidenstraße auf ihren Wegen von Asien über das Kaspische Meer weiter nach Westen. 50 Jahre nach dem Tode Nadir Shahs von Persien griff 1795 Agha Mohamed Shah Gadjar auf seinem Weg nach Şamaxı mit seinen 12 000 Soldaten das prosperierende Salyan an und machte es dem Erdboden gleich.

Im Laufe des 19. Jahrhunderts erholte sich die Stadt. Bei der gesamtrussischen Volkszählung von 1863 wohnten in den 1300 Häusern der Stadt rund 10 000

Fenster an der Juma-Moschee

▸ Karte S. 243

Menschen. Aus dieser Zeit stammt auch das älteste Gebäude, die Cümə-Moschee auf dem Heydər-Əliyev-Prospekt im Zentrum der Stadt. Das Gebäude wurde bei einer Überflutung des Flusses Kür 2002 stark beschädigt und 2011 originalgetreu rekonstruiert. Auf einer Fahrt in den Süden lädt Salyan mit seiner Ruhe und seinen schattigen Alleen und Plätzen zum kurzen Verweilen und zu einem Spaziergang ein.

Die M3 verläuft am westlichen Rande der Stadt über den zentralen Kreisverkehr weiter nach Süden in Richtung Masallı. Auf der Nordseite des Kreisverkehrs halten alle Marschrutkas und großen Überlandbusse nach Baku, auf der Südseite die bis nach Astara.

Händler auf dem Markt in Neftçala

Neftçala

Vom Kreisverkehr gelangt man mit Marschrutka oder Taxi auch in das 50 Kilometer von Salyan entfernte Neftçala an den Ufern des Kaspischen Meeres. Der Name des Ortes bedeutet so viel wie Ölgrube. Es ist heute der südlichste Ort der Ölförderung in Aserbaidschan.

Das Zentrum von Neftçala ist nicht einladend, jedoch bieten die älteren Stadtteile Banka und Oriad mit ihren oft hellblau getünchte Häusern und vielen Oleandersträuchern in den Gärten einen pittoresken Anblick. Auf dem Weg nach Neftçala fällt neben den vereinzelten Bohrtürmen sowie einer bunten Vielzahl von künstlerisch gestalteten Bushaltestellen in jedem Ort entlang der Chaussee der einzig neue Betrieb weit und breit ins Auge: die wichtigste Störzuchtanlage Aserbaidschans in Xıllı. Sie wurde mit sechs Millionen US-Dollar von der Weltbank finanziert und 2003 fertiggestellt. Vier Arten Stör werden dort gezüchtet, und gemeinsam mit drei älteren Anlagen aus den 50er Jahren entlässt sic jedes Jahr 15 bis 20 Millionen Jungstöre ins Meer.

Salyan

Vorwahl: 021.

Von **Baku**: Busbahnhof Bayl (auch genannt Neftçalar) Der Bahnhof liegt hinter dem Azərneft meydanı auf der rechten Seite stadtauswärts. Marschrutkas: tägl. alle Stunde 8–17 Uhr; 3 AZN. Von dort auch weitere Marschrutkas nach Ələt, Neftçala, Əli Beyramlı, Qaraçala.

Salyan Kür, Tel. 055/7327728, 050/4523849, Qasimzadə küç 3, Preis pro Pers. 5 AZN, altes, verfallenes Sowjethotel, nur im Notfall geeignet.

Kafesi Təndirxana, Nərimanov küç., gegenüber dem Stadtpark. Teehaus und Restaurant auf dem Gelände einer ehemaligen Karawanserei, traditioneller Stil, Restaurantbetrieb nur abends, Besonderheit: Wasserpfeife und Divan.

Kür-Xəzər, 12 km außerhalb Richtung Neftçala, direkt an der Rayongrenze. Mit Teepavillion, Blockhütten und einem großen Hochzeitssaal.

Historisches Museum, Kurçaıly küç., Es ist Əlı bəy Hüseynzadə (1864–1941), Künstler und politische Figur während der jungen Unabhängigkeitsbewegung Aserbaidschans um 1918, gewidmet.

Internet: Nizami adına (Stadtbibliothek): M. Ə. Rəsulzadə küç. 133.

Zwischen Salyan und Masallı

Von Salyan bis vor Masallı erstrecken sich die südlichen Ausläufer der Flussniederung mit ihrer Steppen- und Halbwüstenlandschaft. Auf den etwa 100 Kilometern durchquert man die beiden Rayonzentren Biləsuvar und Cəlilabad sowie die alte russische Garnisonssiedlung Prischip, heute Göytəpə.

Biləsuvar

Nähert man sich Biləsuvar, das zu Sowjetzeiten nach dem russischen Dichter Puschkin benannt war, kann man linker Hand Solontschaks, sogenannte Salzböden entdecken, die unter der gleißenden Tagessonne wie Salzpfannen weiß funkeln. Diese in der Mugansteppe und auf der Halbinsel Abşeron häufiger vorkommenden Solontschaks, die teilweise stark morastig sind, entstehen durch einen salzhaltigen Untergrund sowie nur gering unterhalb der Erdoberfläche anstehendes Grundwasser. Die geringen Niederschlagsmengen, eine lange Sonnenscheindauer, hohe Temperaturen und somit ein hoher Grad an Verdunstung begünstigen den kapillaren Aufstieg von Salzen, die schließlich die Solontschaks bilden.

▲ Karte S. 243

Biləsuvar ist heute nicht mehr als ein kleines agrarisches Rayonzentrum, dessen Hauptanbauprodukte Weizen und vor allem Baumwolle sind. Im Talış-Gebirgsvorland häufen sich die Niederschläge, verändern sich sowohl die natürliche Vegetation als auch die landwirtschaftlichen Anbauprodukte. Entlang der Hauptstraße verkaufen Straßenhändler saisonabhängig neben Gurken, Zwiebeln und Kartoffeln auch Granatäpfel und Wein.

Cəlilabad

30 Kilometer hinter Biləsuvar erstreckt sich das nächste Rayonzentrum, Cəlilabad. Die M3 führt an der östlichen Peripherie der Stadt vorbei. Zum Zentrum geht es am Kreisverkehr nach rechts. Historisch als Xashili bezeichnet, war die Stelle bereits vor der arabischen Invasion als Siedlungsgebiet bekannt. Durch den starken Zuzug von Russen an den neuen südlichen Rand des Russischen Reichs wuchs die Ortschaft nach dem Frieden von Turkmentschai ab den 1830er Jahren zusehends. Xashili, der neue Handelsplatz von zugezogenen Russen und einheimischen Aserbaidschanern, wurde schließlich in Astra-

Restaurant Gülüstan in Cəlilabad

khan-bazar umbenannt und fungierte ab 1930 als Rayonzentrum. Der heutige Ortsname Cəlilabad geht auf Cəlil Məmmədquluzadə (1866–1932) zurück. Məmmədquluzadə war Begründer der literarischen ›Schule des kritischen Realismus und der Revolution‹ und somit einer der berühmtesten Schriftsteller und Publizisten Aserbaidschans im frühen 20. Jahrhundert.

Lohnenswert ist ein Abstecher auf den ersten innerstädtischen Hügel mit Riesenrad, Funkturm und gutem Restaurant. Vom Hügel eröffnet sich ein Panoramablick über die Stadt, nach Norden auf die südlichen Ausläufer der Kür-Araz Niederung und nach Süden und Westen auf die Ausläufer der Talış-Berge.

Zehn Kilometer hinter Cəlilabad befindet sich die kleine **Ortschaft Göytəpə**, die früher Prischip hieß und eine Garnisonsstadt der Sowjetarmee war. Nach dem Ende der Sowjetunion sind sowohl die Militärangehörigen als auch das Zi-

Moschee in Biləsuvar

vilpersonal gegangen. Heute wohnen hauptsächlich Aserbaidschaner in den vielen alten, typisch russischen Holzhäusern. Das Gebäude der russisch-orthodoxen Kirche ist heute ein kleiner Versammlungssaal. Alte Kreuze und Ikonen sucht man vergebens. Eine christliche Gemeinde, die das Erbe hätte bewahren können, existiert nicht mehr.

Biləsuvar und Cəlilabad

Vorwahl: 025.

AccessBank mit Bankautomat (MF-BA), direkt am großen Kreisverkehr bei Cəlilabad. **Technika-Bank**, Heydər Əliyev prosp. 42b.

Nach **Baku**: von 9–17 Uhr, stündl. für 3 AZN, Marschrutkas alle 30 Min. für 5 AZN.

In Biləsuvar: **Hotel Zirvə**, H. Əliyev küç., Tel. 243 25 15, 050/370 61 77. DZ 40–50 AZN. Moderne Zimmer, teilweise mit Klimaanlage und TV. **In Cəlilabad**: **Nuranə-Motel,** H. Əliyev küç. 137, Tel. 243 31 16 (9–17 Uhr), 050/516 52 57, 050/393 17 79. Pro Pers. 5 AZN. Städtisches, nicht saniertes Hotel mit 10 Zimmern. Preiswerte Alternative im Vergleich zu anderen Unterkünften, im Winter geschlossen. **Hotel Gülüstan**, Tel. 050/221 16 07. DZ 50–100 AZN, neues Hotel.

An der Hauptstraße nach Baku entsteht derzeit ein neuer Olympia-Komplex mit allen Annehmlichkeiten.

In Biləsuvar: **Restaurant Zirvə** (vor dem Hotel), kleine Gartenhäuser und Pavillons, in ruhiger, erholsamer Atmosphäre. Essen mittelmäßig. Einfache, saubere Toiletten.

In Cəlilabad: **Restaurant Gülüstan** auf dem ersten innerstädtischen Hügel.

▸ Karte S. 243

Die Talış-Region

Diese ganz im Südosten des Landes zwischen Kaspischem Meer und Iran gelegene Region ist in jeder Hinsicht anders als alle anderen Regionen Aserbaidschans. So ist das Klima an den unteren Osthängen des Talış-Gebirges im Winter am wärmsten und mit Jahresniederschlägen von 1400 mm sehr feucht (Abşeron-Halbinsel: unter 200 mm), ein Umstand, der Südfrüchte, Reis und Tee gedeihen lässt. Auch die üppige Natur der Hirkanischen Wälder, die mit 150 Gehölzarten von einzigartiger Vielfalt sind, sucht in Europa ihresgleichen. Die hier lebende Bevölkerung, die Talış, sind Nachfahren des westiranischen Stammes der Meder, die vor ungefähr 4000 Jahren einwanderten, und haben bis heute ihre eigene iranische Sprache bewahrt.

Geschichte der Region

Wie auch andere Gebiete in Aserbaidschan wurde die Talış-Region mit dem Machtvakuum nach dem Tod des Nadir Schahs in Persien ab 1747 zu einem quasi-unabhängigen Khanat, dessen Hauptstadt zuerst Astara, später Lənkəran war. Die dortigen Herrscher waren adlige Safawiden, die bereits in den 1720er Jahren nach Norden gewandert waren und hier allmählich das Talış-Khanat etablierten, das im Norden bis Biləsuvar und an den Kür reichte. Lənkəran entwickelte sich in dieser Zeit zu einem neuen größeren Handelszentrum. Aufgrund der prorussischen Ausrichtung des Khanats musste es sich bis zur endgültigen Eingliederung in das russische Imperium immer wieder Angriffen und Besatzungen der Perser erwehren, wobei bereits Qara Khan von Talış 1768 eine Allianz vor allem mit dem übermächtigen Quba-Khanat einging und für kurze Zeit sogar zu dessen Vasallen wurde. Nachdem Russland mit der Beendigung des russisch-türkischen Krieges 1812 seine militärische Aufmerksamkeit verstärkt in Richtung Persien lenken

Ein Bauer mit einem Kumquatstrauch

Nach der Ernte

konnte, entsandte es 2000 Soldaten in Richtung Lənkəran, die im Januar 1813 die von Persien besetzte Zitadelle einnahmen und zerstörten. Das Khanat wurde schließlich durch den Frieden von Turkmentschai 1828 aufgelöst und in das russische Imperium integriert.

So wie auch die aserbaidschanische Bevölkerung durch die beiden russisch-persischen Abkommen in einen russisch dominierten Norden und einen iranisch dominierten Süden aufgeteilt wurde, bewohnte und bewohnt auch das Volk der Talış Gebiete beiderseits der heutigen aserbaidschanisch-iranischen Grenze: Im Süden von Aserbaidschan leben heute schätzungsweise etwa 130 000 Talış und in der angrenzenden Provinz Rasht im Iran östlich der Stadt Ardabil etwa 70 000.

Masallı

Das Gebietszentrum Masallı, erst seit 1960 eine Stadt, ist heute ein regionaler Standort für Handel und Leichtindustrie mit zwei großen Basaren, vielen Handwerksbetrieben, darunter Ziegelbrennereien, Töpfereien und Möbelproduzenten. Einer der Möbelproduzenten, Embawood, ist der größte Produzent von Wohn- und Büromöbeln in Aserbaidschan. Das intensiv bewirtschaftete, fruchtbare Flachland macht Masallı zudem zu einem landwirtschaftlichen Zentrum. Die junge Stadt hat wenig Sehenswertes zu bieten, außer einem Kulturhaus aserbaidschanischer Architektur der Sowjetperiode mit einem Nisami-Denkmal davor und einem neu gebauten Mausoleum für den im Jahre 2000 gestorbenen lokalen Heiligen Seyıd Sadiq.

Von Masallı aus gelangt man sowohl sehr gut in die Berge Richtung Isti-Su und Yardımlı als auch nach Lənkəran und Astara.

Masallı

Vorwahl: 025.

Busbahnhof Masallı, Tel. 215 31 20. Von und nach **Baku** (Metrostation 20 Yanvar); Preis 4 AZN, Marschrutka 5 AZN. Tägl. 8–16 Uhr stündlich.

Nach **Lənkəran**: 1 AZN.

Alternativ: am Platz der ›Freundschaft der Nationen‹ (Kreisverkehr) halten viele Marschrutkas bzw. Sammeltaxis für Fahrten ins Rayon (**Isti Su**, **Yardımlı**).

Vom Busbahnhof: Sammeltaxis (Mercedes), 8 AZN pro Person bis Baku, 32 AZN pro Taxi. Taxi für Tagesausflüge: 30 AZN (Yardımlı) bis 50 AZN (Lerik). Taxizentrale: 050/386 63 22. Verlässlicher Taxifahrer: Mir-Azad, Tel. 050/ 578 96 80 (spricht Russisch).

Karte S. 243

Hotel Masallı, Həydar Əliyev küç 18., Tel./Fax. 2152634, 050/3220288. EZ: 20 AZN, DZ: 30–50 AZN (inkl. Frühstück). Teilweise renoviert, zum Teil mit Klimaanlage, TV und Balkon.

Restaurant des Hotels Masallı. Empfehlenswert: Geflügelgerichte Tabaka yerli (Huhn aus dem Ofen) oder Cigirtma (gebratenes Huhn mit Kartoffeln und Zwiebeln), mittlere Preisklasse.

Schwimmbad im neu gebauten Olympischen Komplex. Öffnungszeiten: Mo–Sa 8–19 Uhr, Eintritt 4 AZN je Stunde.

Isti-Su

Wenn man Masallı in westliche Richtung verlässt, beginnt bereits nach wenigen Kilometern das bewaldete Talış-Gebirgsvorland mit einer Vielzahl an Herbergen, Restaurants und dem Sanatorium Fatimeyi Zəhra, die entlang des Flusses und Stausees Vilaş liegen. Ein Höhepunkt einer Reise in den Süden ist das Gebiet um Isti-Su, ein kleiner, gut entwickelter Kurort mit Sanatorium, 13 Kilometer hinter Masallı. Das Sanatorium ist berühmt für seine fast 70 Grad Celsius heißen Mineralheilbäder, die bei 10–15-tägiger Heibehandlung gegen so ziemlich alle menschlichen Leiden helfen. Aber auch, wer nur für eine Nacht hierher kommt, den wird die wohltuende Wirkung von Bad, Massage und Bergluft bereits verwöhnen. Zu empfehlen ist Isti-Su auch für Wochenendaufenthalte von Baku aus.

Arzt im Sanatorium Isti-Su

Isti-Su

Vorwahl: 025.

Sammeltaxis fahren von **Masallı** vom Platz der Völkerfreundschaft (siehe oben): 2 AZN pro Person. Privattaxi: 8 AZN bis Isti Su (empfehlenswert Taxist Mir-Azad, Tel. 2141366, mob. 050/5789680).

Achtung: Im Sommer und besonders an den Wochenenden sind die Herbergen oft ausgebucht.

Dəştvənd Hotel: 5 km von Masallı, Tel. 2121230, 050/3710345, www.dashtvend.com. 5 Hektar großes Areal mit Vogelgehege, künstlichem See, Schwimmbad, Whirlpool sowie 5 noblen Ferienhäuser (2-etagig mit Wohnraum, Küche, 2 Bädern, 3 Schlafräu-

Der Süden

men mit je 2 Betten). DZ ab 50 AZN, Ferienhäuser ab 200 AZN. Ausgezeichnetes Essen mit Fleisch von Tieren aus eigener Haltung. Ausflüge mit eigenen Minibussen im Angebot.

Fatimeyi-Zəhra-Bulaq-Sanatorium, in Masallı Isti Su, Qəriblər Dorf, Tel. 050/359 30 83. Apartments für 4 Pers. ab 30 AZN, für 3 Pers. ab 20 AZN, mit Balkonen. Ruhige Lage im Wald am Fluss. Heilbehandlung (Thermalbad) mit medizinischer Beratung möglich.

Vilaş, etwa 10 km von Masallı am See Vilaş, Tel. 41207, 050/361 46 65, 050/678 14 77. Hütten für 2 Pers. 40 AZN, für bis zu 5 Pers. 60 AZN, mit Klimaanlage, Mückennetzen, Schaukeln und großem Gelände zum Spielen.

Gölüstü Park, 10 km von Masallı auf der rechten Seite im Vilaştal, Tel. 050/220 63 77. Größere Anlage mit 2–3-etagigen Häusern mit Balkonen, Schlafzimmern nach hinten mit Blick auf den See Vilaş, teilweise Klimaanlage, ab 12 AZN, 30–40 AZN für 2 Zimmer mit 4 Betten, 40–50 AZN für 3 Zimmer mit 6 Betten, ohne Mückennetze, kleiner Spielplatz, sauber.

Zirva, etwa 10 km von Masallı, linke Seite hoch. 9 Häuser zu 50–60 AZN mit 2–4 Betten, Klimaanlage, TV. Saubere, helle Bäder, ganzjähriger Betrieb. Familiengerecht, Haus Nr. 1 mit Seeblick.

Karvan, 15 km hinter Masallı auf der rechten Seite, Tel. 050/649 33 20, 050/735 61 10. 10 Häuser zu 30–50 AZN für 2–4 Personen, mit TV, Balkon. Gutes Preis-Leistungs-Verhältnis.

Ein 30-minütiger Wanderweg durch die schönen Talış-Ausläufer führt nach Lac, wo ein kleines Privatbad eine Stunde Baden in den heilsamen heißen Quellen von Ibadi für 2 AZN anbietet.

Yardımlı

Am Kilometerposten 27 befinden sich rechter Hand die **Yardımlı-Wasserfälle** (Şəlalə). Baden darf man dort leider nicht, kann aber schöne Fotos machen und Souvenirs aus der Gegend erwerben. Yardımlı eignet sich für Ausflüge in die Bergwelt des Talış-Gebirges, das sich insgesamt über 100 Kilometer bis in den Iran ausdehnt. Es besteht aus drei Gebirgsketten, die parallel zum Ufer des Kaspischen Meeres verlaufen. Die höchste Spitze ist mit 2495 Metern der Berg Kömürköy Dağ an der Grenze zum Iran. Zehn Kilometer westlich von Yardımlı befindet sich die Ortschaft **Pirembel**. Das dortige Mausoleum ist dem Heiligen Seyid Mir Qiyas Ağa gewidmet, der am Ende des 8. Jahrhunderts in die Gegend um Pirembel eingewandert sein soll. Dessen Urgroßvater soll, so sagt es die hiesige Legende, Həzrəti İmam Zeynalabdin Heyhissalam oder, wie er in anderen Quellen heißt, Ali Zain al-Abidin (658–713), 4. Imam der Schiiten, gewesen sein, der wiederum Urenkel des Propheten Mohammed war. Die Mutter von Ali Zain al-Abidin war Schahr Banu, Tochter des letzten Sassaniden-Herrschers Yazdegerd III. Wäre dem so gewesen, dann leben in Pirembel Nachkommen des Propheten und des letzten Sassanidenkönigs.

Einen ganzen Tag sowie einen Jeep der Marke UAZ sollte man für einen **Ausflug in Richtung Allar** einplanen (vier Stunden Fahrt plus Aufenthalt). Allar selbst liegt bereits auf über 2000 Metern Höhe einen Steinwurf vom Kömürköy Dağ entfernt und ist damit eine der höchst-

▸ Karte S. 243

In Pirembel

gelegenen Ortschaften in Südaserbaidschan. In Allar kann man die Ruinen der mittelalterlichen Festung Kıs Qala besuchen (von Allar etwa eine Stunde zu Fuß), die Höhle Allar Magarasy und das Mausoleum des lokalen Heiligen Baba Pireli. Die Ruinen erfordern allerdings ausreichend Vorstellungsvermögen, um noch die Grundmauern einer mittelalterlichen Festung erkennen zu können.

Yardımlı

Vorwahl: 25.

Von Baku (Zentraler Omnibusbahnhof) 2 x täglich Marschrutka, um 8 und 12 Uhr, von Yardımlı: um 14 und 19 Uhr, je Strecke 6 AZN.

Aus **Masallı** (Brücke am Platz: Freundschaft der Nationen): Sammeltaxis, pro Person 5 AZN. In Yardımlı: Taxis **nach Masallı**, Lada Nivas und UAZ 469 (die legendären Jeeps der Uraler Autofabrik) für Fahrten in entlegene Bergdörfer: nach Pirembel 12 km auf nicht asphaltierter Straße: 15 AZN für Hin- und Rückfahrt (mit zweistündiger Wanderung). Tagesausflug nach **Allar**: ab 50 AZN; empfehlenswerter Fahrer mit gutem UAZ: Sabil Əliyev, Tel. 050/458 23 66.

Mehmanxana Yardımlı, Tel. 205 12 46, 050/408 87 70. Dreibettzimmer 30 AZN pro Person, 40 AZN im Zweibettzimmer. 2005 saniertes städtisches Hotel, Zimmer mit TV, Kühlschrank. Sauber und gepflegt, allerdings sehr teuer und nur wegen seiner Nähe zur Bergwelt lohnend.

Pension Deman, Tətil Məkanı (20 km von Yardımlı entfernt Richtung Masallı auf der rechten Seite): 7 feste Steinhäuser für je 2 Personen zu 50 AZN. Mit TV, Kühlschrank, Mückennetzen, ohne Klimaanlage, mit Blick auf Talış-Bergland. Sauber, guter Standard, jedoch sehr isoliert gelegen.

Lənkəran

Nach dem Tod des ersten Khans im unabhängigen Talış-Khanat, Seyid Abbas, verlegte sein Sohn Camaladdin (auch Qara Khan genannt) Mitte des 18. Jahrhunderts die Hauptstadt der Talış von Astara nach Lənkəran. Eine anhaltende Phase des Aufschwungs und der modernen Entwicklung setzte in der Stadt allerdings erst mit der Integration in das Russische Reich ab 1826 ein. Im Stadtzentrum wurden bald befestigte Straßen angelegt und ein moderner Marktplatz gebaut, der bis heute das Handelszentrum der Stadt ist.

Sehenswertes

Städtebauliches Wahrzeichen der Stadt Lənkəran (Lenkoran) und mit Abstand ältestes Gebäude ist der über 30 Meter hohe **Leuchtturm** im Stadtzentrum am Meer. Er wird im Volksmund Majak genannt, der russische Name für Leuchtturm. Dieser Turm sowie der ehemalige **Gefängnisturm Sindan** im Süden der Stadt stammen aus der Mit-

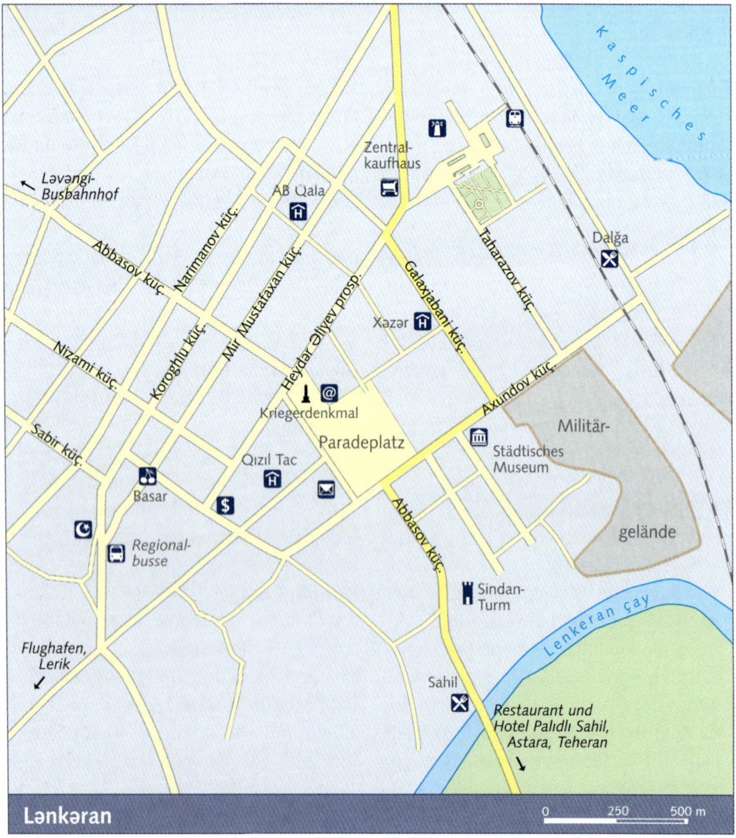

► Karte S. 243

Im Restaurant Palıdlı Sahil

te des 18. Jahrhunderts. Im Sindan-Turm, der heute verfallen ist, soll in den Jahren vor der Oktoberrevolution der Georgier Iossif Wissarionowitsch Dschugaschwili, besser bekannt als Josef Stalin, für kurze Zeit eingesessen haben.

Das von französischen Architekten konzipierte **Khan-Haus** von 1913 (benannt nach Mir Akhmed Khan, dem letzten Nachkommen der Khan-Dynastie, der in Lənkəran noch als lokaler Herrscher von Russland eingesetzt wurde und 1916 in Frankreich starb), gilt als das erste mehrgeschossige Gebäude Lənkərans und beherbergt heute das städtische Museum.

Der schlichte Backsteinbau der Zentralmoschee hinter dem Basar stammt vom Ende des 19. Jahrhunderts.

Die Talış-Region ist landesweit für ihre Küche bekannt, in der traditionell viel Fisch und Geflügel gegessen und mit vielen Gewürzen zubereitet wird. Die berühmteste Zubereitungsart von Fisch und Geflügel ist Ləvəngi. Ləvəngi bezeichnet eine Füllung aus zermahlenen Nüssen, Zwiebeln und oft noch Granatapfelsamen, die mit Salz, Pfeffer, Zimt (alternativ mit Rosinen) und Pflaumenessig gewürzt und vor dem Backen in Fisch oder Huhn eingefüllt wird. Selbst die Straße beim Busbahnhof heißt Ləvəngi und beherbergt neben zahlreichen traditionellen təndirxanas (Lehmöfen) eines der besten Restaurants der Stadt, in dem, wie sollte es anders sein, Ləvəngi in verschiedenen Arten angeboten wird.

Umgebung von Lənkəran

Im Umland von Lənkəran gibt es zwei einzigartige Naturschutzgebiete, eines nördlich an der Küste und eines südlich in den Bergen.

■ Naturschutzgebiet Qızılağac

Im Norden befindet sich das Naturschutzgebiet Qızılağac an der Uferzone des Kaspischen Meeres. Das Schutzgebiet, das zukünftig als Nationalpark leichter zugänglich sein wird, hat eine Größe von 88 000 Hektar. Qızılağac bedeutet roter Baum oder goldener Baum und steht für die Erle, die hier wächst. Das Schutzgebiet ist für über 250 Vogelarten der wichtigste Nahrungs-, Rast- und Überwinterungsplatz an der gesamten Westküste des Kaspischen Meeres. Wie auch im Şirvan-Nationalpark machen hier verschiedene Pelikanarten, Flamingo und Kormorane Rast, haben Schakal, Wolf und Schilfkatze ebenfalls ihre Lager. Das Naturschutzgebiet liegt in einer Flachwasserzone, die sich in Abhängigkeit von den Wasserspiegelschwankungen stark verändert. Aufgrund des noch vor 30 Jahren geringen Wasserstandes im Kaspischen Meer wurde die einstige Halbinsel Sara über einen Damm mit der benachbarten Ortschaft Liman (früher Iljitsch) verbunden und an den neuen Ufern Häuser mit Meerblick in der Ortschaft Nərimanabad gebaut. Heute, da der Wasserpegel wieder knapp zwei Meter gestiegen ist, liegen Häuser mitten im Wasser, verlassen und der Rückeroberung der Natur preisgegeben. Neben dem Naturschutzgebiet und der untergehenden Stadt lohnt sich ein Ausflug in die Umgebung von Nərimanabad, wo unberührte, gelbe Sandstrände zum Baden einladen.

Küche des Open-Air Teehauses am See

Hırkan-Nationalpark

Im Süden von Lənkəran erstreckt sich entlang des feuchtwarmen Talış-Vorgebirges der Hirkan-Nationalpark bis an die iranische Grenze. Das Besucherzentrum liegt etwas außerhalb des Nationalparks, etwa zehn Kilometer hinter Lənkəran bei der Ortschaft Hırkan (von Lənkəran am besten mit einem Taxi zu erreichen). Der Eingangsbereich ist von der Straße sofort zu erkennen. Der Haupteingang zum Park ist wiederum in Alaşa, weiter südlich gelegen. Nach einer zweistündigen Tour mit fachkundiger englischer Führung kann man oberhalb des Xanbulan-Stausees (Teil des Parks, Baden und Zelten verboten) Tee trinken und mit Rosinen und Nüssen wieder Kraft tanken. Ein älteres Ehepaar stellt hier bei gutem Wetter Tische und Stühle auf und bewirtet die Gäste.

Lənkəran

Vorwahl: 025.

Touristeninformation in Goyşaban, Tel. 055/6435533, tic_lenkoran@box.az.

Ləvəngi-Busbahnhof (Fernstrecken): nach **Baku** 7.30, 8, 9, 10, 10.30 Uhr, 5 Std., 5–7 AZN, Tel. 2545928.

Regionalbusse, Sammeltaxis und Jeeps vom Zentralbasar.

Tägl. ein Nachtzug von/nach **Baku**, Kupe 14 AZN plus 1 AZN (Bettwäsche), Sitz 7 AZN. Tägl. außer Mo ein Zug am Tag.

▸ Karte S. 243

Fr und So für 25 AZN mit Azal um 16 Uhr ab **Baku**, Ankunft 16.45 Uhr; Di um 9.30 Uhr. Zurück geht es am Fr und So um 17.25 Uhr und Mo um 10.50 Uhr. Flughafencode LLK. Marschrutkas aus Lerik fahren über den Flughafen ins Zentrum Lənkərans.

Taxis im Stadtzentrum: 1–2 AZN, vom Busbahnhof ins Zentrum 2–3 AZN, ein vertrauenswürdiger und freundlicher Taxifahrer ist Akif Rasulov: 050/7458491.

Im Stadtzentrum:

Hotel AB Qala, Mir-Mustafaxan küç., Tel. 2550284, 050/2006061, Fax 2550288. 22 DZ ab 52 AZN, EZ ab 41 AZN, inkl. Frühstück. Empfehlenswert, zentrale Lage, Teil der Zimmer mit Meerblick (bei Buchung angeben). Es wird Englisch und Russisch gesprochen. Zimmer mit Klimaanlage, Duschbad, TV, Telefon, Minibar, Mückennetzen. Wäscherei im Haus.

Hotel Xəzər, Tel./Fax. 2551663, hotelxazar@yahoo.com. Qalaxiyabani küç. 11 (Zentrum), DZ 105 AZN, EZ 80 AZN. Manager Anar spricht Englisch. Weniger empfehlenswert (Preis-Leistung).

In der Umgebung:

Olympia-Komplex, ab 36 AZN, komfortable Unterkunft in Küstennähe, ganzjährig.

Xanbulan Resort, Tel. 57190, 050/3771924, 13 km von Lənkəran, Blockhütten 40 AZN, mit Ventilator, Mückennetz, ruhige Lage am Rand des Hırkan-Nationalparks und des Xanbulan-Sees, mittlere Qualität, guter Ausgangspunkt für Wanderungen.

Palıdlı Sahil, Sutamurd (3 km südl. von Lənkəran), Tel. 2552626, 050/3653666 (Cavid). Hinter dem Olympia-Komplex, Holzblockhütte (2–3 Pers.) 50 AZN. Ideale Lage am Meer. Klimaanlage, einfache Dusche, TV, Kühlschrank, Balkon. Taxi vom Busbahnhof 3 AZN, vom Zentrum 2 AZN.

Privatunterkunft in Nationalparknähe für 10 bis 15 AZN pro Person, Tel. 57603, 050/6462714.

Restaurant Xan, preiswertes und sehr gutes Restaurant, traditionelle Speisen: zum Beispiel Blesshuhn-Ləvəngi.

Palıdlı Sahil, großartige Atmosphäre direkt am Strand unter schattenspendenden Bäumen.

Hotel AB Qala, gutes Restaurant zu fairen Preisen (ab 5 AZN).

Restaurant Dalğa, Tel. 2551769, abgetrennte Séparées im Freien (Moskitos!) und 5 gute DZ mit Klimaanlage.

Restaurant Sahil, direkt am Fluss Lənkəran Çay.

Hirkan-Nationalpark, www.hirkan.com, tägl. 9–18 Uhr. Kontakt: Haçi, Tel. 050/6871009, hirkanmp@gmail.com, spricht wenig Englisch, organisiert zuverlässig Transport, private Unterkünfte und Führungen durch den Park. Ein Trinkgeld wird gern gesehen. Routenbeschreibungen und weitere Infos auf www.eco.gov.az/en/hirkan. Der Eintritt von 4 AZN ist einzuzahlen an Hirkan NP – 0252576046, Bank: Standard Lankaran branch, Code 509415, TIN 9900006801, Kto. 01370100003944. (Wer nicht den Haupteingang nimmt, kommt auch ohne Eintritt in den Park, im Zweifelsfall droht Bußgeld.)

Der Hırkan-Nationalpark

Die herausragende Besonderheit des mit 21 435 Hektar nicht allzu großen Hırkan Milli Parkı sind seine Urwälder mit etwa 150 verschiedenen Gehölzarten (Bäume und Sträucher), darunter auch vielen endemischen Arten, also Arten, die nur hier anzutreffen sind, wie etwa Hirkanische Feige oder Eisenholzbaum. Damit gehören die Hirkanischen Wälder zu den artenreichsten Laubwäldern der gemäßigten Zone in Europa und Asien und sind aufgrund ihrer Einmaligkeit kürzlich als UNESCO-Weltnaturerbe nominiert worden. Die noch aus dem Tertiär stammenden hirkanischen Reliktwälder, so die wissenschaftliche Bezeichnung, haben die Eiszeiten der letzten zwei Millionen Jahre in diesem kleinen, geschützten Winkel der Erde nahezu unbeschadet überlebt, während in Europa ein großes Artensterben bis hin zum Mittelmeer einsetzte.

Die wohl berühmteste einheimische Baumart und eines der Wahrzeichen des Nationalparks ist der Dəmirağac, der Eisenholzbaum (lat. Parrotia persica). Das Holz dieses sehr langsam wachsenden Baums hat eine so hohe Dichte, dass es im Wasser untergeht. Im Talış-Gebirge herrschen optimale Lebensbedingungen für diese Baumart, die hier bis zu 30 Meter hoch werden kann und deren Stämme sich vielfach verzweigen oder oft in mehreren Exemplaren zusammenwachsen.

Das zweite Wahrzeichen des Nationalparks ist der Kaukasus-Leopard, von dem hier noch wenige Exemplare in freier Wildbahn leben. Diese letzten Leoparden Europas bei einer Wanderung durch den Nationalpark anzutreffen, ist jedoch unwahrscheinlich. Die Großkatzen sind menschenscheu und leben in dem für Besucher nicht zugänglichen strengen Schutzgebieten im südlichen Teil des Parks und unternehmen nur gelegentlich Ausflüge nach Norden.

Miteinander verwachsene Eisenholzbäume

Lerik

Die Region Lerik ist in Aserbaidschan für die extreme Langlebigkeit ihrer Einwohner bekannt. Hier, im Dorf Barzavu, lebte von 1805 bis 1973 der angeblich älteste Mensch der Welt: Ein Schafhirte namens Şirəli Muslimov. Über ihn und andere langlebige Menschen aus der Region berichtet das weltweit wohl einzigartige ›Museum of Longevity‹, das 2011 seine Pforten in Lerik in einem rotem Holzhaus geöffnet hat.

Während das untere Tal des Lənkəran-Flusses noch dicht bewaldet ist, herrscht in der Umgebung von Lerik die Hochgebirgsflora mit ihren ausgedehnten Dornpolsterfluren vor. Über den Schluchten kreisen Adlerbussarde, Gänsegeier sowie Schlangen- und Steinadler. Lohnenswert ist ein Ausflug in Richtung des auf 1600 Meter Höhe gelegenen Funk- und Fernsehturms oberhalb der Ortschaft Ambu, von wo aus man eine atemberaubende Sicht hat. Mindestens genauso reizvoll ist ein Picknick auf der gegenüberliegenden Seite des Canyons kurz hinter der Ortschaft Monidigah, etwa 15 Kilometer von Lerik entfernt (Achtung: Sonnenschutz nicht vergessen!). Hinter Monidigah gelangt man zur iranischen Grenze, die an dieser Stelle passierbar ist. Der Weg bis Lerik ist asphaltiert. Danach empfiehlt sich die Weiterfahrt mit dem Jeep, den man in Lerik inklusive Fahrer mieten kann..

Lerik

Vorwahl: 025.

Von **Baku** nach Lerik Busse um 6.50, 7 und 7.30 Uhr, Marschrutkas vom Zentralbasar in **Lənkəran**; von Lerik nach Baku um 7, 8.30 und 9 Uhr. Fahrtdauer ca. 7,5 Std.

Von Lənkəran fahren ›dord yol‹-Taxis für 3 AZN/Pers. nach Lerik (+ evtl. Touristenaufschlag, abends spät bis 20 AZN) Nach Lerik: Jeeps vom Lənkəraner Basar, Fahrt im einfachen Taxi 25 AZN.

Privatunterkünfte organisiert CBT (→ S. 313).

Auf dem Weg nach Lerik:

Pension Hüseyn Baba, Tel. 2754276, 050/5387474, DZ 12 AZN, Bett im 4-Bett-Zimmer 4 AZN, mit Mückennetzen, ohne Klimaanlage. Bedingt empfehlenswert, da eingeschränkter Hygienestandard, geeignet als Übernachtung zur Erkundung der Hochgebirgsnatur.

Im Umland:

Pension M. Meşəbəyı, Tel. 050/3753095. 27 km von Lənkəran, Häuser ab 100 AZN, gut aber teuer, im Winter geschlossen.

Tabassum Hotel, 27 km von Lənkəran, einfache Blockhütte 40 AZN für 2 Pers., 50 AZN für 4 Pers., ohne Klimaanlage und Mückennetze, reizvoll gelegen am Bach mit kleinen Wasserfällen, nur im Sommer offen.

Komplex Relax, Tel. 2756068, 050/2508464, www.relax.com.az. 34 km von Lənkəran, DZ 80–100 AZN im Sommer, sonst ab 50 AZN, gepflegte und luxuriöse Anlage, orientalisches Open-Air Teehaus, Billiard, Tischtennis, Spielplatz, Disko.

Cənub, südl. von Lerik zwischen Andurma und Anzolu, Tel. 050/4093535, www.cenub@com.az; Bungalows modernen Standards um ein großes Holzschiff, in den Bergen am Fluss.

Café Xəyal, km 33, mit Pavillon am und auf dem Wasser.
Restaurant Relax (siehe oben).
Tabassum Restaurant am Fluss und Wasserfall (siehe oben).

Museum of Longevity, im historischen Museum (Hauptplatz) nach Dilara Fatullayeva fragen, die den kleinen Bau hinter der Schule aufschließt (ihre Mobilnummer: 050/738 98 20, leider kein Englisch).

Astara

Der nördliche Teil der ehemaligen Talış-Hauptstadt Astara ist heute eine kleine Grenzstadt mit etwa 16 000 Einwohnern. Da hier der wichtigste Grenzübergang zwischen Aserbaidschan und dem Iran liegt, ist der Durchgangsverkehr entsprechend stark und die Wartezeit beim Überqueren des Grenzflusses Astara Çay südlich der Stadt lang, zumindest mit dem PKW. Berichten zufolge ist eine Grenzüberquerung letzthin aufgrund längerer Querelen mit den Grenzbe-

Astara

Karte S. 243

amten nicht immer einfach. Obwohl bereits Ptolemäus im 2. Jahrhundert in seinem berühmten Weltatlas Geographia die Region Astara erwähnte, ist leider sehr wenig Sichtbares aus den zwei Jahrtausenden Kulturgeschichte erhalten geblieben.
In Astara lohnt ein Besuch im **historischen Museum**, das dem Besucher die Talış-Kultur mit einer Vielzahl von Ausstellungsgegenständen näherbringt. Zudem hat Astara passable **Sandstrände** mit weitaus saubererem Wasser als etwa bei Lənkəran oder Abşeron.
Lohnenswert sind auch die beiden sanierten **Moscheen** Hacı Cahanbaxış məscidi (für Frauen) und Hacı Təmur məscidi (für Männer) aus der zweiten Hälfte des 19. Jahrhunderts in **Pensər**, das etwa 30 km von Lənkəran entfernt liegt.
Sieben Kilometer vor Astara kann man in der **Siedlung Ərçivan** eine kurze Pause an der direkt an der Nord-Süd-Trasse gelegenen **Quelle Yanar Bulaq** einlegen (zu erkennen an einem kleinen Pavillon auf der rechten Seite am Ortsausgang Richtung Astara). Halten Sie ein Feuerzeug an das aus dem Erdreich empordringende, methanreiche Wasser. Sie werden überrascht sein!

Astara

Vorwahl: 025.

Nach **Baku** vom Fernbusbahnhof (2 km nördl. des Zentrums) 8–18 Uhr, 7 AZN. Ab Baku Busse zwischen 7.30 und 16.45 Uhr. Regionalbusse und Marschrutkas starten südl. des Wochenmarktes. Busse nach **Teheran** (über Rasht) brauchen 7 Std.

Nach Baku: Astara-Baku-Ekspress. Abfahrt 15.45 Uhr, Ankunft Baku 23.30 Uhr. Nachtzug: Abfahrt 19.30 Uhr, Ankunft Baku 6.15 Uhr. 5 AZN plus 1 AZN Bettwäsche.
Nach Astara: Ekspress: 8.30 ab Baku, 15.30 an Astara. Nachtzug: 23.55 ab Baku, Ankunft Astara: 9.30 Uhr.

Nach Baku: Abfahrt 20.50 Uhr, Ankunft 6.25 Uhr.
Nach Astara: Abfahrt in Baku um 23 Uhr, Ankunft um 7.55 Uhr.

Im Zentrum:
Hotel Şindan, H. Əliyev prosp. 11, Tel. 225 41 77, DZ ab 50 AZN, EZ ab 30 AZN, westlicher Standard.
1001 Gəcə Motel, Tel. 050/576 52 62. DZ 10 AZN, mit Ventilator, Dusche auf dem Gang, Terrasse und Badestrand, günstige Unterkunft, oft durch Fernfahrer ausgebucht, Essen ca. 4 AZN.
Hotel Xəzər, Azərbaican küç. (1 Block westl. Zentralplatz), Tel. 225 35 30; Helle, funktionale günstige Zimmer mit sauberem Gemeinschaftsbad.
In der Umgebung:
Gästehaus Savalan, Tel. 223 31 16, 050/393 17 79, 6 km von Astara in nördliche Richtung (Lənkəran), DZ 20 AZN, EZ 10 AZN, mit Klimanlage, TV, Balkon, warmes Essen für etwa 5 AZN, Frühstück etwa 3 AZN; preiswerte, empfehlenswerte Übernachtungsmöglichkeit.

Restaurant Savalan (siehe oben).
Şindan-Teehaus.

Von Ələt nach İmişli

Das gesamte Gebiet zwischen Şirvan und İmişli gehört zum südlichen und gleichzeitig am intensivsten bewirtschafteten Teil der **Kür-Araz-Niederung**. Die etwa 100 Kilometer lange und 40 Kilometer breite Agrarzone ist die Getreide-, Melonen- und vor allem Baumwollkammer Aserbaidschans. Die Grundlagen hierfür wurden bereits unter Stalin geschaffen: Ein weitverzweigtes Netz an Bewässerungskanälen versorgt das sonst zu trockene Gebiet mit ausreichend Wasser für die Landwirtschaft.

Kürdəmir

In Aserbaidschan ist man auf eine Begebenheit der Region stolz, wurde doch die römische Armee zu Zeiten des kaukasischen Albaniens, vermeintlich auf dem Weg nach Şamaxı, von lokalen Wegbegleitern in die hiesigen Marschgebiete geführt, wodurch sie schließlich vertrieben werden konnte.

Die kleine, 20 000 Einwohner zählende Stadt auf dem Weg nach Gəncə stammt in ihrem heutigen Grundriss aus Sowjetzeiten und hat wenig Spektakuläres zu vorzuweisen. Allerdings bietet sich der Ort für eine kleine Pause auf der langen Ost-West-Magistrale an. Das Restaurant Big befindet sich etwa zehn Kilometer vor dem Ortseingang auf östlicher Seite, das Restaurant Karabach etwa vier Kilometer hinter dem Ort in westliche Richtung. Beide sind passable Rastplätze.

Busse nach Kürdəmir fahren täglich von 8 bis 18 Uhr vom zentralen Omnibusbahnhof (Metro 20 Yanvar) in Baku vom Bahnsteig 25 ab; 4 AZN.

▸ Karte S. 243

Rund um Şirvan

Zeitgleich mit dem Beginn der Landwirtschaft in dieser Steppenregion wanderten immer mehr Menschen ein. Alle heutigen Städte und Rayonzentren der Region waren noch bis in die Mitte des 20. Jahrhunderts Dörfer oder kleine Siedlungen und wuchsen zu Sowjetzeiten zu funktionalen Agrarzentren ohne jegliches touristisches Potential. Die Ortschaften und das Land haben daher bis heute wenig für Touristen zu bieten. Der größte Ort ist **Şirvan** (ehemals Əli Bayramlı) mit knapp 70 000 Einwohnern. Die Stadt ist als frühes Zentrum zur Baumwollbearbeitung, als Ölförderstätte (Şirvan-Neft) sowie als Gaslagerstätte berühmt. Eine Fahrt auf der Hauptmagistrale durch die Stadt führt von Norden kommend entlang von Kanälen und über den Kür weiter nach Westen. 50 Kilometer hinter der Stadt liegen an der Grenze von der Şirvan- zur Muğansteppe am Zusammenfluss von Kür und Araz die beiden Kleinstädte **Sabirabad** und **Saatli**.

Von Saatli erreicht man İmişli am besten, indem man in Höhe des Bahnhofs nach rechts in Richtung Norden fährt, den Araz überquert und direkt die erste Straße wieder nach links abbiegt und entlang des Araz nach İmişli gelangt.

Auch **İmişli** war bis Anfang der 1960er Jahre noch ein Dorf. Es liegt in der Mil-Ebene auf der linken (nördlichen) Seite des Flusses Araz. Im Stadtzentrum liegt nördlich des Əliyev prosp. der Heydar-Aliyev-Park mit Teehaus zum Entspannen. Der Bahnhof befindet sich im nördlichen Teil der Stadt (zu erreichen über Aslanov-Prospekt). Vorsicht: In İmişli besteht grundsätzlich **Malariagefahr** aufgrund der hier vorkommenden Anopheles-Mücke.

Rund um Şirvan

Vorwahl: 021.

Von Baku (Zentralomnibusbahnhof, Bahnsteig 24) **nach İmişli** (Saatli und Sabirabad): tägl. 8–17 Uhr; 5 AZN bis İmişli, 4 AZN bis Saatli und Sabirabad. **Von İmişli** tägl. 8–17 Uhr, Fahrzeit: 3,5 Stunden. **Nach Şirvan**: Busse stündlich von 9 bis 18 Uhr, vom Bakuer Az-Neft Busbahnhof; 3 AZN.

Restaurant Dostluq und **Restaurant Xənlibel**, beide etwa 5 km hinter Sabirabad, direkt an der Magistrale; günstige Preise, Sitzmöglichkeiten im Freien unter Bäumen.

Motel Dostluq, etwa fünf Kilometer hinter Sabirabad, Tel. 050/3100249. DZ 30 AZN.
Hotel Mil (İmişli), Aslanov-Prospekt/ Ecke Əliyev-Prospekt, DZ 10 AZN, aufgrund katastrophaler Hygienebedingungen nicht empfehlenswert.

Beyləqan und Ağgöl

Die letzte Stadt vor der 20 Kilometer entfernten aserbaidschanisch-armenischen Waffenstillstandslinie ist Beyləqan mit knapp 20000 Einwohnern. Die angeblich vom Sassanidenherrscher Gubad I. im 5. Jahrhundert gegründete einstige Hauptstadt des kaukasischen Albanien blieb bis in das 12. Jahrhundert eine städtische Burgfestung und war ein bedeutendes regionales Handels- und Handwerkszentrum, in dem zeitweilig über 40000 Einwohnern lebten, doppelt so viele wie heute. Mit dem Mongoleneinfall in der ersten Hälfte des 13. Jahrhunderts wurde die Stadt vollständig zerstört und hat seitdem nicht mehr zur selben Bedeutung und Größe zurückgefunden.

Das Rayon teilt sich mit dem benachbarten Ağcabədı den in der Mil-Ebene gelegenen **Nationalpark Ağgöl**. Mit dem zentralen Ağgöl-See wurde er hauptsächlich als Reservoir für Wasser- und Watvögel (Pelikan, Löffler, Purpurhuhn und Marmelente) errichtet und gehört ebenso wie das Naturschutzgebiet Qızılağac zu den Schutzgebieten der UNESCO-Ramseur-Konvention. Der Park ist derzeit für Besucher nicht zugänglich, sollte sich das ändern, ist er täglich von 9–18 Uhr geöffnet. Der Eintritt von 4 AZN ist zu zahlen an Ağgöl NP-011350707, Kapital Bank, Agcabedi branch, Kto. 320 50019445300201153, TIN 34000 50221, Aggol NP TIN 2400140431, Spezialkonto 06012.

In einer Teefabrik

Der Süden

»Er blieb stehen, betrachtete die Fußabdrücke in dieser graugelben Wüste unter der Sonne, und auf einmal war es ihm, als führe diese Spur nicht mitten in die Wüste, sondern ins Jenseits oder jedenfalls eine andere Welt.«

Elçin, Das weiße Kamel

Naxçıvan

Unbekanntes Terrain

Grandiose und fast menschenleere Berglandschaften, ein Hauch von Exotik und das Gefühl, sich irgendwo im fernen Abseits zu bewegen: Das isolierte Stück Halbwüste zwischen Armenien, Iran und Türkei ist sicherlich das exklusivste Ziel einer Aserbaidschanreise. Zu Sowjetzeiten war die Exklave Naxçıvan (Nachtschiwan; Nachitschewan) meist geheime Militärzone, heute kann man von Aserbaidschan aus nur über den Iran oder auf dem Luftweg einreisen. Eine direkte Landverbindung besteht aufgrund der jüngsten politischen Entwicklungen derzeit nicht. Mit anderen Worten: Ein wenig bekanntes Terrain, in das sich kaum ein westlicher Tourist verirrt. Doch zwischen Berg Ararat und der historischen Stadt Ordubad gibt es eine ganz eigene Welt zu entdecken, die einen bemerkenswerten Reichtum alter Kulturgüter und die meisten aserbaidschanischen Präsidenten hervorgebracht hat. Die Exklave ist eine autonome Republik mit eigener Verfassung und eigenem Parlament, jedoch in Fragen der Verteidigungs- und Außenpolitik an Aserbaidschan gebunden. Ihr Oberhaupt ist seit 1995 Vasif Talibov, gegen den sich der Regierungsstil der Aliyevs in Baku geradezu liberal ausnimmt. Mit seinem Westzipfel grenzt Naxçıvan an die Türkei, die wie der Iran ein Konsulat in der Hauptstadt unterhält.

Zu den Höhepunkten zählen die Stadt Naxçıvan, die alte Handelsstadt Ordubad und das Mausoleum, das Cehan Kudi xatun in Qarabağlar und Duzdağ, die wohl älteste Salzmine der Welt.

Die Geschichte und ihre Folgen

Auf dem Weg zum Ararat hatte Noah ein kurzes Intermezzo mit Naxçıvans Berg İlandağ, dessen Spitze aus den Fluten ragte und mit der Arche kollidierte. Daher, so die Deutung der biblischen Geschichte, rührt der Name der Republik: Naxçıvan von Nuhçuvan, ›das Land

Auf dem Weg nach Ordubad

▲ Karte S. 270

Hier blieb Noah angeblich mit der Arche hängen

Noahs‹. Eine Übersetzung aus dem Persischen (Nach Jáwān) fällt sehr viel schlichter aus: ›neue‹ oder ›schmale Republik‹.

Nach den Invasionen der Römer, Perser, Araber und Türken erlebten Naxçıvans alte Handelsstädte im 12. Jahrhundert eine Blüte, von der unter anderem die kunstvollen Mausoleen in Qarabağlar und Naxçıvan-Stadt geblieben sind. Nach einer relativ glimpflichen Begegnung mit den Mongolen war Naxçıvan ein quasi-unabhängiges Khanat im Safawiden-Reich, um ab 1828 Teil Russlands zu werden. 1921 befriedete Stalin, damals 1. Sekretär der kommunistischen Partei, Rangeleien um die Region, indem er sie zur autonomen Republik innerhalb Aserbaidschans erklärte. Diesen Status hat Naxçıvan bis heute. Gleichzeitig wurde allerdings das Gebiet Zangezur, das zwischen Naxçıvan und dem aserbaidschanischem Kernland liegt, Armenien zugeteilt. Die solchermaßen verursachte Isolation wurde 1936 mit der Auflösung der Transkaukasischen Sowjetrepublik besiegelt und hat bis heute in jeder Hinsicht gravierende Auswirkungen.

Die wirtschaftliche und geopolitische Lage der Exklave könnte kaum ungünstiger sein. Naxçıvan erklärte 1991 seine Unabhängigkeit von der zerfallenden Sowjetunion noch vor Aserbaidschan und als zweite Republik nach Litauen. Ein Jahr später führten die Auseinandersetzungen mit dem nördlichen Nachbarland Armenien speziell im nordwestlichen Zipfel der Republik zu militärischen Unruhen. Dass die Lage nicht eskalierte, lag vor allem am Druck der Türkei, die aufgrund internationaler Abkommen bei Angriffen auf Naxçıvan intervenieren darf, aber auch an der gestrengen Führung Heydar Aliyevs, seinerzeit Parlamentssprecher in Naxçıvan. Der berühmteste Sohn der Exklave hatte sich gerade von der kommunistischen Partei und von Moskau verabschiedet, um hier einen politischen Neustart zu wagen.

In Folge des Karabach-Konflikts kam es zu einer massiven Abwanderung der

Kadetten in Naxçıvan-Stadt

armenischen Bevölkerung Naxçıvans. Im Gegenzug wurden etwa 2000 aserbaidschanische Flüchtlinge aus der in Armenien gelegenen Exklave Kərki hierhin umgesiedelt. Nach offiziellen Angaben leben in Naxçıvan heute 350 000 Menschen, tatsächlich sind es auf Grund mangelnder Arbeitsmöglichkeiten wohl höchstens 170 000. Im Gespräch mit ihnen kann man feststellen, dass die Beziehung zum Nachbarland hier interessanterweise häufig ganz anders reflektiert wird als etwa im weit entfernten Baku. Seit die Exklave verkehrstechnisch blockiert ist und Armenien als Markt wegfällt, haben sich enge Handelsbeziehungen speziell zur Türkei, aber auch zum Iran etabliert. Dennoch wäre die Republik ohne massive Subventionen aus Baku kaum überlebensfähig.

Klima und Landschaft

Naxçıvan wartet mit Extremen auf: Während das kontinentale Klima im Sommer locker 40 Grad beschert, muss man im Winter mit frostigen 30 Grad unter Null rechnen. Zum Reisen eignen sich am besten April und Mai sowie der lange, warme Herbst. Wenn es in Baku bereits kühl und regnerisch wird, herrscht hier noch schönstes Sommerwetter.

Aufgrund der wenigen Niederschläge ist ein Großteil Naxçıvans felsige Halbwüste, allerdings in ihrer schönsten Form mit dramatischen Gipfeln und faltigen Hügelketten. Der Fluss Araz grenzt die Republik im Südwesten vom Iran ab. Von dort aus steigt das Terrain Richtung Norden an, bis die Bergkämme des Kleinen Kaukasus die Grenze zu Armenien markieren.

Vor der imposanten Bergkulisse, mit der Naxçıvan seine Gäste bereits am Flughafen empfängt, liegen nur wenige Flächen, die grün und landschaftlich nutzbar sind. In Naxçıvans Boden gedeihen Tabak und Baumwolle, obgleich die Landwirtschaft in den letzten Jahren fast eingeschlafen ist. Zudem verstecken sich in den kargen Hängen Erzvorkommen, Marmor und Gips.

Ein großer Teil der wenigen Gebiete, in denen Bäume wachsen, wurden als Nationalpark Zangazur unter Schutz gestellt. Im Park zählt die Region Batabat mit ihren Bergseen zu den landschaftlichen Besonderheiten Naxçıvans, wobei die eindeutigen Höhepunkte der Berg İlandağ und die Region zwischen Naxçıvan-Stadt und Ordubad sind. Besonders eindrucksvoll erlebt man diese Strecke auf der direkt am Araz verlaufenden Zugfahrt, sofern man daran wegen der Nähe zum iranischen Grenzgebiet nicht gehindert wird.

Ein- und Ausreise

Nach Naxçıvan kommt man per Flugzeug aus Baku, Gəncə oder der Türkei. Ein Bus fährt täglich von Baku aus durch den Iran.

■ Anreise mit dem Flugzeug

Viermal täglich (8, 14, 19 und 23.55 Uhr) fliegt AZAL für 70 AZN von Baku nach Naxçıvan-Stadt (Code: NAJ) und für 39 AZN von Gəncə, wobei von Gəncə dreimal wöchentlich um 11.55 Uhr Flüge nach Naxçıvan starten. Generell funktionieren diese Flüge gut und sind empfehlenswert. Tickets bekommt man gegen Barzahlung bei sw-Travel in Baku (Nizami küç. 84). Alternativ kann

See in der Batabat-Region im Norden

Naxçıvan

man Tickets zum gleichen Preis direkt am Flughafen kaufen, doch besonders in der Ferienzeit muss man mit Wartezeiten rechnen. Das gilt speziell für Rückflüge vom Flughafen in Naxçıvan. In Naxçıvan angekommen, sollte man sich auf einen Katalog misstrauischer Fragen von Grenzbeamten einstellen, bevor einen Bus Nr. 6 für 0,20 AZN in die drei Kilometer entfernte Hauptstadt bringt. Den Beamten liegt ein englischer Fragenkatalog vor, was aber nicht heißt, dass sie die Sprache verstehen. Hilfreich kann es sein, freundlich zu lächeln, möglichst oft das Wort ›Tourist‹ zu wiederholen und nebenbei eins der größeren Hotels von Naxçıvan-Stadt zu nennen.

Anreise auf dem Landweg

Täglich um 9 Uhr fährt ein Bus von Baku über Biləsuvar und Parsabad bis nach Culfa und Naxçıvan-Stadt (Ankunft 22.20 Uhr). Für den Landweg benötigt man eine zweifache Einreisegenehmigung nach Aserbaidschan und ein Transitvisum für den Iran. Letzteres stellt das iranische Konsulat in Baku aus, was bei westlichen Touristen eine langwierige Prozedur sein kann. In der Nähe von Sədərək gibt es einen Grenzübergang (leider noch keine Bahnstrecke) in die Türkei, den Busse von Naxçıvan-Stadt auf dem Weg nach Istanbul überqueren. In Culfa kann man über die Grenze in den Iran laufen.

Abstecher zum Ararat

Ein Ausflug zum in der Türkei gelegenen Berg Ararat (Ağrı Dağı) führt in den faszinierenden schmalen Landzipfel, an dem sich Aserbaidschan, Armenien, Türkei und Iran treffen. Für diesen Ausflug sollte man zwei Tage anberaumen und benötigt ein Visum, das zu mehrfacher

▸ Karte S. 270

Einreise nach Aserbaidschan berechtigt. Die Fahrt von Naxçıvan-Stadt bis ins türkische Doğubeyazıt kann inklusive Grenzkontrollen bis zu vier Stunden dauern. In der lebendigen kurdischen Stadt gibt es Übernachtungsmöglichkeiten und in sieben Kilometern Entfernung den malerischen Işak-Pascha-Palast. Bei gutem Wetter mit klarer Sicht ist der Blick auf den Ararat am beeindruckendsten.

Reisen in Naxçıvan

Westliche Touristen sind in Naxçıvan bislang eine Rarität und laufen gelegentlich Gefahr, als Spione verkannt zu werden. Vor allem alleinreisende Frauen sollten sich in diesem konservativem Landstrich auf anfängliches Misstrauen und Befragungen bei lokalen Autoritäten einstellen, die erfahrungsgemäß allerdings relativ zügig abgewickelt werden. Sind die Zweifel erstmal aus dem Weg geräumt, wird man so herzlich aufgenommen wie überall in Aserbaidschan.

Generell ist es sinnvoll, Naxçıvan-Stadt zur Basis zu machen, um von dort aus den Rest der Republik in Tagesausflügen zu erschließen. Drei bis vier Tage sind dafür ein sinnvoller Zeitrahmen. In vielerlei Hinsicht verfügt Naxçıvan über eine bemerkenswerte Infrastruktur, doch sind Unterkünfte, russische – geschweige denn andere – Fremdsprachenkenntnisse und Transportmöglichkeiten außerhalb der Hauptstadt deutlich beschränkt.

Unterwegs in Naxçıvan

Mit dem Bus

Entsprechend der geringen Einwohnerzahl fahren Busse relativ selten, häufig nur vormittags. Unserer Erfahrung nach ist es ideal, in Naxçıvan-Stadt einen der Busse in die Zielregion zu nehmen, um sich vor Ort einen Fahrer für weitere Erkundungen zu suchen (bei 50 Prozent Arbeitslosigkeit ist das in der Regel kein Problem). Der klare Vorteil liegt darin, dass die lokal angeheuerten Fahrer nicht nur die Umgebung, sondern vor allem die örtlichen Autoritäten am besten kennen. So kann man sich leichter in den sensiblen Grenzregionen bewegen – was in Naxçıvan fast überall der Fall ist. Die Preise liegen für einen halben bis ganzen Tag bei 30 bis 80 Manat und sollten vor Fahrtantritt fest vereinbart werden.

Übrigens gilt auf Naxçıvans Straßen, speziell auf der außerordentlich gut ausgebauten Hauptstrecke, eine ernstzunehmende Anschnallpflicht – auch wenn man meist im einzigen Auto im Umkreis von zehn Kilometern sitzt!

Mit dem Zug

Naxçıvans große Bahnhöfe wurden in der Hoffnung auf ihre zukünftige Bedeutung und den geplanten Bau einer Strekke ins türkische Igdir rundum erneuert. Derzeit fristen sie auf Grund der Blockade durch Armenien mit zwei bummeligen Inlandszügen allerdings ein äußerst provinzielles Dasein. Nichtsdestotrotz ist die Zugstrecke entlang des Araz wegen ihrer Attraktivität ein Höhepunkt einer Reise nach Naxçıvan. Früh morgens um 9 Uhr starten Elektritschkas in Ordubad und Şərur, um vormittags Naxçıvan-Stadt zu erreichen und nachmittags zurückzufahren. Wer die ganze Strecke an einem Tag befahren will, startet am besten um 10.15 Uhr mit dem Zug von Naxçıvan nach Şərur, um von dort nach Ordubad zu fahren und abends für 25 AZN ein Taxi zurück zu nehmen. Von den Zeiten, als hier einmal wöchentlich der Teheran–Moskau-Zug hielt, der die Naxçıvaner für 33 Rubel in die russische Hauptstadt brachte, kann man derzeit nur noch träumen.

Naxçıvan-Stadt

Erstaunlich westlich mutet die Hauptstadt Naxçıvan an, die der Legende nach einst von Noah gegründet wurde und mit weiten, sauberen Straßen überrascht, gesäumt von sorgsam sanierten Häusern, vielen Kultureinrichtungen und Hotels. Die Finanzspritzen aus Baku für die Wiege des Präsidenten sind kaum übersehbar. Ebenso auffällig ist allerdings die Leere. Die breiten Boulevards ohne hupende Autos sind ein eigenartiges Erlebnis.

Sehenswürdigkeiten

Die Hauptachse der Stadt wird vom mehrere Kilometer langen Heydər Əliyev prosp. gebildet, der in Nord-Süd-Richtung verläuft. In seinem Umfeld befinden sich die meisten Sehenswürdigkeiten. Der Bahnhof liegt südwestlich des Stadtzentrums.

■ Möminə-xatun-Mausoleum

Aus einer zweifelsohne belebteren Ära stammt das prächtige Möminə-xatun-Mausoleum, eine Art Wahrzeichen der Stadt. Im späten 12. Jahrhundert, der Blütezeit Naxçıvans, wurde der 34 Meter hohe Turm über dem Grab der ersten Frau von König Mohammad Cahan Pəhləvan (1176–1186). Zwar sind die oberen acht Meter inzwischen verlorengegangen, doch ist das Gebäude mit den eleganten kufischen Inschriften (»Wir gehen, aber das Leben bleibt; wir sterben, aber das Werk bleibt im Gedächtnis«) noch immer äußerst imposant. Seine feinen Muster bilden einen genialen Gegensatz zu der Monumentalität des Baus, dessen türkisfarbene Kacheln besonders typisch für die mittelalterliche Baukunst Naxçıvans sind. Typisch ist auch, dass der obere und untere Raum strikt voneinander getrennt sind. Die untere Grabkammer ist

Das Möminə-xatun-Mausoleum

▸ Karte S. 271

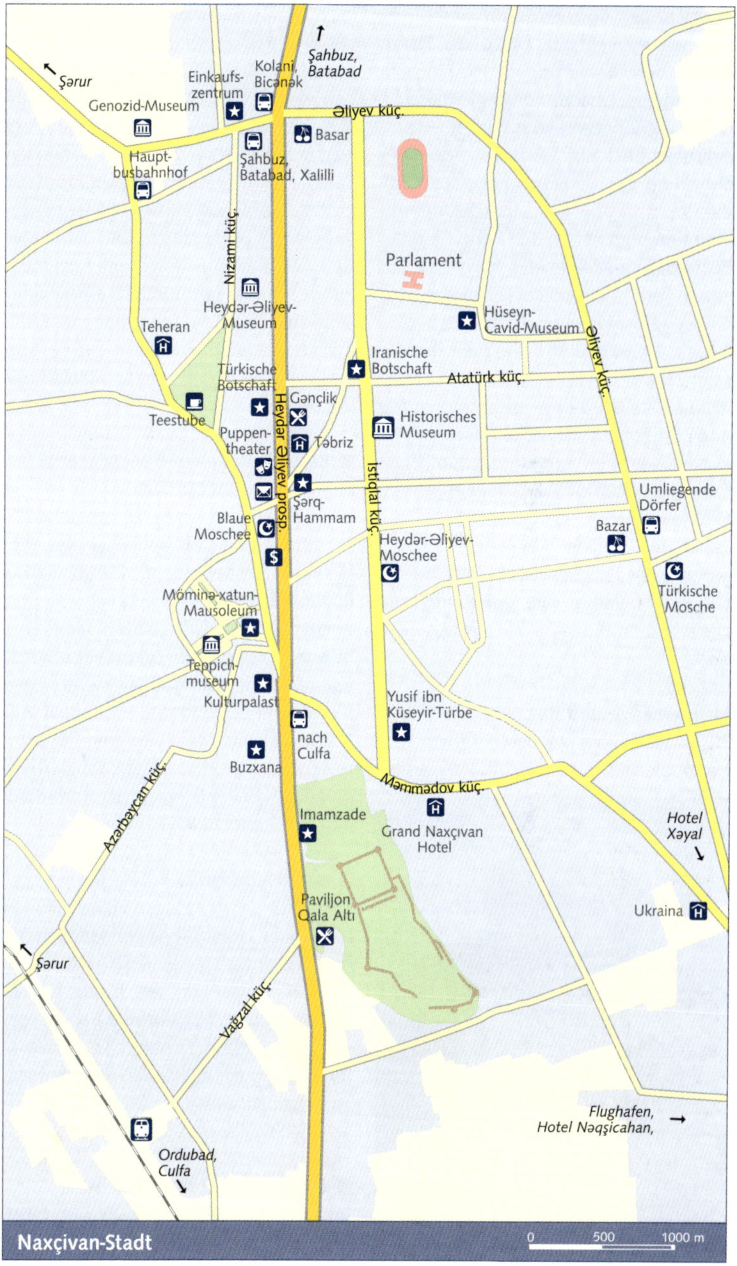

Şahbuz, Batabad
Şərur
Kolani, Bicənək
Einkaufs-zentrum
Genozid-Museum
Əliyev küç.
Basar
Haupt-busbahnhof
Şahbuz, Batabad, Xalilli
Nizami küç.
Parlament
Heydər-Əliyev-Museum
Teheran
Hüseyn-Cavid-Museum
Əliyev küç.
Iranische Botschaft
Atatürk küç.
Türkische Botschaft
Gənclik
Teestube
Historisches Museum
Puppen-theater
Təbriz
Heydər Əliyev prosp.
İstiqlal küç.
Şərq-Hammam
Umliegende Dörfer
Blaue Moschee
Bazar
Heydər-Əliyev-Moschee
Türkische Mosche
Möminə-xatun-Mausoleum
Teppich-museum
Kulturpalast
Yusif ibn Küseyir-Türbe
nach Culfa
Buzxana
Məmmədov küç.
Azərbaycan küç.
Imamzade
Grand Naxçıvan Hotel
Hotel Xəyal
Paviljon Qala Altı
Ukraina
Şərur
Vağzal küç.
Flughafen, Hotel Nəqşicahan,
Ordubad, Culfa
Naxçıvan-Stadt
0 500 1000 m

Naxçıvan

ein niedriger, finsterer Raum und direkt von außen begehbar. Der obere Raum hat bei einer Sanierung im 19. Jahrhundert ein zusätzliches Fenster erhalten.

Den begnadeten Architekten Acami Abubəkr ehrt ein Denkmal auf einer benachbarten Verkehrsinsel. Das Lapidarium am Fuße des Mausoleums mit Steintieren grenzt an den Park mit einer Büste des jungen Heydar Aliyev, die auf einem roten Marmorsockel thront.

Ein weiteres, kleineres Mausoleum desselben Architekten ist die **Yusif ibn Küseyir-Türbe**, bekannt auch als Gunbaz Ataba. Das Grab des Feldherren wurde 1162 in Form zweier übereinander liegender Kammern erbaut, die durch eine Öffnung verbunden und begehbar sind. Während der obere Raum mit Kacheln verkleidet ist, liegt der Reiz der Grabkammer in der gewölbten Ziegeldecke. Die Außenwände sind aufwendig verziert und münden in ein spitzes Zeltdach.

Imamzade und Buzxana

Nicht weit vom Mausoleum leuchtet bonbonfarben auf einer Anhöhe die vielleicht etwas zu eifrig sanierte Imamzade aus dem 16. bis 17. Jahrhundert. Darin liegt Abu Muzaffa Bahdur Khan begraben, der von 1722 bis 1732 das unabhängige Naxçıvan regierte. Weiter nördlich lugt vor dem ebenfalls sanierten Saray (Kulturpalast) Aserbaidschans größtes Kühlhaus, Buzxana, aus der Erde. Der 20 Meter lange und 14 Meter tiefe Kuppelbau aus rotem Backstein wurde im 14. Jahrhundert erbaut und liegt zum größten Teil unter der Erde. Zwischenzeitlich war darin ein Restaurant untergebracht, nun soll ein Museum einziehen.

Frisch renoviert: die Imamzade

Khan-Residenz und Moscheen

Ebenfalls aus rotem Backstein ist die ehemalige Khan-Residenz aus dem 19. Jahrhundert, die ein sehenswertes Teppichmuseum beherbergt. Die attraktive Blaue Moschee ist eigentlich rot und bietet mit ihrem einzelnen Minarett eine hübsche Kulisse vor dem Fluss Araz, während die Heydər-Əliyev-Moschee mit einer leuchtend grünen Kuppel aufwartet. Als die Stadt sie ihrem bekanntesten Sohn 1975 widmete, fungierte er gerade als Erster Sekretär der Kommunistischen Partei in Baku.

Şərq-Hammam

Direkt vor dem 13 Etagen in den Himmel reichenden Hotel Təbriz befindet sich der halb unterirdisch gelegene Şərq-Hammam. Inzwischen lädt er mit seinen goldglänzenden Kuppeln nicht mehr zum Baden, sondern zum Tee ein. Sicherlich kein schlechter Ort, um der glühenden Sommerhitze zu entgehen, zumal die Gewölbe kürzlich sehr liebevoll saniert wurden.

Hüseyn-Cavid-Mausoleum

Im Nordteil der Stadt ragt seit 1996 strahlend weiß das Hüseyn-Cavid-Mau-

▸ Karte S. 273

soleum auf. Darin ruhen neben dem berühmten Dichter und Dramatiker dessen Frau und Sohn. Die sterblichen Überreste des Poeten wurden erst 1982 aus Sibirien überführt, wo er 1941 gestorben war, nachdem ihn Stalin 1937 als Konterrevolutionär dorthin verbannt hatte. Sein bekanntestes Drama, ›Scheich Sanan‹, handelt von der problematischen Liebe eines muslimischen Aserbaidschaners zu einer Christin aus Georgien, ein offenbar beliebter Stoff im Aserbaidschan des frühen 20. Jahrhunderts. Nicht nur das Grab des Dichters ist exorbitant: Um ihn endgültig unsterblich zu machen, wurde ein erst 1978 entdeckter Miniplanet zwischen Mars und Jupiter nach Cavid benannt. Mehr über den Dichter, seine irdische und überirdische Bedeutung kann man im nahegelegenen Museum erfahren.

Glühende Hitze im Sommer

Genozid-Museum

Über die tragischen Ereignisse in den 1990er Jahren informiert auf einem erhabenen Hügel ein Genozid-Museum, das sich den Opfern des Karabach-Konflikts widmet. Auf den Stufen davor weinte früher eine überdimensionale Mutter aus Stein um ihre im Zweiten Weltkrieg gefallenen Söhne. Doch nun hat sie ausgedient und wurde durch eine Art golden überkuppelten Pavillon ersetzt, der das vergangene Leid in Form moderner Reliefs sehr viel heroischer darzustellen vermag. Über die Schrecken des Weltkriegs und des 20. Januar 1990 hinaus – damals schlug die sowjetische Armee in Baku brutal die Unabhängigkeitsbewegung nieder–, weisen die Reliefs selbstbewusst in eine bessere Zukunft.

Weitere Sehenswürdigkeiten

Die Kinder der Republik werden gern auf die große **Heydar-Aliyev-Kadettenschule** in der Hauptstadt geschickt. Deren Gelände nimmt einen ganzen Häuserblock ein und besteht neben dem Schulgebäude aus einem Wohnheim sowie Sport- und Exerzierplätzen. Etwas entlegen, aber vor dem schönsten Bergpanorama, erheben sich die zwei schlanken Minarette der mächtigen **Türkischen Moschee** in Sandsteinoptik und typisch osmanischem Stil.

Naxçivan-Stadt

Vorwahl: 36.

Stadtverkehr: Marschkutkas 1 und 4 fahren zum gerade komplett erneuerten Busbahnhof, Nummer 2 verbindet den Bahnhof mit dem Grand Naxçıvan Hotel und dem Təbriz Hotel.

Ins Umland:

Culfa-Busbahnhof: Von hier fahren morgens Minibusse nach Culfa und kehren abends zurück. Zudem warten hier Sammeltaxis nach Culfa. Auch Busse nach Neherəm und Babək starten hier.

Busstop vor dem Einkaufszentrum: Busse nach Şahbuz, Batabad, Badamli, Xalilli, Sıxmahmud, Böyükdüz, Payiz, Cəhri (sehr häufig) und Didivar.

Hauptbusbahnhof: Um 7 und 12 Uhr fährt ein Bus nach Qarabağlar, alternativ fahren Sammeltaxis für 2 AZN/ Person. Um 1, 6, 8, 10 und 15 Uhr fahren tägl. Busse in die Türkei, allerdings schien diese Auskunft nicht allzu zuverlässig und sollte vor Ort überprüft werden. Fahrkarten nach Igdir kosten 5 AZN, nach Istanbul kommt man ca. 40 AZN.

Der frisch sanierte Superbahnhof befindet sich südlich der Stadt, mit dem Taxi 2 AZN. Züge in beide Richtungen um 10.15 und 15 Uhr.

Naxçıvan-Stadt bietet eine ungewöhnlich große Auswahl an Unterkünften. Hier eine Auflistung von ›empfehlenswert‹ bis ›lieber nicht‹:

Grand Naxçıvan, A. Əliyev küç., Tel. 5445930. EZ 45 AZN, DZ ab 50 AZN. Großes 3-Sterne-Hotel mit Bar und hellem Frühstücksraum. Alle 28 Zimmer mit Klimaanlage und TV und größer als im teureren Təbriz. Generell saubere und freundliche Atmosphäre. Unserer Einschätzung nach die beste Option der Stadt, zwischen Nationalbank und Tankstelle gelegen. Englisch schwierig.

Neues **Hotel im Busbahnhof,** EZ 30 AZN inkl. Frühstück, empfehlenswert.

Xəyal, Aziz Əliyev küç., Tel. 545915. 10 AZN/Pers im DZ, ›Luxus‹ 30 AZN. Das rosa Gebäude versteckt sich im Hof hinter unscheinbaren Wohnblocks und Xəyal-Hochzeitssaal. Die Zimmer sind hell, groß und freundlich, mit bescheiden Matratzen. Bäder mit Hockklo, aber sauber und heiße Dusche. Mit Restaurant und Sauna. Russisch ist kein Problem. Gute Wahl für schmalere Geldbeutel.

Təbriz, H. Əliyev küç. 17/ Dədə Qorqud-Platz, Tel. 547701, www.tebrizhotel.com. Kleines DZ 100 AZN, größeres 150 AZN. Das 4-Sterne-Hotel ist aus einem sanierten Sowjet-Monster hervorgegangen und befindet sich in idealer Lage direkt im Zentrum. Die Zimmer sind für den Preis zu klein, das Frühstück mehr als enttäuschend und die Klimaanlagen nicht immer funktionstüchtig. Bonus: An der Rezeption spricht jemand Englisch, aber ansonsten wird das Hotel dem Preis nicht gerecht. Selbst zu Sowjetzeiten gab es Balkone, und das Dach des höchsten Gebäudes der Stadt wäre ein idealer Ort für eine Terrasse mit Blick auf den Araz und das Bergpanorama. Doch davon kann man nur träumen.

Nəqşicahan, Şakerabad, 1 km von Flughafen, Tel. 541441. DZ 60 und 80 Dollar ohne Frühstück. Saubere, helle Zimmer mit Klimaanlage und Betten im Tiger-Look. Hotel mit europäischem Standard und großem Restaurant in praktischer Flughafenlage, aber sonst ab vom Schuss.

Ukraina, Tel. 5453383. Pro Person 12 AZN/ Pers., ohne Bad 10 AZN. DZ mit TV, Sitztoilette und Warmwasser (oben AirCon) in dezentraler Lage, renovierungsbedürftig. Das Hotel versteckt sich hinter einer langen Einfahrt, davor liegt ein Restaurant, dahinter ein Schrottplatz. Zwar lässt es der Name anders vermuten, doch Russisch wird

▸ Karte S. 273

hier kaum gesprochen. Marschrutkas 2,3 und 6 fahren am Tor vorbei.

Außerhalb der Stadt:

Etwa 10 km Richtung Şərur bietet gleich einer Oase in der Wüste das große **Duzdağ-Hotel** im gleichnamigen Ort 5-Sterne-Komfort mit Poollandschaft. DZ 175 AZN, 220 AZN inkl. Heilkur in der benachbarten Salzmine. Preise verhandelbar, Tel. 444901, www.duzdag.com.

Gənçlik, Heydər Əliyev küç. Ein erstaunlich gutes Schnellrestaurant mit Kantinenflair, aber gutem, frischem und preiswertem Essen. Außerdem Rauchverbot! Leider nur zum Drinnensitzen, aber in zentralster Lage. Tägl. 9–23 Uhr.

Paviljon Qala Altı, Heydər Əliyev prosp. Hier sitzt man im Hof am plätschernden Wasser, gut zum Abendessen geeignet.

Historisches Museum, Istiqlal küç. Im oberen Stockwerk u.a. Teppiche und ein paar Seiten aus dem berühmten Satire-Magazin ›Molla Naseddin‹, insgesamt wenig Überraschendes. Beschriftungen nur auf Aserbaidschanisch, und auch der ganze Stab weiblicher Mitarbeiter spricht ausschließlich die Landessprache. Fotografieren streng verboten. Tägl. 9–18 Uhr, Eintritt frei.

Teppichmuseum, Kəlbəlixan küç., in der historischen Khan-Residenz. Ein paar besonders attraktive Stücke aus dem 18. Jahrhundert, außerdem ein Portrait-Teppich mit Heydar in seinen besten Jahren. Für 1 AZN gibt es ein englisches Infoblatt. Tägl. 9–18 Uhr (13–14 Uhr Pause), Mo geschlossen.

Bəhruz-Kəngərli-Museum, gewidmet dem jung verstorbenen Maler (1892–1922), der vor allem zeitgenössische Momentaufnahmen und Landschaften in Aquarell geschaffen hat, darunter auch Portraits von Flüchtlingen der 20er und 30er Jahre. Das Gebäude war früher eine Schule, in der 1936–1939 der junge Heydar lernte, wie eine Tafel stolz verkündet. Ein Besuch der Ausstellung auf zwei Etagen lohnt. Freier Eintritt, tägl. außer Mo 9–12 und 13–18 Uhr. Fotografieren verboten, Russisch wird nicht verstanden.

Hüseyn-Cavid-Museum, Tel. 4927049. Immerhin gibt es einen Einleitungstext auf englisch, dazu sehr freundliches Personal. Ausstellung über Leben und Schaffen des Poeten. Eintritt frei, tägl. außer Mo 9–18 Uhr.

Im **Literaturmuseum** hat sich seit der Eröffnung 1967 nichts getan. Für Nichtkenner von sehr begrenztem Interesse, Führung auf Russisch möglich. Eintritt 0,40 AZN, tägl. außer Mo 9–18 Uhr.

Heydar-Aliyev-Museum, an der gleichnamigen Straße. Bereits 1999 eröffnet wohl eine Art Prototyp für die unzähligen Nachfolger. Aufwendiges Gebäude mit Rosenbeeten, Springbrunnen und übermannsgroßer Aliyev-Statue davor.

Cəlil-Məmmədquluzadə-Hausmuseum, frisch saniert, schräg gegenüber der Aliyev-Moschee. Das Museum für den Dichter des frühen 20. Jahrhunderts vermag nur begrenztes Interesse hervorzurufen. Tägl. 9–18 Uhr.

Mit einer Schwimmhalle und diversen Sportmöglichkeiten lockt das Ilham-Aliyev-Olympia-Zentrum. Eine Stunde im Pool kostet 2 AZN.

Der Südosten

Der Südosten ist die attraktivste Region Naxçıvans. Mit einem Ausflug nach Ordubad lassen sich gleich zwei der Höhepunkte verbinden: Die Fahrt dorthin führt durch zerklüftete Berglandschaften, die sicherlich zum Schönsten zählen, was die Republik zu bieten hat, und die Stadt selbst ist eine architektonische Perle mit einem ganz eigenen, altertümlichen Charme.

Reizvoll ist außerdem ein Abstecher zu den Resten der Alinja- (Əlincə-) Festung, die einen optimalen Blick auf den Berg İlandağ gewähren, der etwa eine halbe Stunde von Naxçıvan-Stadt entfernt aufragt. Mit etwas mehr Zeit lohnt auch ein Bummel durch den Grenzort Culfa mit seinem schönen, alten Bahnhof.

Östlich von Ordubad wird die Straße bei Katam zum Schotterweg und bewegt sich ins sensible iranisch-armenische Grenzgebiet. Weiter sollte man deshalb nicht unbedingt fahren, doch kann man erahnen, wie eindrucksvoll die Zugfahrt Richtung Armenien gewesen sein muss, denn die Gleise schlängeln sich am Araz entlang durch schroffe Felsschluchten. Nebenbei ist zu beobachten, wie an einer steilen Bergkante iranische LKW auf ihre Grenzabfertigung warten.

Culfa

35 Kilometer von Naxçıvan entfernt liegt Culfa (Julfa), ein wenig auffälliger Grenzort – bis auf eine Ausnahme: Der überdimensionale Bahnhof von 1911 erinnert an Zeiten, in denen die Stadt ein bedeutender Grenzposten Russlands zum Iran war. Regelmäßig hielten hier Züge auf dem Weg von Teheran nach Moskau, und der Güterverkehr wurde

Beim Nard-Spiel

▸ Karte S. 270

in den großen Bahnhofshallen abgewickelt. In der **Çayxana** vor dem Bahnhof lässt es sich gut sitzen und den Blick auf das imposante sanierte Bahnhofsgebäude genießen.

Ansonsten ist die Stadt nurmehr ein Schatten ihrer selbst.

Cuğa

Die äußerst tragische Geschichte von Culfa lässt sich am besten zwei Kilometer westlich, im kleinen Ort Cuğa (Gülüstan) nachvollziehen, wo Culfa im Mittelalter als christliches Dorf gegründet wurde. Schnell wuchs es dank seiner Lage zu einem wichtigen Handelszentrum heran, das zwischen dem 15. und 17. Jahrhundert abwechselnd zum Osmanischem und Persischen Reich gehörte. 1603 entschied sich der persische Schah Abbas, diesem Hin und Her ein Ende zu machen, und siedelte Culfas Bewohner samt ihrem Reichtum kurzerhand um, und zwar nach Isfahan, ins tiefste Persien. Dort gründeten die etwa 3000 vertriebenen Familien die Siedlung Nor Jugha (Neu Culfa), die bis heute als christliche Insel im muslimischen Isfahan existiert. Anschließend zerstörte der Schah die alte Stadt, um eine Rückkehr zu verhindern. Von dem, was damals stehen blieb, wurde viel vernichtet, als später die Eisenbahnlinie ins 1848 neu gegründete Culfa gebaut wurde. Zumindest das attraktive Fundament des im 13. Jahrhundert errichteten Gülüstan-Mausoleums steht noch und wird in vielen Abbildungen beworben. Dabei vergisst man regelmäßig zu erwähnen, dass es aufgrund seiner Lage im Grenzgebiet nicht zugänglich ist. Am besten zu sehen ist es von der iranischen Seite des Araz. Eine andere Sehenswürdigkeit ist erst in jüngster Zeit, im Jahr 2006, endgültig verschwunden: Culfas umgesiedelte Einwohner hatten einen mittelalterlichen christlichen Friedhof hinterlassen, der als einer der größten im Mittleren Ostens galt. Leider steht heute kein Stein mehr davon. Nichtsdestotrotz lohnt ein Abstecher nach Cuğa, dessen bemerkenswerte, archaische Lehmhausarchitektur viel mehr persisch als aserbaidschanisch anmutet.

Vom ›neuen‹ Culfa aus führt eine Brücke über den Araz in die iranische Zwillingsstadt Jolfa. Es ist möglich, vom Zentrum Culfas bis in den Iran zu laufen, wo nahe der 24 Stunden geöffneten Grenze Unterkünfte und Busse nach Təbriz warten.

Culfa

Busse fahren vormittags vom Culfa-Busbahnhof in Naxçıvan-Stadt nach Culfa und nachmittags zurück.

Die Kasse am Bahnhof öffnet nur kurz, bevor ein Zug fährt. Fahrkarten nach Ordubad und Naxçıvan kosten ca. 1 AZN, die Strecke ist landschaftlich reizvoll. Um 10.15 und 15 Uhr verlässt der Zug Naxçıvan-Stadt, um nach 1,5 Std. in Culfa anzukommen. Um 8.35 und 13.20 Uhr geht's zurück.

Araz-Hotel, Heydər Əliyev küç., Tel. 46 18 07. 5 AZN/Person. Sehr einfache, aber saubere Zimmer mit Waschbecken, Balkon und Blumen auf dem Tisch. Nach hinten raus Blick auf die Berge. Hockklo auf dem Gang und Dusche im Erdgeschoss, aber gefliest und blitzblank. Sehr zentrale Lage und zu dem Preis unbedingt empfehlenswert! Das Personal spricht nur Aserbaidschanisch.

Von Culfa bis Ordubad

Die attraktive Aza-Brücke aus dem 19. Jahrhundert führt 55 Kilometer südöstlich von Naxçıvan-Stadt über den Gilançay. Auf ihrer Südseite wurden Gasleitungen verlegt, die sie weit weniger fotogen machen, als Abbildungen es vermuten lassen. Für Brückenfotos ohne Leitungen und Gegenlicht bleiben nur der frühe Morgen und der Abend. Mit etwas Zeit lohnt sich ein Bummel durch das Quasi-Geisterdorf Aza. Noch lebt in den einfachen Lehmbauten eine Handvoll Leute, und der auf Anfrage geöffnete Kiosk verkauft Sonnenblumenkerne und Zigaretten. Wer davon nicht satt wird, findet zwei Kilometer weiter östlich an der Hauptstraße das Restaurant ›Qapıcıq‹. Sehr liebevoll dekoriert liegt es an einem Teich mit Tretbooten und bietet gutes Essen zu mäßig teuren Preisen. Der Chef spricht Russisch und führt Besucher gern durch die individuell gestalteten Séparées. Außer Speisen gibt es Bier und, laut Karte, zehn verschiedene Zigarettensorten.

Die Aza-Brücke

▸ Karte S. 270

Ordubad

»Ordubad ist die Schönheit Aserbaidschans«, lautet stolz ein Spruch über dem Eingang des Historischen Museums, und ein aserbaidschanischer Reiseführer schwärmt von der ›Stadt der Gärten, Rosen und Nachtigallen‹. Auf jeden Fall, soviel steht fest, ist Ordubad die Stadt der uralten Platanen. In 850 Metern Höhe schmiegt sich der Ort vor einer imposanten Bergkulisse an die Hänge des Zangezur-Gebirges und die Ufer des Ordubad-Flusses. Im Mittelalter ein Hort der Wissenschaft, dann Zentrum des frühen Buchdrucks und Hauptstadt eines eigenständigen Sultanats, ist Ordubad wegen seiner isolierten Lage zwischen Araz und Armenien inzwischen ins Hintertreffen geraten. Die geplante Brücke, die Ordubad zukünftig mit dem iranischen Siyah Rud verbinden soll, wird sicherlich belebend wirken.

Sehenswürdigkeiten

Das Zentrum ist überschaubar und besteht aus einem lauschigen Platz mit Teestube unter alten Platanen, von dem kleine Gassen zu Ordubads historischen Sehenswürdigkeiten führen, die letzthin fast alle saniert wurden. Informationen dazu sind im sehr sehenswerten **Museum** erhältlich. Umgeben von Quittenbäumen befindet es sich unter den Kuppeln eines historischen Basars aus dem 17. Jahrhundert. Der engagierte Direktor Vilayet Bağirov ist ein ausgesprochener Experte für die Region und greift gern zur historischen Tar (Seiteninstrument), um seine spontanen Gesangseinlagen gebührend zu begleiten. Bis 1990 befand sich das Museum in der architektonisch interessanten **Juma-Moschee** auf der anderen Straßenseite. Die benachbarte **Koranschule** wurde bereits

1714 erbaut und war die einzige, in der zu Sowjetzeiten Unterricht erteilt werden durfte. Weitaus beeindruckender als die **Saatabad-Moschee** ist die monströse Platane, die seit Urzeiten in ihrem Hof wächst.

Ein netter Spaziergang führt über die Brücke hinter dem Museum zum anderen Flussufer und von dort in einem Bogen vorbei am ehemaligen Sowjethotel Sahil. Von dort führt eine sensationell rostige Brücke in die Nähe eines Gebäudes, das vermutlich einst eine Karawanserei war und bis vor wenigen Jahren ein Kombinat mit über 1000 Angestellten beherbergte. Inzwischen ruht alles im Dornröschenschlaf.

Frisch saniert ist das zweitürmige **Kloster aus dem 18. Jahrhundert**, das seit Sowjetzeiten als Elektrizitätswerk diente und nun eine Ausstellung beherbergt. Das Blechdach wurde durch eine Kuppel ersetzt, das den Bau wie eine Moschee erscheinen lässt.

Ordubad

Busse verkehren vornehmlich vormittags und fahren vor dem Museum ab, u.a. 4–5 x tägl. von/nach Naxçıvan-Stadt und ins benachbarte Vәndәnd.

Um 15 Uhr fährt ein Zug von Naxçıvan-Stadt mit einem 16.50-Uhr-Halt in Culfa bis zum 4 km südlich von Ordubad gelegenen Bahnhof (Ankunft 18.20 Uhr). Zurück nach Naxçıvan geht es morgens um 6.35 Uhr. Die Fahrt entlang des Araz ist landschaftlich sensationell.

Im Hof der Villa eines ehemaligen Seidenproduzenten befindet sich schräg gegenüber vom Museum eine nette **Çayxana**.

Das **Əynövür Kafe** bietet selbstgemachtes Eis und einen Billardkeller.

Historisches Museum, Heydәr Əliyev pr. 18, Tel. 050/3899111. Das wohl einzige Museum Aserbaidschans mit einer vom Computer übersetzten Einführung auf Russisch, Englisch und Deutsch! Fotografieren ist verboten – bis auf die Ecke, die die türkisch-aserbaidschanische Freundschaft dokumentiert. Sehr empfehlenswert. Tägl. außer Sa 9–17 Uhr.

Nationalpark Zangazur

Seit 2009 sind der ehemalige Nationalpark Ordubad samt Umland und das Şahbuz-Reservat zusammengefasst. Sie firmieren jetzt unter dem Namen Zangazur-Park, der das gesamte östliche Berg- und Hügelland Naxçıvans umfasst. Die wild zerklüftete, fast menschenleere Bergregion erhebt sich bis auf knapp 4000 Meter und bietet damit ein Refugium für seltene Tierarten wie Naxçıvans letzte Leoparden. Sie teilen sich das Gebiet mit vielen Greifvögeln, dem Kaspischen Königshuhn, Wölfen und Hyänen. An heißen Sommertagen ist es hier oben angenehm kühl, und im Frühjahr gleichen die Hänge einem weiten Blumenmeer.

Ein Führer kann Besucher zu den **Qamiqaya-Petroglyphen** bringen, die sich oberhalb von Nәsirvaz am Hang des Qapıcık-Bergs verstecken. Die Felszeichnungen sollen angeblich aus der Bronzezeit stammen und stellen, ähnlich denen in Qobustan (→ S. 126), archaische Jagd- und Tanzszenen dar.

Der Berg İlandağ

Der İlandağ (Schlangenberg), den Noah einst mit seiner Arche streifte, gilt als Wahrzeichen Naxçıvans. Einen besonders guten Ausblick auf den markanten Felsriesen verspricht ein Aufstieg zur Festung Əlincə, deren Mauerreste aus dem 8. bis 11. Jahrhundert sich in den steinernen Falten des Nachbarbergs verstekken. Der Aufstieg dauert etwa eineinhalb Stunden und erfordert gutes Schuhwerk, wobei die Burgreste selbst nur mäßig beeindruckend sind, doch entschädigt der weite Ausblick für alle Strapazen.

Kommt man aus Richtung Naxçıvan-Stadt, erkennt man Güznüt an der gewaltigen neuen Moschee an der Hauptstraße. Von hier aus führt eine gut geteerte Straße nach 20 Kilometern an den Fuß des Berges und den Weg zur Festung. Aus Richtung Ordubad zweigt unmittelbar vor dem Fluss Əlincə eine nicht gekennzeichnete Straße bei einer Tankstelle und einer Bäckerei rechts gen Camaldın ab.

Unterwegs lohnt ein Zwischenstop im Dorf **Bənəniyar**, in dem vor der Kulisse des Schlangenbergs die silbrigen Kuppeln der großen Fatmeyahira-Moschee

Moschee in Bənəniyar

Karte S. 270

Der İlandağ gilt als Wahrzeichen Naxçıvans

glänzen. Ihr Minarett aus einer rostigen Rohrleitung steht für Improvisationstalent und verweist auf die hierzulande schier unerschöpflichen Möglichkeiten des Recyclings. Innen ist der 1979 errichtete Bau in zart bonbonfarbenem Barock gehalten.

Richtung İlandağ wählt man 3,2 Kilometer weiter bei einem Ortsschild die rechte Abzweigung und überquert kurz darauf eine weiße Brücke. Von dort aus sind es noch genau 1,8 Kilometer, bis rechter Hand die Festung am Berg liegt.

Eine weitere, in Maßen interessante Sehenswürdigkeit befindet sich wenige Kilometer entfernt beim Dorf **Xanəgah**. Auf Abbildungen wirkt das einsam gelegene Scheich-Xorasan-Mausoleum aus dem Mittelalter fast mystisch, doch die frischsanierte Realität fällt enttäuschend aus. Zu sehr hat man das alte Gemäuer geglättet und seinen Kuppeln Blechdächer verpasst. Innen ist es mit aufwendigen Arabesken und Pflanzenmotiven verziert, doch leider ist der Bau verschlossen. Der Weg hierher lohnt mehr wegen der archaischen Dorfarchitektur in Xanəgah. Von dort führt eine Schotterstraße vorbei an der Çayxana bergan bis zu einer Kreuzung, von der aus die rechte Straße zum Mausoleum führt.

Der Norden

Die Strecke in den Norden der Republik ist weit weniger spektakulär als die Südostroute, wenngleich auch viel grüner. Entlang des Naxçıvancay führt sie zum Aliyev-Stauwerk und dem wohlstrukturierten, aber uninspirierten Ort Şahbuz. Von Interesse ist allein das Naturschutzgebiet im äußersten Norden bei Batabat, das mit seinem milden Bergklima, Eichenwäldern und zwei attraktiven Seen ein beliebtes Ausflugsziel ist.

Die Region Batabat

Jenseits von **Bicənək** wachsen Wälder, die 2004 offiziell unter Schutz gestellt wurden und seit 2009 zum Nationalpark gehören. Den Einwohnern von Bicənək sei gedankt, dass sie in den harten Wintern mit Dung statt mit Holz heizen, denn so hat der Wald bis heute quasi unbeschadet überlebt. Oberhalb des Walds liegen in der Region Batabat zwei Seen, von denen der Zorbulaq-See besonders attraktiv ist. Während seine Ufer beliebte Picknickplätze sind (es gibt weit und breit nichts zu kaufen, also am besten etwas mitbringen), lädt sein glasklares, kaltes Wasser zum Schwimmen. In der Nähe gibt es eine große Felsenhöhle, erkennbar an einer schwarzen Tür im weißen Fels. Dorthin führt vom See aus eine Straße, von der rechts ein Schotterweg abzweigt. Nach 700 Metern biegt man erneut rechts ab, um nach 10 Metern vor einem auffälligen Felsen zu stehen, auf dessen Rückseite sich der Eingang befindet. Doch Achtung: Die Höhle befindet sich unmittelbar an der armenischen Grenze und in Sichtweite patrouillierender Soldaten. Am sichersten ist man hier mit einem lokalen Begleiter.

Im Informationszentrum kurz hinter Bicənək freut sich der nette Chef umso mehr über Besuch. Von hier aus schlängelt sich die Straße hoch zu einem Restaurant, vorbei an einem Observatorium (uns wurde kein Zutritt gewährt) bis zum Ganli Göl (Blutsee) mit schwimmenden Inseln aus Torf. Das klingt dramatischer, als es ist, und wir empfehlen die Weiterfahrt zum vier Kilometer oberhalb gelegenen Zorbulaq-See.

Batabat

Info-Zentrum bei Bicənək: Im WWF-finanzierten Zentrum mit einem besonders adretten Leiter informiert ein kleines Museum über Flora und Fauna des Schutzgebiets. Mit etwas Glück sind Info-Prospekte auf englisch erhältlich. Der Eintritt ist frei.

Empfehlung: Mit dem Bus bis Şahbuz, Kolani oder Bicənək fahren und sich dort einen lokalen Fahrer für die sensible Grenzregion suchen.

Busse von Naxçıvan-Stadt fahren um 11 und 17 Uhr nach Bicənək, um 7.30 und 15.30 Uhr von dort zurück. Häufiger fahren die oft sehr vollen Busse nach Şahbuz und Kolani (1 AZN). Bis Kolani dauert die Fahrt 50 min., und der letzte Bus zurück nach Naxçıvan-Stadt fährt um 15 Uhr. Für einen Fahrer von Kolani nach Batabat und zurück muss man inklusive Wartezeiten für Picknick etc. mit ca. 20 AZN rechnen.

Sommerrestaurant Batabat, kurz hinter dem Info-Zentrum. Schaschlik für 1,60 AZN, geöffnet bis Ende September.

Der Nordwesten

Der kulturelle Höhepunkt im westlichen Naxçıvan ist das Mausoleum des Cehan Kudi xatun im Dorf Qarabağlar, während im Umfeld von Sədərək der Blick auf den Ararat lockt. Dazwischen liegt, im Delta des Arpaçay, eine erstaunlich grüne und fruchtbare Ebene, in der sich viel von Naxçıvans Landwirtschaft konzentriert. Verlässt man Naxçıvan-Stadt gen Westen, ragt nach fünf Kilometern nördlich der Straße das große Duzdağ-Salz-Sanatorium frisch saniert, doch einsam im wüsten Umland auf. In den Minen des Duzdağ-Berges, in denen bereits vor über 6000 Jahren Salz abgebaut wurde, werden seit 1979 unter anderem Bronchitis, Asthma und Anämie therapiert. Von dem schlichten braunen Holzhaus führt ein Tunnel in das erstaunlich wohlgestaltete Innere der Mine, in dem die Patienten sich bei angenehmen 18 bis 20 Grad auskurieren.

Hellrosa leuchten die Häuser von Yeni Kərki (Neu-Kərki), in denen mit mäßigem Erfolg Flüchtlinge aus der von Armenien okkupierten Exklave Kərki angesiedelt wurden. Derweil wird im benachbarten Qivrak ein monströses Heimatmuseum gebaut, ein Koloss aus blauem Spiegelglas, der aus der winzigen Ortschaft herausragt. Südlich davon soll der Grenzübergang Şahtaxtı einen internationalen Status erhalten.

Qarabağlar

35 Kilometer nordwestlich von Naxçıvan-Stadt liegt das Dorf mit den meisten Dominospielern und den wenigsten Frauen Aserbaidschans – das ist zumindest der Eindruck, der sich auf den ersten Blick vermittelt. Dass dieses unscheinbare Örtchen einst eine lebendige Handelsstadt mit über 70 Moscheen und 10 000 Häusern gewesen sein soll, wie Reisende im 17. Jahrhundert berichteten, scheint schier unglaublich. Geblieben ist einzig und allein am Dorfrand das gewaltige **Mausoleum des Cehan Kudi xatun** mitsamt Portal aus

Männer beim Dominospiel

▸ Karte S. 270

dem 12. bis 14. Jahrhundert. Die türkisfarbenen Kacheln auf den säulengleichen Rundungen des Grabmals haben nach den vielen hundert Jahren nicht an Leuchtkraft verloren, doch waren Dach und Gewölbe völlig zerstört, bevor der Bau 2003 mithilfe der Denkmalpflege Mecklenburg restauriert wurde. Bei der Gelegenheit hat man den Minaretten des Portals sorgfältig Glaskappen übergestülpt, doch leider bleibt der Anbau bisher ungenutzt. Nur ein paar Tauben haben sich in den Türmen eingenistet.

Der Schlüssel befindet sich bei Sü, den man unter den Dominospielern an der Hauptstraße findet. Ansonsten sei eher zu unauffälligem Verhalten geraten, denn der offenbar gelangweilte Dorfpolizist lädt Besucher gern zum Verhör.

Zwei Kilometer nordöstlich der Stadt steht ein zweites, modernes Mausoleum, das sehr sorgfältig gepflegt wird. Der Bau selbst ist gesichtslos, aber dahinter sprudelt versteckt eine **heilige Quelle namens Tapasi Daliq** mit exzellentem Trinkwasser.

Qarabağlar

Busse fahren vom Hauptbusbahnhof in Naxçıvan um 7 und 12 Uhr, Sammeltaxis den ganzen Tag.

Das Restaurant **Yeməkxana** an der Hauptstraße bietet einfache lokale Gerichte und Efes-Bier.

Şərur und Yengicə

Die erst im 20. Jahrhundert entstandene Stadt Şərur ist bis auf die **Gebäude des Architekten Hicran Hüseynov** wenig reizvoll. Eines seiner kuriosen Werke steht unmittelbar vor Sərur am Flussufer und erinnert an ein antiquiertes Ufo. Leider zerfällt die **Space-Milchbar** aus Sowjetzeiten, während daneben ein sehr irdisches Teehaus entsteht. Nachdem Huseynov die Stadt 1978 mit einem festungsgleichen **Museum** und einer Musikschule versehen hatte, strebte er offenbar nach Größerem. Inzwischen lebt und wirkt er in Dubai. Größeres hatte man wohl auch im Sinn, als man in Şərur die neue Moschee abriss, um sie künftig durch eine imposantere zu ersetzen.

In unmittelbarer Nachbarschaft liegt das alte Yengicə, ein Ort, der mit dem Aufstieg Şərurs an Bedeutung verloren hat. Zwei Kilometer südlich von Şərur winden sich seine Gassen um einige Moscheen, ein abgezäuntes Kuppelhammam und einen Basar. Im Zentrum spielt man Domino und wundert sich über seltene Besucher. Die lokale Polizei lädt Touristen gern zum Gespräch, um sie erfahrungsgemäß jedoch bald wieder zu entlassen.

Milchbar aus sowjetischen Zeiten

Şərur

Busse nach Yengicə fahren hinter dem Bahnhof ab.

Der monströse Bahnhof aus blauem Spiegelglas wartet auf internationalen Zugverkehr. Derzeit steht das Gebäude weitgehend leer, und auch die Aviakassa verkauft noch keine Flugtickets. Um 8 Uhr fährt ein Zug nach **Naxçıvan-Stadt**, um 12.40 Uhr über Naxçıvan (15 Uhr) und **Culfa** (16.50 Uhr) nach **Ordubad** (18.20 Uhr).

Historisches Museum, H. Əliyev prosp., neben dem Kulturzentrum mit den weiten Rosenbeeten. Innen ist der Bau mit naiven Wandgemälden geschmückt. Mo–Fr 9–18 Uhr, Eintritt frei. Fotografieren darf man nur mit Presseausweis oder ähnlichem Dokument.

Sədərək

Sədərək (Sädäräk) ist ein unscheinbarer Ort, der als Bahnstation auf dem Weg nach Armenien von gewisser Bedeutung war. Seit der Zug nicht mehr fährt, kann die Stadt höchstens noch mit ihrer alten Festung auftrumpfen, einem Haufen müder Steine. Im Jahr 1992 machte Sədərək Schlagzeilen, als es, von armenischen Streitkräften attackiert, kurzfristig evakuiert werden musste. Das hätte für Armenien ins Auge gehen können, denn gemäß dem internationalen Kars-Abkommen von 1921 darf die Türkei intervenieren, sobald Naxçıvan angegriffen wird. Armenien hat sich schließlich mit der Besetzung der Exklave Kərki begnügt, da seine Interessen ja vielmehr gen Osten als gen Süden gingen und gehen. Sədərək und seine Umgebung gewähren einen guten Blick auf den Berg Ararat in der Türkei. Busse auf dem Weg von Naxçıvan in die Türkei fahren nicht durch die Stadt, man kann sich aber unweit davon absetzen lassen und in ein Taxi umsteigen. Ein Sammeltaxi von Naxçıvan-Stadt nach Sədərək kostet für 85 Kilometer vier Manat pro Nase.

Das Museum in Şərur stammt von Xicran Huseynov

Karte S. 270

Sprachführer Aserbaidschanisch

Es ist immer wieder bemerkenswert, wie viele Türen sich in Aserbaidschan öffnen, wenn man ein paar Wörter der Sprache des Gastlandes kennt. Viele Aserbaidschaner bemühen sich dankbar und mit rührender Geduld um das Verstehen selbst minimaler Sprachbrocken. Wer schon einmal mit Türkisch in Berührung gekommen ist, wird rasch einen Zugang zur aserbaidschanischen Sprache (Azərbaycan dili) finden, die zur süd-westlichen Untergruppe der Turksprachenfamilie gehört. Eine gängige Alternative ist nach wie vor Russisch, vor allem im urbanen Raum. In Anlehnung an die slawische Sprache wurde Aserbaidschanisch zu Sowjetzeiten mit kyrillischen Schriftzeichen geschrieben, die uns bis heute in Inschriften, Büchern etc. begegnen. Dass das Kyrillische inzwischen zugunsten lateinischer Buchstaben aus dem Schriftgebrauch verbannt wurde, macht es für uns leicht, denn bis auf wenige Ausnahmen gleichen die Schriftzeichen den unsrigen. Abweichungen sind ə, ç, ğ, ı und ş, und die Buchstaben c, j, q, r, s, x und z werden anders ausgesprochen. Im Aserbaidschanischen gibt es keine Diphtonge (z.B. ›au‹), sondern alles wird so gesprochen, wie es geschrieben wird.

Im Unterschied zum Deutschen ist Aserbaidschanisch eine agglutinierende Sprache: was bei uns als Artikel oder Pronomen dem Hauptwort vorangestellt wird, wird im Aserbaidschanischen ans Wortende gehängt. (z.B. kitab – Buch; kitablar – die Bücher).

Ehemalige Kyrilliza	Lateinische Schrift seit 1991	Aussprache
А а	A a	a
Б б	B b	b (am Silbenende wie p)
Ҹ ҹ	C c	dsch (Dschungel)
Ч ч	Ç ç	tsch (Tschüss)
Д д	D d	d
Е е	E e	e/ä (kurz)
Ә ә	Ə ə	ä (lang)
Ф ф	F f	f
Ҝ ҝ	G g	g (meist vorne gesprochen)
Ғ ғ	Ğ ğ	Zäpfchen- r
Һ һ	H h	h (am Silbenende ch wie in ich)
Х х	X x	ch (Achtung)
Ы ы	İ ı	i (kurz und dumpf wie in Milch)
И и	I i	i (kurz)
Ж ж	J j	sch (stimmhaft wie in Journalist)
К к	K k	k

Ehemalige Kyrilliza	Lateinische Schrift seit 1991	Aussprache
Г г	Q q	g
Л л	L l	l
М м	M m	m
Н н	N n	n
О о	O o	o (meist kurz)
Ө ө	Ö ö	ö (meist kurz)
П п	P p	p
Р р	R r	r (gerollt)
С с	S s	s (stimmlos wie in Fass)
Ш ш	Ş ş	sch (stimmlos wie in Schlaf)
Т т	T t	t
У у	U u	u (meist kurz)
Ү ү	Ü ü	ü
В в	V v	w
J j	Y y	j (wie in Jacke)
З з	Z z	s (stimmhaft wie in Sonne)

Begrüßen und Kennenlernen

Hallo/Guten Tag! (eigentl. ›Friede‹)	Salam!
Wie geht es dir/Ihnen?	Necəsən?/Necəsiniz?
Es geht mir gut.	Yaxşıyam.
Willkommen!	Xoş gəlmişsiniz!
Auf Wiedersehen (du/Sie); auch: danke	Sağ ol/sağ olun.
Gute Reise!	Yaxşi yol!
Vielen Dank (du/Sie)	Çox sağ ol/çox sağ olun
Wie heißen Sie?	Adınız nədir?
Wie heißt du?	Sənin adın nədir?
Ich heiße ...	Adım ...
Woher kommen Sie?	Siz haradansiniz?
Ich bin Deutsche(r).	(Mən) Almanam.
Ich bin Tourist.	Mən turistəm.
(Ehe-)Frau	qadın/xanım

(Ehe-)Mann	kişi/bəy
Tochter	qız
Sohn	oğul
Ich bin verheiratet.	Mən ərdəyəm (sagt eine Frau). Mən evliyəm (sagt ein Mann).
Ich habe einen Sohn.	Mənim bir oğlum var.

Allgemeines

ja	hə/bəli
Nein	xeyr/yox
ich	mən
Du (Sie)	siz (san)
Entschuldige!	Bağişla!
Entschuldigen Sie!	Bağişlayın!
Ich habe Sie nicht verstanden.	Mən sizi başa düşmədim.
Was bedeutet...?	... nə deməkdir?
So Gott will!	Inşallah!

Orientierung

Wo ist...?	... hardadır?
Bahnhof	vağzal
Bushaltestelle	avtobus dayanacağı
Brücke	körpü
Hotel	mehmanxana/otel
Krankenhaus	xəstəxana
Markt	bazar
Museum	muzey
Palast	saray
Platz	meydan
Polizei	polis
Postamt	poçt
Restaurant	restoran

Toilette	tualet
Teestube	çayxana
Telefon	telefon
Wasserfall	şələlə
Weg	yol
rechts	sağ
links	sol
geradeaus	düz
hier	burada
nah	yaxın
weit	uzaq

Öffentliche Verkehrsmittel

Bus	avtobus
Zug	qatar
Wo kann ich ein Ticket kaufen?	Mən harada bilet a la bilərəm?
Fährt dieser Bus nach... ?	Bu avtobus ... gedirmi?
Wann kommt der nächste Bus?	Növbəti avtobus nə zaman gələr?
der letzte Bus	axır-ıncı avtobus
Halt!	saxla!

Übernachten

Ich suche ein Hotel.	Mən mehmanxana axtarıram.
Einzelzimmer	tək otaq
Doppelzimmer	iki nəfərlik otaq
Dusche	duş
kalt	soyuk
warm	isti
laut	səc küylü

Einkaufen und Geld

Gibt es...?	... varmı?
Wo kann ich ... kaufen?	Mən ... harda ala bilərəm?

Was kostet ...?	... neçəyədir?
teuer	baha
Geld	pul
Geldautomat	bankomat
Euro	avro
Schweizer Franken	frank
Ich möchte 100 Euro wechseln.	Mən 100 avro dəyişmək istəyirem.

Essen und Trinken

Frühstück	səhər yeməyi
Mittagessen	nahar
Abendessen	şam yeməyi
essen	yemək
trinken	içmək
Gibt es eine Speisekarte?	Menu var?
Ich bin Vegetarier.	Mən vegetaryanam.
Guten Appetit!	Nuş olsun!
Danke, es war sehr lecker.	Sağ olun, çox dadlı idi.
Rechnung	hesab
Ich möchte bitte...	istəyirem
Apfel	alma
Brot	çörek
Butter	yağ
Eier	yumurta
Honig	bal
Huhn	toyuq
Fladenbrot	lavaş
Fleisch	ət
Gurke	xiyar
Hammelfleisch	qoyun əti
Kartoffel	kartof

Käse	pendir
Kaviar (schwarz)	kürü
Lamm	quzu
Rindfleisch	mal əti
Rosinen	kişmiş
Salz	duz
Steak	bifştek
Suppe	şorba
Tomate	pomidor
Trauben	üzüm
Wassermelone	qarpiz
Wurst	kolbasa
Zucker	şəkər
Zwiebel	soğan
Bier	pivə
Kaffee	Qəhvə
Milch	süd
Saft	şirə
Schnaps	araq
Tee	çay
Wasser	su
Wein	çaxır/şərab

Zeitangaben

wann?	nə vaxt?
heute	bu gün
gestern	dünən
morgen	sabah
jetzt	indi
später	sonra
jeden Tag	hər gün

heute Abend	bu gün axşam
Stunde	saat

Zahlen

1	bir
2	iki
3	üç
4	dörd
5	beş
6	altı
7	yeddi
8	səkkiz
9	doqquz
10	on
11	on bir
12	on iki
20	iyirmi
30	otuz
40	qırx
50	əlli
60	altmış
70	yetmiş
80	səksən
90	doxşan
100	yüz
1000	(bir) min

Reisetipps von A bis Z

Anreise mit dem Auto/Motorrad

Lust auf Abenteuer? Der Landweg von Europa nach Aserbaidschan führt südlich des Schwarzen Meers durch die Türkei und Georgien. (Achtung: Die meisten Routenplaner im Internet erstellen diese Strecke entweder gar nicht oder fälschlicherweise durch Nagorny Karabach, was derzeit nicht möglich ist.) Mit ausreichend Zeit lohnt ein Schlenker über die landschaftlich sehr reizvollen ukrainischen Karpaten, und eine gute Alternative zur Nordtürkei ist die Fähre von Burgas (Bulgarien) nach Poti (Georgien). Vorteil: Man spart sich die wenig attraktive türkische Schwarzmeerküste mitsamt ihren hohen Benzinpreisen, und es bleibt mehr Zeit für Georgien. Die Fähre fährt das ganze Jahr über zweimal wöchentlich, allerdings an abweichenden Tagen. Während man nach Georgien inzwischen ohne Visum einreisen kann, muss für Aserbaidschan vor Einreise ein Visum beantragt werden, da an den Landesgrenzen keines ausgestellt wird (siehe auch ›Einreise‹, → S. 300). Gefasst machen sollte man sich an der Grenze auf Fragen nach Armenienaufenthalten, kleinen Geschenken oder – so wird berichtet – den Check der eigenen Facebook-Seite!

Einfuhr von Fahrzeugen: Man benötigt Fahrzeugpapiere bzw. eine notariell beglaubigte Nutzungsvollmacht des Eigentümers, wenn das Fahrzeug auf eine andere Person zugelassen ist. Die grüne Versicherungskarte hat keine Gültigkeit. Es besteht die Möglichkeit, an der Grenze auf Nachfrage eine Haftpflichtversicherung zu kaufen (ca. 30 Dollar für Autos, 10–12 für Motorräder). Unkompliziert ist die Einreise als Transitreisender. Unter Angabe des Ausreiselandes werden für drei Tage Transitpapiere ausgestellt. Will man länger als 72 Stunden im Land bleiben, muss in der Regel ein Deposit (in bar oder per Kreditkarte) hinterlegt werden, das bei der Ausreise angeblich zurückerstattet wird, wenn man den gleichen Grenzübergang passiert. Andernfalls ist es sicherlich günstiger, einfach mit den Transitpapieren einzureisen und bei der Ausreise die Strafe von 20 Dollar (sowird berichtet) in Kauf zu nehmen. Es gibt auch Reisende, die kein Deposit zahlen mussten und durch einen Vermerk in ihrem Pass versichern, das Auto wieder mitauszufüh-

Esel im Kaukasus

ren (gilt nicht für Motorräder und geleaste Wagen, Touristenvisum notwendig). Andernfalls kann man Transitpapiere im Hauptzollamt Baku in eine temporäre Registrierung umzuwandeln. Letztere wird maximal auf die Dauer des Visums des Fahrzeugeigentümers ausgestellt – ein Verfahren, das mehrere Monate dauern kann.

Anreise mit dem Flugzeug

Lufthansa (www.lufthansa.com) ist derzeit die einzige Airline, die direkt von Deutschland nach Baku fliegt. Das Return-Ticket zum Heydar-Aliyev-Flughafen (GYD) liegt bei ca. 600 Euro für Frühbucher bis doppelt so viel für Kurzentschlossene. Die Flüge starten am Dienstag, Donnertag und Sonntag in Frankfurt und dauern etwa 4,5 Stunden (Ankunft in Baku 21.20 Uhr, Abflug von dort um wenig charmante 4.50 Uhr).

Die aserbaidschanische Airline **Azal** (www.azal.az) verkauft dieselben Flüge für etwa 700 Euro return. Die derzeit sicherlich günstigste Option sind Flüge mit **Aeroflot** (www.aeroflot.ru) über Moskau, wo man allerdings mit einem längeren Aufenthalt rechnen muss. Mit etwas Glück gibt es die Tickets bereits für etwa 300 Euro return. Aeroflot fliegt Berlin, Dresden, Düsseldorf, Frankfurt, Hamburg München, Wien und Zürich an.

Ab ca. 500 Euro fliegt **Turkish Airlines** (www.thy.com) täglich über Istanbul nach Aserbaidschan. Dabei muss man in der Regel allerdings mit einem längerem Zwischenstopp am Bosporus rechnen. Als einzige Airline bietet Turkish Airlines als alternatives Ziel zu Baku auch Flüge nach Naxçıvan an. Von Wien aus fliegt **Austrian Airlines** (www.austrian.com) am Donnerstag, Freitag und Sonntag ab ca. 600 Euro direkt nach Baku, Flugdauer vier Stunden.. Airbaltic bietet vorerst keine Flüge mehr nach Baku an.

Die aserbaidschanische Airline Turan Air (www.turan-air.com) fliegt derzeit von Baku und Lənkəran nach Russland.

Für den Eurovision Contest wurde der Flughafen grunderneuert und soll bis 2013 um einen neuen Terminal internationalen Standards ergänzt werden. Bei der Ankunft ist nur theoretisch eine Zollerklärung auszufüllen.

Es gibt eine Touristeninformation, die allerdings vornehmlich Telefonkarten verkauft. In das 25 Kilometer entfernte Zentrum Bakus fährt (trotz anderer Behauptungen der dort lauernden Taxifahrer!) tagsüber zwischen 8 und 19.30 Uhr alle 30 Minuten für 0,40 AZN Bus 16 mit Halt an der Metro Koroğlu (Ex-Əzizbeyov) und der Südseite des Vurğun-Parks an der 28 May küç. (ab 28 May zum Flughafen zu jeder halben und vollen Stunde, Fahrtzeit 60 Minuten). Bis 23 Uhr fahren die Busse 24 und 135 zwischen Metro Koroğlu und dem Kreisverkehr beim Flughafen. Von dort kann man in 15 Minuten zum Flughafen laufen oder trampen. Die Bushaltestelle am Flughafen befindet sich hinter dem Parkplatz. Ein Sammeltaxi vom Flughafen zur Metro Koroğlu kostet 5–7 AZN, von dort aus sind es noch 5 Stationen ins Zentrum. Taxis zwischen Flughafen und Zentrum fahren die ganze Nacht und kosten für die halbstündige Fahrt je nach Sprachkenntnissen und Verhandlungsgeschick 20–30 AZN. Wer sich nicht auf Verhandlungen mit der Taxi-Mafia einlassen will, fährt für unschlagbar günstige 15–17 AZN (Lada- bzw. Mercedes) mit dem 24-Stunden-Service (Tel. 189, www.taxibaku.az), den man frühestens 24 Stunden vorher buchen kann. Auch Baku Taxi Services bieten einen zuverlässigen Abholservice für 33 AZN (bis zu drei Personen, Englischkenntnisse, bakutaxi@gmail.com). Übernachtungsmöglichkeiten direkt am Flughafen bietet das Sheraton Hotel (Tel. 437494, DZ 160 AZN).

Wichtige Airlines in Baku:
Lufthansa
Hyatt Tower II (5. Stock)
Izmir küç. 1033
Tel. 4907050
Austrian Airlines
Caspian Plaza
C. Cabbarlı küç. 44
Tel. 4971822/24
Mo–Fr 9–18, Sa 8–13 Uhr
Turkish Airlines
Hüsi Haçiyev küç. 11
Tel. 4975352
thy.baku@azeurotel.com
Azal
Nizami küç. 84
Tel. 5988880
e-booking@swtravel.az
Imair
Həzi Aslanov küç. 115
Tel. 4982376
root@imair.com
Turan Air
28 May küç. 64/68
Tel. 4989431
root@turan-air.com

An- und Abreise mit dem Schiff

Die An- und Abreise mit dem Schiff ist vor allem wegen der wenig transparenten Fahrpläne und mangelnder Auskunftsmöglichkeiten vor Ort ein rechtes Abenteuer. Eventuell wird sich das mit dem neuen Fährhafen ändern, aber derzeit sollte man vor Fahrtantritt unbedingt überprüfen, ob das gewünschte Schiff auch tatsächlich ablegt. Grundsätzlich gibt es Schiffsverkehr mit Turkmenbaşi in Turmkenistan und Aktau (Aqtau/Axtay) in Kasachstan, eine weitere Verbindung nach Russland (Astrachan) ist geplant. Dabei handelt es sich um Frachtschiffe, die eine begrenzte Zahl von Passagieren mitnehmen und ablegen, sobald sie beladen sind. Das kann in der nächsten Stunde oder in einer Woche sein. Auskünfte darüber sind immer nur an dem entsprechenden Tag auf Aserbaidschanisch oder Russisch und mit hinreichend Geduld und Charme in

Im Bergdorf Laza

einem kleinen Büro direkt am Hafen (Deniz Vağzal, Tel. 4981244) erhältlich. Auch Tickets werden jeweils nur unmittelbar vor der Abreise verkauft. Die Schiffe legen an einem Dock weiter östlich ab.

Nach Turkmenistan: Mit Glück legen die Schiffe nach Turkmenistan drei Mal wöchentlich ab. Die Fahrt dauert 12 bis 48 Stunden je nachdem, wann ein Anlegeplatz im Zielhafen frei wird. Fahrkarten sind für 100 US-Dollar (plus evtl. ca. 20 Dollar ›Service‹) inklusive Koje direkt im Hafen-Office in Baku erhältlich, Kinder zahlen die Hälfte. Kojen und Sanitäreinrichtungen sind in einem recht ernüchternden Zustand. Reisende mit kleinem Geldbeutel sollten eigene Verpflegung mitnehmen, da das Essen an Bord recht kostspielig sein kann. Das **Visum für Turkmenistan** muss vor der Abreise erworben werden, denn bei Ankunft wird keines ausgestellt. Dabei ist zu bedenken, dass ein Transitvisum nur fünf Tage gültig ist: Fährt das Schiff später als erhofft und liegt dann noch ein bis zwei Tage vor Turkmenbaşi, bevor der Hafen angesteuert werden kann, droht bei Ankunft Ärger mit der Polizei. Ein länger gültiges Touristenvisum wiederum ist nur schwer erhältlich.

Nach Kasachstan: Fähren nach Kasachstan gibt es je nach Bedarf alle 7 bis 10 Tage, wobei die Abfahrtszeiten sehr flexibel sind (ein verzweifelter Reisender erzählte, dass er bereits seit zwölf Tagen täglich vergeblich zum Hafen laufe). Pro Schiff werden am Morgen des tatsächlichen Abfahrtstages nur 20 bis 30 Fahrkarten ausgegeben, die es zu ergattern gilt. Die Preise für die 24 bis 60 Stunden lange Fahrt liegen bei 46 bis 60 US-Dollar pro Person und bei ca. 300 Dollar für ein Auto mit zwei Insassen.

Auch für Kasachstan benötigt man ein **Visum**, das man vorher besorgen muss (siehe unter Botschaften → S. 298).

Ausrüstung, Kleidung, Gepäck

Aserbaidschan ist modisch ein recht konservatives Land. Shorts sind generell, speziell jedoch für Männer, ein Tabu, und auch der Bauchfrei-Look hat seinen Weg bislang noch nicht nach Aserbaidschan gefunden. Kurze Röcke sind in Baku en vogue, für den Rest des Landes aber zu freizügig.

Läuft man mit einem kleinen Rucksack durch die Stadt, outet man sich auf jeden Fall als Tourist. Wer möglichst wenig auffallen will, trägt als Mann einen Anzug und als Frau etwas Klassisches, das mehr bedeckt als es preisgibt. Das Tragen von Kopftüchern ist im gemäßigt islamischen Aserbaidschan unüblich, auch wenn letzthin eine gewisse Tendenz zum Kopftuch beobachtet werden kann. Allein für den Besuch von Moscheen muss der weibliche Kopf bedeckt werden, wobei dort häufig Tücher zum Verleih ausliegen. Saubere Füße und Strümpfe sind in Moscheen außerdem vonnöten sowie Kleidung, die die Gliedmaßen bedeckt.

Bushaltestelle bei Neftçala

In Baku kann man fast alles kaufen, aber einige Importwaren, speziell Luxusgüter für Ausländer, sind teuer (zum Beispiel 250 g Milka-Schokolade 7 AZN). Deshalb sollte man z.B. **Sonnencreme** aus der Heimat mitbringen. Wegen wenig beleuchteter Straßen und düsterer Plumpsklos in ländlichen Gegenden kann es zudem nicht schaden, eine **Taschenlampe** dabeizuhaben. Außerhalb Bakus ist **Toilettenpapier** eher die Ausnahme als die Regel, und wer in den Süden reist, wird sich bei Gelegenheit über ein **Moskitonetz** freuen. Generell sollte man für Reisen außerhalb Bakus die Vielzahl der unterschiedlichen Klimazonen bedenken und auch im Sommer für kühle Nächte in den Bergregionen präpariert sein.
Als **Gastgeschenke** bieten sich dekorative Kleinigkeiten aus der Heimat an. Idealerweise nimmt man zudem ein paar Familienfotos mit, die gern herumgereicht werden und gut helfen, sprachliche Barrieren zu überwinden.

Baden

Aserbaidschan ist alles andere als ein Strandparadies und das Kaspische Meer bei weitem nicht die Adria. Dennoch gibt es einige akzeptable Bademöglichkeiten. Die besten Sandstrände findet man im **Norden Abşerons**, in **Nabran** und der Gegend um **Lənkəran**. Direkt bei Baku liegen zudem die **Şixov-Strände** mit Blick auf die vorgelagerten Bohrinseln und mit leicht öligem Flair.
Zur lokalen Grundausstattung für den Nachmittag am Strand gehört reichlich Picknick, eventuell ein Samowar und eine Großfamilie. An den offiziellen Stränden kann man meist Tische und Stühle mieten, alternativ macht man es sich im Auto bequem oder legt sich auf, nein, in den Sand: Das hilft nämlich gegen Rheuma und Erkältung, sagt man. ›Oben ohne‹ zu baden wäre ein Sakrileg, von FKK ganz zu schweigen. Bikini ist o.k., wobei sich einige Frauen zusätzlich gern ein kurzes Tuch um die Hüfte wickeln. Im Landesinnern gibt es einige (Stau-)Seen, in denen man sich abkühlen kann.

Botschaften und diplomatische Vertretungen

In Deutschland:
Botschaft der Republik Aserbaidschan
Hubertusallee 43
14193 Berlin
Tel. 030/219 16 13
berlin@mission.mfa.gov.az
www.botschaft-aserbaidschan.de
Konsularabteilung:
Tel. 030/20 64 80 63
e_majidov@mfa.gov.az
Mo, Mi, Fr 9–12 Uhr,
telefonische Auskünfte Mo, Mi, Fr 15-17 Uhr, Di, Do 9-11 Uhr
Honorarkonsulat

Melonen am Straßenrand

Kriegsbergstr. 32
70174 Stuttgart
Tel. 0711/12848518
honorarkonsulat@stuttgart-aserbaidschan.de
www.stuttgart-aserbaidschan.de
Mo, Do 14-17 Uhr, Mi 10.12 Uhr

In Österreich:
Botschaft der Republik Aserbaidschan
Hügelgasse 2
1130 Wien
Tel. 01/403 13 22
vienna@mission.mfa.gov.az
www.azembassy.at
Konsularabteilung:
Tel. 01/403132211
Mo, Mi, Fr 9.30 – 12.30 Uhr

In der Schweiz:
Botschaft der Republik Aserbaidschan
Dalmaziquai 27
3005 Bern
Tel. 031/3505040
bern@mission.mfa.gov.az
www.azembassy.ch
Mo–Fr 9 – 13 und 14 – 18 Uhr
Konsularabteilung:
Mo, Mi, Fr 9 – 12.30 Uhr

In Aserbaidschan:
Deutsche Botschaft
ISR Plaza, 7./10. OG
Nizami küç. 69
Tel. 12/4654100
Fax 12/5985419
www.baku.diplo.de
Mo–Do 8.15 – 12.30 und 13.15 – 17.15 Uhr
Fr 8.15– 12.30 und 13 – 15.45 Uhr
Österreichische Botschaft
Landmark III, 7. OG
Nizami küç. 90a
Tel. 12/4659933
baku-ob@bmeia.gv.at
www.bmeia.gov.at
Mo-Fr 9-17 Uhr
Schweizer Botschaft
Böyük Qala küç. 9 (Altstadt)
Tel. 4373850
Fax: 4373851
Iranische Botschaft
Buniat Sardarov küç. 4
Tel. 012/492 80 06
office1@iranembassy.az
www.iranembassy.az
Botschaft von Georgien
Suleyman Dadaşov küç. 29
Tel. 012/465 41 00
embgeo@azeurotel.com
Kasachische Botschaft
H. Əliyev küc. 82
Tel. 12/4656248
Fax: 4656249
embassyk@azdata.net
Turkmenische Botschaft
Şamşi Rahimov küç. 14
Tel./Fax: 12/4654876
tembassybak.net.az
Mo, Di 9-12 Uhr

Camping

In Aserbaidschan gibt es einige beliebte Zeltplätze bar jeder Infrastruktur, wie etwa im Umfeld von Lahıc oder am Fluss Katex bei Zaqatala. Bei Wanderungen in den Bergen ist Zelten oft die einzige Übernachtungsmöglichkeit und wildes Campen in freier Natur durchaus üblich. Bevor man sich in den Bergen im Revier eines Schäferhundes niederlässt, ist es allerdings ratsam, sich mit seinen Besitzern zu befreunden. Zelte und Schlafsäkke verleiht zum Beispiel das Hotel Suvar bei Laza (bei Qusar), Tel. 050/353 92 66, suvar@azeuro.com. Während Kerosin meist problemlos zu bekommen ist, sind andere Brennstoffe für Campingkocher schwer erhältlich.

Drogen

Bedenkt man Aserbaidschans geographisches Umfeld, erstaunt es nicht, dass Drogen in Bakus Nachtleben leicht erhältlich und meist von guter Qualität sind. Obwohl der Konsum in den letzten Jahren deutlich gestiegen ist, ist der Gebrauch illegal und wird sogar in kleinen Mengen streng geahndet. Wer sich erwischen lässt, muss mindestens mit einem ordentlichen Schmiergeld rechnen, und die Haftbedingungen sind im Land prekär.

Einreise aus den Nachbarländern (Landweg)

Geschlossene Grenzen: Infolge regionaler politischer Unruhen sind einige Landgrenzen Aserbaidschans derzeit nicht passierbar. Zwar gibt es Direktzüge, die Baku mit Moskau, St. Petersburg, Kiew, Rostov und Charkov verbinden, aber seit den Auseinandersetzungen mit dem benachbarten Tschetschenien ist die Grenze zu Russland für Ausländer geschlossen. Ebenso wenig ist es derzeit möglich, aus den armenisch besetzten Gebieten West-Aserbaidschans einzureisen. Wer vorher Armenien besucht hat, sollte bei der Einreise nach Aserbaidschan sicherheitshalber alle Karten, Souvenirs und Kamerachips verschwinden lassen, insofern sich darauf Bilder vom ungebliebten Nachbarland befinden.

Einreise aus Georgien: Problemlos und relativ komfortabel ist die Einreise aus Georgien an den Übergängen Krasni Most (Rote Brücke) und Lagodekhi. Allabendlich gibt es einen Nachtzug von Tbilisi nach Baku (Abfahrt 17, Ankunft 10.20 Uhr. Von Baku: ab 20.45, an 13.15 Uhr, Tickets 25/43 AZN). Zudem gibt es täglichen Busverkehr zwischen Tbilisi und Baku, Şəki, Zaqatala und Qax.

Einreise aus dem Iran: Züge und Busse verkehren außerdem zwischen dem Iran und Aserbaidschan an den Grenzübergängen Astara und Culfa (in Naxçivan). Der Direktbus von Tebris (Iran) nach Baku braucht etwa 24 Stunden und ist die weitaus mühsamere Option als eine Fahrt mit mehreren Stops über Astara. Im Iran erhält man ein Visum für Aserbaidschan innerhalb von 24 Stunden für 60 Euro an der Botschaft in Teheran (tägl. geöffnet von 10 bis 12 Uhr).

Einreise aus der Türkei: Wer aus der Türkei kommt, kann mit dem täglichen Bus über Sədərək bis Naxçivan-Stadt einreisen und von dort aus nach Baku fliegen.

Internationale Busse verkehren an Bakus Hauptbusbahnhof an der Metro 20 Yanvar. Infos zum Fahrplan erhält man in Baku telefonisch unter 493 59 45.

Besonders an Landgrenzen wurde in vergangenen Jahren immer wieder gern der Lonely Planet (Georgia, Armenia & Azerbaijan) konfisziert – selbst, wenn man die Seiten über Nagorny Karabach zuvor entfernt hatte.

Elektrizität

Zwar gehören regelmäßige Stromausfälle in Baku inzwischen der Vergangenheit an, aber außerhalb des Zentrums und speziell in ländlichen Regionen ist die Stromversorgung noch nicht immer zuverlässig geregelt. Europäische Standardstecker sind im 220/240-Volt-Netz problemlos zu verwenden.

Fahrradfahren

Fahrradfahren ist in Aserbaidschan ein eher exotisches Vergnügen: Hierzulande fährt man Auto. Mit dem Reichtum wächst auch der Verkehr, speziell auf den Hauptstrecken Baku–Quba und Baku–Gəncə, die man als Radler lieber meiden sollte. Mangelhafte Straßen und rücksichtslose Fahrer lassen es ratsam erscheinen, dort einen Helm und auffällige Kleidung zu tragen. Andererseits gibt es landschaftlich sehr reizvolle Strecken bar jeden Verkehrs und mit spannenden Off-Road-Möglichkeiten. Seit 2008 propagiert der in Baku, Gəncə und Sumqayıt ansässige Green Biker's Club (Yaşıl Velosipedçilər Klubu) ein Umsteigen auf's Rad und mehr Umweltbewusstsein (info@voloclub.az). Indess veranstaltet der von Expats initiierte Baku Bicycle Club (BBC; www.bakubicycleclub.com) am Wochenende regelmäßig Touren unterschiedlichen Schwierigkeitsgrads, über die eine offene Verteilerliste informiert.

Es gibt wenige Fahrradläden in Aserbaidschan und kaum Möglichkeiten, Ersatzteile zu bekommen. In Baku verleiht nur die Fahrradstation Velotrek Räder, und das zu horrenden Preisen. Obgleich allein der Bulvar am Meer stressfreies Radeln verspricht, sind Fahrräder dort unerwünscht. In den Bergregionen seien Mountainbiker insbesondere vor den aggressiven Schäferhunden gewarnt!

Feiertage

Feiertage gibt es in Aserbaidschan in Hülle und Fülle. Dabei ist zu bedenken, dass die muslimischen Feiertage sich jährlich – abhängig vom Mondzyklus – verschieben. Dazu zählen das **Opferfest Qurban Bayramı** (2009: 27. November; 2010: 16. November; 2011 6. November) und der **Heilige Monat Ramazan** (2009: 21. August–19. September; 2010: 11. August–8. September; 1. August–29. August).

Feststehende Feiertage:

1. Januar – Neujahrstag
20. Januar – Tag der Märtyrer

Enge Gassen in Baku

(Zivilisten wurden 1990 in Baku vom Sowjetischen Truppen getötet, zentrale Gedenkveranstaltung bei Şəhidlər Xiyabanı in Baku)
26. Februar – Xodşalı-Gedenktag
8. März – Frauentag
20.–24. März Novruz Bayramı (Frühjahrsfest, bedeutendstes Fest in Aserbaidschan)
9. Mai – Tag des Sieges (Sieg über den Faschismus)
28. Mai – Tag der Republik (Gründung der ersten aserbaidschanischen Republik 1918)
15. Juni – Tag der Erlösung (Heydar Aliyevs Rückkehr zur Regierung 1993)
26. Juni – Tag der Armee (Gründung der aserbaidschanischen Armee 1918)
18. Oktober – Unabhängigkeitstag (Lösung von der Sowjetunion)
12. November – Tag der Verfassung
17. November – Tag des nationalen Wiedererstehens

Beim Einkaufen

(erster Aufstand gegen das Sowjetsystem 1988)
31. Dezember – Tag der Solidarität (mit den Südaserbaidschanern im Iran)

Fotografieren und Filmen

Die meisten Aserbaidschaner sind wenig kamerascheu und freuen sich oft sogar, fotografiert zu werden. Es ist allerdings ein Gebot der Höflichkeit, vorher um Erlaubnis zu fragen und versprochene Bilder im Nachhinein auch wirklich zu senden.

Fotografieren auf Flughäfen und Bahnhöfen, in der U-Bahn, in der Nähe von Botschaften und Regierungsgebäuden, in sensiblen Grenzgebieten, im Umfeld militärischer Objekte so wie am Strand (zu viel nackte Haut) sollte man vermeiden, wenn man seine Kamera liebt.

Auch in politisch sensiblen Gegenden, wie etwa an der Zugstrecke im Süden Naxçıvans oder an Orten, in denen der Präsident gerade erwartet wird, wird zu einem sehr dezenten Umgang mit der Kamera geraten. Generell ist es untersagt, uniformierte Menschen abzulichten.

Einige Internetcafés verfügen über Kartenlesegeräte und brennen für einen minimalen Preis Fotos von Speicherchips auf CDs. An einigen touristisch interessanten Orten (z.B. Feuertempel bei Baku) ist das Fotografieren oder Filmen kostenpflichtig.

Frauen allein unterwegs

Das Reisen als Frau in Aserbaidschan ist generell unproblematisch, wenn man sich an die örtlichen Gepflogenheiten hält. So ist es etwa außerhalb Bakus nicht angebracht, als Frau alleine eine Çayxana zu besuchen, da Teestuben traditionell den Männern vorbehalten sind. Auch auf den öffentlichen Genuss von Alkohol sollte man möglichst verzichten, und rauchende Frauen gelten schnell als anstößig.

In Minibussen und Taxis ist es nicht üblich, dass Frauen vorn neben dem Fahrer sitzen. Besser wählt man einen Platz im hinteren Bereich. Unnötige Risiken können außerdem vermieden werden, wenn man als Frau nachts nicht allein durch die Stadt läuft, nicht allein in Discos und Bars geht, sich nicht von fremden Männern nach Hause einladen lässt und außerhalb Bakus keine kurzen Röcke oder Hosen trägt.

Generell sind Aserbaidschaner Fremden gegenüber hilfsbereit und offen, aber bei weiblichen Reisenden ist man oft besonders zuvorkommend. Aus eigener

10-Manat-Schein

Gemüsestand in Salyan

Erfahrung kann berichtet werden, dass weder das Reisen mit öffentlichen Verkehrsmitteln (Nachtzug etc.) noch Trampen größere Risiken als anderswo darstellen.

Dass Frauen sich allein ein Hotelzimmer nehmen und darin schlicht übernachten wollen, anstatt Geld zu verdienen, kann hingegen Verwunderung auslösen und missverstanden werden. Als alleinreisende Frau sollte man deshalb abgelegene Hotels mit zweifelhaftem Äußeren meiden und eventuell vorher prüfen, ob die Zimmer ordentlich verschließbar sind. Das gilt speziell für die Region Naxçıvan. Andererseits ist es für Frauen häufig leichter, in ländlichen Regionen privat Unterkunft zu finden, da sie – anders als Männer – keine potentielle Gefahr für die heranwachsenden Töchter des Hauses darstellen.

Geld (Wechselstuben, Banken, Automaten)

Geld heißt auf Aserbaidschanisch ›pul‹. Die Landeswährung nennt sich Manat (AZN) und ist recht stabil, wobei 1 Manat (= 100 Qəpik, Kopeken) derzeit etwa 1 Euro entspricht (1 Euro = 1,03 AZN).

Dass uns der Manat so eigentümlich vertraut vorkommt, liegt daran, dass er vom selben Designer (Robert Kalina) wie der Euro entworfen wurde. Münzen gibt es im Wert von 1, 3, 5, 10, 20 und 50 Qəpik und Scheine im Wert von 1, 5, 10, 20 50 und 100 Manat.

Aus der alten Währung (1992 bis 2006 AZM) stammt die noch immer populäre Bezeichnung ›Schirwan‹, denn auf der alten 10 000 Manat-Note war der Schirwanschah-Palast abgebildet. 1 Schirwan (Şirvan) entspricht 2 AZN, und um Missverständnisse zu vermeiden, sollte man beim Bezahlen genau hinhören, ob der Preis in Schirwan oder Manat verlangt wird.

Geld kann man problemlos an **Wechselstuben** oder **Banken** wechseln. Dabei nehmen Banken keine Kommission, während Wechselstuben recht teuer sein können. Die meisten der unzähligen

Geldautomaten in Baku akzeptieren internationale Kredit- und EC-Karten und spucken auf Wunsch oft auch Dollar aus. Die Kurse variieren nur geringfügig. (Österreichische Karten werden angeblich am liebsten vom Bankomaten beim Jungfrauenturm in der Altstadt akzeptiert.) Reiseschecks können an einigen Banken in Baku gewechselt werden, sind aber wenig geläufig. Banken sind in der Regel zwischen 10 und 17 Uhr geöffnet.

In Aserbaidschan ist es üblich, **Preise zu verhandeln**, und zwar nicht nur auf dem Basar. Auch Unterkünfte und Dienstleistungen können und sollten getrost verhandelt werden.

Besonders die Preise in der Hauptstadt sind in den letzten Jahren rasant gestiegen und liegen in vielen Bereichen über westeuropäischem Niveau. Günstiger sind etwa Brot und Zigaretten, während speziell Hotelunterkünfte in Baku alles andere als ein Schnäppchen sind. Dort, so wie auch in einigen besseren Restaurants, kann man in der Regel auch mit internationalen Kreditkarten, Dollar oder Euro zahlen.

Bei heimischen Banken dürfen Ausländer Konten sowohl in Manat als auch in fremden Währungen unterhalten. Dabei sind für internationale Geldtransfers Kreditbriefe empfehlenswerter als Überweisungen, da Aserbaidschan nicht mit dem IBAN-System operiert. Manats dürfen von Ausländern **nicht ein- und ausgeführt** werden, und Euros nur in der Menge, die bei der Einreise auf der (theoretisch ausgefüllten) Zollerklärung angegeben wurde.

Gesprächsthemen und Gepflogenheiten

Der Konflikt um Nagorny Karabach ist ein überaus sensibles Thema in Aserbaidschan, das an tiefe Wunden rührt. Entsprechend kann selbst das, was uns als politisch ausgewogene Sichtweise vorkommen mag, in Aserbaidschan als verletzend und pro-armenisch verstanden werden. Will man mehr Verständnis für die andere Sichtweise entwickeln, ist es oft ratsam, sich bei dem Thema weitgehend auf's Zuhören zu beschränken. Reisende, die bereits in Armenien waren, machen sich sicherlich nicht unbedingt beliebt, wenn sie von der Schönheit des Nachbarlandes schwärmen.

Vorsicht ist auch bei religiösen oder anzüglichen Themen geboten. Hingegen ist die Attraktivität Aserbaidschans ein hervorragendes Thema, um ein Gespräch zu beginnen. Höhepunkte sind dabei die neun von elf Klimazonen, alte Kulturgüter oder das Bergdorf Xınalıq mit seiner einzigartigen Sprache. Beliebt sind auch Fragen nach Familie und Kindern.

Andersherum interessieren sich viele Aserbaidschaner aber auch sehr lebhaft für Deutschland, das dort generell einen

Im Dorf Xınalıq in Nordaserbaidschan

sehr guten Ruf genießt. Mercedes und deutscher Fußball (Berti Vogts!) sind besonders populär, aber auch der deutsche Alltag ist für viele interessant.

In Aserbaidschan ist es nicht üblich, pfeifend durch die Straßen zu laufen, schon gar nicht als Frau, und auch wer sich während des Essens unbekümmert die Nase schneuzt oder lauthals verkündet, er gehe jetzt auf die Toilette, verstößt gegen den lokalen Verhaltenscodex. Tritt man jemandem versehentlich auf den Fuß, berührt man als Zeichen der Entschuldigung kurz die Hand des Getretenen, und Blumen verschenkt man besser in ungerader Anzahl, denn eine gerade wird mit dem Tod in Verbindung gebracht.

Internet

In jeder aserbaidschanischen Stadt gibt es mehrere Internetcafés namens ›Internet klub‹, von denen einige rund um die Uhr geöffnet haben. Die meisten wurden inzwischen auf WiFi umgestellt und verlangen zwischen 0,40 und 1 AZN/Stunde. Auch alle größeren Hotels und viele Cafés in Baku bieten W-Lan. Die Durschnittsgeschwindigkeit beträgt 10 MB/Stunde. Und in Zaqatala gibt es ein eigenes Internetcafé nur für Frauen! Der Ländercode für aserbaidschanische Webseiten ist .az.

Landkarten und Stadtpläne

Im Westen gibt es relativ aktuelle, allerdings mäßig detaillierte und manchmal abenteuerlich transliterierte **Straßenkarten** von Aserbaidschan und Umgebung. Von Freytag & Berndt gibt es eine wenig detailreiche Autokarte für den Kaukasus, (Maßstab 1:700 000) von 2009. Auch Reise-Knowhow bietet eine Karte mit allen drei Kaukasusrepubliken im Maßstab 1:650000 an. (3. Auflage November 2010). Problemen mit eigenwilligen Transkriptionen von Ortsnamen entgeht man mit der aserbaidschanischen Karte (Avtomobil Yolları) im Maßstab 1:500 000, herausgegeben in Baku 2011 und für 10,95 Euro im Internet zu bestellen.

Alternativ sind in aserbaidschanischen Buchhandlungen oft recht detaillierte Karten auf großen Bögen und häufig zu überteuerten Preisen erhältlich. In der Regel ist auf aserbaidschanischen Karten nicht die Frontlinie zu den besetzten Gebieten eingezeichnet.

Die weitaus besten Landkarten im Maßstab 1:100 000 sind kyrillisch und stammen aus der Sowjet-Ära. Unter http://maps.poehali.org/en/ sind sie kostenpflichtig aus dem Internet herunterzuladen. Teilweise sind sie mehrere Jahrzehnte alt, und einige Orte haben ihre Namen geändert.

Gute **Stadtpläne** gibt es bis dato nur von Baku. Kostenlos findet man sie zum Beispiel in Werbemagazinen, die in Hotels und Restaurants ausliegen oder in Bakus Touristeninformation. Einen aktuellen Stadtplan gibt es zudem als Kindle eBook für 2,68 Euro als Download bei Amazon.

Street Directories für Baku gibt es für 4 AZN z.B. in den Buchhandlungen rund um den Fountain Square.

Orientierung in Bakus Altstadt bieten die dekorativen Karten von Ismayil A. Mammadov, die u.a. in der Kunstmeile am Fountain Square erhältlich sind.

Medien

Obwohl die 1993 eingeführte Pressezensur 1998 offiziell wieder abgeschafft wurde, genießt die aserbaidschanische Presse bis dato nur wenig Freiheit, und immer wieder machen verhaftete Journalisten Schlagzeilen, wie letzthin auch

Garten in einer Hotelanlage

die inhaftierten Bürgerrechtler Emin Milli und Adnan Hajizadeh. Auf der weltweiten Rangliste der Pressefreiheit belegte Aserbaidschan 2011 denn auch nur den beschämenden Platz 162 (von 179 Plätzen; vgl. Reporter ohne Grenzen). Zu den lokalen Zeitungen mit großer Leserschaft gehören Azərbaycan, Ayna und 525-ci Qazet. Relativ unabhängig ist das russische Blatt Zerkalo, das sich hauptsächlich durch Anzeigen finanziert.

In Baku erscheinen einige minderwertige englischsprachige Blätter und Magazine, die zum Großteil aus Werbeanzeigen bestehen: Die Azeri Times und Azer News liegen kostenlos in Hotels und Restaurants aus.

Azerbaijan Today befasst sich mit Wirtschaftsthemen. Internationale Zeitungen wie die Times oder die türkische Hürriyet findet man an den neuen Kiosken, an Metrostationen und in größeren Hotels. Online-News auf englisch bieten zum Beispiel die Seiten www.azernews.az, www.today.az und www.anspress.com.

Im Zuge der fortschreitenden Aserbaidschanisierung wurden die russischen Fernsehsender inzwischen vom nationalen Netz genommen. Neben den staatlichen Sendern AZ-TV1 und AZ-TV2, auf denen man sich ständig über die neusten Wohltaten des Präsidenten informieren kann, gibt es einige ›unabhängige‹ Sender wie Lider-TV und Azadliq-TV und in vielen Hotels dank Kabel und Satellit zahlreiche internationale Kanäle.

Medizinische Versorgung

Seit dem Ende des Kommunismus ist das Gesundheitssystem notorisch unterfinanziert. In Baku gibt es jedoch Kliniken mit relativ guten Standards und qualifizierten Ärzten. Wer auf Nummer Sicher gehen will, wendet sich an die **SOS-Klinik** (German Medical Centre), die neben englischsprechenden Ärzten einen 24-Stunden-Notfall-Service hat. Dort sind die Behandlungen allerdings häufig sehr kostspielig (► hintere Umschlagklappe).

Apotheken heißen ›aptek‹ und sind teilweise rund um die Uhr geöffnet. Es gibt eine deutsche Apotheke, in der man auch Medikamente aus Deutschland bestellen kann, allerdings zu etwas gehobenen Preisen (► hintere Umschlagklappe). Generell ist es nicht schwierig, auch ohne Verschreibung Medikamente zu bekommen – wenn auch bisweilen unter abweichenden Bezeichnungen und nicht immer vom Originalhersteller. Es empfiehlt sich, vor Reiseantritt eine **Auslandskrankenversicherung** abzuschließen. Die gibt es zum Beispiel bereits ab 11,70 Euro beim ADAC. Muss im Notfall ein Arzt aufgesucht werden,

ist die Leistung vor Ort zu bezahlen. Die gegen Quittung gezahlten Arzt- und Medikamentenrechnungen sind dann zu Hause der Versicherung zur Rückerstattung vorzulegen. Man sollte sicher gehen, dass die Versicherung alle geplanten Aktivitäten wie Reiten, Klettern etc. abdeckt.
Generell sind Magenbeschwerden die häufigste Reisekrankheit, weshalb man Leitungswasser nur abgekocht trinken sollte, Obst vor dem Verzehr am besten gut wäscht und beim Baden im Meer möglichst wenig Wasser schluckt. Während in einigen Regionen Südaserbaidschans selten Malaria vorkommt, sind generell keine besonderen Impfungen nötig.

Die wichtigsten Adressen in Baku für den Ernstfall:

SOS International
Raşid Behbutov küç. 30
Tel. 012/4935005
Fax: 4939644
e-mail: aeasos.baku@ans-dx.com
Mo-Fr 9–18 Uhr, Sa 9–13 Uhr

SOS International
Tel. 012/4937354
Mobil 050/2126921
24-Stunden-Notfall-Service

Medi Club
U. Haçibeyov küç. 45
Tel: 012/49709-4970911
e-mail: office@mediclub.az

Deutsche Apotheke
Əziz Əliyev küç. 3
Tel. 012/4372501
Tägl. 9–21 Uhr

Notrufnummern
Feuerwehr: 101
Polizei: 102
Rettungswagen: 103
Notfallnummer der Deutschen Botschaft in Baku: 00994/(0)50/2100761 (nur für akute Notlagen.)
Zentrale Nummer zum Sperren

Geländegängiger Pkw

von EC-, Kredit- und Handykarten: 0049/116116 oder über Berlin 0049/(0)30/40504050.

Öffentliche Verkehrsmittel

U-Bahn: Die Bakuer Metro besteht aus zwei Hauptlinien und ist die billigste und schnellste Methode, um sich durch die staugeplagte Hauptstadt zu bewegen. Jede Fahrt kostet derzeit 20q, die von einer Plastikkarte abgebucht werden. Wegen vergangener Anschläge kommt es vor, dass größere Gepäckstükke vor Betreten der Metro untersucht werden, und in der Rush Hour droht Überfüllung. Künftig soll die Metro um 70 (!) Bahnhöfe erweitert werden und den Busbahnhof sowie den Flughafen anfahren.

Busse: Busse und Marschrutkas fahren innerhalb aller Städte meist mit hoher Frequenz, aber ohne ersichtlichen Fahrplan. Das System in Baku ist aufgrund seiner kryptischen Abkürzungen für Neulinge eine Herausforderung, die sich aber anzunehmen lohnt: Die grünen Busse sind günstig (20 q/Strecke, beim Aussteigen beim Fahrer zu zahlen), versprechen lokales Flair und fahren quasi in jeden Winkel der Stadt.

Taxis: Es gibt sie reichlich und rund um die Uhr, und bei Bedarf kann jedes aserbaidschanische Auto kurzerhand zum Taxi werden. Innerhalb Bakus kosten Fahrten (je nach Sprachkenntnissen und Verhandlungsgeschick)) 5-7 AZN, die Strecke vom/zum Flughafen 20–30 AZN. Im Zweifelsfall den Preis vor Fahrtbeginn aushandeln und die Nerven auf exotische Fahrstile einrichten. Manchmal lassen sich aserbaidschanische Taxifahrer erst murrend auf einen Preis ein, um dann nachzuverhandeln wegen des ›teuren Benzins‹ oder der ›so weiten Strecke‹. Auf derlei Mätzchen sollte man sich nicht einlassen. Die lilafarbigen ›London Cabs‹ (im Volksmund ›Baklanjan‹, ›Aubergine‹ genannt) fahren aus-

Jeder größere Ort hat sein eigenes Aliyev-Museum

nahmslos mit Fahrpreismeter. Frauen sitzen im Taxi normalerweise hinten.

Öffnungszeiten

Banken und Behörden arbeiten in der Regel Mo–Fr 9 – 13 Uhr und 14 – 17 Uhr, teilweise auch Samstag bis mittags. Viele Geschäfte haben auch sonntags und spätabends geöffnet, Basare schließen meist am Nachmittag. Restaurants öffnen häufig von 11–23 Uhr in Baku, außerhalb meist abhängig von den Besucherzahlen. Museen bleiben oft montags geschlossen.

Polizei und Meldepflicht

Wer länger als einen Monat im Land bleiben will, muss sich offiziell polizeilich registrieren lassen, insofern man als Hotelgast nicht automatisch gemeldet wird. Die Meldung muss innerhab der ersten drei Tage nach Ankunft beim nächsten Polizeirevier erfolgen, und den Nachweis sollte man grundsätzlich bei sich tragen. Die Registrierung kostet 9,90 AZN, ohne dieselbe droht eine Strafe von 300 AZN.

Die Polizei ist in Aserbaidschan grundsätzlich männlich, allgegenwärtig und notorisch unterbezahlt. Besonders gern bessern Polizisten ihr mageres Gehalt durch Verkehrskontrollen auf, vor denen sich Autofahrer gegenseitig mit Lichthupe warnen. Wer in eine Kontrolle gerät, sollte seine Originalpapiere möglichst nicht aus der Hand geben und eventuell ein Zweitportemonnaie mit wenig Geld bei sich führen. Gefeit vor jeder Art von Kontrolle ist, wer einen trampenden Polizisten bei sich hat. Generell sollte man nicht ohne Pass unterwegs sein und in Notfällen die eigene Botschaft kontaktieren, bevor man sich an die Polizei wendet.

Meldestelle:
OVIR (Innenministerium)
Visa- und Registrierungsabteilung
Raşid Behbutov küç. 58
Tel. 012/4909117.
Mo–Fr 10–13, 15–17 Uhr

Post

Das Postsystem ist funktional und mäßig zuverlässig, Briefe nach Europa kosten 80q und brauchen 10–14 Tage. Sie werden direkt am Postamt abgegeben, denn Briefkästen am Straßenrand wird man vergeblich suchen. Andersherum ist auch die Postzustellung an die Wohnungstür unüblich, und stattdessen werden Briefe in einem persönlichen Postfach gelagert. Um die Zustellung von Paketen zu beschleunigen, sollte man sie eventuell per Einschreiben schicken. **Post Restante** ist möglich in Bakus Hauptpostamt in der U. Hajibeyov küç. 36. Postämter sind meist außer sonntags von 9–13 und 14–18 Uhr geöffnet. Als Alternative gibt es mehrere internationale Zustelldienste in Baku:

DHL
Nobelprospekt 30
Tel. 4934714

FEDEX
M. A.H. Əliyev küç. 63a
Tel. 012/4644221

TNT
Xaqani küç. 18
Tel. 012/498 64 48

Reisen mit dem Auto

Trotz kontinuierlicher Investitionen in den Straßenbau ist Autofahren in Aserbaidschan dank Schlaglöchern und Polizeikontrollen, fehlender Brücken sowie schlecht oder gar nicht beleuchteter Straßen immer noch ein Abenteuer. Während die Strecken zwischen größeren Ortschaften gut ausgebaut sind, empfiehlt sich für viele der interessanteren Strecken in den Bergen unbedingt ein **Jeep**.

Tatsächlich gibt es in Aserbaidschan verbindliche Verkehrsregeln, auch wenn es nicht immer danach aussieht und das **Unfallrisiko** entsprechend hoch ist. Besonders gerne fahren Aserbaidschaner mit viel Hupe, Fernlicht oder mit zum Bersten voll bepackten Ladas, während sie zu Zebrastreifen, Anschnallgurten und Rechts-vor-Links-Regeln ein oft sehr lockeres Verhältnis haben und sich Parken häufig als eine äußerst kreative Angelegenheit gestaltet. Entsprechend sind im Straßenverkehr meist andere Kompetenzen erforderlich als etwa in Deutschland.

Generell gilt, dass **Linksabbiegen** über die Gegenspur verboten ist, wodurch lästige Umwege entstehen können. Alkohol am Steuer wird streng geahndet (**null Promille!**), und innerhalb geschlossener Ortschaften gilt – soweit nicht anders angegeben – ein Tempolimit von 60 km/h, außerhalb bis zu 90 km/h, wobei die Tempolimits oft ohne ersichtlichen Grund variieren. Schneller darf man auf der inzwischen 12-spurigen Straße zwischen Baku und Flughafen fahren.

Für Motorradfahrer besteht offiziell eine **Helmpflicht**, obgleich es zumindest beim einzigen Motorradhändler in Aserbaidschan keine Helme zu kaufen gibt. Ein **internationaler Führerschein** ist in Aserbaidschan gültig, wenn man nicht länger als vier Monate im Land bleibt, danach benötigt man einen Stempel von der Verkehrspolizei (Vurğun küç. 79, Tel. 498 40 02).

Gerät man in eine **Polizeikontrolle**, kann es ratsam sein, den Führerschein nicht aus der Hand zu geben und im Zweifelsfall lieber eine Kopie vorzuzeigen. Die Rückgabe kann sonst zum Geschäft werden, denn die Polizei leidet unter chronischer Geldnot. Vor den vielen Polizeikontrollen warnen sich Autofahrer gegenseitig mit Lichthupe.

Wer das Land nicht kennt, sollte überlegen, mitsamt Auto einen ortskundigen Fahrer zu mieten.

Autovermieter in Baku:

Avis
Hüseyn Cavid prosp. 528 A
Tel. 012/497 54 55
Mo – Sa 9 – 18 Uhr.
office@avis.az
Preise: Nissan Sunny 75 AZN, Jeep 125 AZN, Fahrer ab 17 AZN/Tag.
Schnell, unkompliziert, kein internationaler Führerschein nötig.

Hertz
Hyatt Regency Hotel
Bakıxanov küç. 1
Tel. 012/497 87 57
office@hertz.co-az.net
Preise: Mercedes 110 – 120 AZN, Jeep 150 AZN, Fahrer ab 25 AZN/Tag.

Reisen mit der Bahn

Bahnfahren in Aserbaidschan ist günstig, aber sehr langsam. Das ideale Fortbewegungsmittel ist die Bahn z.B. für nächtliche Fahrten von Baku nach Şəki, Gəncə oder Lənkəran, während für kurze Distanzen Busse wegen ihrer hohen Frequenz die bessere Wahl sind. Generell fahren Züge relativ selten, und die Bahnhöfe liegen bisweilen weit vom Zentrum.

Das dreistufige **Preissystem** reicht von platskart (Pl; 3. Klasse, offenes Abteil), über kupe (Kp; beliebte 2. Klasse mit 4 Personen/Kabine) bis s/v (1. Klasse, 2 Pers./Kabine). Eine Nachtfahrt nach Gəncə oder Şəki kostet – je nach Klasse – 6 AZN, bzw. 9 oder 22 AZN mit reservierter Liege und sauberer Bettwäsche.

Die komfortabelsten kupe-Liegen sind die Nummern 17 bis 24, die in der Mitte des Wagons und somit weit entfernt von den geruchsintensiven Toiletten liegen. Während die alten Sowjetzüge generell überraschend komfortabel sind, können heiße Sommertage oder -nächte darin zur Tortur werden, wenn die Klimaanlage ausfällt. Normalerweise reicht es, Fahrkarten am Tag der Abfahrt zu kaufen, wobei der Reisepass vorzulegen ist. An kleineren Bahnhöfen gibt es Fahrkarten oft erst eine halbe Stunde vor Abfahrt. Inzwischen gibt es Tickets auch online auf railway.gov.az. Auf der Website rechts ›Onlayn Bilet Satışı‹ klikken, dann auf der nächsten Seite oben rechts ›EN‹ für Englisch. Beim Registrieren unter ›series‹ das Heimatland angeben, der Rest erklärt sich von selbst. Das Ticket ist spätestens eine Stunde vor Abfahrt am Schlater abzuholen. Auf dem Ticket findet man unter **qatar** die Zugnummer, unter **vaqon** der Wagon und unter **yer** die Nummer der Liege. Die Information am Bahnhof heißt **məlumat bürosu**, die Gepäckaufbewahrung **saxmala kamerasi**. Telefonisch erhält man Auskünfte unter Tel. 4939366. Ab 2012 sollte die Baku-Tbilissi-Kars-Verbindung stehen, während künftig auch eine Zugverbindung in den Iran geplant ist.

Zugfahrplan ab Baku 2012 (Auszug)

	ab Baku	an Zielort	ab Zielort	an Baku
Baku-Ağstafa	21.50	07.35	22.05	08.05
Baku-Astara	23.55	08.30	19.50	06.15
Baku-Astara (Express Cənub)	08.25 (außer Mo)	15.25	16.00	23.27
Baku-Balakən	22.20	06.32	21.40	06.48
Baku-Qazax	21.25	10.00	18.50	07.36
Baku-Gəncə	23.20	07.40	21.20	05.35
Baku-Gəncə (Express)	08.00 (außer Do)	14.20	16.00	22.51
Baku-Mingəçevır (Express)	16.50 (außer Di)	22.45 (außer Mi)	07.45	13.57
Baku-Tbilisi	21.00	09.55	17.15	09.05

Reisen mit Bussen, Marschrutkas und Sammeltaxis

Seit es keine Nachtbusse mehr gibt, starten längere Busfahrten meist früh morgens nach einem festen Fahrplan, wobei unterwegs oft eine Essenspause eingelegt wird. Wer das obligatorische Fersehprogamm, meist türkischsprachige Comedy, nicht mag, sollte unbedingt Ohrstöpsel dabei haben.

Schneller und mit höherer Frequenz als Reisebusse, jedoch ohne ersichtlichen Zeitplan, fahren Marschrutkas, meist 12-sitzige Minibusse mit festgelegten Strecken und Stopps nach Bedarf. Fahrkarten für Marschrutkas und Busse sind günstig (abhängig vom Standard des Busses) und meist direkt im Fahrzeug zu erwerben (z.B. Baku–Quba 3-8 AZN, Baku–Şəki 6-10 AZN, Baku–Gəncə 10 AZN).

Während Busse jeweils vom zentralen Busbahnhof abfahren, starten Marschrutkas gelegentlich dezentraler an einer Ausfallstraße Richtung Fahrtziel und sind oft überfüllt. Dennoch sind sie aufgrund ihrer Häufigkeit und des weiten Streckennetzes, das oft bis in abgelegene Dörfer führt, das ideale Fortbewegungsmittel für Individualreisende. Wo keine oder wenige Marschrutkas fahren, gibt es Sammeltaxis oder UAZ-Jeeps, die gern vier oder mehr Mitfahrer auf ihre Rückbank drücken und mehr kosten als Busse (z.B. Quba–Xınalıq, Şəmkir–Gədəbəy).

Reisen mit dem Flugzeug

Die Zahl der inländischen Flugverbindungen wächst derzeit beständig. Wir halten diese Art des Reisens für ökologisch wenig sinnvoll und einige westliche Vertretungen in Baku warnen zudem vor fraglichen Sicherheitsstandards und langen Wartezeiten. Dennoch sei darauf hingewiesen, dass Azal inzwischen regelmäßig Flüge von Baku nach Lənkəran (25 AZN), Gəncə (40 AZN), Zaqatala (35 AZN) und Naxçivan (70 AZN) anbietet. Auch zum neuen Flughafen in Qəbələ wird es künftig Flüge von Baku geben. Online sind derzeit nur Flüge zwischen Baku und Gəncə buchbar (www.azal.az), für alle anderen Ziele gibt es – problemlos und häufig noch am selben Tag – Tickets bei SW-Travel in Bakus Nizami küç. 84.

Busfahrplan ab Baku 2012 (Auszug)

Zielort	Abfahrt Baku	Abfahrt Zielort	Fahrtdauer
Astara	07.30, 08.35, 09.30, 10.30, 11.30, 12.25, 13.10	08.00, 16.00, 10.00, 17.00, 18.00, 11.10, 12.00	7 Std.
Balakən	09.00, 09.50, 12.15, 20.55, 22.00, 22.45	08.50, 20.30, 22.00, 23.00, 23.30, 24.00	10 Std.
Gəncə	08.00–01.30 ca. alle 30 min.	7.30–00.15 ca. alle 30 min.	7 Std.

Zielort	Abfahrt Baku	Abfahrt Zielort	Fahrtdauer
Lənkə	10.20, 11.50, 12.45, 14.05, 15.00, 16.00	07.00, 07.30, 08.00, 09.00, 10.00, 10.30	5,5 Std.
Quba	08.00, 09.30, 10.00, 12.00, 12.40, 13.20, 14.30, 15.00, 15.40, 16.20, 17.00	07.00, 08.00, 08.30, 09.30, 10.00, 10.30, 11.00, 11.30, 12.40, 14.40, 15.20	3,5 Std.
Şəki	09.40, 23.00, 23.50, 00.15	08.00, 10.00, 12.00, 14.00, 17.00, 21.00, 21.30, 23.00, 00.35	8 Std.
Zaqatala	00.10, 20.30, 21.20, 23.15	20.30, 23.00, 23.30, 24.00	9 Std.

Reiseveranstalter

Nur wenige deutsche Reiseveranstalter bieten Reisen nach Aserbaidschan an. Gelegentlich veranstalten Unternehmen Reisen durch alle drei Kaukasusrepubliken, häufig mit Schwerpunkt Georgien.

EuroKaukAsia
10117 Berlin
Tel. 0173/7351991
www.eurokaukasiaservice.de

Dawai-Tour
Brunnenstr. 44
53123 Bonn
Tel. 0228/71010641
www.dawai-tour.de

Erka-Reisen
Robert-Scholz-Str. 21
76646 Bruchsal
Tel. 07277/930390
www.erkareisen.de

Ex Oriente Lux Reisen GmbH
Neue Grünstr. 38
10179 Berlin
Tel. 030/62908205
www.eol-reisen.de

Weitblicke
Waldstr. 68
04105 Leipzig
Tel. 0341/9808575
www.weit-blicke.de

Studiosus Reisen München
Riesstr. 25
80992 München
Tel. 089/500600
www.studiosus.com

Ost & Fern GmbH
An der Alster 40
20099 Hamburg
Tel. 040/28409570
www.ostundfern.de

Ventus Reisen GmbH
Krefelder Str. 8
10555 Berlin
Tel. 030/3910033-2, -3
www.ventus.com.

Reiseveranstalter vor Ort

Eine sehr begrüßenswerte Neuerung in Aserbaidschan ist **CTB** (Community Based Tourism). Durch die Vermittlung aserbaidschanischer Gastfamilien (Homestays) werden kultureller Austausch und regionale Entwicklung angeregt, wobei 80 Prozent des Geldes an die Gastgeber gehen. Auch Transporte und Führungen werden organisiert. Kontakt:

CBT
glendene@cbtazerbaijan.com
Tel. 051/91280 54
www.cbtazerbaijan.com

Speziell in **Baku** gibt es zahlreiche Reiseagenturen, die Unterkünfte vermitteln, Autos und Reiseführer sowie Touren in Städte und Gebirge organisieren. Erfahrene Agenturen in Aserbaidschan mit gutem Service und Englischkenntnissen:

Azerbabaijan24
Qaya Qarayev küç. 81
Tel. 055/7135637
www.azerbaijan24.com

SI-Travel
Hyatt Tower 2
Izmir küç. 1033/Nizami küç. 86
Tel. 012/4970800
www.si-travel.com

Explore Azerbaijan
Caspian Plaza
C. Cabbarlı küç. 44
Tel. 012/4379273
exploreazerbaijan.com

Reiten

Beliebt zum Reiten und Wandern sind die Bergregionen um Xınalıq (→ S. 173), Laza (→ S. 180) und Lahıc (→ S. 185). Pferde und Bergführer können dort leicht organisiert werden.

Sex

Aserbaidschans Gesellschaft ist recht konservativ, auch wenn die kurzen Miniröcke in Bakus Zentrum das nicht auf Anhieb vermuten lassen. ›Anständige‹ Frauen sind nachts zu Hause bei der Familie, und es ist nach wie vor üblich, als (notfalls wieder hergestellte) Jungfrau in die (oftmals arrangierte) Ehe zu gehen. Ausnahmen sind einige Bars mit Hinterzimmern im Zentrum Bakus oder in der Provinz, in denen Liebe käuflich ist und westliche Touristen gern gesehen sind. Man sollte also besser gut hinsehen, bevor man sich in einer schummrigen Bar auf einen scheinbar harmlosen Flirt einlässt. Offiziell gilt Prostitution in Aserbaidschan als Ordnungswidrigkeit und kann mit einer Ermahnung bzw. ›Geldstrafe‹ geahndet werden.

In der Umgebung vom Europa-Hotel wurden gelegentlich Transvestiten gesehen – aber es gibt bis dato keine schwule Szene, und Homosexualität ist nichts, was man zur Schau stellt, auch wenn es seit 2000 entkriminalisiert ist.

Selbst heterosexuelle Beziehungen lebt man nur sehr bedingt in der Öffentlichkeit aus. In Hotels wiederum dürften gleichgeschlechtliche Paare, die ein Bett teilen, weniger Aufmerksamkeit erregen als ein unverheiratetes heterosexuelles Pärchen.

Händchenhalten wird am Strand und in Baku toleriert, wo man auch schon mal ein knutschendes Pärchen am Bulvar sieht. In ländlichen Regionen hingegen sollte man sich jegliche Art von Intimität in der Öffentlichkeit verkneifen und sich eher konservativ-bedeckt kleiden.

Sicherheit

Aserbaidschan ist generell ein sicheres Reiseland und seine **Kriminalitätsrate** eine der niedrigsten Europas. Besondere Vorsicht ist nach wie vor bei Reisen nach Nagorny Karabach und die umliegenden Gebiete auf aserbaidschanischer Seite geboten, da dort noch immer Minen liegen und seltene Schusswechsel nicht auszuschließen sind. Speziell vor Ausflügen in Grenzregionen ist es sinnvoll, sich auf der Website der heimischen Botschaft in Baku über aktuelle Sicherheitshinweise zu informieren und sich auf der ›Deutschenliste‹ registrieren zu lassen (www.diplo.de). Auf Wunsch stellt die Botschaft zudem einen Schutzschein zur Vorlage bei aserbaidschanischen Behörden in Notfällen aus.

Ein weiteres Risiko liegt im aserbaidschanischen **Straßenverkehr**. Wegen exotischer Fahrstile und oft mangelnder Beleuchtung sollte man Nachtfahrten außerhalb der Stadt möglichst vermeiden.

Nicht zu spaßen ist mit den kaukasischen Schäferhunden, die speziell in den Bergregionen darauf abgerichtet sind, ihre Herde zu bewachen. Steine oder Pfefferspray können hilfreiche Begleiter sein.

Das **Fotografieren** am falschen Ort kann zu Problemen mit der Polizei führen, und in entlegenen Gegenden, speziell in Naxçıvan und den Grenzgebieten zu Armenien und Russland, verdächtigt der Geheimdienst Touristen gern der Spionage. Mehr als nervige Interviews hat man in der Regel nicht zu befürchten, wenn man alle Papiere bei sich führt.

Souvenirs

In Bakus Altstadt und in den Arkadengängen und Souterrains zwischen Fountainsquare und Nizami küç. findet man klassische Souvenirs wie Teppiche, Kupferwaren, Wasserpfeifen oder Schnitzwerk wie Nard-Spiele mit Intarsien. In ländlichen Regionen werden oft vorzüglicher hausgemachter Honig, Schnaps oder Granatapfelsaft angeboten, während Şəki bekannt ist für Halva und Seidenschals und Lahıc für Schmiedekunst. Originelle Kuriositäten findet man am ehesten zwischen Fountain Square und Nizami küçesi im Zentrum Bakus.

CDs sind preiswert und überall zu haben, zum Beispiel mit Muğam-Musik oder Jazz der Musiker-Ikone Aziza Mustafa.

Sport- und Freizeitmöglichkeiten

Da das Gros der Aserbaidschaner seine Freizeit bevorzugt mit geselliger Gemütlichkeit verbringt, ist das Angebot an sportlichen Freizeitaktivitäten naturgemäß gering. Die vielen Olympia-Zentren und einige größere Hotels bieten Sportmöglichkeiten wie Schwimmen, Tennis und Fitness.

Wandern, Klettern und Reiten sind beliebt in den Regionen des Großen Kaukasus und im Süden um Lerik. Gerade entsteht zudem im Şahdağ-Nationalpark bei Laza ein erstes Skigebiet.

Jogger und Fahrradfahrer sind im Straßenbild noch ebenso so selten wie Wassersportler auf dem Kaspischen Meer. Zum lokalen Freizeitvergnügen gehören unbedingt Backgammon oder Domino im Park, Open-Air-Billard und eine kräftige Massage im lokalen Hammam. Mehr dazu im Kapitel über Baku (→ S. 82).

Tanken

Im Land des Öls beträgt der staatlich diktierte Benzinpreis je nach Kraftstoff etwa 40–60q pro Liter. Einige der No-Name-Tankstellen stehen in dem Ruf, ihr Benzin zu panschen, weshalb man sich besser an die großen Anbieter AZ-Petrol, Lukoil und Socar hält. AZ-Petrol-Tankstellen gibt es bei jeder größeren Ortschaft. 93 Oktan ist Normalbenzin, 95 Oktan ist Super. Benzin heißt **yanarcaq** und ›Bitte volltanken‹ **Ağzına kimi**, denn man tankt nicht selbst, sondern lässt tanken – ohne in der Zwischenzeit jedoch mit dem Handy zu telefonieren, denn die Strahlung stört angeblich den Zähler.

Telefonieren

Die beste Alternative zu teuren Roaming-Gebüren und ideal zum Reisen ist eine lokale **Prepaid-Karte.** Da es Ausländern inzwischen nicht mehr erlaubt ist, eine Mobilnummer zu erwerben, sollte man einen Aserbaidschaner bitten, unter Vorlage seines Passes in einem der vielen Telefonläden eine sogenannte SIM-Nummer für 3 bis 5 AZN (je nach Anbieter) zu erwerben.

Aufzuladen ist die erworbene Nummer über Karten im Wert von 1–10 AZN, deren Einheiten über eine Rubbelnummer freigeschaltet werden. Große Anbieter sind Bakcell (Vorwahl 055; www.bakcell.com), Azercell (Vorwahl 050; www.azercell.com) oder Narmobile (Vorwahl 070; www.narmobile.az), die mittlerweile eine Netzabdeckung von bis zu 95 Prozent gewähren. Günstige Geräte gibt es an jeder Ecke zu kaufen (speziell in der Gegend um den Hauptbahnhof), denn auch Aserbaidschaner kommen inzwischen schwerlich ohne Handy aus – leider oft auch nicht im Kino oder Theater.

Die **öffentlichen Telefone** erlauben internationale Gespräche und sind mit Münzen oder Prepaid-Karten zu bedienen. Die entsprechenden Karten sind am Bahnhof, in Kiosken und Postämtern erhältlich, wobei es in letzteren oft auch Call-Center gibt. Der Standardpreis für Gespräche nach Europa liegt derzeit bei 54qep/Minute, Anrufe innerhalb Bakus kosten 20 qep. Die internationale Landeskennung für Aserbaidschan ist 00994.

Toiletten

Während man in Baku weitgehend Toiletten westlichen Standards findet, sollte man sich in ländlichen Gebieten, an Busbahnhöfen und einfachen Hotels auf die Hockklo-Variante einrichten. Dabei ist Toilettenpapier eher die Ausnahme als die Norm, stattdessen stehen meist Wasserkrüge bereit. Für den Gebrauch öffentlicher Toiletten wird häufig ein Trinkgeld verlangt. Herrentoiletten sind mit einem ›K‹ (kişi) gekennzeichnet oder, diskreter, mit einem typisch männlichen Attribut, oftmals einer Pfeife. ›Q‹ (qadin) oder ein Damenschuh verweisen auf eine Toilette für Frauen.

Trampen

Trampen ist in Aserbaidschan nicht gefährlicher als anderswo, folgt aber eigenen Regeln: Wie in Russland ist es üblich, dass Fahrer für die Mitnahme eine Gebühr verlangen. Das muss nicht immer der Fall sein, aber man sollte sich darauf einstellen und im Zweifelsfall bereits vor Fahrtantritt einen Preis ausmachen.

Unterkünfte

In den letzten Jahren hat sich das Angebot an Unterkünften deutlich vergrößert. Viele der alten Sowjethotels wurden abgerissen oder komplett saniert und nur in wenigen Hotels sind noch Flüchtlinge untergebracht.

Unterkünfte, die europäischen Topstandards entsprechen, findet man zuhauf in Baku und zwar zu exorbitanten Preisen, während preiswerte Unterkünfte mit gutem Komfort besonders in der Hauptstadt deutlich Mangelware sind (Hotelpreise: ab 70 US-Dollar). Günstige Möglichkeiten in Baku sind z.B. das Velotrek-Hotel (15 AZN/Pers.) oder das Caspian Hostel (16 AZN, mitten in der Altstadt). Eine gute Alternative sind Mietwohnungen, die verschiedene Agenturen ab ca. 30 AZN pro Nacht in Baku anbieten. (Bewährt hat sich z.B. www.bakurealestate.net.) Generell sind Wohnungsmieten im Zentrum Bakus im Niveau durchaus vergleichbar mit anderen europäischen Großstädten.

Außerhalb Bakus sind die Hotels in der Regel günstiger mit Preisen zwischen 20 und 50 AZN, obwohl auch dort letzthin viele (meist kaum besuchte) hochpreisige Resorts entstanden sind. In ländlichen Gegenden bestehen Unterkünfte meist aus Bungalows an Flüssen oder in Wäldern.

Turbaza ist dabei die einfachste Variante ohne jeglichen Standard, während speziell um Nabran, Quba, Qəbələ und Lerik letzthin viele Siedlungen mit gutem Komfort entstanden sind (itrahət zonası: ›Erholungszentrum‹). Auch die neuen Olympia-Zentren, die allerorts gebaut wurden, bieten oft guten bis besten Standard inklusive Sportmöglichkeiten zu moderaten Preisen an.

Während man dank der aserbaidschanischen Gastfreundschaft sicherlich auch in Gegenden bar jeder Infrastruktur Unterkunft finden wird, hat sich in einigen Dörfern das System der Homestays offiziell etabliert. Speziell in Xınalıq und Lahıc bieten Familien Übernachtungen für 10 bis 20 AZN an, häufig inklusive gemeinsamer Mahlzeiten.

Die Agentur CBT vermittelt landesweit Homestays für 18 AZN inklusive Frühstück (www.cbtazerbaijan.com).

Achtung: Einige Provinzhotels sowie Restaurants mit Hinterzimmern oder Holzkabinen richten sich weniger an übernachtende Gäste, sondern vermieten pro Stunde.

Veranstaltungskalender

Anfang bis Mitte Juni: Baku Jazz Festival, einwöchiges Festival mit Jazzgrößen aus aller Welt. Eintrittskarten sind erhältlich beim Jazz Center, Raşid Behbudov küç. 19 (www.festival.jazz.az).

Juni/September: East-West-Filmfestival mit internationalen Produktionen, dauert eine Woche.

Mitte September: Beginn der Konzert- und Theatersaison.

Oktober: Musikfestival Goldener Herbst in Baku; European Movie Festival: drei Tage europäisches Kino, Eintritt frei, Infos und Programm auf www.parkcinema.az.

Das **aktuelle Veranstaltungsprogramm** für Baku findet man online auf www.bakucitylife.com.

Fischverkäufer mit kaspischem Stör

Visum

EU-Bürger sind für die Einreise in die Republik Aserbaidschan visumpflichtig. Dabei sind die Visaregeln derzeit sehr intransparent und hängen, wie es scheint, vom Korruptionsgrad der zuständigen Visaabteilung, dem Wochentag oder der Mondphase ab. Wir raten deshalb dringend dazu, sich vor der Abreise bei der zuständigen Botschaft über den aktuellen Stand zu informieren – in der Hoffnung, dass sich (mit dem Eurovision Contest?) die Regeln wieder lockern. Andernfalls kann es sinnvoll sein, eine Agentur (z.B. www.visaexpress.de) mit der Visabeschaffung zu beauftragen. Derzeit können EU-Bürger kein Visum mehr am Flughafen von Baku erwerben, sondern nur persönlich bei den aserbaidschanischen Auslandsvertretungen. Die Botschaft stellt für Touristen 90 Tage gültige Visa innerhalb von 7 bis 15 Tagen aus, wenn Folgendes vorliegt:

- ein nach Ablauf des Visums noch mindestens sechs Monate gültiger Reisepass
- zwei Passbilder
- ein ausgefüllter Fragebogen (herunterzuladen von der Website der Botschaft)
- für ein Touristenvisum die Einladung (LOI) einer Agentur oder die Buchungsbestätigung eines Hotels (zu Letzterem wird geraten: ist i.d.R. kostenlos und kann man später wieder canceln)
- 60 Euro (zu überweisen auf das Konto der Botschaft, in Österreich und Schweiz bei Agenturbuchung Rabatt möglich)
- Flugticket mit Rückflugdatum (nicht nötig in Berlin und Wien)

Die Botschaft in Wien nimmt bei der Antragstellung zusätzlich Fingerabdrücke ab. Für eilige Fälle in Deutschland bietet das Konsulat in Stuttgart für einen Aufschlag von 40 Euro einen Express-Service an, der allerdings auch einige Tage dauert.

Benötigt man ein Visum, das zu mehrfacher Einreise berechtigt oder beantragt ein einfaches Visum bei einer Botschaft im Ausland, wird in der Regel zudem eine Genehmigung des Außenministeriums (MFA Approval) in Baku verlangt, die ein längeres Prozedere und zusätzliche Kosten mit sich bringt. (Wer über Georgien einreist, sollte das Visum möglichst in Batumi beantragen. Tbilisi ist teurer und komplizierter.)

Visahilfe in Form von offiziellen Einladungsschreiben bieten verschiedene Agenturen (z.B. azerbaijan24.com) an. Als Teil einer Pauschalbuchung sind diese kostenlos, ansonsten werden mindestens 60 Dollar (mit MFA Approval 100 Dollar) berechnet. Für Geschäfts- und Besuchervisa muss die vom Außenministerium registrierte Einladung im Original vorgelegt werden

Achtung: Mit einem armenischen Visum im Pass kann man Aserbaidschan bereisen, nicht jedoch mit einem aus Nagorny Karabach. Andersherum gibt es keine Probleme, so dass man seine Reise entsprechend planen oder das Visum für Karabach auf ein Extrablatt stempeln lassen sollte. Visa für die besetzte Region sind innerhalb von drei Tagen in Jerewan oder dem Außenministerium von Stepanakert erhältlich (→ S. 238).

Weitere Details zur Visavergabe findet man auf der Homepage der aserbaidschanischen Botschaften. (→ S.298).

Visaverlängerungen kosten 30 AZN und dauern 4 Tage. Kontakt:

Konsularabteilung des Außenministeriums

Şixalı Qurbanov küç. 4
Tel. 012/5969000
www.mfa.gov.az
Mo- Fr 10-13 und 17-18 Uhr.

Zoll

Die Zollbestimmungen haben sich in den letzten Jahren deutlich entspannt und die Zolldeklarationen, die im Bakuer Flughafen ausliegen, sind kaum noch nötig, will man nicht mehr als 1000 US-Dollar in bar ein- und später wieder ausführen. Die Einfuhr und Ausfuhr der Landeswährung ist verboten. Für den Export von Teppichen, Kunsthandwerk und Antiquitäten benötigt man eine Bescheinigung vom Kulturministerium. Während sich die Ausfuhrmenge für Kaviar jährlich ändert (aktuell bei 600 g), dürfen Alkohol und Zigaretten zu maximal drei Litern bzw. drei Stangen ein- und ausgeführt werden. Edelmetalle und Pelze müssen im Land bleiben.

Aserbaidschan im Internet

(Alle Seiten auf Englisch)

www.azer.com Seite des hochwertigen Magazins Azerbaijan International. Mit über 2000 Artikeln und 6000 Fotos angeblich ›the world's largest web site about Azerbaijan‹, behandelt vornehmlich kulturelle Themen.

www.azerbaijan.az Tägliche News auf Englisch, inklusive Wetter und Wechselkurs, außerdem Landkarten und generelle Landeskunde sortiert nach Themen.

www.azerbajan.tourism.az Seite des Ministeriums für Tourismus und Kultur in Baku mit aktuellen Informationen zu touristisch relevanten Themen.

discoverazerbaijan.az Wissenswertes zu den lokalen kulinarischen, kulturellen und touristischen Besonderheiten einzelner Regionen ansprechend aufbereitet.

Literatur

Reiseführer

Elliott, Mark: Azerbaijan with Excursions to Georgia, 4. Auflage, Trailblazer-Verlag 2008. Etabliertes und detailreiches Standardwerk zu Aserbaidschan

Lonely Planet: Armenia, Georgia, and Azerbaijan, 4. Auflage 2012. Zumindest die vorige Auflage wurde im Land gern konfisziert.

Time Out Guide: Baku & the Best of Azerbaijan. Auflage 2012 beim Random House UK Ltd.

Reiseberichte

Dumas, Alexandre: Gefährliche Reise durch den wilden Kaukasus 1858–1859, Stuttgart 1995.

Kaufmann, Rainer: Kaukasus, Prestel-Verlag 2000 (derzeit vergriffen).

Petz, Ingo: Kuckucksuhren in Baku. Reise in ein Land, das es wirklich gibt, München 2006.

Pleitgen, Fritz: Durch den wilden Kaukasus, Frankfurt 2002.

Scholl-Latour, Peter: Das Schlachtfeld der Zukunft. Zwischen Kaukasus und Pamir, Berlin 1998. Reisebericht gepaart mit politischer Analyse der Region.

Thomson, Jason: In the Shadow of Aliev: Travels in Azerbaijan, London 2005 (derzeit vergriffen).

Geschichte/Landeskunde

Aliyeva, Leila (Hrg.): The Baku Oil and Local Communities: A History. Baku 2009.

Auch, Eva-Maria: Öl und Wein am Kaukasus. Deutsche Forscher, Kolonisten und Unternehmer im vorrevolutionären Aserbaidschan, Wiesbaden 2001.

De Waal, Thomas: Black Garden: Armenia and Azerbaijan Through Peace and War, New York 2004.

De Waal, Thomas: The Caucasus. An Introduction. Oxford 2010.

Feigl, Erich: Seidenstraße durchs Feuerland: Die Geschichte Aserbaidschans.

Gink, Karoly/Ilona Turansky: Aserbaidschan. Paläste - Türme - Moscheen, Budapest 1980.

Goltz, Thomas: Azerbaijan Diary: A Rogue Reporter's Adventures in an Oil-Rich, War-torn Post-Soviet Republic, New York 1998.

Gumppenberg von, Marie-Carin/ Steinbach, Udo: Der Kaukasus. Geschichte, Kultur, Politik, Beck-Verlag 2008.

Ibrahimov, Nazim Allahverdi oglu: Heimat in der Fremde. Der deutsche Einfluss auf die Entwicklung Aserbaidschans, Baku 1997.

Patrikeev, Michael und Harper,Geoffrey H.: The Birds of Azerbaijan (Faunistica), Pensoft Publishers 2004.

Pfluger-Schindlbeck, Ingrid (Hrsg.): Aserbaidschan - Land des Feuers: 5000 Jahre Geschichte und Kultur im Kaukasus, 2008.

Belletristik

Elçin: Das weiße Kamel, Frankfurt a.M.1989.

Essad, Bey: Öl und Blut im Orient. Meine Kindheit in Baku und meine haarsträubende Flucht durch den Kaukasus, 2008.

Essad, Bey: ›Zwölf Geheimnisse im Kaukasus‹, 2008.

Pahlavan, Amir: Nobel of Baku, 2004.

Reiss, Tom: Der Orientalist: Auf den Spuren des Essad Bey, Berlin 2008.

Said, Kurban: Ali und Nino, u.a. Berlin 2002. Legendäre Liebesgeschichte in Baku um 1900; aufgrund der bis heute aktuellen Problematik **die** Lektüre für eine Aserbaidschanreise.

Wer ist wer in Aserbaidschan?

Abbas I. (1571–1629) Schah Großpersiens aus der Dynastie der Safawiden. Ihm verdankt die iranische Stadt Isfahan ihre prunkvollen Bauten und Gənce seine Juma-Moschee. Culfa in Naxçivan machte er hingegen 1604 dem Erdboden gleich.

Aliyev, Heydar A.R. (Əliyev, Heydər 1923–2003) Von 1992–2003 Präsident Aserbaidschans und bis heute omnipräsente Vaterfigur des Staats. Ehemals Mitglied des Moskauer Politbüros, dann Rückkehr in die Heimat Naxçıvan, bevor er in Baku unter der Regierung des pantürkisch orientierten Elçibey Parlamentssprecher und Vizepräsident wurde. 1992 wurde Aliyev mit überwältigender Mehrheit zum neuen Präsidenten gewählt, 2003 übernahm sein Sohn Ilham die Macht.

Aliyev, Ilham (Əliyev, İlham) geb. 1961) Sohn Heydar Aliyevs und seit 2003 Präsident Aserbaidschans.

Aslanov, Hazi (1910–1945) Im zweiten Weltkrieg Panzerkommandeur und Held von Stalingrad, geboren in Lənkəran.

Achundov, M. F. (Axundov, 1812–1878) Aufklärer, Schriftsteller und Philosoph. Namensgeber der Nationalbibliothek in Baku.

Behbudov, Raşid (1915–1989) Gefeierter Sänger und Schauspieler. Gründer des Bakuer Musiktheaters.

Bül-Bül (1897–1961) ›Nachtigall‹. Berühmtester Tenor Aserbaidschans, geboren in Nagorny Karabach.

Cabbarlı, Cafar (1899–1934) Schriftsteller aus der Umgebung von Xızı.

Cavid, Hüseyn (1882–1941) Dramatiker aus Naxçıvan, 1937 als Dissident verhaftet und ins sibirische Exil verbannt, wo er vier Jahre später verstarb. Zu seinem 100. Geburtstag wurde er posthum rehabilitiert und in einem Mausoleum in Naxçıvan beigesetzt.

Elçibey, Abülfaz (1939–2000) Ab 1990 Führer der Volksfront, zwei Jahre später erster nicht-kommunistischer Präsident des unabhängigen Aserbaidschan, pantürkische Tendenzen. In Folge politischer Schwächen und tragischer Gebietsverluste in Karabach floh Elçibey 1993 vor der Armee von Surat Hüseynov in seine Heimat Naxçıvan. Den Moment nutzte Heydar Aliyev und ließ sich mit 99 Prozent aller Stimmen zum neuen Präsidenten wählen.

Füzuli, Mohammed (1483–1556) Persischer Dicher, der auch auf Aserbaidschanisch schrieb und deshalb als ›Vater der aserbaidschanischen Poesie‹ gerühmt wird. Bekannt ist insbesondere seine Liebeslyrik, speziell seine Adaption von Leyli und Macnun.

Hacibeyov, Üzeyir (Hacibəyov 1885–1948) Berühmtester Komponist Aserbaidschans, gilt als Begründer der aserbaidschanischen klassischen Musik, dessen Werk Leyli und Macnun als erste Oper des Orients zelebriert wird.

Kasparov, Garri (geb. 1963) Die Schachlegende, 1963 in Baku geboren, war 1985–2000 Schachweltmeister und ist seit 2005 Oppositionsaktivist in Russland.

Kirov, Sergej (1886–1934) Kommunistischer Hardliner im Kaukasus und großer Anhänger Stalins, ab 1930 Mitglied des Politbüros und verantwortlich für die Zwangsumsiedlung bzw. Ermordung tausender sogenannter ›Revolutionsfeinde‹. Nachdem er 1934 – vermutlich durch Stalin, der dessen Popularität fürchtete – ermordet worden war, wurde die Stadt Gənçe bis 1989 Kirovabad genannt, und in Baku zierte bis 1991 ein monströses Kirov-Denkmal aus Bronze die Skyline.

Mehseti Gəncəvi (11.–12. Jh.) Persische Poetin aus Gəncə und Hofdichterin bei Sultan Sandschar der Seldschuken-Dynastie. Überliefert sind Liebeslyrik und philosophische Dichtung.

Müşviq, Mikayıl (1908–1939) Dichter aus Baku, der unter Stalin als ›Staatsfeind‹ verhaftet und im Bayil-Gefängnis bei Baku exekutiert wurde.

Mustafazade, Aziza (geb. 1969) Berühmte Jazz-Pianistin, Komponistin und Scat-Sängerin aus Baku, jetzt in Deutschland ansässig, Tochter von Vaqif.

Mustafa-Zadeh, Vaqif (1940–1979) Komponist und Pianist aus Baku, Begründer des Muğam-Jazz, einer musikalischen Stilrichtung aus Muğam, Jazz und Klassik.

Muchtarov, Murtaza (1865–1920) Ölindustrieller und Millionär in Baku. Er erbaute mit seinem Reichtum den heutigen Hochzeitspalast in Bakus Zentrum sowie mehrere Moscheen in Baku und Umgebung. Beim Einmarsch der Roten Armee erschoss er sich in seinem Haus.

Nadir Schah (1698–1747) Persischer König und Begründer der kurzlebigen Afschariden-Dynastie, die 1736 die schwächelnde Safawiden-Herrschaft ablöste. Wegen seiner siegreichen und brutalen Feldzüge bis nach Indien auch als ›Persischer Napoleon‹ oder ›Zweiter

Alexander‹ bekannt. In Khorasan wurde Nadir schließlich im Schlaf von seinen eigenen Offizieren ermordet.

Nağiyev, Musa (1849–1919) Reichster Ölbaron Bakus, der in dem Ruf stand, besonders geizig zu sein. Ihm verdankt die Stadt eines ihrer schönsten Gebäude, den Ismayılı-Palast an der Rundstraße um die Altstadt.

Narimanov, Nariman (Nərimanov, Nəriman 1870–1925) Idealistischer Revolutionär, moderater Nationalist und Publizist diverser Erzählungen, Dramen und Romane. Der charismatische Staatsmann, bisweilen auch ›Lenin des Ostens‹ genannt, vertrat in erster Linie die Interessen der eigenen Nation und starb unter bis heute ungeklärten Umständen in Moskau. Sein überdimensionales Denkmal ragt am oberen Ende der Nizami-Straße in Baku auf.

Natavan, Xurşidbanu (1832–1897) Berühmte Dichterin aus Şuşa, wo sie Alexandre Dumas bei einer Partie Schach begegnete.

Nizami Gəncəvi (1141–1209) Eine Art ›persischer Goethe‹. Der große Dichter aus Gəncə brachte den Realismus in die persische Literatur und schuf als bedeutendstes Werk Xamsa, fünf lange Gedichtzyklen. In jeder aserbaidschanischen Stadt gibt es eine Nizami-Straße, ein -kino oder -denkmal.

Nobel, Robert und Alfred (19. Jh) Als die schwedischen Brüder um 1900 nach Baku kamen, zählten sie zu den ersten Ölspekulanten der Stadt. Auf ihrem Reichtum, unter anderem erwirtschaftet auf Bakus Ölfeldern, basiert der Nobelpreis, der bis heute regelmäßig vergeben wird.

Qarayev, Qara (1918–1982) Prominenter Komponist der Sowjetära, der mit der Vertonung von Nizamis Gedicht ›Yeddi Gözel‹ (Die Sieben Schönen) die erste Ballettmusik Aserbaidschans schuf.

Rasulzade, Mehmmed Emin (Rəsulzadə 1884–1955) Öffentliche Figur und Staatsmann, einer der wichtigsten politischen Führer der ersten aserbaidschanischen Republik (1918–1920). Dass er 1905 den jungen Joseph Stalin vor der Polizei rettete, kam ihm wohl später zugute, als er von den Kommunisten verhaftet, anschließend aber freigelassen und nach Finnland gesandt wurde.

Rostropoviç, Mstislav (1927–2007) International renommierter Cellist, der in Baku geboren wurde.

Rza, Rasul (geb. 1938) bekannt als ›Anar‹. Preisgekrönter Autor der Sowjetära und Vorsitzender des aserbaidschanischen Schriftstellerverbands.

Sabir, Mirza A.T. (1862–1911) Denker und Dichter, bekannt für seinen originellen Stil und seine Satiren. In seinem Heimatort Şamaxı erinnert an ihn ein Hausmuseum.

Sorge, Richard (1895–1944) Der charismatische Meisterspion deutscher Abstammung wurde in Baku geboren und war während des Zweiten Weltkriegs für die Sowjetunion in Japan tätig. Dort wurde er schließlich entlarvt und exekutiert.

Tağiyev, Zeynalabdin (1821 (?)–1924) Bedeutender Ölmagnat in Baku, der (im Gegensatz zu seinem geizigen Kollegen Nağiev) für sein soziales Engagement bekannt war. Unter anderem investierte er in Schulen, Theater und das Wasserversorgungssystem.

Vaqif, Mollah Panah (1717–1797) Liebespoet und Begründer des literarischen Realismus in der aserbaidschanischen Dichtung. 1797 wurde er in Şuşa bei der Invasion Schah Qajars exekutiert, sein Mausoleum wurde 1992 im Karabach-Krieg zerstört.

Vurğun, Səmed (1906–1956) Gefeierter Dichter, nach dem u.a. das Russische Theater in Baku benannt ist.

Xaqani Şirvani (1121/1122–1190) Persischer Hofdichter unter den Schirwanschahs, den es vom Hof in die Welt zog. Bei seiner Rückkehr ließ ihn der Schah wegen seiner eigensinnigen Dichtung verhaften, was ihn jedoch nicht vom Schreiben abhielt. Anschließend zog er nach Təbriz, wo er verstarb und ein bemerkenswertes Werk hinterließ – mit Dichtungen, in denen bis zu 300 Zeilen den gleichen Reim haben.

Über die Autorin

Philine v. Oppeln ist seit 2005 Reisebuchautorin beim Trescher-Verlag. Ihr ausgeprägtes Interesse für Osteuropa führt sie seit vielen Jahren in unterschiedliche Regionen, speziell jedoch in den Kaukasus und die Balkanregion, wo sie ihren ersten Reiseführer über Mazedonien schrieb. Über ihre Begegnung mit Aserbaidschan berichtet sie auf ihrem Weblog www.aserbaidschan-entdecken.com. Derzeit lebt die gebürtige Hamburgerin in Berlin und arbeitet dort als Lehrerin. Die Autorin freut sich über Anregungen und Kritik der Leserinnen und Leser. Kontakt: philinevonoppeln@gmx.net

Mitarbeiter

Gila Altmann hat bei der Überarbeitung der zweiten Auflage mitgeholfen. Sie ist Ostfriesin, Umweltaktivistin und studierte moderne Kunst und visuelle Kommunikation in Hildesheim. Zwischen 1994 und 2002 war sie Bundestagsabgeordnete und Staatssekretärin im Bundesumweltministerium mit internationalem Schwerpunkt Osteuropa und Zentralasien. Von 2005 bis Anfang 2012 war sie als Regierungsberaterin zuerst im aserbaidschanischen Umweltministerium tätig und arbeitete dort u.a. für die Umsetzung der Nationalparkgesetzgebung und für die Entwicklung des Ökotourismus in den Parks. Anschließend wechselte sie zur neugegründeten staatlichen Tourismusuniversität, dem ATI, und entwickelte dort den Bereich ›Nachhaltiger Tourismus und Regionalentwicklung‹ in Forschung und Lehre.

Gerald Läzer hat bei der ersten Auflage des Buches mitgeschrieben. Er studierte unter anderem Geographie, Politik und Geschichte mit Schwerpunkt Osteuropa, Kaukasus und Zentralasien an der Humboldt-Universität zu Berlin und an der staatlichen Universität Rostow am Don. Von 2004 bis 2011 arbeitete er als Kaukasus- und Finanzsektorexperte mit Schwerpunkt Aserbaidschan bei der KfW in Frankfurt am Main. Seit Herbst 2011 ist er für die KfW in Kambodscha und Laos als Direktor des dortigen Regionalbüros tätig.

Danksagung

Für Unterstützung unterschiedlichster Art danken wir Farid und Hamid Orujov, Elnur Isazade, Michael Nosiadek, Claudia Müller, Hartmut Müller, Natiq Abdullayev, N.Vige Bede-Johnpillai, Jonathan Sturt und Cathy, Rene und Jana Bienz, Telman und seiner Familie in Gedebey, Klaus Keller, Andrej Götze, Sandra Doempke, Elnura Gurbanova, Leyla Huseinova, Matthias Zierold, Michael Gerlich, Susann Görnert, Elnur Mammadli, Hartmut Junge, Katharina Lampe, Andrea Menn, Sakina Askerova, Yener Kahya und den vielen unbekannten Helfern unterwegs.

Personen- und Sachregister

Ortsregister

Bildnachweis

Philine von Oppeln: 4 (m., u.), 5, 6, 7 (o., m.), 8 (m., u.), 9 (o., u.), 10, 17, 18, 19, 27, 28, 30, 32, 36, 37, 41, 42, 45, 46, 47, 48, 50, 51, 53, 54, 55, 58, 59, 60, 61, 63, 65, 67, 69, 73, 74, 75, 76 (o.), 77, 79, 80, 81, 82, 83, 85, 86, 93, 96, 98, 102, 103, 111, 119, 121, 122/123, 129, 130, 133, 134, 135, 137, 138, 139, 140, 141, 145, 147, 148, 150, 151, 153, 154/155, 156, 158, 160, 161, 166, 168, 174, 176, 177, 179, 180, 181, 182, 183, 185, 188, 189, 190, 193, 195, 197, 199, 207, 208, 210, 210/211, 212, 214, 216 (o.), 225, 223, 226, 227, 228, 230, 232, 234, 235, 264/265, 266, 267 (o.), 272, 274, 278, 282, 284, 298, 304, 306, 307, 308, 314, 315

Gerald Läzer: 4 (o.), 7 (u.), 8 (o.), 9 (m.), 14/15, 26, 31, 44, 56, 64, 68, 70/71, 87, 90, 126, 237, 239, 240/241, 242, 244, 245, 247, 248, 249, 250, 251, 253, 255, 256, 257, 258, 259, 263, 267 (u.), 271, 275, 280, 286, 297, 302, 303, 317

Gila Altmann: 76 (u.), 88, 91, 94, 95, 104

Claudia Müller: 21, 22, 49, 141, 180, 296

GTZ Baku: 24, 40, 127, 216 (u.), 231

Christian Wind: 176

dreamstime_Marcviln: Titel

Titel: Feuertempel in Suraxanı
S. 70/71: Baku-Panorama
S. 122/123: Nardaran
S. 154/155: Xınalıq
S. 210/211: Brücke bei Gədəbəy
S. 240/241: Fischerboote im Süden
S. 264/265: Moschee in Naxçivan-Stadt

Kartenregister

Historische Karten

Stadtpläne

Übersichtskarten

Trescher Verlag
Der Spezialist für den Osten

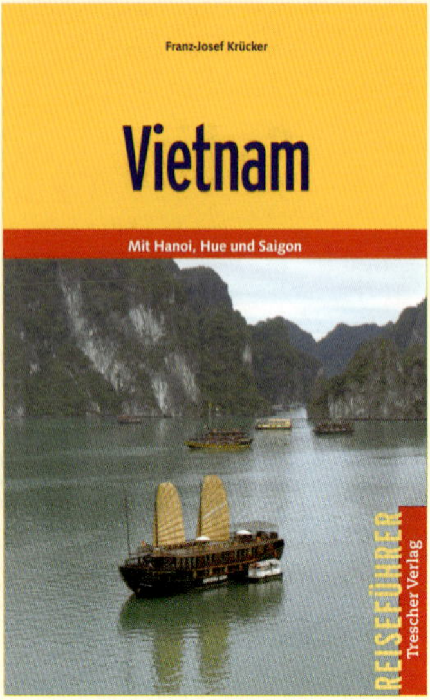

Turkmenistan entdecken
16.95 Euro
Ukraine
19.95 Euro
Ungarn entdecken
16.95 Euro
Usbekistan
18.95 Euro
Vietnam
19.95 Euro
Vorarlberg
12.95 Euro

Städteführer

Berlin
14.95 Euro
Bratislava
14.95 Euro
Breslau
14.95 Euro
Bukarest
14.95 Euro
Dresden
11.50 Euro
Kiev
16.95 Euro
Krakau entdecken
14.95 Euro
Lemberg
16.95 Euro
Moskau und St. Petersburg
16.95 Euro
Ostseestädte
16.95 Euro
Peking und Shanghai
18.95 Euro
Posen, Thorn, Bromberg
16,95
Prag
12.95
Riga, Tallinn, Vilnius
17.95 Euro

www.trescher-verlag.de

Trescher Verlag
Der Spezialist für den Osten

St. Petersburg entdecken
15.95 Euro
Warschau entdecken
14.95 Euro
Zagreb
15.95 Euro

Deutschland

66-Seen-Wanderung
13.95 Euro
Baden in und um Berlin
12.95 Euro
Brandenburg
14.95 Euro
Dresden
14.95
Lausitz
16.95
Mecklenburg-Vorpommern
14.95 Euro
Oderbruch
9.95 Euro
Sachsen
14.95 Euro
Technische Denkmäler in Brandenburg
12.95
Wanderungen durch Brandenburg
13.95 Euro
Wandern in der Schorfheide
9.95 Euro

Flusskreuzfahrten

Donaukreuzfahrt
16.95 Euro
Flußkreuzfahrten Dnepr
14.95 Euro
Flusskreuzfahrten in Frankreich
16.95 Euro
Flußkreuzfahrten Nil
15.95 Euro

www.trescher-verlag.de

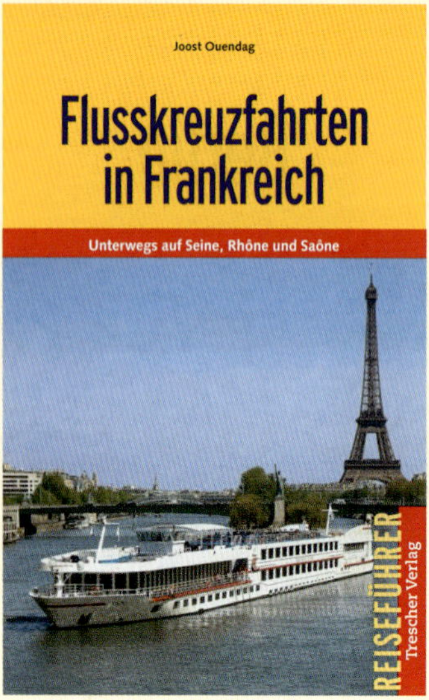

Flusskreuzfahrten in Russland
16.95 Euro

Flußkreuzfahrten Yangzi
15.95 Euro

Nordmeerkreuzfahrten und Hurtigruten
18.95 Euro

Rhein-Main-Mosel Kreuzfahrten
14.95 Euro

Karten

Berlin
Cool City Map
3.95 Euro

Lesebücher

Königsberg-Lesebuch
14.95 Euro

Neumärkisches Lesebuch
14.95 Euro

Transsib-Lesebuch
14.95 Euro

Ukraine-Lesebuch
14.95 Euro

Kartenlegende

	Bahnhof		Autobahn
	Bank		Fernstraße
	Bar		sonstige Straßen
	Basar	243	Straßennummern
	Busbahnhof		Eisenbahn
	Denkmal		Grenzübergang
	Flughafen		Staatsgrenze
	Hafen		Hauptstadt
	Hotel		Stadt/Ortschaft
	Internetcafé		
	Kino		
	Kirche		
	Moschee		
	Museum		
	Post		
	Restaurant		
	Strand		
	Synagoge		
	Sehenswürdigkeit		
	Theater		
	Tor		
	Touristeninformation		
	Turm		

Zeichenlegende Infokästen

- Allgemeine Informationen
- Bank
- Busverbindungen
- Taxi
- Hinweise für Autofahrer
- Zugverbindungen
- Hotels und Pensionen
- Campingmöglichkeiten
- Radfahren
- Restaurants und Cafés
- Museen
- Sportangebote
- Tankstelle
- Einkaufsmöglichkeiten
- Naturschutzgebiete